Für Willemijn

Barbara Fischer: „Freyja“ Baumweltensaga I I

1. Auflage, März 2020
Periplaneta Berlin, Edition Drachenfliege

Inh. Marion Alexa Müller, Bornholmer Str. 81a, 10439 Berlin
www.periplaneta.com

Lektorat: Silvia Klein
Cover: Holger Much (www.holgermuch.de)
Satz & Layout: Thomas Manegold
Gedruckt und gebunden in Deutschland
Klimaneutral gedruckt auf FSC- und PEFC-zertifiziertem Werkdruckpapier

print ISBN: 978-3-95996-149-3
epub ISBN: 978-3-95996-150-9

BARBARA FISCHER

Freyja

BAUMWELTENSAGA II

periplaneta

HYNDLULIOD I

1. Alptraum

Die schwarze Wolkenwand am Horizont war nicht das Schlimme. Das wirklich Entmutigende waren die drei Tornadotrichter, die vom Himmel bis hinunter aufs Wasser reichten und deren Schlünde über das Meer fegten. Zwei gingen rechts und links an ihrem Schiff vorbei. Der dritte Trichter stürmte direkt auf das Schiff zu. Sie schrie auch diesmal kurz auf, bevor diese Mischung aus Gischt und entfesselter Kraft sie völlig einhüllte und samt Schiff mit in die Höhe riss. Alles versank in undurchdringlichem Dunkel. Sie spürte nur, wie sie hochgehoben und herumgeschleudert wurde. Eine Urkraft hatte sie erfasst, der sie nichts entgegenzusetzen hatte: größer als sie selbst und ihr unsterbliches Leben. Man erzählte sich in den Nordlanden von einem Mädchen, die in ihrem Wohnwagen von einem Tornado erfasst wurde und in einem Zauberland landete.

Wenn ich doch nur in diesem Zauberland aufwache, ging es Freyja durch den Kopf. Es war, als beobachtete sie sich selbst. Als sie landete, wusste sie sofort, sie war nicht im Land des Strohmanns und sie würde keine Smaragdenstadt finden. Sie wollte die Hoffnung, in einem Zauberland zu sein, noch nicht begraben. Einen Moment lang versuchte sie, sich eine lachende Katze, ein sprechendes Porzellanmädchen und die ewigen Brüdern Tweedledee und Tweedledum vorzustellen. Doch das war eine andere Geschichte. Ihre Fantasie schützte Freyja nicht vor der Realität.

Immerhin spürte sie nichts von der Fallhöhe, als sie hinunterstürzte, bemerkte aber, dass der Sturz tief gewesen sein musste.

Als sie zu sich kam, war sie allein. und fühlte einen großen feuchten Raum. Ihre Augen gewöhnten sich langsam an die Dunkelheit.

Freyja setzte sich in einer finsteren Halle auf. Die einzige Lichtquelle waren grün phosphoreszierende Moose auf den feuchten Steinwänden. Freyja fror. Erinnerungen an die Smaragdenstadt, aber auch einen Hutmacher aus jener anderen Zauberlandlegende glommen mittlerweile noch schwächer als das Moos auf den Steinen. Anders als das Moos verloschen sie schließlich ganz. Dort, wo

Freyja sich befand, wies ihr kein weißes Kaninchen den Weg.

Dafür sah sie immer mehr Details ihrer Umgebung. Freyja bemerkte einen Stein in der Mitte des Raumes, auf dem etwas stand. Sie bewegte sich darauf zu und sah auf einem Altar einen Kelch stehen, in dem eine grün schimmernde Flüssigkeit schwamm.

Gut, dachte Freyja, *grün glomm hier fast alles, keine Smaragde, aber Moos an den Wänden*. Neben dem Pokal sah Freyja eine Kette aus Tigeraugensteinen, die nicht grün schimmerte, sondern braun. Sie griff nach dem Schmuckstück.

Doch die Kette verrückte ihren Standort, sobald Freyja in ihre Nähe kam. Sie versuchte es erneut, und noch einmal.

Die Kette reagiert auf meine Hand, stellte Freyja fest und überlegte, ob sie erstaunt war. War sie nicht. Dann vielleicht der Pokal. Wenn sie ihn zu fassen bekäme, konnte sie möglicherweise die Flüssigkeit identifizieren. Ihre Finger näherten sich dem Gefäß. Ein Schrei zerriss die lautlose Dunkelheit. Freyja zuckte zusammen, ihre Finger schnellten zurück.

In dem abebbenden Schrei erklang eine Stimme aus dem Nirgendwo der Finsternis: „Koste vom verbotenen Wissen!“

Wovon sollte sie kosten? Ihr Blick fiel auf den Pokal. Der schimmernde Inhalt. Sie mochte Grün. Freyjas Hand näherte sich dem Pokal. Doch sobald ihre Hand in die Nähe des Gefäßes kam, erklang dieser Schrei, immer wieder.

Unmöglich, ihn zu ignorieren. Die Hand zog sich zurück, und umgehend erging der Befehl erneut. Grotesk! Sollte sie vielleicht Moos essen? Es reichte! Freyja wollte sich dem Stein mit dem Pokal ganz entziehen, was sich aber als schwierig erwies. Es war, als hielte sie ein Magnetfeld fest und verhinderte ihren Rückzug. Der Schrei wehrte jede Annäherung an den Pokal ab, und der Befehl konterkarierte die Gemengelage als unauflösbares Knäuel von irgendwas.

Freyja versuchte eine neue Strategie. Sie legte sich flach auf den Bauch und kroch mühsam rückwärts über den feuchten Boden. Allerdings legte sich, als sie sich vom Stein entfernte, ein Druck auf ihre Brust und ließ sie schwerer atmen als nach einem 2000-Meilen-Lauf über die Fjordfelsen. Sie gab auf, richtete sich auf und bewegte sich weder vor noch zurück. Sofort ließ der Druck nach.

Wie konnte es sein, dass sie nicht einfach aufstehen und den dunklen Raum durchqueren konnte? Da erkannte sie die Umrisse einer Tür zwischen dem phosphoreszierenden Moos. Jetzt wusste sie, wohin sie gehen sollte. Und nichts hinderte sie daran. Doch als sie kurz davor stand, sprach die Stimme erneut zu ihr: „Koste von dem verbotenen Wissen.“

Freyja drehte sich um und blickte zu dem Kelch, der nicht mehr als eine vage Silhouette vor finsterem Hintergrund war. Verbotenes Wissen kosten wäre ihr ein Vergnügen. Doch ein Spielball, für wen auch immer, zu sein, dem widersetzte sie sich. Befehle nahm sie schon gar nicht entgegen. Sie ging weiter auf die Tür zu. Die Stimme meldete sich nicht mehr.

Dafür spürte sie die Anwesenheit von etwas hinter ihrem Rücken. Sie drehte sich erneut um. Immerhin hatten ihre Augen sich so an die Dunkelheit gewöhnt, dass sie über Altar und Kelch hinaus sehen konnte.

Etwas saß in der anderen Ecke des Raumes und fixierte sie mit kleinen schwarzen Punktaugen. Um die Augen herum waberte eine helle quaddelige Masse.

Ist das schon die ganze Zeit da gewesen?, fragte sich Freyja, *und hat das etwas mit dem verbotenen Wissen zu tun?*

Es dauerte eine Weile, bis sie die Erscheinung mit den Gegebenheiten des Raumes vereinbaren und sich eingestehen konnte, dass das, was sie da sah, so real war, wie ein Traum eben reale Wesen kreieren konnte.

Freyja wog ihre Situation ab. Gehen? Oder schauen, wer oder was da war? Wenig überraschend siegte ihre Neugierde. Sie drehte sich um und konnte nun mühelos den Raum vermessen, umging den Stein mit dem Pokal und näherte sich dem weißen quallenförmigen Ding. Punktaugen stachen in ihr Innerstes. Nun erkannte Freyja, mit wem sie es hier zu tun hatte: mit einem Riesenkraken, dessen Tentakel unruhig und ziellos über den feuchten Boden glitten.

„Ich kann dir ein Führer sein!", das war eine andere Stimme als die, die aus dem Kelch zu ihr gesprochen hatte. Es war der Riesenkrake, der mit ihr redete.

Er wiederholte den Satz ein ums andere Mal, mit einer sonoren Stimme, die eines Skalden würdig gewesen wäre und vertrauenswürdig schien. Im selben Maße hatte die andere schrill und abstoßend ihr verbotenes Wissen angepriesen. Doch ohne Vorwarnung erweiterte der Krake sein Repertoire, und Freyjas Arglosigkeit verpuffte: „Geh fort! Sonst erwarten euch Unglück und Leid! Er ist nicht der, für den du ihn hältst. Du suchst jemand anderen!"

Super, das war der Spruch des Wahrsagers auf dem Basar im Land der Glutkobolde gewesen. Seit Freyja dem gefolgt war, wiederholte er sich Nacht für Nacht aus dem nicht vorhandenen Mund eines Kraken. Nur leider fehlte auch hier die Ergänzung, wen sie denn wirklich suchte. Im Ergebnis hatten sich damals zwei Gedanken verschränkt. *Geh fort! Finde deinen Weg allein!* Klar, sobald sie jemand warnte, sich in Liebesdingen zu verrennen, folgte sie der Aufforderung aus lauter Angst vor …? Genau, sie wusste es nicht einmal.

Aber sie hatte sofort getan, was der Wahrsager geraten hatte und der Krake seitdem Nacht für Nacht wiederholte: zurück aufs Schiff, Segel gesetzt und zurück in die Nordlande gereist, mit einer prallvollen Schiffsladung Güter und Edelsteine. Kurzum: Sie war erfolgreich in ihr altes Leben zurückgekehrt. Zumindest äußerlich. Innerlich galt es, Liebeskummer auszuhalten. Und warum? Weil es auf einem beliebigen Basar im Land der Glutkobolde, inmitten des Gewirrs aus tausend Ständen, einen Stand mit Edelsteinen gab, hinter dessen hölzerner Ladentheke sie weizenblondes Haar begrüßt hatte, darunter ein Auge, so blau wie der Ozean.

Sie hatte mit ihm nur mit Bernsteinen handeln wollen und sich am nächsten Abend in seinem Haus wiedergefunden. Auch in ihrem Traum gab es immer wieder diese eine Sequenz, wie sie an ihrem ersten gemeinsamen Abend auf dem Dach des Hauses saßen.

Freyja schüttelte den Kopf. Diese Erinnerungen brachten sie nicht weiter. Sie schaute auf den Kraken, der genauso vorhersehbar und fast unmerklich nickte. Freyjas Augen fixierten die Erscheinung, als starrte ein Kaninchen in die Augen einer Schlange. Sie bemerkte, wie die Krakenarme über den Boden schlingerten, an ihrem Körper emporkletterten, sie hochhoben, herumschleuderten. In dem Moment, bevor sie abhob, griff sie nach der Tigeraugenkette.

Sie kreiselte durch kalte, dunkle Luft und drückte die Kette fest an sich, im nächsten Moment befand sie sich auf ihrem Schiff, das sich mit unwahrscheinlicher Geschwindigkeit über das Wasser bewegte, rechts und links vor dem Bug Wasserfontänen aufwerfend und schäumendes Kielwasser hinter sich herziehend. So rasch, wie das Land hinter ihr immer kleiner wurde, wuchs die Wasserwüste um sie herum an.

In diesem Moment erwachte Freyja schweißgebadet wie jeden Morgen. Sie richtete sich auf und wischte sich nasse Haarsträhnen aus der Stirn. Dieser Traum verwandelte ihre Nächte in ein Ritual stetig wiederkehrender Qualen, denen sie nicht entkommen konnte. Außer sie würde einen Weg finden, dauerhaft ohne Schlaf zu existieren.

Ihr Leben hatte sich seit ihrer Rückkehr aus dem Land der Glutkobolde in eine Abfolge alptraumgeplagter Nächte gewandelt, denen sie nichts als ihren eisernen Willen entgegenzusetzen hatte. Unterstützung erfuhr sie von ihrem Clan und der Eichenschwester, die ihre Situation auffing, so gut sie es eben konnte. Gehen musste sie den Weg allein. Die Krake hatte es so vorgegeben.

Sie richtete sich auf. Die Kette aus Tigeraugensteinen klimperte leicht an ihrem Hals. Sie griff danach und verstand bis heute nicht, wieso sie sich gerade mit diesem Utensil vergewisserte, in der Wirklichkeit zu sein. Einer Wirklichkeit, in der ihr ein fülliger Wahrsager eine Tigeraugenkette schenkte, nachdem er sie mit allem Nachdruck aus ihrer Zweisamkeit vertrieben hatte. In schweren Zeiten wie diesen sollte die Kette sie daran erinnern, die richtige Entscheidung getroffen zu haben, hatte er ihr gesagt. Diese „richtige Entscheidung" konnte sich Morgen für Morgen nicht falscher anfühlen.

Den Nächten zum Trotz zog sie jeden einzelnen Tag ihr Programm durch, als sei nichts geschehen. Sie trainierte eisern, um in Rugia den Superpokal der Nerthus-Festspiele zu gewinnen und sie verbesserte sich stetig. In ihren Augen bedeutete das, sie konnte ihn auch das dritte Mal in Folge in ihre Heimat die Nordlande mitbringen. Clan und Eichenschwester sollten stolz auf sie sein können.

„Freyja!", ein heller Ruf drang von draußen in ihre Hütte, kurz bevor die Tür aufgerissen wurde. Birgitta stand darin und starrte auf die Freundin. Freyja lehnte noch immer schweißgebadet in ihren Kissen auf einem Heusack, der genau in einen Rahmen kunstvoll gezimmerter Holzplanken eingepasst war und maximale Gemütlichkeit garantierte, indem man Teebecher oder sonstige Getränke darauf abstellen konnte. Das Bett war eine Gemeinschaftsarbeit des Dorfes und ein Geschenk aller an ihre Clanchefin, nachdem bekanntgeworden war, dass Freyja seit ihrer Rückkehr aus dem Land der Glutkobolde, die ihre erfolgreichste Handelsreise gewesen war, an Alpträumen litt. Es half nicht wirklich und tröstete doch.

Birgitta stellte ihr einen Becher ans Bett: „Dein Kräutertee von Verdandi."

Freyja atmete tief durch und streckte verlangend die Hand nach dem Becher aus. „Dann her damit", sagte sie und nippte vorsichtig an dem heißen Getränk.

Es floss herrlich wärmend ihre Kehle hinab und half ihr, der seelischen Zeitschleife ihrer Träume zu entfliehen. Sie würde zu gerne ihr richtiges Leben wieder in die Arme schließen. Früher war sie einmal so was wie das Orakel des Clans gewesen, das die Dinge, dank der Gabe des Silberblicks, noch vor ihrer Entstehung vorausgesehen hatte. Doch die Reise ins Land der Glutkobolde hatte alles verändert. Wirtschaftlich war sie erfolgreich wie nie gewesen. Sie waren eben ein gutes Team gewesen, der Edelsteinhändler mit dem einen Auge und sie.

Sie hoffte, die Phase der Alpträume bald zu überwinden. Die Bedingungen im Dorf dafür waren bestens, alle unterstützten sie. Ihre Freundin Birgitta brachte ihr jeden Morgen Tee ans Bett, aus Zutaten gebrüht, die die Eichenschwester Verdandi täglich neu nach dem Stand der Gestirne ermittelte, frisch sammelte und für sie zubereitete. Wenngleich auch das in jenen Zeiten ein typisches, starres Morgenritual geworden war, so war es doch eins, das angenehm wirkte.

So wie die Norne sich jeden Tag um ihren Tee bemühte und die Dorfgemeinschaft ihr viele tägliche Pflichten abnahm, damit sie trainieren konnte, so strengte sich Freyja an, das Beste aus jedem Tag zu machen.

„Verdandi sagt, du sollst nachher zu ihr kommen", richtete Birgitta der Freundin aus, „aber vorher sollst du etwas tun, das dir Spaß macht. Genau so hat sie es gesagt."

Freyja trank den Becher Schluck für Schluck mit geschlossenen Augen aus. Nach dem letzten Tropfen ging ein Ruck durch ihren Körper. Sie warf die Decke zurück und sprang auf.

„Dann los, wenn Verdandi was von Spaß sagt!", Freyjas Nachtgewand aus Leinen floss einen muskulösen Oberkörper hinab über durchtrainierte Oberschenkel und endete erst unterhalb ihrer Knie. Ihr langes blondes Haar hing ungekämmt über Schultern und Rücken. Sie winkte übermütig mit der rechten Hand und rief fröhlich: „Wer zuerst am See ist!" Schon sprintete sie mit nackten Füßen durch die offenstehende Tür.

Birgitta war ihr dicht auf den Fersen, holte sie aber nicht ein. Am Ufer angekommen, warf Freyja mit einem lauten Jauchzer ihr Hemd ab, stürzte sich kopfüber ins kalte Wasser und kraulte schnaufend und Wasserfontänen rechts und links aufwerfend zur gegenüberliegenden Seite. Birgitta sprang ebenfalls ins Wasser. Doch sie traf Freyja, die den See wie ein nicht zu stoppendes Wasserungeheuer durchpflügte, bereits auf ihrem Rückweg.

Danach ging Birgitta es langsamer an. Sie legte auf der Hälfte, also am anderen Ufer, eine Pause ein und wartete, bis Freyja zurückkam. Dann stieß sie sich zeitgleich mit der Freundin ab, um mit ihr gemeinsam ein Stück des Weges zu kraulen. Doch auch das nützte nichts, Freyja zog durch und kraulte am Ende bereits ihre vierte Bahn, als Birgitta am Startpunkt ankam. Birgitta nahm es nicht übel. Sie wusste, ihr fehlte Freyjas inneres Feuer, das ihre Freundin zu Höchstleistungen antrieb, von denen sie nur träumen konnte. Sie nahm sich vor, es das nächste Mal beim Laufen zu versuchen.

2. Die Eichenschwester

Erfrischt vom Bad kehrten die Freundinnen ins Dorf zurück. Freyja hatte Verdandis Rat befolgt und den Tag mit Spaß begonnen. Die Alptraumnacht war abgespült. Sie ging beschwingt zum Rand des Dorfes, wo unter einer gigantischen Eiche Verdandi wohnte, die auch „die Eichenschwester" genannt wurde. Ein wenig Aufregung bemächtigte sich Freyja, als sie in den Pfad einbog, der zu einem gewaltigen Steinkreis führte, der wiederum eine alte verwitterte Hütte und die Eiche umgab. Die Hütte war Teil des Baumes selbst.

Woher Verdandi einst kam und wer sie wirklich war, wusste niemand im Granskogheim zu sagen. Sie war in einer kalten, stürmischen Nordostwindnacht herbeigeweht worden. Freyja und Birgitta hatten die bis auf die Haut durchnässte Frau als Erste entdeckt, genau unter dieser Eiche.

Freyja und Birgitta waren damals zwei Gören gewesen, die gerade laufen konnten und sich heimlich in den Wald hinausgestohlen hatten, während die anderen Dorfbewohner am Morgen nach dem Herbstunwetter die Schäden inspiziert hatten. Freyjas Mutter Skadi hatte ihre Familie, die Bergriesen aus dem Trondheim, zu Hilfe gerufen, und die hatten im Handumdrehen rundherum aufgeräumt.

Nachdem Freyja und Birgitta die Granskogheimer auf die unbekannte Frau aufmerksam gemacht hatten, war sie als Fremde der Tradition der Nordlande gemäß, willkommen geheißen worden.

Die Bergriesen waren gerade vor Ort gewesen, und so hatten sie für Verdandi gleich noch diese Hütte gezimmert, das Herdfeuer entfacht und den Gast eingeladen, sich aufzuwärmen. Verdandi hatte sich getrocknet und war geblieben.

Sie dankte dem Dorf und den Nordländern die freundliche Aufnahme, indem sie den ganzen Clan unterstützte. Die Nordlande war nach der Ankunft der Eichenschwester regelrecht erblüht. Sie hatten seither alles im Überfluss, der Handel florierte und wenn es einmal ein Unwetter gab, waren die Schäden schnell behoben. Besonders die Monate nach Freyjas Rückkehr aus dem Land der Glutkobolde konnte man ohne Übertreibung eine Goldene Zeit nennen. Einziger Wermutstropfen im frohen Dasein der Granskogheimer waren Freyjas Alpträume. Daran arbeitete Verdandi.

Freyja nestelte an ihrem Beutel, den sie am Gürtel trug, und vergewisserte sich, dass der kunstvoll gestaltete **Runenstein** auch wirklich darin war.

Kein Wunder, dass Verdandi sich ausgerechnet diesen Platz ausgesucht hatte. Die Eiche war ein Lebensraum für sich und so alt, dass schon Freyjas Mutter Skadi sie als uralten Baum kannte. Sie schützte und hegte alle ihr anvertrauten Wesen. Im Laufe der Zeit wurde sie nur noch die Eichenschwester genannt und entwickelte sich zu so etwas wie dem personifizierten Eichenbewusstsein.

Das Alter der Eichenschwester war unmöglich zu schätzen, auch in diesem Punkt ergänzte sie sich mit der Eiche. Denn der Baum wuchs schon immer an diesem Ort. So jedenfalls hatte es Freyja von ihrer Mutter Skadi gehört, die ihr wiederum alles erzählte, was sie von ihrer Mutter Thjazi wusste, die ebenfalls aus den Überlieferungen schöpfte, die es schon seit jeher gab.

Alter hin oder her, Verdandi versprühte eine Lebensfreude, als stünde sie eben im Zenit ihres Daseins und alle Regenbögen der Welt leuchteten nur für sie. Doch sie lebte mit der Weisheit der Jahrhunderte. Eiche und Verdandi waren Schutz und Lebensader der Nordlande geworden. Wem sollte Freyja mehr vertrauen als der Ewigkeit, die ihr ein solches Geschenk gemacht hatte?

Dem Wohlwollen der Ewigkeit war es geschuldet, dass niemand einfach so herbeispazieren konnte, um die Eichenschwester oder den Baum zu besuchen. Näherte sich unliebsamer Besuch, so konnten sie sich unsichtbar machen. Es gab Menschen, die liefen durch den Steinkreis, der Eiche und Schwester wie ein Schutzwall umgab, hindurch, ohne etwas von ihnen zu merken.

Freyja passierte die riesigen Steine und tauchte in diesen Mikrokosmos ein. Hier vibrierte es vor Energie, die direkt aus dem Erdmittelpunkt zu kommen schien. Freyja kribbelte es bis in die Fingerspitzen, als sie die baumhohen Steine begrüßte. Sie steuerte hoffnungsvoll auf die Hütte zu, lief durch Gräser und Sträucher, in denen allerlei Tiere summten. Vor der Hütte stand ein Kessel, unter dem immer ein Feuer knisterte. Die ewige Rauchwolke darüber verschmolz tanzend mit der Luft. Verdandi saß mit geschlossenen Augen auf einem Holzbänkchen, das den Kessel an drei Seiten umgab, und rührte mit Hingabe, während sie unverständliche Worte murmelte.

Sie nickte Freyja zu, ohne ihre Augen zu öffnen. „Setz dich zu mir, Mädchen“, sagte sie und klopfte leicht auf den Platz neben sich. Die unzähligen farbenfrohen Holzarmreifen, die sie an beiden Armen trug, klackerten in allen Tonlagen.

Freyja musste lächeln, sah Verdandi doch fast jünger aus als die von schlechtem Schlaf und Träumen geplagte Clanchefin. Doch der Schalk umspielte nur für den Bruchteil einer Sekunde

Freyjas Mund, die sehr wohl wusste, dass Verdandi alsdie sagenhafte Eichenschwester, jedes Recht dazu hatte, sie so anzusprechen.

Verdandi nahm die Kelle und legte sie neben den Kessel. Dann öffnete sie mit einem Ruck ihre Augen. Freyja schien es, als blickte sie direkt in einen Urwald, den vor ihr noch nie ein Mensch betreten hatte, ein solches Grün blitzte sie an. Verdandis Haare waren ein gelockter Feuersturm und das Lachen um ihre kirschfarbenen Lippen und ihre Pfirsichhaut so unbeschreiblich strahlend. Unwillkürlich begegnete Freyja ihrem Lachen mit einem eigenen Lächeln, das sich ohne Umwege in ihre Seele bahnte, und wurde noch froher.

Sie nickte Verdandi zu. „Hier bin ich", sagte sie kurz, um zu überspielen, dass sie vor Neugier schier platzen könnte.

Verdandis Gesichtsausdruck wechselte ins Verschmitzte. Sie genoss es eine Weile, Freyja warten zu lassen. Dann wurde sie abrupt ernst, als hätte sich eine Wolke vor ihr Gesicht geschoben: „Ich hatte heute Nacht Kontakt mit dem Hüter des verbotenen Wissens", sie machte eine Pause, um ihre Worte wirken zu lassen. „Weißt du, dass du die Erste bist, die von diesem Riesenkraken vom Meeresgrund gefischt, aber nicht auf Nimmerwiedersehen hinabgezogen wurde? Warum um alles in den Welten ist das so? Was meinst du?"

Freyja wusste nicht so recht, was sie darauf antworten sollte. Sie zuckte mit den Schultern und schüttelte ihren Kopf: „Woher soll ich das wissen?"

Ihr Gesichtsausdruck offenbarte entwaffnende Ahnungslosigkeit: „Ich dachte, du kannst etwas für mich klären, stattdessen stellst du mir Fragen, auf die ich auch keine Antwort weiß."

„Das ist doch schon mal ein Anfang", da war es wieder, dieses verschmitzte Lächeln in Verdandis Zügen und zwei, drei kaum wahrnehmbare Blitze in ihren grünen Augen. Sie leuchtete aus allen Fasern ihres Seins, dazu ihre bunte Kleidung und der Schmuck an ihren Armen, eine wahre Explosion.

Freyja lauschte Verdandi, die das Gespräch mit einer Stimme fortführte, die einer sanft plätschernden Bergquelle glich: „Gut, dann sag ich es dir. Wie ich sagte, ich habe den Hüter des verbotenen Wissens getroffen, er ist niemand anderes als dein nächtlicher Schutzgeist. Er bat mich, dir zu sagen, dass er ein Auge auf dich hat und du ruhig vom verbotenen Wissen kosten kannst."

Da lockte es wieder, das verbotene Wissen. Aber mit Verdandis Aufforderung war Freyjas Ratlosigkeit perfekt: „Wie, mein Schutzgeist? Der, der mich jede Nacht quält? Was passiert, wenn ich aus dem Pokal trinke? Und überhaupt, was ist das verbotene Wissen?

Von wem wurde es verboten, und wer erlaubt hier was?" Freyjas Reaktion fiel schroffer aus als beabsichtigt. Sie hatte sich auf ein erbauliches Gespräch mit Verdandi eingestellt. Gespräche mit Verdandi waren immer erbaulich, warum sollte ausgerechnet dieses es nicht sein?

Ein kurzer Gedanke zog durch ihr Bewusstsein. Damit sie ihn nicht vergaß, formulierte Freyja umgehend ihr Anliegen: „Verbirgt der Kelch mit seinem verbotenen Wissen vielleicht irgendetwas, das mich unbezwingbar macht? Vorzugsweise bei den Nerthus-Spielen? Hat der Herr Schutzgeist sich dahingehend geäußert? Vielleicht beim, sagen wir, Schwimmen, Langstreckenlauf, Diskuswerfen und am besten auch beim Speerwurf?" Warum Freyja Unterstützung anforderte, da sie sich doch für die beste Speerwerferin aller Zeiten hielt, war ihr selbst nicht klar.

Verdandi lächelte nicht, sondern sah ihr fest in die Augen, und Freyja entwickelte völlig unvermutet so etwas wie Höhenangst, während sie in die Tiefen der Seele der Eichenschwester blickte. Dann nickte Verdandi: „Warum nicht?"

Freyja glaubte im ersten Moment, sich verhört zu haben. Diese Antwort war ihr einfach zu schlicht für die Mühen, die sie wegen der nächtlichen Schikanen auf ihr Training verwenden musste. Ein Schluck aus einem Kelch und sie hätte faul auf dem Bärenfell liegen können? Statt sich bei Wind, Wetter, Sturm, Hagel, Regen, Schnee und Eis und selbstverständlich auch im Dunklen auf ihren Schneeschuhen durchs Gelände zu bewegen, um ihr Trainingspensum zu absolvieren? Und jetzt? Sie kostete in der nächsten Nacht was auch immer aus dem Kelch, und dann, ja, eben, was dann?

„Was passiert genau, wenn ich daraus trinke?", fragte sie.

Verdandi schüttelte ihren Kopf, die feingeschnittenen Gesichtszüge lächelten. „Das hat er nicht verraten. Er sagte nur, euch wird es weiterbringen."

„Uns", echote Freyja, „wer ist ‚uns', der Clan?"

Verdandi schüttelte den Kopf: „Ich glaube nicht, dass er den Clan meinte."

„Wen ...?", setzte Freyja an, doch Verdandi fiel ihr ins Wort: „Das hat er nicht gesagt." Sie nahm die Kelle in die Hand, tauchte sie in den Kessel, schloss ihre Augen und begann zu rühren, während ihre Armreifen Melodien klackerten und sie ihre Rezitationen wieder aufnahm.

Die Unterhaltung war beendet. Freyja griff in ihren Beutel und legte den **Runenstein** auf die Opferbank neben der Hüttentür. Dann verließ sie mit einem kurzen Nicken zu Verdandi den Ort.

3. Rückkehr aus der Wüste

Die Hitze tropfte großzügig vom Himmel hinab auf den Basar, der sich mit großräumigen Markisen ebenso vehement wie vergeblich dagegen zu wehren versuchte. Es war die hohe Zeit der Glutkobolde und Ebbe bei der Kundschaft. Wer wollte schon Tomaten oder Auberginen kaufen, wenn man sie direkt auf einem Backstein neben dem Stand hätte grillen können?

Nur ein paar Stände hatten überhaupt geöffnet. Ein Tuchhändler ließ seine Ware farbenfroh leuchten, ein Töpfer hatte sich eine Hängematte hinter die Ladentheke gespannt. Alle nippten sie an frischem Minztee und fächerten sich Luft zu. Ein Wahrsager saß in einem mit magischen Zeichen angemalten Zelt, das ein Schwanenkopf zierte. Er schaute dem Ankömmling nach, was nicht hieß, dass er sich bewegte. Das Lebhafteste an ihm waren seine Augen. Ansonsten passierte hier nichts. Für alles war es zu heiß.

Nur ein junger Mann mit einem Auge zersprengte dieses ruhevolle Bild und störte das träge Dahingleiten. Er hastete durch die Reihen, bis auf die Knochen abgemagert, mit einer Klappe über dem rechten Auge und eben erst kahl rasiert, wie die weißen Stellen um Mund und auf seinem ansonsten sonnenverbrannten Kopf verrieten, der noch dazu einige frische Schnittwunden aufwies. Er verbreitete einen frischen Duft nach Zitronenöl. Davon abgesehen machte er den dürren Kleppern am Stadtrand Konkurrenz, die sich um die wenigen Grasbüschel balgten, und gab sich doch zielstrebig. Unter Missachtung der der brütenden Hitze geschuldeten Unbeweglichkeit! Dieser Jemand ging geradewegs zu einer der besseren, aus festen Holzlatten gebauten Bretterbuden.

Ein Augenpaar hinter Sheesha-Pfeifen beobachtete, wie er einen Schlüssel aus der Tasche zog, die zugesperrte Tür öffnete und nach einem Leinensack griff, der neben der Ladentheke hing. Dorthinein warf er allen Kram, der sich in der offenbar schon vor längerer Zeit leer geräumten Bude fand. Viel war es nicht, einige Münzen, ein Messer für Aprikosen und Melonen, ein Korallenring, ein winziger Malachit und ein schöner, polierter und rosaschimmernder Dolomit.

Der junge Mann ging hinaus und warf seinem Nachbarn den Schlüssel zu: „Hassan, du kannst meinen Stand haben. Ich muss fort."

Der Angesprochene hatte bis dahin reglos hinter glänzenden Sheesha-Pfeifen gesessen und die Szene beobachtet. Nun übertrug sich die Unruhe. Er fing den Schlüssel mit der linken Hand auf, während er langsam seinen Kopf hob, den der für diese Region typische rot-schwarze Fes schmückte, und blinzelte dem jungen Mann entgegen. Seine rechte Hand machte eine von ihm wegzeigende Bewegung, derweil rief er: „Komm her, mein Freund, komm her. Was hast du vor? Kommst nach einem Jahr wieder und siehst aus wie ein Skelett. Dann ein Einfaches ‚Ich muss fort'? Du meinst, das genügt?" Er schürzte die Unterlippe, hob den Zeigefinger und sagte mit Nachdruck: „Dazu sage ich: Nein, so leicht kommst du mir nicht davon."

Als der Angesprochene immer noch unschlüssig herumstand, schlug sich Hassan mit der rechten Hand leicht auf den Hinterkopf und wurde bestimmter: „Bei den hitzigen Göttern, setz dich, Odur!"

Im Land der Glutkobolde konnte niemand ohne seine Hände reden, auch das machte den Markt um diese Zeit so schweigsam. Jede Bewegung kostete Anstrengung, und darüber hinaus machte es die Hitze schwierig, die zu den Wörtern passenden Gesten zu finden. Die konzentrierte Anstrengung von Denken, Reden und Gestikulieren verwandelte Hassans Gesicht dann auch recht schnell in eine Bachlandschaft, die sich rechts und links der Nase teilte.

Odur schien nichts von dem zu bemerken, was er hier anrichtete. „Ich muss fort", wiederholte er knapp.

Hassan schob einen hölzernen Schemel in Odurs Richtung: „Das sagtest du bereits." Er goss ein zweites Glas Pfefferminztee ein, gab zwei Löffel Zucker dazu, rührte um und stellte es neben den Schemel auf den kleinen Tisch. Dann schenkte er sich selbst nach.

Odur begriff endlich, dass er sich wie ein wildernder Fuchs im schlafenden Hühnerhaufen aufführte, nur dass kein Gefieder herumflog. Er nahm Platz und führte das Glas zu seinen Lippen. Beide nippten am Tee.

„Also, was ist los, mein Freund?", fragte Hassan, während er sein Teeglas auf dem Tischchen abstellte. Er war schon immer fülliger als der andere gewesen, aber nicht viel älter, was man durch seine ungleich würdevollere Art schnell übersehen konnte. „Zum nächsten Vollmond wäre es ein ganzer Jahresverlauf. Deine Freundin zog mit der Flut auf ihrem Schiff von dannen. Dich hat danach wohl dein innerer Sturm davongerissen."

Odur sah Hassan mit weiten Augen an, als blickte er auf ein Land weit hinter Hassans Gesicht. Er nickte so langsam, als müsste er sich diese Bewegung neu antrainieren: „Ja, die Flut, sie spülte sie aus meinem Leben. Es war die Flut."

„Und doch sind es Entscheidungen, die einer Tat vorausgehen. Daran kann auch eine Flut nichts ändern“, sprach Hassan vorsichtig. Er hatte Odur wie von Sinnen erlebt, als seine Geliebte ihn vor einem Jahr verlassen hatte. Erst als klar gewesen war, dass sie freiwillig die Entscheidung getroffen, auf ihr Schiff zurückgekehrt und die Segel gen Heimat gesetzt hatte, hatte Odur von seiner sinnlosen Suche nach irgendwelchen Schuldigen abgelassen, die sie ihm weggenommen haben sollten.

So stolz war er gewesen, als diese blonde Nordländerin sich in ihn verliebt hatte. Als sie ohne ein Wort des Abschieds davongesegelt war, da wuchs seine Verzweiflung über den Verlust derart ins Unermessliche, dass er sich auf den selbstzerstörerischen Weg in die Wüste begeben hatte. Nur wenige hatten geglaubt, dass es glücklich enden und Odur zurückfinden würde. Hassan war einer derjenigen gewesen. Er hatte auch mit tausenden Gebeten nachgeholfen. Jetzt schenkte er zufrieden frischen Minztee nach und pries die Barmherzigkeit seiner Götter.

„Also, was hat die Wüste mit dir gemacht, außer dein Fleisch gefressen, deine Haare abgesengt und deine Haut gegerbt?“

Odur stellte sein Teeglas neben das von Hassan und nestelte an seiner silbernen Kette herum, die wie er die Zeit in der Wüste überlebt hatte. Der halbe Herzanhänger mit einer Lilie darauf begleitete ihn, solange er sich erinnern konnte.

Er fixierte Hassan mit dem einen meerfarbenen Auge, legte seine Hände auf die Oberschenkel und sprach: „Du willst wissen, was die Wüste mit mir gemacht hat? Sie hat mich bis auf die Knochen ausgezogen und gebleicht, bis ich mir mein blutiges Fleisch zurückgewünscht habe. Dann hat sie mich geschlagen, bis mein Gehirn sich ergab. Doch sie war noch lange nicht fertig mit mir. Denn als mein Körper willenlos dalag, hat sie sich die Seele vorgenommen. Sie kratzte meinen Willen Schicht für Schicht von der Oberfläche, zeigte mir jede Nacht meine schlimmsten Alpträume und löste mich innerlich vollständig auf. An diesem Punkt umgab mich eine Ruhe, in der ich mich schon geheilt wähnte. Allerdings nur, um danach erst in den tiefsten Abgrund gestoßen zu werden, den du dir vorstellen kannst. Mir ist es ein Rätsel, wie ich von dort zurückkehren konnte. Ich erinnere mich nicht einmal mehr daran, den Weg hinausgefunden zu haben.“

Interessant an Odurs Ausführungen war, dass er ohne die kleinste Geste auskam. Seine Hände lagen am Ende da, wo er sie am Anfang abgelegt hatte. Hassan wusste nicht, ob er den Freund deswegen bewundern oder bemitleiden sollte. Er fragte nach: „Warum?“

Odurs verständnisloser Blick aus dem zusammengekniffenen Auge verriet deutlich, dass er die Frage nicht verstand.

„Warum ist dir das passiert? Und warum hast du überlebt, gegen alle Wahrscheinlichkeit? Andere schafften es, schon in sehr viel kürzerer Zeit in der Wüste umzukommen."

Odur sprach nicht in der kurzen Pause, die Hassan machte.

„Hat dich vielleicht irgendein Licht geführt, ein Geruch, ein Gedanke, ein Gefühl, mein Freund? Denn du sitzt hier, ruhelos und mager, doch zweifelsohne lebendig. Dazu noch frisch rasiert und gebadet und erzählst von Dingen, die niemand seinem ärgsten Feind wünscht."

Odur nickte und schaffte ein kurzes Lächeln: „Ja, im ersten fließenden Rinnsal vor den Toren der Stadt habe ich schon das Gröbste beseitigt und mit einem scharfkantigen Stein den Haarfilz abgesägt. Mein Körper war im wahrsten Sinne des Wortes lebendig. Im Badehaus haben sie mir dann die tiefere Dreckschicht abgewaschen und mich rasiert."

„Es freut mich, dass du deinen Sinn für Reinlichkeit nicht genauso verloren hast wie das Fleisch auf den Rippen. Aber du musst auch einen Körper haben, den es zu pflegen lohnt. Davon ist gerade nicht viel übrig. Hier, iss mein Freund!", Hassan stellte eine Schale mit Datteln aus dem Regal hinter ihm auf das Tischchen.

Odur sah auf die getrockneten Früchte und reiste in Gedanken wieder in die sandige Höhle in der Wüste, wo er ein Jahr lang durch die Mangel gedreht, geschlagen, ausgezehrt und aller Selbstverständlichkeiten des Daseins beraubt worden war.

Er zupfte an seiner Augenklappe und rückte sie zurecht, obwohl sie doch längst richtig saß. Seine früheren Erfahrungen am neunten Ast des Weltenbaums kamen den Erlebnissen in der Wüste schon nahe, Aber warum? Hassans Frage war berechtigt.

Er hatte alles verraten, was ihm einst lieb und teuer gewesen war. Nach seiner Strafe in der Weltenesche hatte er gefühlt, dass er den Weg der Buße noch nicht zu Ende gegangen war.

Doch jetzt, nach einem Jahr in der Wüste, fühlte sich sein Leben neu und rein an, als sei er wieder auf die Füße gestellt worden. Die neue Perspektive ließ ihn noch etwas schwindlig auf die Dinge blicken, aber er würde sie nicht wieder verändern. Er würde diesen Weg zu Ende gehen.

Während Odur sprach, stockte seine Stimme immer wieder. Doch Hassan war ein guter Zuhörer, der im Überfluss die zwei im Moment benötigten Gaben besaß: Er hatte Zeit und eine unerschütterliche innere Ruhe.

„Du bist ein ehrenhafter Mensch durch und durch. Ich dagegen tat Dinge, für die ich mich ewig schämen werde“, Odurs Stimme wurde immer dünner. Doch er atmete tief durch und sprach weiter: „Mein richtiger Name ist Odin und ich verriet meine eigene Mutter.“

Hassans Ruhe war stoisch: „Dann sprich als mein Freund Odin weiter“, ermunterte er seinen Gegenüber.

„Ich stellte mich in den Dienst des Bösen. Es starben Menschen, Zwerge und Elfen. Ariman löschte die ganze Schwarzelfenkolonie aus und ich verlor alles, was mir lieb und teuer war“, er schaute Hassan an, als sei er selbst erschrocken über das, was er da gerade sagte. „Das sollte jetzt kein Selbstmitleid sein, bitte versteh das nicht falsch. Ich verdiente all das.“

Hassan legte väterlich seine Hand auf Odins Unterarm und sah ihm freundlich ins Gesicht. Arimans Überfall auf die Baumwelten und die Geschichte des jungen Odin, hatten sich in allen Häfen des Planeten Erde herumgesprochen. Hassan wusste, dass Odin bereits im Weltenbaum für seine Taten gebüßt hatte. Er konnte verstehen, dass er unter anderem Namen reiste.

„Du warst jung und unerfahren. Ariman hat das menschlichste aller Gefühle ausgenutzt, dein Verlangen nach Liebe. Und er hat deine Jugend benutzt, um dich gegen deine Mutter aufzuwiegeln. Es ist ganz klar, dass die Schuld bei dem Älteren liegt, Odu...“, er machte eine kurze Pause, „Odin.“

Der lachte bitter: „Es war dumm von mir. Ich glaubte den Schmeicheleien meines Onkels, statt zu sehen, was ich wirklich für ihn war: eine Marionette auf dem Weg zur Macht. Er griff sich das schwächste Glied im Reigen, ein wirkungsvoller Ansatz. Er musste mir nur Lügen über meine Mutter erzählen, schon war ich umgarnt. Dabei hatte sie mich immer geliebt wie ihren eigenen Sohn.“ Odin starrte mit offenem Mund vor sich hin und flüsterte: „Wenn sie gestorben wäre ...“ Er vergrub sein Gesicht in beiden Händen.

Hassan trank Tee, während sich sein Freund erst mal beruhigen musste.

„Da ist noch etwas “, setzte Odin erneut an „ich erinnere mich wieder.“

Hassan saß ruhig wie ein Fels in der Brandung.

„Als ich im Abgrund lag, war da eine innere Explosion. Als ich wieder zu mir kam, hätte ich schwören können, in einer anderen Welt aufzuwachen, auf einem anderen Stern. Aber nein, es war das gleiche Stück Wüste, auf dem ich lag.“

Odin stierte vor sich hin und rieb sich über seinen frisch geschorenen Schädel. Die Wunden begannen zu heilen, es bildete sich langsam Schorf. „Als mir klarwurde, dass ich lebte und mich noch am gleichen Ort befand, wunderte ich mich tatsächlich, dass ausgerechnet dieses Stück Land Schlangen und Skorpione beherbergen sollte, die einen reglos daliegenden Körper ignorierten. Ich rechnete mir die Wahrscheinlichkeit aus, wie lange ich daliegen konnte, ohne von einem Skorpion und seiner Familie beachtet zu werden, sie war gering. Ich konnte mich aber nicht lange in solchen Betrachtungen ergehen. Denn dann geschah etwas, das ich selbst nach allem, was ich bislang erlebt hatte, nicht für möglich gehalten hätte “, Odin sah Hassan starr an, der stellte seine Ohren auf.

„Sie drängten herein und setzten sich im Kreis um das erloschene Feuer, sieben Gestalten“, fuhr Odin tonlos fort. „Das taten sie so selbstverständlich und vertraut, als würden sie sich jeden Tag dort versammeln. Vielleicht haben sie das ja auch getan, während ich bewusstlos dalag. Sie waren es, die mir die Tiere vom Leib hielten.“

„Wer, Räuber?“

„Dschinn!“

Hassans Glas kippelte kurz in seiner Hand, verursacht durch einen Schüttelfrost, der ihn bei dem Wort „Dschinn“ erfasste. Der Minztee hinterließ eine Spur auf seinem Kaftan.

Odin sprach weiter: „Ich blieb sitzen, sah ihnen zu und dachte, dass der Alptraum wohl noch andauerte. Bislang hatte ich von Dschinn, den wahren Herrschern der Wüste, nur gehört. Jetzt saßen sieben von ihnen direkt vor mir, von Kopf bis zu den Zehen in ihre dunklen Tücher gewickelt, die nur die Augen freiließen.“

„Und du bist dir sicher, dass es Dschinn waren?“, fragte Hassan nach.

Odin nickte: „Ihr Blick war es, der einen Zweifel nicht einmal aufkeimen ließ, stechend gelbe Pupillen in schwarz umrandeten Augen. Wenn der Wind einen Turban lüftete, dann sah ich ihre Totenkopfschädel, auf denen zum Teil noch verwitterte Haut oder Haarreste wehten.“

Da gab es nichts zu deuten. Hassan nickte.

Odin zuckte mit den Schultern: „Ich habe gebüßt, doch ich kann nichts ungeschehen machen. Aber es soll mir helfen, in Zukunft das Richtige zu tun.“ In seinem Kopf kreiste ein Wirrwarr darum, was „das Richtige“ wäre.

„Sehr weise!“, stimmte Hassan zu und versank wieder in die aufmerksame Reglosigkeit eines Freundes, der alle Zeit der Welt zum Zuhören hatte.

Während Odin erzählte, sah man seinem starren Blick an, dass er gedanklich wieder in der Wüste war: „Die Gedanken der Dschinn machten kauende Geräusche in meinem Kopf, sie murmelten und grummelten und ich musste genau in sie hineinhorchen, um sie zu verstehen."

Wieder ruckte Hassan leicht auf seinem Schemel: „Man sagt, eine Begegnung mit einem Dschinn tötet oder erleuchtet."

Odin nickte abwesend: „Das habe ich auch gehört und tot bin ich nicht, aber wie um alles in der Welt soll sich Erleuchtung anfühlen?"

Hassan hob statt einer Antwort abwehrend die Hände, um diese Frage zu beantworten, war er der Falsche.

Es arbeitete in Odin, er kämpfte um ein Bild, das sich vage am Erinnerungshorizont abzeichnete. Er war damals so erschöpft gewesen, dass er sich die Vorkommnisse nur schwer hatte merken können: „Ja, genau, jetzt weiß ich es wieder." Er schlug sich mit der flachen Hand auf die Stirn. „Sie haben gesungen."

Eine weitere Pause später: „Genau, das war ihr Lied:
‚Sandhöhle ohne Tor,
Himmel ohne Schlüssel,
Schuhe abgestreift
und Hüllen fallen gelassen
am Quell ohne Wasser.
Im Vertrauen
auf die Ruhe des Herzens
siehst du über den Rand der Welt hinaus
ins Angesicht der Unendlichkeit.
Dort erstrahlt das Licht der Seele'"

Hassans mächtiger Körper geriet seinem Charakter zum Trotz in Unruhe: „Das haben sie gesungen?" Er machte eine ausladende Handbewegung, die ausdrückte, wie überwältigt er war: „Du hast dieses Lied von den Dschinn persönlich gehört?"

Hassan schüttelte weiter ungläubig den Kopf: „Es ist eine Wüstenlegende. Nein falsch, es ist die Wüstenlegende. Bei uns lernen das schon die Kinder von ihren Großeltern. Aber ich habe noch nie jemanden getroffen, der ..." Hassan verstummte. „Es muss an deiner Herkunft liegen, deiner Baumwelt."

Odin schüttelte den Kopf, nahm endlich eine Dattel und biss ein kleines Stück ab: „Wirst du mich besuchen und selbst sehen, wie sie ist, meine Baumwelt, Asgard und die Leute dort?"

„Ja, ich werde dich in deinem Zuhause besuchen."

In Odin ging ein inneres Licht an, als Hassan zu ihm von „Zuhause" sprach. Dann holte er tief Luft. „Wüstenlegende", wiederholte er und saß wieder unter der gleißenden Sonne, wo mörderischer Durst den letzten Lebensnerv aufzehrte und die Sinne vernebelte.

Eine letzte Erinnerung kam auf. „Ja natürlich, schau, wie habe ich das vergessen können“, er griff in einen Beutel, der an seiner Hose hing, und zog ein Kraut heraus. „Das ließen mir die Dschinn da und sagten, dass mir dieses Kraut bei der Erfüllung meiner Aufgabe helfen würde. Danach haben sie sich an Ort und Stelle in Luft aufgelöst.“

Hassan betrachtete das Kraut, das ihm Odin in die Hand legte, von allen Seiten. Er schnupperte daran und schüttelte den Kopf: „Kenne ich nicht. Aber gut, Kräuterkunde ist nicht mein Bereich. Verwahre es gut. Wenn es von den Dschinn kommt, ist es wichtig!“

Odin verstaute das Kraut im Beutel und befestigte alles sorgfältig an seinem Gürtel. Dann sah er den Freund mit seinem einen Auge direkt an und atmetet tief durch: „Ich muss zurück, ich fühle es. Etwas wartet auf mich, was immer das auch sein mag.“

„Oder wer“, stimmte Hassan sofort zu, „aber so oder so, du musst heimkehren, Odin. Segle zuvor deiner blonden Liebe hinterher. Die Flut hat sie von hier weggespült, die Flut kann dich zu ihr hintragen.“

„Sie wollte Odur nicht, dann wird sie Odin erst recht verabscheuen.“

„Du kannst es dennoch noch einmal versuchen“, Hassan stand auf und griff unter seine Ladentheke. Er holte einen prall gefüllten Beutel hervor: „Du hast nicht nur dein Leben für die Wüste hinter dir gelassen, sondern auch deine Edelsteine. Ich habe sie für dich verwahrt. Damit kannst du deine Überfahrt bezahlen und stehst nicht mit leeren Händen da, wenn du zurückkehrst.“

Odin sah in den Beutel. Tatsächlich, Hassan hatte sein gesamtes, nicht unbeträchtliches Sortiment für ihn aufbewahrt. Ihm war damals alles egal gewesen, als er in die Wüste gegangen war. Gerührt sah er den Freund an.

Der breitete die Arme aus. Hassans mächtiger Bauch füllte den grünweiß gestreiften Kaftan: „Der Moment ist gekommen, Abschied zu nehmen. Ich bin stolz und froh, einen Freund in dir gefunden zu haben, Odin.“

Sie lagen sich in den Armen, und Hassan klopfte dem spindeldürren Odin leicht auf den Rücken. Dann griff er hinter sich und nahm eine seiner besonders schönen Wasserpfeifen: „Damit du mich nicht vergisst.“

„Das würde ich auch ohne Pfeife niemals“, Odin lächelte aus seinem Inneren heraus. „Danke! Ich werde sie in einer kühlen Sommernacht rauchen und an dich denken.“

Die Freunde umarmten sich ein letztes Mal. Hassan tätschelte

Odin die eine Wange und drückte ihm einen Kuss auf die andere.

Odin nahm den Beutel mit den Edelsteinen: „Ich weiß nicht, was ich dazu sagen soll."

„Nichts, nimm alles und kehre gut nach Hause zurück. Dort richte dein Leben wieder ein und werde glücklich!"

Odin nickte, klemmte sich die Wasserpfeife unter den Arm und sagte im Weggehen: „Du besuchst mich?"

„Ich besuche dich!"

Er verließ den Freund und sein altes Leben, ging zielstrebig durch die Reihen des schläfrigen Basars zurück. Bevor er in die Gasse mit den Lehmhäusern rechts und links einbog, drehte er sich noch einmal um und winkte. Hassan winkte zurück. Ohne weitere Unterbrechung lief Odin zum Hafen.

4. Der Zusammenstoß

Nach dem Gespräch mit Verdandi und einem Frühstück aus Haferbrei machte sich Freyja daran, ihren Tagesplan abzuarbeiten.

Heute stand Speerwurftraining auf dem Programm. Die eigens dafür hergerichtete Waldlichtung lag abseits des Dorfes, wo der Speer weit fliegen konnte und wahlweise auf einer Wiese, einem Tümpel oder im Gebüsch aufkam. Den Abwurfplatz wählte Freyja je nach Sonnenstand und Wind.

Freyja hatte sich auf dem Weg hierher warmgelaufen und konnte gleich loslegen. Ihr Speer war ein ganz besonderes Sportgerät und hörte auf den Namen Snorrie. Sie streichelte ihn, drückte einen flachen Kuss auf den Schaft, holte weit aus und gab allen Schwung in den Wurf, den sie in ihrem Körper konzentriert hatte. Sie blinzelte hinterher. Der Speer flog weiter als gestern. Gestern war er weitergeflogen als vorgestern, und da war sie besser gewesen als am Tag davor. Die Dinge liefen gut.

Sie verfolgte den Wurf mit straffem Körper, die Schultern waren nach hinten gezogen, die langen Haare zu einem hellen Zopf gebändigt, der den Rücken herunterfiel. Ihren Hals schmückte die ewige Tigeraugenkette, auch beim Training. Sie blickte selbstgefällig auf das Ergebnis ihres Wurfes. Dabei schielte ihr linkes Auge: Freyjas berühmter Silberblick.

Freyja nickte sich anerkennend selbst zu, schlug ihre Handflächen ineinander und schnaubte ein selbstverliebtes „Prächtig!"

Bescheidenheit brachte sie schließlich nicht auf das Siegerpodest. Wenn es nach ihr ginge, würde sie in Kürze den Superpokal in der Hand halten. Zum dritten Mal in Folge, nach dem Blütenland-Festival und der Minenparade, gewänne sie ihn diesmal bei den Nerthus-Spielen. Was sprach dagegen? In ihren Augen nichts! Freyja sah sich im Geiste alle Siegertreppchen erklimmen, als seien sie nur für sie erfunden.

Die Festspiele konnten beginnen! Sie war gerüstet, und ihr Lächeln ähnelte dem einer Sphinx, ein Ausdruck höchster Zufriedenheit.

Ein markerschütternder Schrei durchschnitt die Luft.

Freyja erstarrte. Das konnte unmöglich sein. Alle wussten, dass sie hier trainierte, und mieden das Gebiet. Sie sprintete dorthin, wo der Speer im Waldboden zitterte. Sein Weg hatte ihn durch eine Hagebuttenhecke geführt. Als Freyja die dornigen Zweige auseinanderbog, erblickte sie einen blutenden Schwan. Ihr Herz stockte. Der Kopf des stolzen Tieres hing reglos an dem langen Hals und lag wie hingeworfen auf den Zweigen. Die Augen waren halb geschlossen. Im Flügel klaffte eine tiefe Wunde. Das Blut verteilte sich kreisförmig.

Sie redete beruhigend auf das Tier ein, das nicht nur von ihrem Speer verletzt, sondern auch noch von dornigem Gestrüpp eingeschlossen war. Als sie sich ihm näherte und sein Gefieder streichelte, kam Leben in den schweren Körper. Der Schwan hob seinen Kopf, spreizte seinen Flügel und schlug um sich. Die Dornen bohrten sich immer tiefer in sein Gefieder. Mehr Blut floss über die weißen Federn, bildete bizarre Formen, als sollte das hier ein Kunstwerk werden.

Freyja ließ das Gestrüpp vorsichtig los und trat mit nach vorne gehobenen Händen zurück, als wollte sie sagen: „Sieh her, meine Absichten sind gut, ich will dich nicht verletzen." Doch es war zu spät. Sie hatte es bereits getan, der Schwan blutete aus einer Stelle, durch die sich ihr Speer gebohrt hatte.

Sie ordnete ihre Gedanken, riss den Speer aus dem Boden und warf ihn weit weg ins Unterholz, damit das Tier sich nicht weiter beunruhigte. Snorrie fand seinen Weg immer zu ihr zurück.

Freyja setzte sich neben das Gebüsch, umschlang mit ihren Armen beide Knie und begann zu singen. Sie sang das Schwanenlied, das Mutter Skadi so oft gesungen hatte. Das Flattern in dem Busch ließ allmählich nach und verebbte schließlich ganz. Sie näherte sich dem Gebüsch erneut, weiter singend, bog die Zweige auseinander und blickte dem Schwan direkt in die Augen. Er war mittlerweile ruhiger, blickte in Freyjas Richtung und streckte ihr sogar seinen schönen Hals zu, während er aus feuchten, schwarzen Augen schaute.

Mit ruhigen Gesten streckte Freyja eine Hand nach dem Schwan aus. „Darf ich?", fragte sie und wies mit ausgestrecktem Zeigefinger auf das blutgetränkte Gefieder. Der Schwan rührte sich nicht, was sie als Zeichen der Zustimmung nahm. Ihre Hände berührten ihn nicht, sie schwebten knapp über dem Gefieder, genau über der Wunde. Sie sang wieder und bewegte die Hände mal hierhin, mal dorthin, verließ aber nie die Kernwunde. Es war schlimm, aber all das hier konnte heilen. Sie seufzte tausend Dankeschöns, dass Snorrie nicht weiter in der Körpermitte aufgetroffen war. Nicht auszudenken, was dann passiert wäre.

„Ich würde dich gerne aus dem Gebüsch befreien und mitnehmen", begann sie behutsam mit dem Schwan zu reden, „in Granskogheim kann ich deine Wunde säubern und dich besser versorgen. Darf ich dich da rausholen?"

Der Schwan schaute weiter ruhig. Nickte er? Das konnte Freyja sich auch einbilden, doch sie bog mit einer Hand vorsichtig die dornigen Hagebuttenzweige von ihm weg, ohne auf Widerstand zu stoßen. Die andere Hand schob sich unter den schweren Schwanenkörper. Mit vereinten Kräften gelang es ihnen, den Schwan, der sich mit Hilfe Freyjas und seiner kräftigen Beine erhob, ohne weitere Verletzungen aus dem Dornengefängnis zu befreien. Freyja nahm das Tier auf ihre kräftigen Armen und trug ihn vorsichtig wie ein Neugeborenes durchs Dorf. Snorrie folgte den beiden mit schuldbewusstem Blick und selbständig durch die Luft fliegend. Wie ihm so was aber auch passieren konnte, er hatte noch nie jemanden verletzt.

Snorrie bog an der Kreuzung zu Freyjas Hütte ab, während sie mit dem Schwan geradeaus zu Verdandi ging.

Verdandi saß auf der Bank vor ihrer Hütte und lächelte, als Freyja mit dem blutverschmierten Schwan eintraf. Ihre Armreifen klackerten, während sie auf ein Lager aus weichem Moos direkt am Eichenstamm zeigte. Daneben standen zwei Kalebassen, eine mit einer ihrer magischen Salben, die andere mit klarem Wasser gefüllt.

Freyja verstand und bettete den Schwan behutsam. Verdandi lieferte gerade einen Beweis mehr für ihre Hellsichtigkeit in einer ganzen Reihe von Begebenheiten, die wohl schon jeder Einwohner des Granskogheims mit der Eichenschwester erlebt hatte.

Verdandi kauerte sich neben beide, strich dem Tier beruhigend über den Hals und hakte ihren freundlichen Blick in seinen schwarzen Augen fest. Der Schwan hielt still, während Freyja sein Gefieder von dem Blut reinigte. Danach strich sie ihm den Balsam aus der anderen Kalebasse vorsichtig auf die von Snorrie verursachte Wunde, dann auf die Risse von der Dornenhecke. Der Schwan ließ alles über sich ergehen.

Als Freyja fertig war, löste der Schwan sich von Verdandis Blick. Die Eichenschwester ging zurück zu ihrer Bank. Der Schwan blinzelte Freyja an, die ihm sanft über den Kopf: „Entschuldige bitte!", flüsternd.

Der Schwan entspannte mehr und mehr. Der Hals wurde weich, fiel auf das Gefieder, und er döste ein.

Freyja blickte auf und sah zu Verdandi, die auf ihrer Bank im Schatten der Eiche saß. Die Eichenschwester lächelte: „Er kann gerne hierbleiben, doch du musst dich bis zu eurer Abfahrt um ihn kümmern."

„Wir fahren schon morgen", antwortete Freyja ratlos.

„Dann kümmerst du dich heute um ihn", mit diesen Worten stand Verdandi auf und verschwand in der Hütte.

Freyja blickte zu dem Schwan: „Wenn Verdandi das sagt." Sie setzte sich neben ihn, hielt ihre Hand über das Gefieder und sang erneut das Schwanenlied ihrer Mutter. Der Schwan schlief.

5. Der Abschied

Freyja verbrachte den restlichen Tag am Lager des verwundeten Tieres. Anfangs nagte die Ungeduld an ihr, schließlich lebte sie seit einem Jahr mit ihrem Trainingsplan als engste Begleitung. Doch nach und nach glitt sie in einen tranceähnlichen Zustand, von dem sie zum Schluss, als sie zu sich kam, nicht viel mehr wusste, als dass sie auf Schwanenflügeln durch die Lüfte gereist war und sich frei gefühlt hatte.

Sie erwachte, als der Schwan sich vor ihr aufstellte, mit dem Körper wackelte, die Flügel ausbreitete und mit ihnen ein paar Mal schlug, um zu testen, ob alles funktionierte. Nachdem er seinen Zustand für tadellos befunden hatte, neigte er seinen langen Hals und faltete währenddessen tatsächlich einen Flügel vor dem Bauch, während der andere sich rechts zur Seite herausstreckte. Er verbeugte sich.

Freyja machte es ihm unwillkürlich nach, hielt die linke Hand vor dem Bauch und streckte die rechte zur Seite aus. Während sie sich voreinander verneigten, spiegelte sich ihr Abbild in seinen Augen. Dann wandte der Schwan sich um, nahm Anlauf auf dem Weg von der Eiche zum Steinkreis und flog wenige Augenblicke später in den Abendhimmel davon.

Freyja rieb sich die Augen und gähnte. Sie stand auf und nahm einen Schluck Wasser zu sich. Auf einmal merkte sie, wie hungrig sie war. Außer dem Haferbrei heute Morgen hatte sie noch nichts zu sich genommen. Was nicht wirklich schlimm war, denn heute Abend stand die Abschiedsfeier an, mit der das Team der Nordlande von allen Granskogheimern nach Rugia verabschiedet wurde. Traditionell ließen sich Nordländerinnen nicht lumpen, wenn es ums Feiern ging, weder was die Getränke noch was das Essen betraf.

Eine wichtige Aufgabe war getan, der Schwan war wieder gesund. Vielleicht gelang es ihr nach dem Gespräch und Verdandis Intervention in der Geisterwelt, heute Nacht noch vom verbotenen Wissen zu kosten. Danach wäre alles anders, schwärmte sie für sich, alles wäre besser. Sie legte den Kopf in den Nacken und hielt ihr Gesicht der Sonne entgegen, breitete die Arme aus und schloss die Augen. Mit einem seligen Lächeln atmete sie einige Male tief durch.

Dann sah sie sich um. Vögel lagen im Sängerwettstreit, Insekten gaben sich ein Stelldichein, doch Verdandi war nicht zu sehen. Freyja bekam also keinen Ratschlag mehr mit auf den Weg für diese letzte Nacht zu Hause, in der sie doch endlich von dem Pokal aus ihren Träumen kosten sollte.

Auch gut. Sie musste sowieso ein paar letzte Dinge für die Reise packen, bevor sie zur Abschiedsfeier ging. Zur Morgenflut sollte das Team der Nordlande mit der *Dragefolk* unter Leitung von Kapitän Hallgrimson auslaufen.

Freyja kehrte im Dauerlauf in ihre Siedlung zurück. Als sie ankam, hatte sich die gesamte Mannschaft bereits mit Sack und Pack auf dem Dorfplatz versammelt. Die Clanchefin wurde freudig begrüßt.

„Jetzt aber, Freyja, hopp, hopp“, rief ihr Birgitta zu und lief gebeugt und in die Hände klatschend neben Freyja her, als feuerte sie sie an.

Freyja spielte mit, sprintete, reckte auf dem Marktplatz ihre Faust siegessicher in die Luft, lachte schallend und ging in ihr Haus. Dort erledigte sie die allerletzten Handgriffe für die große Reise, und nur wenige Momente später legte auch sie ihr gesamtes Gepäck auf den Dorfplatz zu dem Berg an anderen Habseligkeiten, die sich dort schon stapelten.

Es ging los. Die Bewohner Granskogheims bildeten eine Kette und luden die Fracht unter der Aufsicht von Kapitän Hallgrimson und seiner Mannschaft auf das im Hafen vertäute Schiff: Reisetruhen, Sportausrüstungen, Speere, Bögen, Pfeile, Gewichte, Bündel und Kisten ohne Ende. In einer Reihe wie die Ameisen liefen sie beladen über den Steg an Bord und kehrten ohne jede Bürde wieder zurück, während der Schiffsrumpf gefräßig alles in sich hineinstopfte, was sie ihm anboten.

An Bord stauten und vertäuten die erfahrenen Wikinger das Gepäck, damit das Schiff auch bei schwerer See keine Schlagseite bekam. Das Ganze erinnerte an einen monströsen Umzug. Immerhin reisten sie zu einem Sportwettkampf, der alle sechs Jahre in einem anderen Winkel der Welten stattfand, in allen Himmelsrichtungen. Diesmal blieben sie im Norden. Auf Rugia nannte sich das Sportfest Nerthus-Spiele, im Süden war es das Assassinas-Festival, im Westen die Tanzkämpfe bei den Eukaryoten, im Osten die Wudang-Festwochen.

Am aufwendigsten war die Anreise immer bei den extraterrestrischen Sportfesten auf dem Sirius. Eine logistische Herausforderung, bei der die Baumwelten-Teams von den extrastellaren Mannschaften unterstützt wurden, die ihnen ihre Raumschiffe zur Verfügung stellen mussten und nie ganz verstanden hatten, warum die Baumweltler auf ihre schönen technischen Fortschritte nicht mal halb so versessen waren wie sie selbst. Was die Extrastellaren dabei übersahen, war, wer wollte, konnte außerhalb der Festspiele von den Baumwelten aus jederzeit zu anderen Planeten reisen und sie besuchen, auch ohne Raumschiff. Man reiste einfach per Brainspotting.

Die sechste Himmelsrichtung zeigte gen Untergrund. Doch die unterirdisch stattfindenden Sportkämpfe der Svartalfheimer Minenparade wurden nicht mehr ausgeführt, seit die Svartalfheimer Zwerge sich als Ergebnis einer Kette unglückseliger Ereignisse vor mehr als einer Dekade aus der Gemeinschaft der Baumwelten verabschiedet hatten.

Man suchte einen Ausweichplatz, hatte aber den idealen Ort noch nicht gefunden. Denn die perfekt ausgebauten unterirdischen Sportstätten waren an den vorgesehenen Orten fest installiert und liebevoll gepflegt worden. Auch die Midgarder Sportstätten auf Rugia waren in einem Topzustand und warteten darauf, bei den Nerthus-Spielen endlich wieder genutzt zu werden.

Die Teilnehmenden an diesem sportlichen Großereignis kamen von nah und fern. Die Nordlande lagen auf dieser Skala sogar vergleichsweise nahe bei Midgard. Es gab extraterrestrische Teams, die kamen von so weit her, dass man ihre Heimatplaneten am Himmel nicht mehr mit bloßem Auge sehen konnte.

Noch eine Nacht schlafen, dann ging es los. Erst mal gab es aber gegrillten Elch, dann ein paar Getränke.

Freyja liebte es, unterwegs zu sein. Einen Großteil ihrer Kindheit und Jugend hatte sie damit verbracht, zu reisen. Ihre Mutter, die Riesin Skadi, hatte sich mit ihrem Vater, dem Meeresgott Njörd, die Erziehung geteilt. Deswegen hatte Freyja eine Hälfte des Jahres in den nördlichen Gebirgen gelebt und mit ihrer Mutter Speerwurf, Jagen und Ausdauerlauf trainiert. Wenn sie die andere Jahreshälfte auf dem Meeresgrund bei ihrem Vater verbracht hatte, war sie mit den Nixen um die Wette geschwommen und hatte sich von Algen und Muscheln ernährt. Dadurch hatte sie nie gespürt, dass sie ein Einzelkind war, denn sie hatte dort unzählige Schwestern.

Nachdem sie später von ihrer Mutter die Aufgabe der Clanchefin übernommen hatte, zog sie zwar fest in die nördlichen Gebirge, aber auch von hier aus war sie viel auf Reisen. Ihr Clan handelte mit rotem Bernstein in allen mit dem Schiff zu erreichenden Weltregionen.

Die gesamte Dorfgemeinschaft Granskogheims hatte sich auf dem Dorfplatz um ein riesiges Feuer versammelt. Die Tische bogen sich unter der Last von Dachspasteten, Bärenschinken, Früchten des Waldes und geräucherten Lachsen. Elche wurden gegrillt, die Trinkhörner kreisten und ein Metfass nach dem anderen wurde geleert. Mit fortschreitender Stunde wurde immer lauter gesungen und wilder getanzt. Die Mitternachtssonne tauchte das Tal in ihr blasses Licht und tat so, als ginge sie das nichts an.

Die Sonne hatte ja auch gut reden. Alle wilden Tiere, die ihren Bau in der Nähe hatten und Nachwuchs hüteten, schimpften lauthals angesichts des Lärms, konnten aber letztlich nichts ausrichten. Wenn Nordländer feierten, dann feierten sie.

Am nächsten Morgen sahen die Passagiere allesamt zerrupft aus, als sie unter der Morgensonne den Steg passierten, der aufs Schiff hinaufführte. Manche waren gar nicht mehr ins Bett gegangen, viele verkatert und übernächtigt. Auf der Reise hatten sie genug Zeit, um auszunüchtern und wieder zu Kräften zu kommen, denn nicht nur ihr Gepäck lagerte im Schiffsrumpf, sondern auch Unmengen an Proviant und Wasser.

Freyja gehörte zu denjenigen, die durchgefeiert hatten. Sie passierte mit einem hölzernen Metkrug in der einen Hand, auf der anderen Seite untergehakt bei ihrer Freundin Birgitta, mit unsicherem Schritt die Holzbohlen. Im Duett grölten sie das Lied, mit dem sie schon die ganze Nacht ihre Umgebung malträtierten und das man nur nach einer gewissen Anzahl an Metkrügen ertrug:

„Und der Igel mit dem Hasen
stößt den Langohr vor die Nasen,
dann liegen beide sie im Gras
besoffen und nass, ha ha ha“

Es folgte das unvermeidliche Gelächter, das sich in den Takt des Liedes genau so schrecklich wie der Text einpasste, wenn man die Wortgebilde denn überhaupt so nennen konnte. So gefeiert hatten sie lange nicht mehr. Es war ausgiebig genug gewesen, um Freyja die erste alptraumfreie Nacht zu schenken, seit sie aus dem Land der Glutkobolde heimgekehrt war.

Kaum auf dem Schiff machten es sich Birgitta und Freyja auf den Leinen der eingeholten Takelage gemütlich und bekamen weiter nichts mit, so wie der größte Teil aller Passagiere. Die Mannschaft hatte glücklicherweise die Order ihres Kapitäns befolgt und sich bei den Getränken zurückgehalten.

Es war ein strahlend schöner Morgen, die Flut brandete, die zwölf Ruderer legten sich in die Riemen und die *Dragefolk* lief aus.

Eine gutgelaunte Sonne beschien den nördlichen Ozean, der so ruhig dalag wie ein silberner Spiegel. Die Berge, Felsen und Wälder strahlten in schönstem Braun und Grün und leuchteten mit der bunten Kleidung der Daheimgebliebenen Dorfbewohner zum Abschied. Wenigstens die Wikinger winkten zurück, während sie die *Dragefolk* mit ihrem hölzernen Drachenkopf am Bug aufs offene Meer navigierten. Delphine begleiteten das Schiff, Seehundfamilien grunzten von ihren Felsen aus. Man konnte fast meinen, sie beobachteten das Geschehen erleichtert. Die nächste Nacht würde definitiv ruhiger verlaufen.

Kapitän Hallgrimson stand am Mast und schaute über die Planken. Seine Leute ruderten im Takt, den der Trommler vorgab. Der Rhythmus der Trommeln störte die Feiernden der Nacht überhaupt nicht. Sie verteilten sich auf oder unter Deck und zeigten keinerlei Lebenszeichen mehr.

6. Der Sturm

Das Erste, was Freyja wahrnahm, war ein schlechter Geschmack in ihrem ausgetrockneten Mund. Rhythmisches Trommeln drang wie durch eine Wattewolke zu ihr herüber. Sie spürte einen Arm über ihrer Schulter und ein Schnarchen direkt an ihrem Ohr, lange blonde Haare verteilten sich über ihrem Kopf und ihren Schultern. Das war jetzt nicht sehr ungewöhnlich, aber es waren nicht ihre Haare, denn diese, die sie sich gerade aus der Nase schnaubte, hatten einen deutlich röteren Ton als ihre eigenen und gehörten zu ihrer Freundin Brigitta.

Freyja versuchte, ein Augenlid zu heben. Siehe da, es gelang. Das zweite Augenlid folgte. Es war, als hätte sie die Pforte zu einer anderen Welt geöffnet, ihr Kopf dröhnte.

Sie hob den fremden Arm zur Seite, drehte sich um und sah ins Gesicht ihrer Freundin. Wie sie hierhergekommen waren, konnte sie zum jetzigen Zeitpunkt noch nicht so ganz genau rekonstruieren. Aber sie hoffte, dass alles seine Ordnung hatte. Immerhin spürte sie Wellenbewegungen unter dem Bug des Schiffes, auf dem sie sich ganz offensichtlich befand, und Kapitän Hallgrimson stand hinter dem Steuerrad, den Blick fest auf den Horizont gerichtet.

Grunzend reckte Freyja ihre steifen Glieder, streckte beide Arme in einen wolkenlosen Himmel und stand auf. Sie sah sich um und merkte, dass ringsum kein Land mehr in Sicht war. Sie umgab grünes Wasser mit verträumten Wellen, auf denen ein wenig Gischt spielte. Die Erinnerung kehrte ganz langsam zurück. Das Fest, ein großes Mitternachtsfeuer, die Metkrüge hatten die Runde gemacht. Sie hatte es doch gewusst, alles war an seinem Platz.

Das viele Wasser erinnerte Freyja an ihren Höllendurst. Ihre Augen waren mittlerweile in der Lage, auch feinere Umrisse zu erkennen. So stellte sich der Kapitän der *Dragefolk* langsam scharf. Der hatte das Steuerrad seinem Stellvertreter überlassen und stand nun nur einen Meter neben ihr, mit verschränkten Armen und einem süffisanten Lächeln. Als Freyja diese Tatsache ins Bewusstsein drang, reagierte er wie ein echter Gott: Er reichte ihr einen mit Wasser gefüllten Krug und praktisch mit dem nächsten Atemzug stürzte Freyja das Wasser herunter.

„Wenn das mal kein Fehler war“, brummte Hallgrimson noch, bevor Freyja zur Reling stürzte und dem Meer alles übergab, was sich in ihrem Magen befand. Hallgrimson stammte von der Eis- und Feuerinsel hinter dem Horizont. Er hatte sie alle schon unzählige

Male überallhin in der Welt gefahren und war als ein guter Kapitän für jeden Fall gerüstet. Er zerriss ein kaputtes Segel, das am Mast lag, und reichte Freyja den Fetzen.

„Danke!“, japste sie kurz, wischte ihren Mund ab und schon schwappte die nächste Übelkeitswelle in ihr hoch und ließ sie zum Bordrand stürzen. Hallgrimson grinste in seinen geflochtenen Bart. Er wandte sich ab und ging zum Steuerrad zurück.

Freyja blieb nicht lange allein. Als würde der Takt des Trommlers, der für die Ruderer schlug, nach und nach alle wecken, die ihren Rausch ausschliefen, stürzte das halbe Sportteam aus den Nordlanden zu den Wasserkrügen und danach zur Reling.

Die Wikinger ruderten, der Trommler trommelte, die Gäste litten und der Kapitän hatte alles im Blick. Sie ruderten einem ruhigen Abend und einer entspannten Überfahrt entgegen. So war jedenfalls der Plan.

Andernorts wurde währenddessen daran gearbeitet, ihn zu vereiteln.

Normalerweise wäre es Freyjas Aufgabe im Clan, solche Situationen schon vor ihrer Entstehung zu registrieren. Nicht nur bedrohliche, aber doch besonders die, um sich rechtzeitig wappnen und darauf reagieren zu können. Doch was war schon normal an einem Morgen wie diesem? Es lag nicht allein an den Folgen der hemmungslosen Zecherei, dass Freyja nicht im Entferntesten ahnte, was sie erwartete. Als Orakel der Nordlande konnte sie eigentlich mit ihrem Silberblick um Ecken schauen, um die niemand sonst zu blicken vermochte, in Gegenden sehen, in die außer ihr niemand sah, und war von einer Feinfühligkeit, dass sie das Fallen von Fichtennadeln schmerzen konnte. Doch wegen ihrer Alpträume hatte sie diese Aufgabe abgelegt und völlig auf die Eichenschwester übertragen. Ihre Reise ins Land der Glutkobolde hatte viele Gewissheiten über den Haufen geworfen. Ihr Silberblick, auf den sie früher immer fest vertraute, hatte sie verraten, als er sie im Land der Glutkobolde im Stich ließ. Früher wusste sie immer, was lief. Aber hätte er sie nicht warnen müssen vor einer Beziehung, auf die eine solche Krise folgte wie die, die sie gerade durchlitt?

Seither führte Freyja ihren Silberblick nur bis zum Horizont spazieren, nur in der Gegenwart. Sobald sie ein Stück weiter ging, knallte die mentale Feuertür fest in ihre Angeln und ließ nichts mehr durch. Mit Sterndeutern, Vorhersagen und weiß der Kuckuck was für Ahnungen hatte sie abgeschlossen.

Die Ursache solch tiefgreifender Veränderungen konnte in dieser Lebensphase nur ein junger Mann sein: das Glück greifbar nahe, dann ein Wahrsager mit einer düsteren Prophezeiung. All das war in Freyjas Leben wie ein Komet aus dem All gekracht und hatte einen riesigen Krater hinterlassen. Danach plagten sie Nacht für Nacht Tornados, Kelche, Kraken und irgendein verbotenes Wissen. Wenn ihr Silberblick wirklich hilfreich wäre, hätte sie sich nie auf diese Beziehung eingelassen. Er hätte diese Situation verhindern müssen. Hat er aber nicht. Also zur Hölle damit!

Als der Brechreiz nachließ, erinnerte Freyja sich daran, auf den Schiffsplanken sitzend und gegen einen Segelmast gelehnt, dass sie heute Nacht von dem verbotenen Wissen hätte kosten sollen.

Sie schnellte auf. Sofort meldete sich der Kater zurück. Kein Tag für tiefgehende Grübeleien. Was war, war eben. Und was kam, näherte sich unaufhaltsam.

Die Arme verschränkt, stand Freyja an Deck und blinzelte. Sie sah Wasser, Wellen und Luft. Ganz hinten schwammen Delfine, und ihr war sogar, als hätte sie die Wasserfontäne eines Wales gesehen. Sie nüchterte mehr und mehr aus, konzentrierte sich ganz auf sich, freute sich auf ihre Siege und ignorierte die Unruhe des Kapitäns in der zunehmenden Dämmerung.

Sie hörte den Vorschlag von Hallgrimsons Stellvertreter Ole: „Lass uns das Segel hissen! Die Wikinger brauchen eine Pause, und der Wind hat aufgefrischt“ und wunderte sich darüber, dass Hallgrimson den Kopf schüttelte. Der Kapitän blickte mehrmals durch seinen Sonnenstein, zum Horizont und gen Himmel.

„Wir verlassen unseren Kurs!“, rief er plötzlich. Er übergab das Ruder an Ole, ging zum Trommler und hieß ihn, damit aufzuhören, den Takt zu schlagen.

In der plötzlich einsetzenden Stille konnte der Kapitän sich aller Aufmerksamkeit gewiss sein: „Steuermann, reiß das Rad um drei Werst rum! Wikinger, legt euch in die Riemen, bis die Sonne zehn Hände tiefer steht! Trommler, gib alles! Die Passagiere gehen unter Deck! Genau drei Nautinav weiter erwartet uns ein Monstersturm!! Und wir können uns nirgends an Land retten.“

„Na ja, mein lieber Hallgrimson, mach fünf Nautinav draus, und du blickst der Realität in ihr unvermeidliches Auge“, kicherte der Jungspund und Sturmgott Lil in seinen Bart, der ihn wie ein Flachsbündel im Sturm umflatterte. An diesem Wesen flatterte überhaupt alles, seine Augen flogen beide links an ihm vorbei, die Ohren dagegen rechts, sein Haar hinter ihm. Er sah wie eine Wolke aus, die sich gerade in alle Richtungen in ihre Einzelteile zerfledderte. Doch der Eindruck täuschte. Lils Geist war zielstrebig, und er hatte einen

Plan. Außerdem war er viel jünger, als Bart und Haare es vermuten ließen. Und er spielte gar zu gern.

Lils Konzentration galt ganz der *Dragefolk*, ein stabil gebautes Meisterstück moderner Schiffsbaukunst. Doch von hier oben sah sie nicht anders als eine Nussschale aus, die auf den Wellen tanzen würde, wenn er nur ein klein wenig zu pusten anfing.

Lil hauchte nur in Richtung der *Dragefolk* und beobachtete händereibend, wie die Nussschale sofort auf den sich auftürmenden Wellen zu schwanken begann.

„Da ist noch Luft nach oben", ermunterte er sich selbst und amüsierte sich ausgiebig über seinen gelungenen Witz.

Seine flockige Hand stupste beide Augen an und schon landeten sie in ihrer anatomisch vorgegebenen Umgebung. So ließ es sich besser schauen.

Lil fixierte Freyja, die neben ihrer Freundin Birgitta in der Nähe des Steuermanns saß und versuchte, sich keine Sorgen zu machen.

„So einen kleinen Sturm kannst du doch sicher in seine Schranken weisen, nicht wahr?", hörte er Birgitta fragen. „Mir ist so gar nicht nach Seegang", Birgitta rieb sich die Augen, die Schläfen. Dann stützte sie das Kinn auf ihre Hand. Freyjas Freundin blickte teilnahmslos in die Ferne, hin zu einer hoch am Himmel stehenden Abendsonne, an der kleine Wolkenfetzen vorbeitrieben.

Freyja schaute derweil noch aufmerksamer in die Umgebung als eben. Sie dachte wieder klarer und die Kopfschmerzen waren vertrieben. Ihr Gefühl sagte ihr, dass irgendetwas bevorstand, egal ob sie etwas davon sehen oder hören wollte oder nicht. Hallgrimsons Unruhe hatte sich auf sie übertragen. Sie legte Birgitta die Hand auf die Schulter, stand auf und ging zum Kapitän. „Kann ich irgendetwas tun?", fragte sie ihn.

„Ich fürchte nicht, wir müssen ihn kreuzen, keine Alternative", brummte Hallgrimson.

Lil amüsierte sich über die Sorgen des Kapitäns, sein Kichern ging in lautes Gelächter über, und er patschte mit seinen Händen auf die Wolken, die ihn umgaben. Hätte Hallgrimson die Reaktion auf seine Worte wahrgenommen, hätte er sich vielleicht unter Deck zurückgezogen und dem Schicksal seinen Lauf gelassen. Doch Hallgrimson war ein Wikinger-Chief. Seine *Dragefolk* in einem Sturm, das war ein bekanntes Szenario, das sich händeln ließ. Entsprechend schaute er wieder zuversichtlicher, als er den Entschluss gefasst hatte, sich dem Sturm zu stellen.

Im Gegensatz zu Freyja. Ihr Herz sank bis weit unter die letzten Holzplanken am tiefsten Schiffsrumpf im Meer. Sie hätte noch nicht einmal konkret sagen können, warum.

Sie erinnerte sich an vergangene Zeiten und alte Gaben. Sie musste wissen, was hier gespielt wurde und ließ ihrem Silberblick jetzt doch freien Lauf, das erste Mal seit einem Jahr. Ihr Blick hatte sich noch nicht ganz von ihrem Körper getrennt, da sah sie Lil schon direkt in die Augen, hörte sein Gelächter, und nun wusste auch sie, dass es kein Entrinnen gab. Lil bemerkte sie nur deshalb nicht, weil seine Aufmerksamkeit gerade auf dem Kapitän der *Dragefolk* ruhte, der mit seinem Sonnenstein weiter zu navigieren versuchte, um das Schlimmste zu verhindern, was seinerseits Lil prächtig amüsierte.

Freyja genügte ein kurzer Blick hinter den Horizont der Gegenwart, sie kehrte sofort zurück. Im Vorbeihuschen nahm sie noch andere Gestalten wahr, sie hätte nicht sagen können, wie viele. Aber ihr war so, als säßen sie alle um einen runden Tisch und spielten Karten. Umgehend bildeten sich tausend Fragezeichen in ihrem Gehirn. Aber noch mal in diese Gefilde zurückzukehren, war zu gefährlich. Sie wollte unerkannt bleiben.

Um ihrer aller willen entschloss sich Freyja, einen Blick in die fernere Zukunft ihres Teams zu werfen, vorbei an jenen, die sie offenbar mit einem Kartenspiel gestalten wollten. Dort sank niemand mit Schiffsplanken und Mann und Maus auf den Meeresgrund. Das gab Anlass zur Hoffnung. Vielleicht ließ sich mit dem Windkameraden verhandeln. Doch jetzt mussten alle erst einmal so gut in Sicherheit gebracht werden, wie es eben ging. „Alle unter Deck!“, rief sie laut und sah zu Hallgrimson. Der unterstütze Freyja sofort. „Ja! Alle unter Deck.“

Freyja ging zu ihre Freundin. „Du auch“, sagte sie zu Birgitta. Freyja erntete energisches Kopfschütteln. „Kommt nicht in Frage. Ich lass dich hier oben nicht allein“, antwortete eine blasse, aber entschlossene Birgitta:

„Bitte“, versuchte Freyja es nochmal. Gegen Birgittas festen Blick hatte sie keine Chance. Da nahm Freyja ein Stück Seil und setzte sich mit dem Rücken wieder an den Segelmast. „Komm!“, forderte sie ihre Freundin auf, es ihr gleichzutun. Als sie nebeneinander saßen, begann sie, Birgitta und sich festzubinden:sie war kaum damit fertig, da begannen Wellen über die Planken zu krachen. Die beiden Frauen fassten sich an den Händen. Der Kapitän schrie gegen den im Rudertakt zunehmenden Wind an. Er ließ nur fünf Wikinger an Deck und schickte schließlich auch den Trommler und den Steuermann hinab. Dann nickte er Freyja und Birgitta zu, begab sich nach hinten und band sich am Steuerrad fest.

7. Kundries Garten

Das Wasser platschte hoch und zerfiel in unzählige Tröpfchen, als die Kinder von den zwei Felsen aus hineinsprangen. Die Sonne spiegelte sich in jedem nassen Splitter. Es wurde gelacht, geschrien, vom Ufer aus angefeuert. Die Zaghafteren zogen es vor, danebenzustehen. Die Mutigen stürzten sich in die Fluten, schwammen zurück ans Ufer und sprangen nur Momente später mit erneut ins Feenbächlein, das aus dem Elfenreich Losalfheim direkt hinüber nach Midgard strömte, in Kundries Garten hinein, von zwei Steinwächtern und einer sich darüber hinabbeugenden Trauerweide bewacht.

Kundrie, die Hexe von Midgard, saß auf ihrer Rabenfußbank und ließ sich von dem Treiben nicht aus der Ruhe bringen. Sie starrte auf einen fast abgebrannten Räucherstab und zählte vor sich hin. In dem Moment bog Eulenfrau Mahhara im Sprint um die Ecke ihrer Hütte und stoppte genau vor ihrer Schwester.

„Ja!", jubelte Kundrie und riss die Arme hoch, „Bestzeit! Besser als gestern!"

Mahhara stützte keuchend die Hände auf die Knie und nickte: „Was hast du denn erwartet?" Die Eulenfrau touchierte die Grenze zur Arroganz nicht nur, sondern schritt auch gerne großzügig darüber hinweg. Aber warum auch nicht, schließlich hatte sie schon etliche Pokale eingeheimst. Bei den letzten Sportfesten war Nordfrau Freyja etwas besser gewesen, aber das würde sich wieder ändern.

Mahhara hatte ihr Haar zu einem Zopf zusammengebunden, der wie eine einzelne dicke Pechsträhne ihren Rücken hinabfloss, während sich ihr Pony strähnig auf der Stirn kringelte. Ihre Augen blickten starr geradeaus, ihr Atem beruhigte sich allmählich. Die enge, dünne Leinenkleidung, die sie trug, war durchschwitzt und klebte an ihrem durchtrainierten Körper. Sie nahm einen Krug Wasser vom Tisch und lehrte ihn in einem Zug. Dann stellte sie ihn zurück, rülpste leicht und strich sich eine Strähne aus dem Gesicht.

Als sie sprach, wies sie in Richtung der tobenden Kinder: „Was bei den Baumgöttern willst du eigentlich Titania sagen, wenn sie das hier irgendwann mal mitkriegt? Es grenzt sowieso an ein Wunder, dass sie noch nicht dahinter gekommen ist, was ihr eigener Nachwuchs hier treibt."

Mit einem zufriedenen Seufzen ließ sie sich neben Kundrie auf die Rabenfußbank fallen, die sich halbrund an den Stamm der Weltenesche schmiegte: „Naja, auch egal. Morgen geht's nach

Rugia. Noch ein paar Trainingsläufe, dann die Wettkämpfe und ab geht's aufs Siegertreppchen. Diesmal gehört der Superpokal mir, so viel ist klar!“ Dieser Gedanke beschien ihr ganzes Gesicht wie warme Sonnenstrahlen nach einem langen Winter.

„Ist es das?“, fragte Kundrie, die in Gedanken ganz offensichtlich woanders war. Sie war ganz in das Bild der spielenden Kinder in ihrem Garten eingetaucht. Ein Teil der Kinder besaß lange blonde Haare und hörte auf Elfennamen. Der andere Teil hatte dichtes rotes Haar und stammten ganz klar aus dem Zwergenreich Svartalfheim. Genau da lag das Problem.

Kundrie wollte sich nicht ausmalen, was passierte, wenn Titania erfuhr, dass nicht nur Alberich, der Sohn des Zwergenältesten, unter dem Zwergennachwuchs war, der alle Regeln des Svartalfheims brach, indem er sich hier gemeinsam mit der Elfenjugend vergnügte, sondern auch die Tochter der Elfenkönigin selbst.

Den jungen Leuten war nicht anzumerken, dass ihre Eltern sich seit einer gefühlten Ewigkeit regelrecht bekriegten. Alberich musste darüber hinaus noch verkraften, dass seine Mutter verschwunden war, ausgerechnet und zu allem Unglück Titanias Nichte. Doch davon war jetzt nichts zu spüren. Der Elfen- und Zwergennachwuchs stand klatschend und jauchzend am Ufer, nachdem Alberich seinen Sprung vom Felsen ins Feenbächlein absolviert hatte. Sternenstaub, Titanias Tochter, lachte hell, tobte dann selbst den Felsen hinauf und sprang mit ihrer Freundin Butterblume ins Wasser.

Kundrie schüttelte langsam ihren Kopf, und es sah wie ein Schneegestöber aus, wenn sich ihre ungebändigten, weißen Haare in alle Richtungen bewegten. Ihr apfelrundes Gesicht mit den roten Wangen und den ozeanfarbenen Augen sah so friedlich aus, als hätte kein einziger schlechter Gedanke in ihrem Kopf Platz. Kundrie und schlechte Gedanken waren wie die Nerthus-Spiele ohne Mahhara, das wollte einfach nicht zusammenpassen. Und doch, der Zwist zwischen Elfen und Zwergen war Realität.

Sternenstaubs Lachen drang glockenklar zu ihnen hinüber. Sie hatte sich die Nase zugehalten und war von einem Felsen aus ins Bächlein gesprungen. Alberich war mit großem Hallo und Gekreische kurz nach ihr ins Wasser eingetaucht. Drei Elfen und Zwerge standen applaudierend und lachend am Ufer. Ein hoffnungsfroher Blick ruhte auf dieser Szene.

„Sie können es schaffen“, sagte Kundrie zuversichtlich, „eines Tages wird sich die Wunde schließen, dann leben Elfen und Zwerge wieder in Frieden miteinander.“ Ihre Stimme klang, als beschwöre sie eine nicht allzu ferne Zukunft herauf, die noch hinter einer

Wand aus Trauer verborgen war.

„Du bist ja bekannt für deinen hemmungslosen Optimismus", maulte Mahhara, „aber hat der auch einen realen Ansatz? Soweit ich weiß, gilt Arimans Rückkehr unter den Zwergen immer noch als regelrechte Heilsbotschaft."

„Unter der alten Generation. Sieh dir die jungen Zwerge an. Die Alten können nicht ewig verhindern, dass die sich irgendwann ihr eigenes Leben aufbauen."

„Hmh", Mahhara blieb skeptisch, „erinnere dich daran, was Hellerich seiner eigenen Verwandtschaft angetan hat, den Schwarzelfen."

„Das war unter Arimans Einfluss", Kundrie wollte die Zwerge bestimmt nicht verteidigen, die federführend daran beteiligt gewesen waren, dass die dunkelste Zeit über die Baumwelten hereingebrochen und die Kolonie der Schwarzelfen ausgelöscht worden war. „Aber wenn du den Grund für meinen Optimismus wissen willst, dann sieh einfach dorthin." Sie zeigte zum Feenbächlein. „Wie sollen wir beim Anblick dieser frohen Jugend nicht Hoffnung schöpfen?"

Für eine Weile war nur das Gekreische vom Feenbächlein zu hören.

„Wir brauchen dringend neue Informationen aus dem Svartalfheim", sagte irgendwann Kundrie wie zu sich selbst.

„Warum das denn? Was sollen wir denn damit?", Mahhara verstand überhaupt nichts.

„Wenn wir die Situation der Zwerge kennen, könnten wir ihnen Angebote machen, die sie aus ihrer Isolation führen."

„Und dann? Alles vergeben und vergessen?", Mahhara wiegte ihren Kopf und man konnte nicht sehen, ob sie ihrer Schwester zustimmte oder ihre Worte anzweifelte. „Frag mal Titania, was sie davon hält."

„Ich will irgendwann einen neuen Anfang finden", bestimmt beendete Kundrie das Gespräch. Sie war froh, dass die neue Generation Elfen und Zwerge sich bei ihr im Garten an der Weltenesche traf. Diese Generation würde den Konflikt ihrer Eltern überwinden, da war sie sich sicher. Kundrie leistete ihren Teil, indem sie sie hier in Ruhe miteinander spielen ließ.

„Aber jetzt", die Hexe stand auf, „werde ich mich wieder an mein Tagwerk begeben. Wenn ich mich nicht sehr irre, werden meine Alrunenpülverchen und -säfte dringend gebraucht auf Rugia. Bevor du gehst", sie sah ihre Schwester an, „nimm bitte noch ein Bad im Feenbächlein, meine Liebe. Danach kann ich dich wieder auf Midgard loslassen." Sie wedelte mit einer Hand vor ihrer Nase herum und verzog das Gesicht.

„Wann kommt Lilith denn nun nach Rugia? Hast du etwas gehört?", fragte Mahhara.

„Soweit ich weiß, kommt sie erst zu den Wettkämpfen. Vorher schafft sie es wohl nicht", antwortete Kundrie.

„Ah ja, zu viel zu tun in Asgard? Die Weltenchronik schreibt sich nicht von alleine, was?", stichelte Mahhara.

Kundrie verdrehte innerlich ihre Augen: „Meine Güte, was für ein Ego. Musst du denn wirklich schon beim Training von allen bewundert werden?"

„Hauptsache, sie kommt zur Siegerehrung, wenn ich oben auf dem Treppchen stehe und den Superpokal bekomme", antwortete Mahhara mit hochgezogenen Augenbrauen und einem Blick, der direkt durch Kundrie durchging.

Die dachte sich ihren Teil. Auch wenn die Eulenfrau schon etwas Besonderes unter den Läuferinnen war und sich den Respekt, den man ihr zollte, durchaus verdiente, so sollte selbst sie auf dem Boden der Tatsachen bleiben.

„Du und Freyja in einem Stadion, das will ich erleben", äußerte Kundrie laut.

„Das wirst du erleben", entgegnete Mahhara kämpferisch. Auch die Eulenfrau stand auf und lief zum Feenbächlein. Mit etwas Abstand zu den spielenden Kindern ließ sie sich mit einem wohligen Seufzer ins Wasser gleiten.

Kundrie ging in ihre Hütte, holte ein Handtuch für Mahhara und legte es an die Böschung des Bächleins. „Das Handtuch liegt gleich oberhalb vom Schilf", rief sie.

Mahhara streckte einen Daumen in die Höhe zum Zeichen, dass sie ihre Schwester verstanden hatte. Sie tauchte genießerisch ihren Kopf unter die Wasseroberfläche. Ihr Haar verteilte sich wie ein Teppich aus Pech. Sie schwamm mit ausgebreiteten Armen auf dem Rücken und trällerte leise ein Liedchen vor sich hin. Etwas streifte sie.

„Aua!", auch Alberich hatte sich, auf dem Rücken liegend, von der sanften Bachströmung tragen lassen. Jetzt schaute der Zwerg erschrocken aus dem Wasser heraus. Seine nassen Haare hingen wie ein gelöschtes Feuer an seinem Kopf herab.

„Pass das nächste Mal besser auf!", knurrte Mahhara ihn an.

„Du hast mir auch weh getan", verteidigte sich der junge Zwerg trotzig.

„Ich werd dir gleich ..."

„Ich dir auch!", rief Alberich tapfer zurück. Er hatte es satt mit dieser griesgrämigen Eulenfrau, die sie immer nur anmaulte. „Was ist eigentlich dein Problem?“, rief er. Seine Worte kamen schon aus der Ferne, denn er legte vorsichtshalber einen Schwimmsprint in Richtung seiner Kameraden und der Elfen hin, um sich aus der Reichweite der Eulenfrau zu begeben.

Dass dein Vater ein Mörder ist, dachte Mahhara, *und ich sollte wissen, dass du dafür nichts kannst.*

Sie atmete dreimal tief durch und ließ sich friedlich mit der sanften Strömung treiben, Kopf unter Wasser, Arme ausgebreitet wie ein Fächer. Dabei stellte sie sich vor, wie es wäre, wenn sie gar keine Probleme hätte.

8. Der Pakt

Freyja blieb nicht einmal mehr die Zeit, sich schlecht zu fühlen oder gar Angst zu haben. Dieser Sturm übertraf alles, was sie auf ihren weiten Reisen in der Welt erlebt oder von anderen Reisenden gehört hatte. Die Wellen türmten sich so hoch, sie hätten selbst die höchsten Kiefern rund um Granskogheim überspült. Blitze zuckten am Himmel, der Regen peitschte durch den Sturm, und Donner durchzog das ohnehin schon enorme Getöse. Die *Dragefolk* war eine Nussschale in den nassen Händen des Schicksals.

Kapitän Hallgrimson stand ans Steuer festgebunden, den unzerbrechlichen Stolz der Männer des Landes aus Eis und Feuer in den Augen. Doch er hatte nichts mehr unter Kontrolle außer seiner Angst.

Birgitta flehte Freyja an, sie solle doch endlich etwas unternehmen, den Sturm in seine Schranken weisen. Doch Freyja wusste, dass das nicht möglich war. Sie kannte diesen Sturmgott nicht. Hoffnung schöpfte sie nur aus ihrer Ahnung, dass das Sturmungeheuer nicht die Absicht hatte, sie alle zu töten, denn dann wären sie längst mit Frau und Maus untergegangen. Doch Freyja spürte eine Macht, die nicht allein von dem Sturm ausging, der hier gerade tobte. Wer um alles in der Welt war er? Woher kam er? Was wollte er? Thor, der hiesige Donner- und Sturmgott, sollte endlich sein

Revier verteidigen und ihnen beistehen.

Freyja zog sich in sich zurück und versuchte, unter den gegebenen Umständen ein Höchstmaß an Konzentration zu erlangen. Sie rief Thor zu Hilfe.

Dann werde ich herausfinden, mit wem oder was wir es hier zu tun haben, dachte Freyja grimmig auf die Wellentürme um sie herum starrend, die auf das Deck einschlugen.

Sie rief Thor, rief noch einmal, wieder und wieder. Freyja erwartete, jeden Moment Thors kantiges Gesicht zwischen den Wellenbergen zu sehen, seine nassen Haare. Doch nichts geschah. Ihre Rufe verhallten. Die *Dragefolk* blieb ein Spielball der Elemente. Sie war auf sich alleine gestellt.

Dann muss ich noch mehr als alles geben, dachte Freyja und knüpfte das Seil auf, das sie an ihre Freundin und den Mast band. Birgitta sah mit vor Schreck geweiteten Augen zu.

Freyja stand auf, den rechten Zeigefinger zum Himmel gestreckt: „Zeig dich, und sag, wer du bist und was du willst!"

Tatsächlich bewirkten ihre Worte etwas. Sobald Freyja an Deck stand und gegen das Getöse anschrie, verebbte der Wind etwas, es krachten keine Riesenwellen mehr über dem Schiff zusammen, und Blitz und Donner verzogen sich.

Freyja hörte die Stimme schon in ihrem Kopf, bevor dieses zerfledderte Etwas sie umtanzte: „Aha, da plaudert sie jetzt mit mir persönlich. Ich fühle mich zutiefst geehrt."

Da kennt sich offenbar einer mit Ironie aus, dachte Freyja und nahm es sehr persönlich, dass diese Situation jemanden erheiterte.

Sie sah einen Bart, der im Sturm flatterte, die Augen kamen rechts und links vorbeigeflogen, Ohren folgten, und die Haare mussten das sein, was Freyja gerade an den Wangen und in der Nase kitzelte. Diese ganze Konstruktion schien sich zu verbeugen, was zur Folge hatte, dass das Flachsbündel alles andere verdeckte.

„Wer bist du?", schrie Freyja, „willst du was von mir? Lass uns das unter uns klären!"

Statt nasser Wellen ergoss sich jetzt ein dröhnendes Lachen über sie: „Wie habe ich das verdient? Freyja schaut mich an." Ein noch höhnischeres Lachen folgte.

„Ich warte auf deine Forderungen", verlangte Freyja.

„Du wartest auf meine Forderungen, das klingt gut. Aber meinst du wirklich, es sei eine Sache allein zwischen dir und mir? Meinst du, alles drehe sich nur um dich?", er schnalzte mit der Zunge, als wollte er ein ungezogenes Kind tadeln.

Freyja zuckte innerlich zusammen. Was bildete der sich ein? Aber sie schwieg und folgte ihrem Silberblick ein Stück. Der schaute hinter dieses stürmische Etwas, das da über ihnen schwebte, und landete erneut bei einer Runde von Kartenspielern, die um einen Tisch saßen, Karten wurden verteilt, Münzen verschoben. Die spielten um etwas. In dem Moment fühlte Freyja einen bitteren, metallischen Geschmack auf der Zunge und die Szene färbte sich rot ein. Sie beachtete dieses Phänomen nur am Rande, denn sie wusste, dass sie sich nicht unnötig lange dort aufhalten konnte, ohne bemerkt zu werden. Im Davonhuschen aber hörte sie den entscheidenden Namen. ‚Lil, du bist dran!' Der Sturmgott war gemeint, der gerade abgelenkt war, weil er sich mit ihr unterhielt.

Lil! Von diesem Sturmgott hatte sie schon gehört. Ihr fiel gerade nicht ein, in welcher Gegend der Welt das gewesen war, denn sie hatte praktisch jede gekreuzt. Mit ihm persönlich aber hatte sie noch nie zu tun gehabt.

Ein kleiner Triumph breitete sich dennoch in ihr aus. Sie hatte unbemerkt von ihm seinen Namen herausgefunden, während Lil mit einem unverschämten Lachen hin und her schwebte und direkt vor allen Gesichtern erschien. In einem Moment umwirbelte er Kapitän Hallgrimson, im nächsten Birgitta und nur einen Augenblick später kehrte er zu Freyja zurück.

Steckte hinter dem Aufruhr nichts weiter als ein Spiel? Sie würde es rausfinden. Wenn sie irgendwann eine Strategie erkannt hatte, konnte sie dagegen antreten.

„Lil! Erkläre dich!“, rief Freyja gegen das Tohuwabohu an. Hatte nur sie allein wahrgenommen, dass Krach, Sturm und Regen für einen klitzekleinen Augenblick verebbten? Aber eben nur für einen klitzekleinen, kaum wahrnehmbaren Moment. Dann setzten ihnen Lils Gelächter und das Chaos in frischer Brachialität wieder zu. Freyja hörte die Stimme des Sturmgottes in ihrem Kopf.

„Bravo!“, Lil widmete sich ihr jetzt voll und ganz. Er klatschte anerkennend in seine luftigen Hände: „Es war nur leider nicht die Aufgabe herauszufinden, wer ich bin. Ich hätte es dir sowieso gleich gesagt.“

„Gut“, Freyja nickte zufrieden „dann können wir ja zum nächsten Punkt kommen. Was willst du? Warum veranstaltest du diesen ganzen Zauber hier?“

„Ich will zwei Personen und zwar die, die dich am meisten lieben. Sag mir, wer sie sind, liefere sie mir aus und schwuppdiwupp, alle überleben. Außer ihnen, aber dein Team und die Mannschaft eben“, antwortete er, mal hierhin, mal dahin fliegend, als ginge es hier um nicht mehr als einen besonders gelungenen Zeitvertreib.

Freyja versuchte, ihre Fassungslosigkeit zu verstecken. Ihr gescheitertes Bemühen konzentrierte sich in einem Wort: „Was?"

Sie glaubte, sich verhört zu haben. Zwei Personen, die sie am meisten liebten? Lil ließ noch eine Welle über Deck krachen, und ein paar Blitze teilten die dunklen Wolken am Himmel.

„Woher soll ich wissen, wer mich am meisten liebt? Rufst du hier eine Raterunde aus, oder was?"

„Warum nicht? Aber du musst unseren Pakt für dich behalten! Das ist Punkt zwei meiner Forderungen, wenn du euch allen hier auf dem Boot eine Chance einräumen willst. Falls du denkst, kein Problem, sobald ich an Land bin, erzähle ich allen von diesem Lil und was er wollte, dann verspreche ich dir, ist dein Dorf dran, mit Mann, Frau, Maus und Hühnern", Lil reicherte sein Lachen mit Blitz, Donner und Wellen sowie Hagelkörnern an, die wie Geschosse auf Freyja herunterprasselten. Sie musste mit ihren Armen das Gesicht schützen und sah, wie auch Birgitta und Hallgrimson getroffen wurden.

„Was willst du mit ihnen, also den Zweien?", Freyja wurde alles immer unklarer. Trotz der ernsten Situation kam ihr dieser Sturmgott wie ein übermütiges Fohlen vor, das mit seiner überschüssigen Energie nicht wusste, wohin. Dieses Fohlen tobte allerdings mit den Hufen eines ausgewachsenen Pferdes umher, die auch töten konnten, wenn sie am falschen Ort landeten. Zunächst hatte sie keinen tragfähigen Plan, wie einer solchen Forderung zu begegnen wäre, dafür waren die Umstände denkbar ungünstig, und für sie alle stand zu viel auf dem Spiel. Doch dann kam ihr die Idee.

„Aber warum so umständlich?", ihr Tonfall war weit von Unsicherheit entfernt. „Hier, genau vor dir steht diejenige, die mich am meisten liebt, und da ich nicht nur eine Person bin, sondern so vielseitig, wie du es dir in deinen kühnsten Tagträumen nicht vorstellen kannst, bitte schön. Greif zu, du kriegst in mir mindestens zwei Personen, wenn nicht gar mehr. Also heb mich in die Lüfte, wirbel mich rum, wirf mich auf den Meeresgrund, tu, was dir Spaß macht!" Mit ausgebreiteten Armen stand sie da und bot sich selbst an: „Lass meine Leute fahren und lass diesen Unfug hier!", setzte sie mit Nachdruck dazu. Freyja hatte ihre Furcht unter Kontrolle. Nichts davon drang nach außen.

Erneutes Gelächter von Lil. Immerhin hörte der Hagel auf. Eine kleine Verbesserung ihrer Verhandlungsposition. Wenn jetzt nur Thor käme ...

„Ich habe schon Legendäres von deiner Selbstverliebtheit gehört."

Freyja horchte auf: „So, von wem?"

Doch so leicht ließ sich Lil dann auch nicht aufs Glatteis führen: „Denk nach! Es interessiert dich doch bestimmt brennend, wen ich meine“, lockte er ihre Eitelkeit und lag nicht ganz daneben in seiner Annahme, dass er Freyja an genau dieser Stelle zu packen kriegte.

„Ja, es interessiert mich durchaus, von wem du dein Wissen hast“, stimmte Freyja zu, „wir kennen uns nicht. Also, woher meinst du, mich zu kennen? Woher willst du wissen, wer mich liebt, ob mich jemand anderes mehr liebt als ich mich selbst? Wer hat dich überhaupt auf uns angesetzt? Das hier ist nicht dein Revier!“

Lil verstummte. Freyja kam es kurz in den Sinn, dass das hier so etwas wie eine Strafe für ihr herzloses Verhalten im Land der Glutkobolde sein könnte. War am Ende der junge Mann von damals gemeint? Sie hatte die leidenschaftliche Affäre abrupt beendet und das Land der Glutkobolde ohne ein Wort der Erklärung verlassen. Auch wenn sie unter der Trennung gelitten hatte, im Nachhinein erschien ihr das Wort „Liebe“ zu groß für das, was sie geteilt hatten. Sie hätte aber nicht mit Sicherheit sagen können, was ihr damaliger Geliebter darüber dachte. Er hatte nie Gelegenheit gehabt, sich zu äußern.

Sollte der, den sie damals verlassen hatte, die zweite Person sein, die sie am meisten liebte? Nein. Das konnte er nicht sein. Ihr Aufeinandertreffen war von zu kurzer Dauer gewesen, um ein solches Opfer zu rechtfertigen.

Aber wen sonst meinte der Sturmgott? Ihre Eltern? Wollte der sich wirklich mit ihrer Mutter, der Riesin Skadi, anlegen? Oder dem Meeresgott Njörd? Vielleicht zielte seine Forderung gar auf Birgitta? Oder die Granskogheimer? In ihrem Dorf hielten sie zusammen, gingen durch dick und dünn und trotzten gemeinsam allem Übel. Meinte der Sturmgott das bedingungslose Vertrauen, das sie ihrem Clan entgegenbrachte und das umgekehrt ihr entgegengebracht wurde und wollte ihr Dorf auslöschen? Dieser Gedanke beunruhigte Freyja ernsthaft.

Eine andere Frage war, wie sollte sie jemanden schützen, wenn sie nicht wusste, wen? Und wie sollte sie damit umgehen, Gefühle geweckt zu haben, von denen sie keine Ahnung hatte, dass der- oder diejenige sie für sie hegte?

„Liebe“ schien ihr ein zu großes Wort für alles außerhalb ihrer selbst zu sein.

Aber gut. Der Sturmgott wollte spielen? Nun denn, die Partie war eröffnet! Er glaubte, sie zu kennen? Dem würde sie in jeder Hinsicht zeigen, was eine Nordländerin war.

„Erweitern wir den Pakt“, schlug Freyja vor und fuhr fort,

ohne eine Reaktion abzuwarten: „Wenn ich alle Wettkämpfe der Nerthus-Spiele und den Superpokal gewinne, ist deine Forderung hinfällig. Sobald jemand anderes den Superpokal in den Händen hält, kannst du dich über deinen Preis freuen. Einverstanden?"

Lil stellte sich vor, wie weit Freyjas Speer noch fliegen könnte, wenn er ihm seinen Atem entgegensetzte. Bei dieser Wette hatte sie bereits verloren und er hätte weitaus mehr Spaß, ihr dabei beim Scheitern zuzusehen, als wenn er sich hier und jetzt nahm, was er haben wollte.

„Das gefällt mir", er lachte schallend: „Das gefällt mir außerordentlich gut. Großartig! Das Spiel beginnt! Schlag ein", forderte er Freyja auf und hielt ihr eine luftige Hand hin. Nordländerinnen zögerten nie, wenn es um ein gutes Geschäft oder aufregendes Spiel ging. Sie schlug in der festen Gewissheit ein, mit nichts anderem als sich selbst zu handeln.

„Und denk dran", rief Lil, „du redest mit niemandem über unsere Abmachung. Weder in Gedanken noch in Worten, sonst hole ich mir einen nach dem anderen aus deiner Mannschaft. Ich werde immer da sein, wenn ihr mich nicht erwartet!"

Freyja nickte. Einverstanden. Das war eine leichte Übung. Ihre eigenen Angelegenheiten konnte sie selbst sowieso am besten regeln.

Während Lil und Freyja verhandelt hatten, war der Sturm um die *Dragefolk* auf ein laues Lüftchen zusammengeschrumpft. Nach und nach legten sich die letzten Böen, der Regen hörte auf, und die Wolken verzogen sich. Freyja wusste, das konnte sich jederzeit ändern. Also nur keinen Fehler machen. Immer noch fragte sie sich, wo Thor blieb.

Passagiere und Mannschaft kehrten schon vereinzelt an Deck zurück und beobachteten, wie sich eine strahlende Abendsonne durch die dunkle Wolkenwand schob.

Doch ganz fertig war Freyja noch nicht. Breitbeinig stand sie da, ihre Hände gegen die Hüften gestemmt. Mit erhobenem Kinn starrte sie Lil unverwandt an. Ihr Auge mit dem Silberblick schaute scheinbar rechts an ihm vorbei. In Wirklichkeit lagen Lils Gedanken so sichtbar vor ihr, als hätte er sie in eine Stele gemeißelt. Sie sah Lil wieder mit den drei anderen Spielern am Spieltisch mit Karten in den Händen sitzen. Freyja spürte erneut diesen metallisch bitteren Geschmack im Mund und starrte von hinter dem Rücken einer anderen Person direkt auf den Spieltisch. Rechts von ihr saß Lil, links saß ... Weiter kam sie nicht mehr, denn etwas anderes fesselte ihre Aufmerksamkeit. Sie sah auf den Karten des unbekannten Spielers vier Gesichter. Sie kannte sie alle: Lilith, Kundrie, Mahhara und Odur, ihr Verflossener aus dem Land der Glutkobolde. Was war denn hier los? Waren die Abbildungen der drei Frauen schon irritierend, so glaubte sie bei Odur erst, sie hätte sich verguckt, aber es war ohne Zweifel sein Gesicht da in dem Kartenspiel.

Zum Glück besann sie sich. Denn es war jetzt nicht wichtig, wie Odur in diese illustre Runde kam. Wichtig war, diesen Hallodri mit Bart und Flachshaar endlich ganz von hier zu verjagen. Er könnte den mörderischen Sturm jederzeit ohne Vorwarnung wieder anfachen.

Sie kehrte mit ihrer Aufmerksamkeit zurück und verbeugte sich höflich: „Ich nehme an, du weißt, wo du mich findest."

Lil umwehte sie, seine grinsende Visage säuselte genau vor Freyjas Nase: „Ja, ich finde dich überall!"

Das waren seine letzten Worte. Im nächsten Moment war von ihm nichts mehr zu sehen, zu hören oder zu spüren. Freyja drehte sich einmal um sich selbst. Kein Sturmgott mehr da. Sie atmete auf.

Schiff und Passagiere waren nass bis aufs Gerippe und es herrschte ein heilloses Chaos an Bord. Aber das Wetter tat so, als sei nichts geschehen. Freyja stand an der Reling und schaute zum Horizont, an dem sich düstere Wolken zerfetzten und Teile eines orangefarbenen Morgenhimmels freigaben.

9. Ankunft in Rugia

Die *Dragefolk* näherte sich dem Rugianer Hafen in Breege. Passagiere, Mannschaft und Kajüten an Bord waren aufgeräumt. Das Team stand an der Reling und begrüßte die grünen Hügel Rugias, die mit unzähligen Buchen und selteneren Bäumen bewachsen waren. Das Brackwasser zog hinter ihnen träge und braun seine Spur. Sie hatten ihren direkten Kurs auf dem offenen Meer jetzt schon seit einer ganzen Weile verlassen und ruderten im flachen Gewässer.

Die Aufmerksamkeit der Neuangekommenen lag beim Spektakel im Hafen vor ihnen. Die meisten der Teilnehmenden an den Nerthus-Spiele waren schon angekommen und feierten mit großem Hallo. Viele waren von weit her angereist. Im Hafenbecken sah man nur die Schiffe, die aus allen Richtungen übers Meer gekommen waren.

Freyja erkannte den langen Vorsteven der Dau mit dem gerafften Papiersegel, auf der das Wudang-Team aus dem südlichen Blütenland vom anderen Ende der Welt bis nach Rugia gesegelt war. Daneben beobachteten zwei überdimensioniert aufgemalte Augen vom Rumpf einer grün gestrichenen Policre die Ankömmlinge. Mit dem Schiff waren die Assassinas aus Persepolis gekommen. Es war nicht nur bemerkenswert, weil es zwei Segelmasten hatte, sondern vor allem, weil sich fünf Ruderer eine Ruderbank teilten, ein enormer Fortschritt, der sich in den Nordlanden noch nicht durchgesetzt hatte.

Rechts im Hafenbecken lag ein ganzer Teppich aus kanuähnlichen Einbäumen. Damit war das Team der fliegenden Fische angereist, die Daghtas aus Palau Eilend. Auch eine weite Reise, bei jedem Wetter übers offene Meer. Dieses Volk war hart im Nehmen und vertraut mit dem Wasser in all seinen Erscheinungsformen.

Die Passagiere und Besatzungen der Schiffe tummelten sich im Hafen von Breege bei einem Picknick von riesigem Ausmaß. Noch sahen die Neuen von der *Dragefolk* nur eine undurchdringliche Masse und nahmen den Geruch von Speisen aus aller Herren Länder wahr. Akustisch begleitete die Musik der Töchter Kalis das Fest. Sie tanzten, sangen und trommelten. Die Töchter Kalis waren Musikerinnen aus einem mythischen Land, die, immer mit der rechten Festtagslaune im Gepäck, durch alle Welten reisten.

Andere Teilnehmende waren über Land auf ihren Pferden angereist. Die Tiere grasten auf einer Weide etwas abseits vom Hafen, waren von dort aus aber gut zu sehen. Die hochgewachsenen weißen Pferde inmitten der Herde waren der Stolz der Amazonen. Die Pferde der Schitielsteppos daneben, kurz, der Steps, waren der Reichtum und die ganze Würde des Reitervolks aus dem Reich der Mitte, dessen Reit- und Bogenkünste legendär waren. Sie reisten, genau wie die korsikanischen Fünfkämpfer, das erste Mal zu den Nerthus-Spielen an.

Auch Liliths achtbeinige Schimmelstute Sleipnira weidete unter den Pferden. Sie überragte sie alle um mindestens zwei Pferdekopflängen.

Die oberste Unsterbliche aus Asgard ist also auch schon angereist, dachte Freyja. Normalerweise kam sie nicht zu den Trainingsläufen, sondern erst zu den Wettkämpfen.

Freyja wandte ihre Aufmerksamkeit dem Hafen zu. Dort zeichneten sich im Näherkommen die Konturen einzelner Personen ab.

Als Erste erkannte Freyja gleich am Hafenbecken die Gastgeberin Lilith, die Weltenchronistin aus Asgard. Sie stand dort, hochgewachsen mit dunkler Haut und ihren schwarzen Locken. Man könnte meinen, ihre grünen Augen noch in dieser Entfernung leuchten zu sehen. Neben ihr Kundrie, die Hexe von Midgard, umgeben von einem Schneesturm an Haaren. Die Dritte im Bunde, Mahhara, Eulenfrau aus dem Niefelheim, überragte Kundrie wie ein Stock mit dunklem Haar und hellem Kleid. Die drei diskutierten mit einer Gruppe Amazonen, lachten und ließen sich von den Wolkendienern ein ums andere Mal Honigwein nach schenken.

Rechts davon bemerkte Freyja die dunkelhäutigen und schwarzhaarigen Ausdauerläufer aus dem fernen Outbeck, die ihr ganzes Leben lang nichts anderes taten, als zu laufen und zu jagen. Dieses Team hatte sich schon vor vielen Monden auf den Weg gen Norden gemacht und war tatsächlich zu Fuß einmal um die Welt gelaufen. Sie hatten nur in äußersten Notfällen Schiffe in Anspruch genommen. Diese Outis nahmen auch nur an den Laufwettbewerben der Nerthus-Spiele teil, dort waren sie aber die größten Gegner.

Dann gab es noch Besucherinnen und Besucher, deren Schiffe an Land inmitten der zahlreichen Steinkreise Rugias parkten. Es handelte sich um die extraterrestrischen Sportler aus interstellaren Welten, die mit ihren Raumschiffen aus Gegenden angereist waren, die man von der Baumwelt aus nur dann wahrnehmen konnte, wenn sich gute Augen mit sternenklaren Nächten kombinierten. Einige Planeten blieben allerdings selbst den besten Augen bei klarem Himmel verborgen. Sie waren schlicht zu weit entfernt.

Zum Beispiel der Planet Komludia, der sich im Sternbild Chemischer Ofen befand. Das komludianische Team parkte sein Raumschiff in der Mitte der Insel in einem gigantischen kreisrunden Megalithfeld, dessen Steine wie hingeworfen aussahen. Doch dieser Eindruck täuschte. Steinkreise dienten immer der Kommunikation zwischen verschiedenen Welten in kleinerem oder größerem Rahmen. Manchmal erfüllten sie ihre Aufgabe nur zwischen den einzelnen Abschnitten der gleichen Welt, zwischen oben und unten, wie der Steinkreis in Asgard, der für eine reibungslose Kommunikation mit Midgard und Uitgard sorgte.

Andere Steinkreise oder Megalithen dienten der Kommunikation über gigantische Strecken mit verschiedenen Orten im Universum, wobei jeder einzelne Stein für die Verbindung von bestimmten Planeten oder Wesen zuständig war.

Doch die Steine auf Rugia hatten noch ein weiteres Aufgabenfeld. Während der Nerthus-Festspiele wurden sie zu Parkplätzen für die jeweiligen Raumschiffe aus Galaxien, zu denen sie normalerweise nur funkten. Denn sie verfügten über die wunderbare Eigenschaft, die für die Baumwelten völlig überdimensionierten extraterrestrischen Schiffe auf vertretbare Größen zu schrumpfen.

So passte sich das gigantische komludianische Raumschiff geschmeidig in die hügelige Landschaft Rugias ein. Komludianische Wurfkäfer hatten mit 1,60 Metern in etwa dieselbe Größc wic cin erwachsener Korsikaner, darüber hinaus waren sie ausgestattet wie gewöhnliche Käfer, mit vier dreigliedrigen Beinen und in ihrem Fall noch mit einem mehrgliedrigen Schwanz. Nur wackelte oben auf ihrer biologischen Käfernormalität ein Menschenkopf, der immer eine Nickelbrille trug, denn diese Brille war der letzte Schrei in ihrer Heimat.

Ein Teil der Wurfkäfer stand mit den korsikanischen Fünfkämpfern um den Grill herum und teilte ihre Leckerbissen miteinander. Sie diskutierten Trainingsergebnisse und Wettkampfaussichten. Der andere Teil des Teams tanzte rund um ein Feuer auf der Wiese neben dem Grill. Wenn komludianische Wurfkäfer tanzten, zeigte sich ihre Herkunft besonders deutlich. Ein eher unansehnlich grauschwarz gemasertes Insekt verwandelte sich mit Musik und Temperament in ein rotglühendes Inferno.

Per Raumschiff angereist waren auch zwei duale Teams vom Sirius, zwei Wesen, denen jeweils zwei Köpfe aus einem einzigen Pferdekörper wuchsen, mit je zwei Augen und zwei Mündern. Ihre zusätzliche anatomische Besonderheit bestand darin, zu ihren vier Beinen mit Hufen auf die Unterstützung von zwei Armen mit zwei voll funktionsfähigen Händen zurückgreifen zu können, die sich aus einem muskulösen Pferdeoberkörper erstreckten.

Die Sirianer hatten ihr kalkweißes Gefährt oberhalb der legendären Kreidefelsen in einem länglichen Megalithfeld geparkt. Sie standen mit den Gigantomanen am Hafenrand, um sich abwechselnd Hafergrütze und Brackwasser schmecken zu lassen. Die anwesenden Menschen bildeten einen misstrauischen Ring um die sirianischen Gäste. Der Grund dafür lag darin, dass es das erste Mal seit einer wirklich langen Zeit war, dass duale Teams in den Baumwelten willkommen geheißen wurden.

Es hatte eine Zeit gegeben, in der die heutigen Sirianer herdenweise über die Erde galoppiert waren, immer auf der Suche nach frischem Fleisch. Wahllos und zahllos hatten sie Menschen und alles Lebendige ermordet, einfach weil es ihnen Vergnügen bereitete, manchmal auch, um zu essen. Sie tauchten als Staubwolken am Horizont auf und überrannten alles, was ihnen in den Weg kam, egal ob es sich um Elfenhügel, Menschendörfer oder Zwergenbehausungen handelte. Nachdem eine Herde aus dualen Pferdeteams drüber hinweg gezogen war, blieb nichts mehr übrig.

Liliths legendäres Urteil, mit dem sie den damaligen Zuständen ein Ende bereitet hatte, hatte ihren Ruhm als weitsichtige Unsterbliche begründet. Die Sirianer hatten dahin geschickt werden sollen, wo sie keinen Schaden anrichten konnten. Die Sirius-Ältesten unterstützten diesen Vorschlag und gaben den doppelköpfigen Pferden ein neues Zuhause auf ihrem Planeten unter der Voraussetzung, dass sie nur streng vegetarische Kost zu sich nahmen.

Mittlerweile waren die dualen Teams seit Generationen strikte Vegetarier. Das hatte den Ausschlag dazu gegeben, es probeweise mit zwei dualen Teams zu versuchen, die zu den Qualifikationsausscheidungen der Nerthus-Spiele zugelassen wurden. Sie hatten gewonnen und reisten nun zu den Wettkämpfen in die Baumwelten.

Der Ring aus misstrauisch äugenden Menschen um die Pferde herum zeugte von der unrühmlichen Vergangenheit. Die Situation entspannte sich allerdings, als die Menschen registrierten, dass die Pferdeteams Hirschkeulen und Dachspasteten links liegenließen und sich dafür Hafergrütze, Grasbrote und, vereinzelt, Gemüseeintöpfe schmecken ließen.

Die sirianischen Pferde versuchten, die Blicke der Menschen zu übersehen. Sie tauschten mit den Tausendfüßlern vom Planeten Perseus gerade Reiseerfahrungen aus. Gigantomanicus und Gigantopedicus, beide perseusische Tausendfüßler, waren per Brainspotting angereist, eine dort sehr beliebte Art der Fortbewegung. Man stellte sich sein Ziel einfach vor und brach auf. Dazu warf man etwas Reisekraut neben sich auf den Fußboden, dem folgte nicht immer zwingend ein krachendes Geräusch. Die Reisenden verschwanden in einer kleinen Rauchfahne und tauchten ein paar Spiralnebel weiter am gewünschten Ort wieder auf.

Nur das Gepäck war so eine Sache. Das System der Geistarbeit stieß hier auf das System der Materiehaftung. Meist kamen auch die Kisten dorthin, wo man sie sich vorstellte.

Manche Könner ihres Fachs reisten auch ohne Reisekraut, allein auf ihre Vorstellung gestützt. Der Nachteil dieser Reiseart war eine schwache Benommenheit und Verwirrung, die schon mal mehrere Tage andauern konnte. Deswegen sah Gigantopedicus, noch recht grau im Gesicht aus, saß ruhig am Kaibecken und ließ die Hälfte seiner Füße baumelnd im Wasser hängen. Gigantomanicus hatte die Reise ganz offensichtlich besser überstanden.

Als die *Dragefolk* des nordländischen Teams im Hafen anlegte, erwarteten Lilith, Kundrie und Mahhara die Neuankömmlinge am Ende des hölzernen Stegs. Auch die Töchter Kalis zogen ihnen entgegen, um sie mit Gesang und Tanz zu begrüßen. Nur wenige Momente, nachdem die Nordländer Rugia betraten hatten, waren sie schon Teil der feiernden Menge.

Lilith ging mit offenen Armen auf Freyja zu. Sie schloss sie in eine Umarmung und drückte sie an sich. „Wie schön, dass ihr auch in diesem Jahr wieder dabei seid! Wie war die Überfahrt, meine Liebe? Ist alles gut gelaufen?", fragte sie und gab der Freundin ein Küsschen rechts und links auf die Wangen.

Freyja drückte Lilith fest an sich und sprach: „Sehr gut, danke. Es tut so gut, euch zu sehen!"

„Jetzt lass mich auch mal!", forderte Kundrie ihr Recht ein. Die Hexe von Midgard strahlte von Herzen über ihr ganzes Gesicht. Sie küsste Freyja: „Willkommen, meine Liebe!" Dann wendete sie sich zu ihrer Schwester: „Mahhara, deine Lieblingskonkurrentin ist da."

Die Eulenfrau kniff die Augen zusammen und warf Freyja ein ironisches Lächeln zu: „Na, wie fit ist dein Laufschuh?"

Freyja umarmte Mahhara genauso gutgelaunt wie alle anderen. Dann hielt sie sie auf Armlänge von sich weg und sah in die starren Augen der Eulenfrau: „Mit deinen Laufschuhen scheint alles in Ordnung zu sein."

„Das will ich meinen. Gut geölt scharren sie schon ungeduldig über die Erde. Wir sind schließlich nicht zum Spaß hier!"

Freyja schaute sich um. Sie konnte den Worten Mahharas auf Anhieb so nicht zustimmen: „Dann muss das Nicht-Spaß-Haben an einem anderen Tag eintreten."

„An einem anderen Tag, fürwahr, an einem anderen Tag", Mahharas Nase, die wie ein Zierbogen aus ihrem Gesicht ragte, bewegte sich von unten nach oben und zurück, während sie so übertrieben nickte, dass es grotesk wirkte.

Wolkendiener schaukelten zu dritt ein riesiges Tablett mit Kaschkrügen herbei, um das nordländische Team willkommen zu heißen. Sie griffen alle gerne danach und prosteten sich und den Umstehenden zu.

„Auf die Nerthus-Festspiele! Auf uns!", brachte Lilith ihren Trinkspruch aus, hielt ihren Becher hoch und trank.

Auch Freyja stieß an, umarmte und küsste dann ihre Freundinnen unter den Amazonen. Sie zog weiter und trank mit jeder Begrüßung mindestens einen Schluck Met, Kasch oder sonst was, Hauptsache, alkoholisch musste es sein. Sie wiegte in der Menge hin und her, als ob sie im Meer trieb. Sie grüßte hier, quatschte da. Es wurde gelacht, geredet, getrunken, gegessen und dann geschah es. Erst glaubte Freyja an eine optische Täuschung. Ein Gesicht mit nur einem Auge, die rechte leere Augenhöhle unter einer Klappe verborgen, blitzte ihr immer wieder aus der Menge entgegen. Die Haare waren zu kurz und der Bart fehlte. Doch irgendwann glaubte Freyja nicht mehr, dass sie einer Täuschung aufsaß. Derjenige, der sich ihr näherte, war real wie die Elfen, Amazonen und Komludianer um sie herum, und sie hatte ihn das letzte Mal leibhaftig in einer fernen heißen Gegend gesehen. Er näherte sich ihr zielstrebig, so schien es. Freyja war gerade mitten in der Begrüßung der korsikanischen Fünfkämpfer, ein Vorgang, der sehr wortreich vonstattenging und noch mehr Kasch erforderte. Die Korsikaner liebten das typische Midgarder Gebräu mindestens genauso sehr wie Freyja.

Plötzlich stand der Mann mit der Augenklappe direkt neben ihr, und Freyja war es, als würde ihr auf der Stelle die Luft abgeschnürt. Sie sah ihn an und hörte einfach auf zu reden, was die Aufmerksamkeit der korsikanischen Fünfkämpfer ebenfalls auf den Neuankömmling lenkte.

Das konnte doch unmöglich er sein, dachte Freyja und verglich das Bild, das sie sah, mit dem, das sie kannte. Odur hatte sich sehr verändert. Kurze Stoppelhaare umrahmten ein abgemagertes, wettergegerbtes Gesicht. Als Freyja ihn zuletzt gesehen hatte, leuchteten seine Wangen rund und rot, gerahmt von geflochtenen Zöpfen in der Farbe von reifem Weizen, und er hatte einen Bart gehabt. Doch es gab keine Zweifel, es musste Odur sein, der Edelsteinhändler vom Basar im Land der Glutkobolde, der seinen Stand gleich gegenüber dem von Hassan mit den Sheesha-Pfeifen gehabt hatte. Warum sonst sollte er vor ihr stehen und sie anstaunen wie ein Weltwunder?

Jener Edelsteinhändler, mit dem sie die Geschäfte ihres Lebens getätigt hatte, und nicht nur das. Sie war eine leidenschaftliche Affäre mit ihm eingegangen und hatte sie genauso überraschend und abrupt beendet, wie sie begonnen hatte. Während eines rätselhaften Sturms, inmitten eines noch rätselhafteren Kartenspiels, war ihr das Gesicht Odurs das erste Mal wiederbegegnet. Dazu hatte sie sich die Frage gestellt, wie er zu ihr stand. Nie im Leben hätte sie geglaubt, ihn das nur kurze Zeit später persönlich fragen zu können. Und doch, jetzt stand er hier neben ihr. Das war noch nicht die letzte Erkenntnis, die Freyja völlig unvorbereitet traf.

Sie sah auf Odurs Augenklappe, dann zu Lilith. In ihrer Fassungslosigkeit über den Moment ihres Zusammentreffens blitzte der andere Name auf. Natürlich, Odur war Odin, Liliths Sohn. Sie starrte auf die Kette um Odins Hals, das halbe Herz mit der Lilie. Wenn es noch Reste eines Zweifels gegeben hatte, waren sie jetzt ausgeräumt. Die hatte auch Odur getragen. Freyja zählte eins und eins zusammen. In der fernen Gegend der Glutkobolde wäre Freyja nie auf den Gedanken gekommen, der junge Mann, den sie auf einem Basar an einem Edelsteinstand getroffen hatte, könnte Odin sein. Ihm hatte offensichtlich auch nichts daran gelegen, erkannt zu werden. Er aber hatte damals wissen müssen, wer sie war.

Irgendwann gelang es Freyja, zumindest zu atmen. Die Fassungslosigkeit über die neue Erkenntnis blieb. Wie hatte sie das nur übersehen können?

Lilith stand weiter hinten mit Kundrie bei den Amazonen. Die Tat ihres Sohnes Odin, dass er sein Auge gegeben hatte, um das Leben seiner Mutter zu retten, war zu einem legendären Erzählstoff in den Baumwelten und darüber hinaus geworden. Sein Verrat, der erst zu dieser Situation geführt hatte, auch. Nun verstand Freyja, warum jener Unbekannte Odurs Bild mit denen von Lilith und ihren Schwestern im Blatt gehalten hatte. Odin war natürlich Teil des Spiels. Sie kam gar nicht dazu, mit ihrem Silberblick noch einmal ins Gericht zu gehen, dass er ihr den Einblick darein, was wirklich im Land der Glutkobolde gelaufen war und mit wem sie sich eingelassen hatte, verweigert hatte.

In dem Augenblick verwehte ein Lüftchen Freyjas langes blondes Haar, dessen Strähnen sich über ihr linkes Auge schoben, das mit dem Silberblick. Freyjas Blick hob sich für den Bruchteil eines Moments nach oben. In dem Augenblick wurde ihr inmitten des Getümmels in der Frühsommerwärme eiskalt. Es war nur mehr ein Hauch, den sie wahrnahm, doch es war eindeutig Lil, der sie mit seinem breiten Mund angrinste. Sie beschloss, einem Gespräch auszuweichen, und hätte nicht zu sagen vermocht, zu wessen Schutz sie es vermied.

10. Morgenspaziergang

Das Fest zu Ehren der Teilnehmenden an den Nerthus-Spielen forderte seinen Tribut. Am nächsten Morgen lärmten nur die Vögel im Wald rund um die Hütten. Das Dorf lag so still und verträumt im salzigen Baltiixmeer, als wären die über hundert Gäste noch gar nicht angereist.

Doch der Schein trog, nicht alle schliefen. Jemand bewegte sich lautlos im ersten Dämmerlicht zum Versammlungsplatz in der Dorfmitte. Die letzten Zecher konnten die Runde noch nicht lange verlassen haben, denn einige der als Sitze dienenden glatt abgeschnittenen Baumstümpfe waren noch warm und trocken, während andere von nachtkaltem Tau überzogen waren.

Der schmale Streif des heraufdämmernden Tages fraß sich Stück für Stück durch den Nachthimmel wie durch einen Kuchen, als Lilith und Kundrie am immer noch glimmenden Feuer aufeinandertrafen. Keine der beiden schien überrascht.

„Es wäre eine Schande, die wundervollste Zeit des Tages in einer Hütte zu zubringen“, sagte Kundrie, während sie sich mit wohligem Gesichtsausdruck reckte und streckte.

„Ich liebe die Atmosphäre inmitten der Sportteams und das gemeinsame Essen. Nur wenn der Alkohol der beste Freund der Runde wird, überlasse ich das Feld gerne den Jüngeren“, Lilith liebte diese ehrgeizig angespannte Stimmung vor den Spielen wirklich.

„Außerdem schläfst du sowieso nie“, entgegnete Kundrie und schlug vor: „Aber wenn sich alles so gut gefügt hat, du schon jetzt hier auf Rugia bist, weil die Weltenchronik fertig und sogar Odin zurückgekehrt ist, lass uns einen Ausflug zur Steilküste machen.“

„Nehmt ihr mich mit?“, die Zwei zuckten zusammen, als ein Schatten im Hintergrund sie ansprach. Freyja trat zwischen zwei Hütten am Rande des Versammlungsplatzes hervor.

„Dich?“, antwortete Kundrie überrascht.

„Was verschlägt dich denn so früh hierher?“, sprach Lilith die Frage aus, die im Raum stand.

Traditionell war es Freyjas Sache, zur Begrüßungsfeier kräftig mit zu zechen. Umso erstaunlicher war es, die Clanchefin aus den Nordlanden nicht nur allein vor den ersten Sonnenstrahlen außerhalb ihrer Hütte anzutreffen, sondern dazu noch vollkommen nüchtern.

Freyja ihrerseits schätzte sich glücklich, dass die beiden den Grund dafür nicht einmal erahnten. Denn sonst, so vermutete sie, wäre das der Anfang eines langen Gesprächs geworden. Die

Schwestern im Geiste, Kundrie und Lilith, wussten aber weder von Freyjas Liebesleid noch von ihren Alptraumnächten. Und auch nicht davon, dass sie gestern, nach einer Begegnung der anderen Art, aufgehört hatte, zu trinken, um keine Dummheit zu begehen. Odin hatte auf der anderen Seite des Lagerfeuers gesessen, immerhin so weit entfernt wie es unter diesen Umständen überhaupt möglich gewesen war, doch letztlich trennten sie auch dann nur ein paar Fuß. Immerhin hatte er respektiert, dass sie nicht mit ihm reden wollte und sich ihr nach der Begegnung im Hafen nicht wieder genähert.

Und dann war da ja noch die Sache mit dem verbotenen Wissen, auf das sich Freyja mittlerweile genauso freute, wie sie sich vor kurzem noch davor gefürchtet hatte. Aber nein, auch heute Nacht war nichts geschehen. Kein Alptraum, trotz Abstinenz. Bestenfalls hatten alle vorangegangenen Anstrengungen geholfen, und sie war von ihren qualvollen Träumen geheilt. Diese Lösung schien ihr zu einfach, deshalb konnte sie das kaum glauben.

Also liefen sie zu dritt durch die dunklen Reihen der Baumriesen von Rugia und freuten sich über die heraufziehende Morgendämmerung. Taufeuchtes Moos schmiegte sich unter ihre Füße, vereinzelt raschelten sie durch verrottendes Laub. Ein früher Kuckuck schmetterte seine Botschaft durchs Unterholz, Drosseln und Amseln trällerten wild drauflos, kommunikationsfreudige Rotschwänze sowie fein intonierende Zaunkönige wachten auf. Nach und nach fielen alle Vögel des Waldes in den morgenfrohen Wettstreit um die lauteste und schönste Stimme ein.

Als die Drei die Klippen oberhalb des Meeres erreichten, stand die Sonne bereits hell am Horizont.

Lilith und Freyja ließen sich auf einer umgestürzten alten Eiche nieder. Unter ihnen brachen sich die Wellen an einem steinigen Strand. Sie unterlegten das frühsommerliche Sing- und Pfeifspektakel aus dem Wald mit einem Klangteppich der Gleichförmigkeit. Die Kreidefelsen ragten wie Könige über dem Meer.

Kundrie wagte sich ganz nahe an die in die Tiefe fallende Abbruchkante heran. Sie schaute von oben auf den mit Kieseln und Felsbrocken übersäten Strand. Ihr Blick wanderte zum Horizont: „Rugia ist eine Perle."

„Ja, das ist es", stimmte Lilith zu und ergänzte, mit Blick auf den Himmel, „besonders wenn uns die Wettergötter so gnädig sind wie heute." Sie zog ihre Büffelweste aus.

Die oberste Unsterbliche lachte die Nordfrau an: „Aber erzähl doch, wie ist es dir in den letzten Jahren ergangen? Irre ich mich, oder haben wir uns wirklich bei der Minenparade im Svartalfheim das letzte Mal gesehen? Alle Welt schwärmt von deiner Reise ins Land der Glutkobolde. Es heißt, du warst sehr erfolgreich dort."

Als der Name ihres letzten Handelsortes fiel, zuckte Freyja zusammen. Sie forschte in Liliths Gesicht nach Zeichen, ob Odin irgendetwas über sie erzählt haben könnte. Doch sie fand in Liliths Miene nur Aufmerksamkeit. Die oberste Unsterbliche wollte offensichtlich das mittlerweile in allen Welten fast legendäre Ereignis ihrer erfolgreichen Handelsfahrt aus erster Hand vernehmen.

„Also, falls du solche Geschichten meinst, nach denen wir jetzt unsere Bettgestelle vergolden und mit Edelsteinen schmücken würden, dann muss ich dich enttäuschen", Freyja gluckste vor sich hin. „Irgendwer erzählte sogar, wir würden seitdem in Eselsmilch baden. Die armen Tiere, die hätten bei uns im Norden keine Chance zu überleben."

Kundrie und Lilith hingen ihr an den Lippen. Also sprach Freyja einfach weiter: „Aber eins stimmt schon, wir haben jetzt ziemlich viele Dinge von überallher."

Das klang ungewohnt bescheiden.

„Und ich konnte mich ein Jahr lang auf mein Training konzentrieren. Ich bin in Höchstform", die Nordfrau strahlte ihre Freundinnen an.

„Odin war auch dort, im Land der Glutkobolde", sagte Lilith und sah so aus, als sagte sie es ohne jeden Hintergedanken.

Freyja musste im ersten Augenblick darauf achtgeben, dass ihr nicht die Gesichtszüge entglitten. Doch Lilith blickte mit solch entwaffnender Offenheit in ihren grünen Augen, dass Freyja sicher war, sie hatte keine geheime Kammer, in der sie etwas verbarg. Im Gegensatz zu Freyja.

Aber wie hätte sie der Freundin in drei Sätzen erklären können, dass sie mit Odur nicht allein glänzende Geschäfte gemacht hatte. Im Moment hätte Freyja nicht einmal genau gewusst, ob sie ihre Affäre unbedingt verschweigen wollte, weil sie so schmählich gehandelt hatte oder weil ihr Ego gekränkt war, das sie sich hatte täuschen lassen und Odur nicht als Liliths Sohn erkannt hatte. Außerdem handelte es sich bei ihrem Verflossenen immerhin um den Verräter, der seine eigene Mutter ans Messer geliefert und die Baumwelten mit ins Unglück gestürzt hatte. Nicht unbedingt eine Traumreferenz, auch wenn Freyja wusste, dass Lilith glücklich über die Rückkehr Odins war. Bei dem Thema herrschte in Freyjas Kopf gerade nur eine große Verwirrung. Sie gab sich die größtmögliche Mühe, klar zu antworten.

„Ich habe schon davon gehört, aber das wäre ja ein wirklicher Zufall gewesen, wenn wir uns dort getroffen hätten.“ Freyja versuchte, überrascht bis interessiert zu schauen. Glaubhaft wirkte sie auch deshalb, weil sie Odin bisweilen bei Wettkämpfen oder Feierlichkeiten getroffen, aber nie wirklich etwas mit ihm zu tun hatte. Den Beweis, wie fern ihr Liliths Sohn immer gewesen war, hatte sie im Land der Glutkobolde selber erbracht, als sie ihn nicht durchschaut hatte. Sie sorgte sich nur etwas, da Lilith die Gabe des Seelenblicks besaß, die sie so tief schauen ließ, bis die Dinge sich von innen nach außen kehrten. Freyja wusste allerdings auch, dass Lilith sehr diskret war, was hieß, dass sie diese Gabe nur dann einsetzte, wenn es nötig war.

Weder von Lilith noch von Kundrie kam ein Signal, dass irgendetwas an Freyjas Verhalten auffällig wäre. Also wertete die Nordländerin ihre Reaktion als geglückt.

Eher schien es, als seien Lilith und Kundrie miteinander in Verbindung getreten, so vielsagend, wie sie sich anschauten.

„Odin ist gerade erst heimgekehrt. Im Land der Glutkobolde hat er auch mit Edelsteinen gehandelt, weißt du. Aber du hast recht, es wäre ein zu großer Zufall gewesen, wenn ihr euch begegnet wärt“, glücklicherweise erwartete Lilith keine Antwort. Ihre Stimme klang belegt, als sie weitersprach: „Er ist ja freiwillig ins Exil gegangen damals.“

Es schmerzt sie immer noch, dachte Freyja. „Ja, auch davon habe ich gehört“, antwortete sie und ergänzte ganz unbefangen: „Und er ist zu euch zurückgekommen.“ Es war aufmunternd gemeint, und es wirkte.

„Ja“, Lilith lachte, „stell dir mal vor, ihr hättet euch tatsächlich dort getroffen.“

Wie lustig, dachte Freyja. Zu mehr als einem Lächeln konnte sie sich bei dem Thema nicht durchringen. Sie beschloss, auch weiterhin niemandem von ihrer Liaison mit Odin zu erzählen. Er hatte es ganz offensichtlich ebenfalls für sich behalten.

Da Lilith genauso ungern darüber sprach, warum Odin die Baumwelten verlassen hatte, gelang es Freyja endlich, das Thema zu wechseln. „Hab ich euch eigentlich von unserer Überfahrt erzählt?“, fragte sie leichthin, doch auf ihren Schultern schien wieder ein Baumstamm zu liegen. Erneut musste sie Details verschweigen, diesmal den Handel mit Lil.

„Wir hörten schon von dem Sturm“, entgegnete Kundrie.

Die Überfahrt des nordländischen Teams war bei der Willkommensfeier breit diskutiert worden. Auch dass Freyja sich dem Sturm entgegengestellt, ihn gezähmt und damit weitere Punkte in der Skala der Hochachtung, die ihr andere zollten, gesammelt hatte.

„Er war kein gewöhnlicher Sturm", erklärte Freyja.

„Wir hörten schon, dass er besonders schlimm war", pflichtete Kundrie bei.

„Nein", widersprach Freyja, „ich meinte, es war ein magischer Sturm."

Jetzt schauten beide Frauen überrascht drein. Lilith runzelte die Stirn: „Aber war Thor nicht ..." Sie brach den Satz ab, und Freyja horchte auf.

„Thor war nicht vor Ort, um uns zu helfen. Weißt du etwas darüber?", sie sah Lilith prüfend ins Gesicht. Wurde die oberste Unsterbliche rot? Freyja war sich sicher, Liliths dunkle Wangen glühten. Was um alles in den Welten hatte das zu bedeuten?

Doch Kundrie lenkte ab: „Wenn der Sturm magisch war und Thor nicht bei euch, wer war es dann?" Die Hexe von Midgard klang besorgt.

„Der Windgott Lil hatte seine Hand im Spiel. Aber nicht nur er", verkündete Freyja.

„Lil?", echoten Kundrie und Lilith entgeistert. Beide schauten auffordernd, sie wollten mehr hören.

„Ich hatte seinen Namen schon einmal gehört, konnte ihn aber überhaupt nicht zuordnen", selbst wenn Freyja auch hier nicht ganz ehrlich sein konnte, so verließ sie doch wenigstens das mit Untiefen gepflasterte Thema rund um ihren Aufenthalt im Land der Glutkobolde.

„Woher weißt du, dass Lil dahinter steckte?", unterbrach sie Kundrie. „Das hier ist Thors Revier."

„Ja, genau das dachte ich auch und bat ihn um Hilfe, vergebens."

Lilith seufzte. „Das musst du ihm vergeben, er hat ...", sie stockte kurz, „er hat private Probleme. Große Probleme."

Das war die Gelegenheit, auf die Freyja gewartet hatte, um endgültig von ihren ungeliebten Themen wegzukommen. „Was hat er denn?", hakte sie nach. Liliths Miene verdüsterte sich, als sie antwortete. „Frigg hat ihn verlassen. Sie wohnt wieder in Asgard."

„Oh", Freyja war wirklich überrascht. Thor und seine Prinzessin Frigg hatten als das Traumpaar schlechthin gegolten. „Was ist denn passiert?"

Lilith seufzte. „Das alte Spiel, ein Streit hier, ein Missverständnis da und irgendwann ein Seitensprung."

„Wer?", fragte Freyja betroffen, ohne sich vorstellen zu können, dass Frigg diejenige gewesen war. Sie sollte Recht behalten. „Thor.

Er schwört, es kommt nie wieder vor, es war ein Versehen, zu viel Alkohol, was weiß ich." Lilith kniff die Lippen zusammen. Sie hatte ihre Tochter in den letzten Tagen getröstet, so gut es eben ging. Doch letztlich wollte Frigg allein sein, um die Dinge mit sich zu klären. Auch das war einer der Gründe, warum Lilith schon jetzt nach Rugia gekommen war. „Das übliche also", sagte Freyja. Sie mochte Thor, konnte aber Friggs Entscheidung sehr gut nachvollziehen.

Es entstand eine kurze Pause, in der alle ihren eigenen Gedanken nachhingen. Kundrie war diejenige, die als erste das Wort ergriff. „Also, Freyja, du hast uns noch nicht verraten, woher du wusstest, dass Lil es war, der hinter dem Sturm steckte."

Da waren sie wieder auf dem Terrain mit den Stolpersteinen, dachte Freyja. Aber gut, sie hatte ja noch nicht alles erzählt: „Ich habe Lil mit meinem Silberblick geprüft", antwortete sie, und die zwei Freundinnen wussten sofort Bescheid, was sie meinte. Sie kannten Freyjas Gabe. „Dabei entdeckte ich, dass Lil mit anderen Personen an einem Tisch saß und Karten spielte."

"Mit wem?", fragten Lilith und Kundrie gleichzeitig.

Freyja zuckte entschuldigend mit den Schultern: „Das konnte ich nicht erkennen, aber es ging um Geld." Lilith und Kundrie blickten sie gespannt an.

Was soll's, dachte sich Freyja, sie konnte ruhig weiter erzählen, solange ihr Handel mit Lil unerwähnt blieb. Vorsichtshalber schnupperte sie durch die Luft. Ihr Silberblick wanderte kurz hinter den Horizont, aber nein, dort war niemand, der sie zu belauschen schien. Kein Lüftchen regte sich. Nachdem sie sich vergewissert hatte, dass sich in ihrer Umgebung nichts und niemand Fremdes aufhielt, erzählte sie, was sie beobachtet hatte: „Während ich mit Lil sprach, sah ich, dass er mit vier Personen um einen Tisch herum saß. Ich kannte niemanden, konnte aber einem über die Schulter schauen. Er saß mit dem Rücken zu mir, hatte halblanges dunkles Haar. Ich sah die Karten in seiner Hand. Und jetzt kommt's, haltet euch fest: Ihr wart darauf, auch Mahhara und Odu... Odin", korrigierte sie sich unbemerkt von den anderen, die in den Bann geschlagen waren von der Neuigkeit, dass es Spielkarten mit ihnen als Akteurinnen gab.

„Was?", Kundries und Liliths Duett klang immer eingeübter.

Kundries zweite Natur, ihr Seehundinstinkt, schlug sofort Alarm bei Freyjas Schilderung des Kartenspielers. Liliths Intuition lieferte ihr zu Freyjas Beschreibung umgehend das Bild eines Menschen, mit dem sie früher eng verbunden war. Die beiden Frauen warfen sich einen nicht zu deutenden Blick zu.

Kundries Augen glichen Eiszapfen, als sie fragte: „War da noch irgendein Detail, als du diesem Jemand in die Karten geschaut hast? Hast du etwas geschmeckt oder gab es da eine Farbe?“

Freyja runzelte die Stirn und schürzte die Lippen: „Da fragst du was. Es war nass, salzig, kalt, laut, bedrohlich.“ Sie hielt kurz inne. „Ja, doch“, die Fäden ihrer Erinnerung verknüpften sich zu einem Bild. „Etwas Bitteres und Metallisches schmeckte ich.“

Freyja erinnerte sich weiter, niemand unterbrach sie dabei: „Es war rot, aber nur in dem Moment, als ich ...“ Sie verstummte.

Kundrie wurde tatsächlich so blass wie die Nordländer nach einem langen Winter. Lilith schnappte nach Luft.

„Was?“, fragte Freyja.

Lilith und Kundrie sahen sich erneut stumm an. Lilith strich sich mit der linken Hand übers Gesicht. Eine Geste, der durchaus etwas Verzweifeltes innewohnte.

Sie schluckte und wandte sich zum Wasser, wohingegen Kundries gesammelte Aufmerksamkeit auf Freyja ruhte. „Darf ich kurz?“, fragte sie noch, aber mehr der Form halber, denn die Hexe kniff schon ihre Lippen zusammen, und ihr eisblauer Blick tauchte tief in Freyjas Augen und weiter in ihre Erinnerung.

Freyja zuckte innerlich zusammen, als sie Kundries Ausflug in ihre Gedanken bemerkte. Sie kontrollierte, ob ihre mentale Feuertür auch wirklich fest in den Angeln saß und alles zurückhielt, was Kundrie nicht wissen sollte. Die Tür hielt einen Teil ihrer Erinnerungen im Dunklen. Gut, Freyja brauchte sich keine Sorgen zu machen.

Kundrie suchte nach demjenigen, den Freyja gerade beschrieben hatte, und fand ihn. Sie sah die Gestalt mit den halblangen dunklen Haaren, die einen Satz Spielkarten in der Hand hielt, auf denen sie selbst, Lilith, ihre Schwester Mahhara und Odin abgebildet waren. Sie schmeckte auch diesen bitteren metallischen Geschmack am Gaumen, vor ihren Augen drehten sich rote Kreisel, und sie fügte dieser Erscheinung einen ihr sehr wohl bekannten Namen zu: Ariman. Niemand anderes war es, der hier am Kartentisch mit Lil um seine Zwillingsschwester Lilith, ihre Familie und Freundinnen spielte.

Kundrie kehrte mit einem unglücklichen Gesichtsausdruck zurück in die Gegenwart. Sie nickte Lilith zu: „Er ist es.“

Lilith sah völlig entgeistert drein. Wie kamen Lil und Ariman zusammen? Was führt sie zu Freyjas Schiff? Der beste Zauberer aller Welten jagte ihren Bruder und hatte ihn bis heute nicht finden können. Ariman war immer wieder entkommen und blieb verschwunden. Taliesin war ohne Ergebnis zurückgekehrt. Das war für sie alle der Beweis gewesen, dass Ariman das Weite gesucht hatte. Bis jetzt war das ein sehr gutes Gefühl gewesen.

„Wenn Ariman seine Hände im Spiel hat“, sagte Lilith tonlos, „dann ist es nicht Lil, der hier die Fäden zieht.“

II. Mahhara und die Pentakelkobolde

Freyja, Lilith und Kundrie verließen den Schatten der Buchenwälder. Die Welt hatte sich seit ihrem Aufbruch am Morgen verändert. Das Dorf stand noch so, wie sie es verlassen hatten, doch Arimans Geist verdunkelte ihre Erwartungen schon, bevor er sich das erste Mal persönlich gezeigt hatte. Die Hoffnung auf ein endgültiges Ende der Auseinandersetzung mit ihm, eine dauerhafte Lösung, die darin bestanden hätte, dass Ariman einfach aus ihrem Leben verschwunden blieb, war dahin.

Über der Silhouette der unzähligen runden Strohdächer am Horizont dampfte der Rauch von zahlreichen Kochstellen in den blauen Himmel. Die Sonne versteckte sich vereinzelt hinter kleinen Wolken, sie wärmte den kühlen Morgen aber schon spürbar auf. Doch den Schrecken, den allein der Name Ariman auslöste, konnte keine Sonne wegscheinen.

Den ersten Schock überwanden sie dann doch auf ihrem Rückweg, während sie darüber sprachen, was sie mit der ungeheuren Nachricht anfangen sollten. Ariman streckte wieder seine Hände nach ihnen aus und zwar in gewohnter Form über Mittelsmänner und Gehilfen. Derzeit füllte Lil die Rolle des Lakaien aus. Doch sie verstanden nicht, warum Freyja das Ziel der ersten hinterlistigen Attacke geworden war.

Panik war das Letzte, was sie jetzt brauchten. Also hieß es, vorerst die Maskerade der Alltäglichkeit aufsetzen und der drohenden Gefahr mit Ruhe und ohne Aufsehen zu begegnen.

Sie konnten ihren Ansatz gleich am Dorfeingang auf seine Tauglichkeit erproben. Die drei Frauen wurden von Mahhara begrüßt, die vor der ersten Hütte des Dorfes mit dem Rücken an die Wand gelehnt auf dem Boden saß. Über ihren Knien lag ein in die Jahre gekommenes Stück Tüll mit einem abgeblätterten fünfzackigen Symbol darauf. Sie sprach mit dem Stoff.

„So schlimm ist es also mit dir bestellt, liebe Eulenfrau“, frotzelte Kundrie in gewohnter Manier mit ihrer Schwester, „will keiner mehr mit dir spielen? Redest du deswegen schon mit einem alten Stück Stoff?“

Mahhara winkte ab, sie hielt es nicht einmal für nötig, ihren Kopf zu heben. Was seine Gründe durchaus auch in ihren rot geäderten Augen und einem übel verkatert wirkenden Gesicht haben könnte.

Aus dem Stoff löste sich ein kleiner Kobold mit einem spirreligen Körper, der immerzu wackelte. Er trug einen grünen Haarpuschel auf dem Kopf und winkte Kundrie: „Warum seid ihr immer so gemein zueinander?“, beklagte er.

Mahhara streichelte den grünen Haarpuschel des kleinen Pentakelkoboldes vorsichtig mit dem Zeigefinger und lächelte ihn an. Richtig freundlich konnte sie sein. „Du weißt doch, Schwestern eben.“

Aber sie wusste, dass der kleine Pentakelkobold genau das eben nicht wusste. Die Fünf, die es von seiner Sorte gab und die allesamt in dem Stück Tüll wohnten, kannten weder Ironie noch Witze. Wenn sie mit Lügen oder einer Ungerechtigkeit konfrontiert wurden, mussten die Pentakelkobolde etwas dagegen unternehmen. Denn solche Dinge bereiteten ihnen erst abscheuliche Rückenschmerzen und, wenn sie untätig blieben, zerbrachen sie daran. Nicht im übertragenen, sondern im wörtlichen Sinne. Diesen Umstand mussten alle in der Gegenwart dieser kleinen Geschöpfe bedenken. Denn naturgemäß hassten die Pentakelkobolde Rückenschmerzen und zerbrechen. Das war der Grund, aus dem sie als Schiedsrichter an den Nerthus-Spielen teilnahmen. Unter ihren Augen war kein Schummeln möglich. Natürlich wusste auch Freyja davon, weshalb sie sich höchst unbehaglich in ihrer Gegenwart fühlte und in dem Moment versuchte, einfach an nichts zu denken. Vor allem nicht an ihren Pakt mit Lil oder an Odin.

Nach dem kurzen verbalen Geplänkel zwischen Kundrie und Mahhara wollte Erstere schon weiterziehen: „Ich brauche einen Tee. Bis gleich, kleiner Ena! Bring die anderen zum Frühstück mit!“ Kundrie winkte und wandte sich zum Gehen.

Ena, der erste der fünf Kobolde, lächelte grün und glücklich aus seinen großen, ehrlichen Augen. Doch seine Stimme klang streng, als er: „Halt!“ rief.

Kundrie stoppte mitten in der Bewegung und sah wie eine erstarrte Gliederpuppe aus, der man die Lebensenergie geraubt hatte, indem man einfach nicht länger an ihren Fäden zog. Natürlich war der Hexe klar, was jetzt kam. Tief innen in sich drin hatte sie damit gerechnet.

Durch Freyja jedoch lief eine weitaus größere Schockwelle. War sie gemeint? Musste sie sich hier vor allen zu ihrem Handel mit Lil bekennen? Das konnte das ganze Nordland und seine Bewohner in Gefahr bringen!

Doch nein. „Ihr seid nicht aufrichtig zueinander", rief der Pentakelkobold und meinte Kundrie. Die wurde blass. „Heute sind das nicht nur eure üblichen Witze, wie ihr das nennt."

Pentakelkobold Ena hatte allein Kundrie und Mahhara im Blick. Freyja interessierte ihn scheinbar gar nicht. War sie durchgekommen?

Ena hatte wie alle Pentakelkobolde das Aussehen einer neugeborenen Wüstentanzmaus, in der Farbe einer Blattlaus, die sich ihre Riesenaugen von Maki-Affen geliehen hatte. Sein einzelner grüner Haarpuschel auf dem Kopf wackelte schon bei der kleinsten Bewegung seines Körpers. Da eigentlich immer irgendein Teil seines Körpers zuckte, war der Haarpuschel ständig in Bewegung, vor allem jetzt, da Ena empört darüber war, dass Kundrie nicht log, aber doch eine wichtige Nachricht wegließ, die ihre Schwester Mahhara genauso wie sie alle betraf.

Da schälte sich der Nächste der fünf Kobolde, der genauso wie sein Bruder aussah, aus dem Tüll heraus. Er hielt sich in letzter Minute die Hand vor dem Mund, als ein herzhaftes Gähnen aus ihm herausbrach, reckte und streckte sich, sah Kundrie an und sprach: „Frühstück, sagtest du? Wir kommen."

„Gleich", beschwichtigte Mahhara den neuen Kobold, „wir müssen noch etwas bereden, Pende."

In Bezug auf den Charakter wich der fünfte Kobold Pende deutlich von den anderen ab. Er war der ewig müde, arbeiten war nicht sein Ding, dafür aß er viel und gerne und schlief noch mehr und lieber. Doch auch er merkte, wenn etwas nicht stimmte. Er hielt sich die Hand vor den Mund, unterdrückte das nächste Gähnen und sah zu seinem Bruder Ena. Der schüttelte den Kopf, um ihm zu bedeuten, dass er den Mund halten sollte.

Wie auf Verabredung sahen beide Kobolde zu Kundrie. Mahhara warf ihrer Schwester einen strengen Blick zu. Kundrie gab auf, gegen Pentakelkobolde hatte auch die kleinste Notlüge keine Chance. Sie hob resignierend die Hände und wandte sich erst Freyja und dann Lilith zu: „Wenn ihr wollt, könnt ihr schon mal vorgehen."

Freyja wollte das Angebot nur zu gerne annehmen. Sie witterte die Chance, der Situation unbeschadet entfliehen zu können. Außerdem hatte sie einen frischen Tee bitter nötig. Sie setzte schon zu einem Nicken an, da fiel ihr Blick auf Pentakelkobold Ena. Seine großen Augen schickten einen Strahl direkt in ihre Seele. Und er hatte eine Botschaft dabei: *Schützen ist nicht lügen!* Danach schaute er wieder zu Kundrie und Lilith, als sei nichts gewesen. Er machte nicht den Eindruck, als litte er unter Schmerzen irgendeiner Art, wie es wäre, wenn er eine Unlauterkeit bemerkt, aber nicht aufgedeckt hätte.

Als Freyja klarwurde, dass gerade einer der Pentakelkobolde ihr Schweigen abgesegnet hatte, atmete sie erleichtert durch. Ein Freispruch von den Kobolden höchstpersönlich, der ersten Instanz in Sachen Ehrlichkeit und Gerechtigkeit, war im Moment mehr wert als Gold oder heisser Tee. Das bedeutete, sie konnte guten Gewissens über alles Stillschweigen bewahren. Warum das so war, konnte sie sich im Moment nicht erklären, war aber überhaupt nicht wichtig.

Auch der Tee war nicht mehr ganz so eilig. Sie schloss sich Lilith an, die bleiben wollte, und setzte sich zu Mahhara auf die Erde. Kundrie erzählte von Freyjas Entdeckung und davon, wie ihr Verdacht Gewissheit geworden war. Ariman war zurück. „Ich will keine Panik schüren, die allein Arimans Name hervorrufen kann, deswegen habe ich geschwiegen", entschuldigte sie sich bei den Pentakelkobolden, deren Haarpuschel rekordverdächtig wackelten. Nachdem die Hexe von Midgard verstummte, hörten sie für eine Weile nur die Vögel in den Bäumen ringsumher.

„Ihr meint wirklich, dass Ariman es wagt, uns erneut anzugreifen? Nach all dem, was passiert ist?", die Eulenfrau, die auf einen Schlag wieder fit wirkte, ergriff das Wort.

„Naja, Ariman ist die erste Erklärung für Freyjas bitteren metallischen Geschmack im Mund. Ich nehme Gegenvorschläge an", Kundrie forderte Mahhara dazu auf, ihre eigenen Schlüsse vorzutragen, „um sicher zu sein, ich bin in Freyjas Erinnerung gereist und es tut mir leid, doch er ist es."

Mahhara glaubte ihr. Kundrie hatte recht . Sie sah zu Ena und sagte: „Danke!"

Der Kobold deutete mit angenehmer Manier eine Verbeugung an: „Immer wieder gerne!"

„Ariman ist also zurück und wie's der Zufall will, auch Odin?", Mahhara erntete erstaunte Blicke für ihre Frage. „Wie? Habt ihr daran noch nicht gedacht? Er war damals Arimans Türöffner in

Asgard. Und auch er ist gerade eben wieder aufgetaucht, nicht lange bevor ihr erzählt habt, dass Ariman erneut an unsere Tür klopft. Das stimmt doch hoffentlich nicht nur mich misstrauisch.“

Lilith zuckte zusammen. Sie war so froh, dass ihr Sohn wieder da war, unversehrt und gereift. Jetzt warf Mahhara einen solchen ungeheuren Verdacht in den Raum. Aber sie gab der Eulenfrau insgeheim recht. Odin hatte sie schon einmal aufs schändlichste getäuscht.

Als Ariman, Liliths Zwillingsbruder, sie damals in Asgard überfallen hatte, um die Herrschaft über die Baumwelten an sich zu reißen, hatte Odin ihm den Weg nach Asgard bereitet. Gemeinsam hatten sie Lilith in ihre Gewalt bringen können, die nur mit Mühe und mit Hilfe der Schwestern überlebt hatte. Arimans Mission in Midgard war seinerzeit am Widerstand und Zusammenhalt der Baumweltenbewohnerinnen gescheitert. Er hatte fliehen müssen.

Odin hatte sich gestellt, Reue gezeigt und alle Strafen akzeptiert. Neun Tage und neun Nächte lang hatte er im Weltenbaum gehangen. Danach war er auf Reisen gegangen. Lange Zeit hatten sie nichts von ihm gehört. Vor kurzem erst war Odin zurückgekehrt. Er habe die Zeit im Land der Glutkobolde verbracht, sagte er. Doch außer einer Wasserpfeife und seinen eigenen Angaben hatte er nichts, was seine Aussage glaubhaft machte. Und selbst wenn er wirklich dort gewesen war, er hätte sich überall mit Ariman treffen können. War Odins Verhalten nur Theater, und er hatte Ariman im Schlepptau? Waren sie etwa noch immer ein Team und alle Reue ein Trick?

Lilith wurde schlecht bei dem Gedanken. Sie wollte es nicht glauben, aber auch bei ihr weckten diese Verbindungen seltsame Gefühle. Ihr Blick schweifte über die kleine Gemeinschaft vor Mahharas Hütte und blieb an den Pentakelkobolden hängen. „Das lässt sich doch schnell klären, oder?“, fragte sie Ena und Tessera, den vierten Kobold, der sich gerade aus dem Stoff schälte.

Freyja war bei Mahharas Bemerkung förmlich erstarrt. Hatte sie sich kurzzeitig sicher gefühlt, so fiel sie nach Mahharas Verdacht in ein tiefes Loch. Sie hätte Odins Glaubwürdigkeit zumindest in dem Punkt bezeugen können, dass er im Land der Glutkobolde gewesen war. Das schloss aber nicht aus, dass er sich durchaus auch dort mit Ariman hätte treffen können. Das Wort „Silberblick“ stahl sich in ihre Gedanken. Damals hatte er noch funktioniert. Sie hatte ihn aber nicht benutzt, wozu auch? Freyja war ja nicht einmal auf die Idee gekommen, dass sie es mit Liliths Sohn zu tun hatte. Hätte sie da Arimans Anwesenheit bemerkt? Sie hatte vorher noch nie viel mit Liliths Bruder zu tun gehabt. Genauso wie Odin hatte sie Ariman hier und da bei Sportveranstaltungen getroffen. Immerhin hatte sie nicht einmal geahnt, wem sie über die Schultern beim Kartenspiel zugeschaut hat. Bei Kundrie dagegen waren schon bei einer oberflächlichen Beschreibung alle Alarmsignale angegangen.

Sie sah zu Pentakelkobold Ena, der jetzt nicht nur mit seinem Haarpuschel wackelte, sondern tatsächlich leicht den Kopf schüttelte. Die Botschaft war klar. Auch wenn Freyja den Grund noch nicht kannte, sein Blick verhieß ihr, zu schweigen. Das Wichtige hatte sie offenbart: Ariman war ihnen allen wieder auf der Spur. Und offenbar hatte er einen neuen Gehilfen und suchte Freyjas Nähe.

Tessera lüpfte derweil den Stoff auf Mahharas Knien und rief die restlichen zwei Kobolde, Dia und Tria: „Hey, Jungs, kommt mal alle raus!"

„Um was geht's?", Dia und Tria waren bereit.

„Ohne Frühstück arbeiten?", die Frage kam natürlich von Pende.

„Wir müssen wissen, wie es um Odin steht. Die Frage ist: Können wir ihm vertrauen?", erklärte Mahhara den Sachverhalt, ohne auf den armen Pende einzugehen.

Ena fasste alles zusammen: „Ihr macht euch also Sorgen, weil Ariman zurück ist, könnte auch Odin wieder unter seinem Einfluss stehen?"

„Ich hätte es nicht besser ausdrücken können", bestätigte Mahhara.

„Das finden wir ganz schnell raus", sagte Dia und wackelte mit seinem grünen Haarpuschel, „wir prüfen Odin nach dem Frühstück."

Freyja atmete auf. Sie war nicht der Schlüssel zur Antwort.

HYNDLULIOD II

I. Im Dorf

Der Weiler war nur für die Nerthus-Spiele gebaut worden und im Verlauf der Zeit zu einem echten Dorf herangewachsen, mit vielen Hütten und Kochstellen, einer Backstube, einem großen Versammlungsplatz, auf dem eine Linde wuchs, dem kleinen Bach am Dorfrand und verwinkelten Gässchen, die alles miteinander verbanden. Es war Frühsommer und warm, vor allem regnete es nicht, und so breitete sich eine feierliche Stimmung in Vorfreude auf die sportlichen Wettkämpfe aus.

Diese Stimmung wurde derzeit vor allem dadurch erzeugt, dass leidlich wache Gestalten aus allen Teilen der bekannten Welten sich mehr oder weniger ernst gemeinte Anekdoten der vergangenen Nacht an den Kopf warfen, an die sich der Gegenüber oftmals gar nicht, oder wenn doch, dann nur sehr verschwommen erinnern konnte. Sie werkelten gemeinsam mit den Wolkendienern aus Asgard daran, ein Frühstück für alle zu zaubern, riefen, lachten, scherzten. Im ganzen Dorf herrschte eine ausgelassene Stimmung.

Ein blonder Hüne namens Trond aus dem vollbärtigen Langstreckenlaufteam des Rentierclans aus den Nordlanden machte sich lustig über die Steps, jenem Reitervolk aus dem Reich der Mitte, das von Legenden umhüllt war.

„Kein Wunder, dass ihr mit euren kurzen Beinen Pferde braucht", lachte Trond und schlug sich vor Lachen auf die Schenkel, während er mit der anderen riesigen Hand runde Fladenbrote platt drückte, die er dann einem flauschigen Wolkendiener zuwarf, der sie nebeneinander auf ein Blech über einem offenen Feuer legte. Von dort verbreitete sich ein verführerischer Duft frischgebackenen Brotes und weckte auch die letzten renitenten Schnarcher.

„Urkomisch, wirklich urkomisch, wie du gestern in der Glut gelandet bist. Die Feuerstelle ist aber auch wirklich zu groß, jedenfalls für eure krummen Beine, ha ha ha", feixte Trond, nahm einen Krug mit Wasser und schüttete ihn in einem Zug runter. Ein Teil des Wassers lief rechts und links die Mundwinkel, dann weiter den feurigen Bart hinunter und verteilte sich von dort aus auf seiner Kleidung aus hauteng geschneiderten Rentierfellen. Niemand hatte behauptet, allein die Anführerin der Nordländer sei eitel. Rülpsend strich er sich über sein Gesichtshaar und machte sich wieder an die Fladenbrote.

Der Angesprochene, ein Step namens Temudschin, goss gerade getrocknete Teeblätter in einen großen Kessel, in dem Wasser fröhlich kochend vor sich hin sprudelte.

„Ja, total lustig, Trond. Gestern noch unseren Airag trinken und heute Witze über uns machen!"

Weiter kam er nicht. Der Nordländer schaut ihn mit großen Augen an: „Wie? Du kennst meinen Namen? Ich hab mit euch getrunken?"

„Und nicht zu knapp. Unser Airag-Vorrat sollte für den Verlauf der Spiele reichen. Du hast ihn mit deinen Kumpels mindestens zur Hälfte vernichtet. Danach hatte ich das zweifelhafte Vergnügen, dir dabei zuzusehen, wie du mit einem Baumstamm geknutscht hast. Du wolltest unbedingt, dass das Holz dich bei deinem Namen nennt. Hat es aber nicht. Aber du warst nicht zu überhören und dein Name auch nicht, den du ihm immer wieder zugerufen hast, verehrter Trond." Der Step verbeugte sich mit ausgesuchter Höflichkeit: „Ich heiße übrigens Temudschin, damit du meinen Namen nicht in einer solch kompromittierenden Situation erfahren musst."

Die nordländischen Recken aus dem Rentierclan konnten tatsächlich erröten. Trond bewies es. „Von euch war das Zeug, das mir die Lichter ausgeblasen hat? Was tut ihr da rein?", fragte er trotzig, als sei das, was ihm passiert war, die Schuld derer, die den Schnaps hergestellt hatten.

„Nur Stutenmilch, nichts anderes", antwortete Temudschin.

„Aber ...", Trond kratzte sich seinen Bart. Konnte man aus Stutenmilch Schnaps herstellen? Wer sollte das glauben? Babys tranken Milch und kleine Pferde, aber keine Männer.

Er reckte sein Kinn etwas zu störrisch in die Höhe und konzentrierte sich von nun an ganz auf seine Fladenbrote.

„Ihr seid ja beide schon richtig wach für die Einlagen, die ihr heute Nacht am Feuer geliefert habt", ein hochgewachsener, breitschultriger Jüngling mit Glutaugen und schwarzen Locken trat lachend aus dem Schatten der Hütten zu den beiden und setzte sich neben Trond. „Dass du dich schon auf solch verantwortungsvolle Arbeiten konzentrieren kannst, bei den Mengen Airag, die ihr beide gekippt habt. Ist eigentlich noch was übrig?"

„Hmmm ", brummelte Trond in seinen Bart.

„Als ob du einen Deut besser gewesen wärst, Abrasax", ein anderer, genauso durchtrainierter, aber roothaariger Bursche, dessen Gesicht einem See aus Sommersprossen glich, folgte dem Angesprochenen.

„Sei du nur ruhig, Ian!“, lachte Abrasax gutmütig und kniff die Augen zusammen, als würde er ihn besonders scharf beobachten. Die beiden wirkten wie Brüder, trotz ihres unterschiedlichen Aussehens.

Abrasax grüßte den Step: „Temudschin.“ Er schlug ihm lachend auf die Schulter: „Alles klar?“

„Abrasax, der Zauberjunge“, Temudschin lachte ebenfalls, „aber immer. Und bei euch?“

Wenn sich jemand nach Abrasax‘ Befinden erkundigte, meinte er auch immer Ian, umgekehrt genauso. Das war für alle selbstverständlich, die mehr als einmal mit den beiden zu tun gehabt hatten.

Abrasax und Ian stammten beide aus Midgard, aus dem Dorf Salisborn an der Weltenesche Yggdrasil. Sie sahen nicht nur wie Brüder aus, sondern waren auch zusammen aufgewachsen. Allerdings hatten sie nicht dieselben Eltern, sie stammten nicht einmal aus demselben Clan. Ihre gemeinsame Geschichte hatte schon begonnen, bevor Abrasax erst seinen Vater und dann auch noch seinen Zwillingsbruder Cedric verloren hatte. Cedric war nicht durch einen tragischen Unfall ums Leben gekommen, sondern durch Mord. Eine Horde wildgewordener Riesinnen hatte ihn einfach totgetrampelt. Besonders tragisch war der Umstand, dass der eigene Vater die Riesinnen auf Midgard losgelassen hatte, denn der war niemand anderes als Ariman höchstpersönlich, Liliths Zwillingsbruder, immerwährender Widersacher und das lebende Böse im Gedächtnis aller Baumweltler.

Waren Abrasax, Cedric und Ian schon als Trio unzertrennlich gewesen, so passte nach Cedrics Tod zwischen die beiden Verbliebenden kein Eichenblatt mehr. Abrasax war das lebende Beispiel dafür, dass jeder die Wahl hatte, sich für die helle oder die dunkle Seite des Lebens zu entscheiden. Dank der liebevollen Unterstützung seiner Mutter Kubaba und das ganzen Dorfes, vor allem nach dem Verlust seines Zwillingsbruders, begegnete Abrasax der Seite seines Vaters nicht einmal mehr im Traum. Ian war Abrasax‘ Bruder im Geiste, und das sah und merkte man beiden mit jeder Faser ihres Seins an.

Ians Mutter Gwyynild aus dem Salisborner Weberinnen-Clan und Kubaba, die es aus dem fernen Uruk nach Salisborn verschlagen hatte, hatten beide Jungen aufgezogen, als wären es jeweils ihre eigenen. Dazu kam die Fürsorge der Hexe von Midgard, Kundrie, die dafür gesorgt hatte, dass Abrasax über den furchtbaren Verlust seines Bruders hinwegkam und damit zu leben lernte, dass sein Vater im Bann eines finsteren Dämonen, eines Gidim, lebte, dem man besser aus dem Weg ging, wollte man sich seine Freude am Dasein bewahren.

Ian und Abrasax aber hatten all die furchtbaren Erlebnisse zusammengeschweißt, und fortan taten sie einfach alles gemeinsam, als wären sie zusammen auf die Welt gekommen. Dazu zählte auch jede Menge Unsinn. Vor allem aber hatten sich beide zu herausragenden Schwimmern und Fünfkämpfern entwickelt, die Sport-Wettkämpfe über alles liebten. Vom Airag gestern Abend hatte allerdings Abrasax mehr zu sich genommen als Ian, der heute früh darüber sehr froh war, als er den Zustand der weniger Vernünftigen betrachtete.

„Airag macht deine Zähne weiß und lässt dich lächeln wie ein Killer, jeder Baumstamm wird zusammenzucken", über sein ganzes rundes Gesicht schmunzelnd stellte Temudschin ein Tablett mit mehreren Bechern auf einen Baumstamm neben den Kessel und schenkte ein. Dann verteilte er das Getränk. Den ersten Becher reichte er Trond: „Komm, ein Friedensangebot. Es stärkt."

Trond kniff die Augen zusammen und sah Temudschin ins Gesicht. Der Step trug wie alle seine Kameraden eine Fellmütze, obwohl es Sommer war, und feuerte aus seinen zwei engen Sehschlitzen freundliche Blicke.

„Jetzt sag mir nicht, dass das wieder irgendwas aus Stutenmilch ist", sagte Trond, schon etwas versöhnlicher. Die dampfende Flüssigkeit beäugte er jedoch mit kritischem Blick.

„Ein neuer Killer aus der Steppe?", feixte Abrasax, als Temudschin ihm einen Becher reichte.

Temudschin schüttelte den Kopf: „Es ist einfach schwarzer Tee."

Ian roch an dem Getränk, nachdem Temudschin auch ihm eine Tasse gegeben hatte. „Schwarzer Tee?", fragte er, „kenne ich gar nicht." Er sah zu Abrasax.

„Doch, ich habe schon davon gehört", sagte der.

Ian erklärte Temudschin: „Bei uns gibt es zwar vor allem Blüten- oder Kräutertee, und oft sogar Kaffee, von Abrasax' Großmutter aus Uruk, aber schwarzer Tee?" Er trank ein paar Schlucke und nickte anerkennend. „Hmmm, gut! Warum hat uns das deine Großmutter bislang vorenthalten?"

Abrasax zuckte mit den Schultern und prostete Trond zu: „Mit dem Gebräu werden wir heute vielleicht sogar noch trainieren können."

Trond nahm vorsichtig ein paar weitere Schlucke, und siehe da, es stärkte wirklich. Sogar der Kopfschmerz wandelte sich von unglaublich zu erträglich. Er sah zu Temudschin und den anderen zwei und räusperte sich: „Ähhh, könnten wir das vielleicht, nun ja, ich meine das mit letzter Nacht. Vielleicht bleibt das unter uns. Also, es müssen ja nicht alle erfahren."

Temudschin lachte über sein ganzes kreisrundes Gesicht, und seine Augenschlitze verengten sich zu einem einzigen dunklen Strich. Er nickte und schlug Trond aufmunternd auf die Schulter: „Klar! Das bleibt unter uns."

Abrasax und Ian hoben ihre Teebecher mit ernsten Gesichtern, denen man allerdings ansah, wie mühsam es für sie war, nicht loszulachen: „Kein Problem, wir schweigen wie die Gräber."

„Nur leider wissen es schon alle", ergänzte Trond mit resigniert verzogenem Mund, als er in die strahlenden Gesichter seiner neuen Freunde sah.

Die nickten erheitert.

„Wir mögen dich trotzdem!", Temudschin lachte. „Komm, nimm noch einen Schluck Tee." Er goss nach.

Sie wurden durch Pferdegetrappel unterbrochen. Ein duales Team vom Sirius kam angetrabt und hielt an dem Blech, auf dem die Fladenbrote rösteten. Einer seiner zwei Köpfe beugte sich mit langem Hals über die fertiggebackenen Fladenbrote, beschnüffelte sie aus respektvollem Abstand und mit geschlossenem Auge. „Hm, das riecht aber gut", schwärmte er wie in einem Zustand höchster Verzückung.

Der andere Kopf sah mit dem einen Auge in die Runde, während er fragte: „Kann man euch irgendwie helfen?"

Wieder der erste Kopf: „So etwas Köstliches habe ich ja noch nie gerochen." Auch er öffnete jetzt das Auge auf seiner Stirn.

Als der linke Kopf sein Auge auf Ian und Abrasax richtete, fühlten die beiden sich recht unbehaglich, obwohl sich das duale Team ausgesucht höflich verhielt und respektvoll sprach. Um die menschenfressenden Pferde mit den zwei Köpfen kreisten eben noch immer so viele Schauermärchen, dass alle Menschenkinder mit mindestens einem davon, meist mehreren, aufwuchsen. Auch wenn keine Geschichtenerzählerin vergaß zu erwähnen, wie sehr sich die dualen Teams auf dem Sirius zum Besseren gewandelt und zum Vegetarismus bekannt hatten.

Temudschin und Trond runzelten beide die Stirn, weil sie fürchteten, das duale Team würde gleich in eines der Brote beißen. Temudschin hatte jedoch eine Idee, denn tatsächlich, konnte ein Freund auf vier Beinen und mit zwei Menschenarmen am Pferdekörper der rechte Träger für die fragile Fracht sein, um das Teetablett mit den vielen kleinen Teebechern unfallfrei zur Frühstückstafel zu bugsieren.

Als Erstes schob er das Pferd mit den zwei Hälsen und zwei Köpfen weg von der Feuerstelle, um die Brote in Sicherheit zu wissen. Dann zeigte er auf das vorbereitete Tablett neben der Hütte, die als Küche diente: „Du kannst uns tatsächlich helfen. Dort drüben steht ein großes Tablett, kannst du es vielleicht zu den Tischen bringen?"

Wovon immer das duale Team träumte, Temudschin brachte es auf den Boden der Tatsachen zurück. Das Pferd fügte sich, nickte und trabte davon, um die ihm übertragene Aufgabe zu erledigen.

„Können wir auch etwas tun?", die Frage kam von Freyjas Freundin Birgitta, die sich mit zwei Amazonen der Feuerstelle näherte. Birgitta trug noch immer ihr Rehfeldkleid vom Vorabend, während die Amazonen sich über ihre Lederhosen leichte Tuniken aus Leinenstoff sowie darüber knöchellange Ledermäntel geworfen hatten. Die langen dunklen Haare hingen offen über ihre Schultern.

Temudschin machte die Rolle als Organisator Spaß. Er sah sich um und teilte Birgitta und ihre Freundinnen dazu ein, die vorbereiteten Speisen aus dem mit dicken Granitsteinen gemauerten Keller zu holen: „Der ist dort hinten, am Waldrand." Er beschrieb ihnen den Weg zwischen den Hütten zum Vorratskeller. Ian und Abrasax gesellten sich zu der Gruppe, und sie fanden rasch das gemauerte Kellergewölbe.

Als sie die zwei schweren bemoosten Holztüren öffneten, bemerkten sie, dass von einigen Käselaibern schon etwas fehlte, das Joghurtfass schien benutzt, und ein Schinken war regelrecht angebissen. Tiere? So sahen die Bissspuren nicht aus. Da sie sich keinen Reim auf die Ursache machen konnten, schnitten sie vom Käse und Schinken die angeknabberten Stücke weg, packten alles in die mitgebrachten Körbe und auf das Tablett und trugen es zur Frühstückstafel.

Nur kurze Zeit später saßen alle Teilnehmenden an dem Sportfest mit ihren Gastgebern auf dem Versammlungsplatz rund um die Linde. Es war ein großes Hallo, wie schon am Abend zuvor, mit Gerede und Lachsalven. Die Freude über das Zusammentreffen und auf die bevorstehenden Wettkämpfe hing wie eine unsichtbare Wolke über allem, zu keinem anderen Zweck, als gute Laune zu verbreiten.

Mahhara, Lilith und Kundrie saßen eher schweigsam beieinander. Freyja dagegen hatte sich an einen anderen Tisch gesetzt, rechts von ihr saß Amazonenfreundin Penthesilea und links eine Assassina aus Persepolis mit Namen Fatima. Temudschin, Ian, Abrasax und

Trond saßen zusammen um einen Tisch, gossen sich gegenseitig immer wieder Tee nach und schoben sich frisches Brot zu. Die Vier waren dabei, dieses Frühstück zu zaubern, das den Nerthus-Spielen gerecht wurde, die wohl tatkräftigsten Unterstützer der Wolkendiener gewesen. Wie nebenbei wurden sie darüber auch dicke Freunde.

2. Das erste gemeinsame Frühstück

Die Sonne tauchte die Frühstückstafel in warmes Gold, aus dem sich die Schatten von Hütten und Bäumen deutlich herausschnitten. Wolkendiener huschten durch die Reihen, brachten Haferbrei in hohen Bottichen, legten Ziegen- und Schafskäse nach, verteilten Joghurt und schenkten Tee aus. Sie holten frisches Brot und kümmerten sich um sämtliche Wünsche ihrer Gäste. Alle ringsumher plauderten, kauten, lachten und genossen den Frühsommermorgen.

Nur ein einziger Gast saß so schweigend da wie der Tisch, auf dem sein Teller stand. Odin kaute stumm sein Fladenbrot mit Schafskäse. Er hatte zugenommen und sah nicht mehr ganz so mitgenommen aus. Doch dass er sich körperlich kräftiger fühlte, nützte ihm im Moment auch nichts. Er haderte mit allem. Von vielen Seiten spürte er, dass ihm Misstrauen entgegenschlug, vor allem von den Elfen und es machte ihm zu schaffen. Das Schlimmste daran war, dass er es ihnen nicht einmal verdenken konnte.

Als er aus dem Land der Glutkobolde aufgebrochen war, hatte er sich rein und wie neugeboren gefühlt. Er hatte der Erfüllung einer Aufgabe entgegengefiebert, die ihm die Dschinn prophezeit hatten und für die sie ihm eigens dieses bislang unbekannte Kraut gegeben hatten. Auf der Überfahrt malte er sich aus, wie das Schiff über das Große Meer segeln, sich dem Hafen von Midgard nähern würde, wie die kleine Insel vor der Bucht auftauchte.

Er schwor sich, über die Dschinn in der Wüste zu schweigen. Die Selbstverständlichkeit seiner Berufung als Retter würde ihn im geeigneten Augenblick das Richtige tun lassen. Dann wäre er der strahlende Held, der alles gewann. Diese kleine Selbstverliebtheit wollte er sich aus Gründen seiner Rehabilitation einfach zugestehen. Doch würde das genügen? Und wie sah seine Aufgabe aus? Er wusste es nicht. Und die Situation insgesamt war schwer auszuhalten.

Anfangs war alles so gewesen, wie er es sich gedacht hatte. Er hatte sich als Odur auf dem Schiff als Passagier eingeschrieben. So konnte er die Überfahrt geheim halten, was ihm unter seinem richtigen Namen nie gelungen wäre. Erkannt hatte ihn nach dem Jahr in der Wüste niemand.

Seine Mutter war überrascht gewesen, als er in Asgard in ihrer Schreibstube gestanden hatte. Frigg war kurz vor ihm aus der Asenschmiede ausgezogen und ebenfalls zurück in Asgard. Sie hatte ihn sehr froh in Walhall begrüßte, der Halle der Begegnungen. Es hatte kein großes Willkommensfest gegeben. Die meisten waren schon auf Rugia oder zumindest auf dem Weg hierhin. Da Odin wusste, dass Freyja an jedem Sportfest teilnahm, wollte er so schnell es ging ebenfalls nach Rugia. Da traf es sich gut, dass seine Schwester Frigg ihren Liebeskummer mit sich alleine ausmachen wollte. Seine Mutter Lilith und er waren nach Rugia aufgebrochen und hier hatten ihn alle recht freudig begrüßt: Er hatte gebüßt, Edelsteine mitgebracht und war geläutert erschienen.

Nur Elfenkönigin Titania wollte nicht, dass ihre Elfen mit ihm verkehrten. Ihr Einfluss war nicht zu unterschätzen. Seine Edelsteine nannte sie blutig, weil sie mit dem Leben ihrer Verwandten erkauft wären. Und an genau dem Punkt hatte es Odin eiskalt durchströmt, als er daran gedacht hatte, wie der Zwergenälteste Hellerich unter Arimans Einfluss die Schwarzelfenkolonie überfallen, Titanias Bruder Oberon getötet, Oberons Frau Kleo und seine Tochter Jasmin eingesperrt hatte. Er, Odin, hatte Ariman währenddessen als Helfer zur Seite gestanden. Später hatte Hellerich Jasmin gegen ihren Willen geheiratet und als Hochzeitsgeschenk alle Losalfheimer Elfen, die mit einem Zwerg zusammenlebten, getötet. Odin schüttelte den Kopf. Er sah sich um. Alle wussten davon, dass er all das unterstützt hatte. Wie sollte er mit dieser Schuld unter ihnen weiterleben?

Sein Blick wanderte zu Freyja, die es sich inmitten ihrer Sportlerfreundinnen gutgehen ließ. Ihr Anblick bereitete ihm schweren Kummer. Aber er war ihrer nicht würdig. Er hatte sie getäuscht. All das wusste er. Und doch war er nach Rugia gekommen, weil Freyja bei den Nerthus-Spielen ihren Superpokal verteidigen würde, den sie während der Minenparade vor sechs Jahren schon zum zweiten Mal errungen hatte. Er wollte ihr alles erklären, warum er sie über seine wahre Identität getäuscht hatte, seine Selbstzweifel, seine

Reue über das, was er getan hatte. Vor allem aber wollte er von ihr erfahren, warum sie ihn ohne ein Wort verlassen hatte. Zuerst hatte er vermutet, dass sie seine Identität in Erfahrung gebracht hatte. Wahrscheinlich hatte sie ihm die Lüge nicht verzeihen können und wollte noch weniger mit dem zusammen sein, der er wirklich war: der Verräter der Baumwelten.

Diese Version der Geschehnisse war stark ins Schwanken geraten, als er im Hafen von Rugia in Freyjas Gesicht gesehen hatte. Dort konnte er ablesen, dass sie im Land der Glutkobolde keine Ahnung gehabt hatte, wer er war. Erst in dem Moment, als er hier vor ihr stand, neben Lilith und in Assoziation mit dem Jüngling auf der Zuschauertribüne während der Minenparade, da entgleisten ihr die Gesichtszüge. Wiederum zu Recht. Also, was sollte er hier noch?

Odin fühlte, dass ihm das Glück nicht zustand, mit einer solchen Frau zusammen zu sein. Und doch wollte er eine Erklärung.

Er befand sich am Tisch der komludianischen Wurfkäfer. Er hatte ihre Gesellschaft gesucht, da sie erfreulich weit entfernt waren von den Verstrickungen hier in Midgard und den Baumwelten. Die erste Tasse Tee hatte er schweigend und in düstere Gedanken versunken zu sich genommen. Er sah sich um, dachte, dass alle seine Schuld fühlten. Doch er entdeckte nur gutgelaunte Sportlerinnen und Sportler.

Daraufhin schüttelte er den Kopf, bat die Wolkendiener um eine weitere Tasse Tee und unterhielt sich mit Tobi, einem der komludianischen Wurfkäfer. Das anfangs sehr allgemeine Gespräch nahm eine angenehme Wendung, als sie von fremden Sitten und speziellen Gepflogenheiten auf das Sheesharauchen zu sprechen kamen. Das war im Land der Glutkobolde, eine Tradition, die Odin nach langen kühlen Nächten mit Hassan auf dem Dach seines Hauses wertgeschätzt hatte. Odin schwärmte, Tobi redete über komludianische Tänze und andere Bräuche.

Das ging eine Weile gut, dann hörte Odin Freyjas Lachen, das er so sehr lieben gelernt hatte. Es flog wie ein heller Glockenschlag durch die Luft zu ihm herüber und katapultierte ihn aus seinem Gespräch. Er hörte Tobi zwar immer noch zu, doch seine Aufmerksamkeit galt wieder dem Nachbartisch. Nahe an Freyjas Platz saßen die Elfen zusammen mit den korsikanischen Fünfkämpfern an einem Tisch. Auch sie lachten und aßen.

Ihre Worte waren nicht zu verstehen und Odin verbot sich selbst, Vermutungen über den Inhalt ihrer Gespräche anzustellen. Nicht zu übertünchen war der Geruch, der ab und an herüberzog. Elfen und Korsikaner waren eine Gemeinschaft wie Feuer und Eis, hier erklärte nur der Gegensatz die Anziehung. Die Elfen mit ihren spitzen Ohren, dünnen Körpern und feinen Kleidern dufteten jeweils nach der Pflanze, die sie umhegten und pflegten. Die korsikanischen Fünfkämpfer waren von ganz anderem Schlag. Sichtbarer Ausdruck davon war nicht zuletzt ihr Teamchef Cesari, der in einem Tontopf verschlossen auf dem Tisch stand. Aus gutem Grund, Cesari war grau, rund und stank bis zum Himmel und darüber hinaus. Er war ein Käse mit Seele, der lebte und seine Mannschaft nährte, so wie es ein guter Chef eben tat.

Odin betrachtete mit Erstaunen, wie nicht nur die Korsikaner ab und an den Topfdeckel lüpften, um sich häppchenweise am duften Teamchef zu bedienen, sondern auch die Elfen, die sich ansonsten von Tau und Honig ernährten. Sie schienen fasziniert von anderen Sitten zu sein. Doch nicht alle empfanden Cesaris Anwesenheit als vorteilhaft, selbst wenn er im Tontopf saß. Vielen zog das Aroma, wenn der Deckel sich hob, eher als Gestank in die Nase. Es gab offen missbilligende Blicke zu dem Tisch.

Elfen sind da offenbar härter im Nehmen, dachte Odin verwundert.

Ebendiese Elfen taten so, als ignorierten sie ihn, doch er spürte ihre Blicke im Nacken, wenn er ihnen den Rücken zukehrte. Mit Spannung erwartete er das erste Zusammentreffen mit Elfenkönigin Titania. Die hatte er noch nicht hier gesehen.

Auch Zwerge waren ihm noch nicht über den Weg gelaufen. Die ehemaligen Verbündeten von Ariman waren einmal ein in den Baumwelten beliebtes Volk aus Kunstschmieden und Fudgeköchen gewesen. Jetzt war aus den Svartalfheimern ein renitenter, zänkischer und diebischer Haufen geworden, mit eindeutig boshaften Tendenzen. Das Ergebnis der Ereignisse von damals.

Odin bemerkte, dass Tobi ihn erwartungsvoll anstarrte. Offenbar hatte er eine Frage überhört und kehrte zurück in die Gegenwart.

„Eine Sheesha heute Abend?“

Es war, als knipste jemand die Sonne an. Odin lächelte beim Gedanken an Hassans Wasserpfeife: „Heute Abend, darauf kannst du dich verlassen. Am Strand.“ Eine erste Verabredung. Das waren gute Aussichten. Odin entspannte innerlich.

Während Tobi einen Wolkendiener um frischen Tee bat, wanderte Odins Aufmerksamkeit wieder zu Freyja. Sie schien ihn völlig vergessen zu haben. Die Clanchefin aus den Nordlanden war auf einer Seite von einer der Assassinas flankiert, jenen durchweg schwarz gekleideten, hochgewachsenen Frauen, deren langes mitternachtfarbenes Haar ein tätowiertes Gesicht säumte. Einstellungskriterium bei den Assassinas schienen dunkle, rätselhaft blitzende Augen und ein perfekt geschminktes Gesicht zu sein. Diese Kämpferinnen umrankten viele Mythen, denen man gerne Glauben schenkte, wenn man ihnen bei einer ihrer Königsdisziplinen, wie dem Bogenschießen oder dem Messerwurf während eines Sprints, zuschaute. Sah man sie frühstücken und lachte dabei mit ihnen über die Anekdoten der letzten Nacht, freundete man sich schnell mit ihnen an.

Penthesilea auf Freyjas anderer Seite war eine genauso alte Häsin beim Sportfest wie ihre Freundin aus den Nordlanden. Diese Dreiergruppe unterhielt sich in bester Laune, als es Odin einfach packte. Einem Impuls folgend, der sich gar nicht erst die Mühe eines Umwegs über seinen Verstand machte, stand Odin auf, entschuldigte sich bei Tobi und steuerte geradewegs auf Freyja zu. Zu seiner eigenen nicht geringen Überraschung stand er im nächsten Augenblick direkt vor ihr. Freyja hielt gerade eine Teetasse in der Hand, während sie zu ihm aufblickte. Sie verzog keine Miene.

Odin sah in das Gesicht, dessen Verlust ihn in die Wüste getrieben und ihm eine unvorstellbare Zeit beschert hatte. Er sah, wie Freyja sich den Mundwinkel tupfte, in dem ein kleiner brauner Teefleck geschimmert hatte, und die Teetasse zurückstellte. Hätte er hinter ihr unbewegtes Gesicht schauen können, so wäre er vor eine Feuertür geknallt, fest verschlossen, der Schlüssel in einen tiefen Graben geworfen.

In Freyjas Innerem herrschte die pure Ungläubigkeit darüber, dass der Teil ihrer Probleme, den sie mit Speerwerfen, Rennen, Schwimmen und Ringen aus ihrem Leben verjagt zu haben glaubte, nicht nur feixend mit ihr übers Meer zu den Nerthus-Spielen gereist war, sondern jetzt auch noch genau vor ihr stand und sie aus einem meerblauen Auge anschaute.

Hinter einer starren Maske flutete alles über sie hinweg, ein Wahrsager in einem Schwanenzelt, ein Alptraum, der ihr ein Jahr lang die Nachtruhe geraubt hatte, viele, viele Trainingseinheiten, um sich den Schmerz über einen Verlust, den sie nicht einmal benennen konnte, aus der Seele zu ziehen und nun das. Wie zum Hohn stand Odin hier direkt vor ihr.

„Hallo, Odin, gut geschlafen?“, rief Freyja herausfordernd. „Ich war auf‘m Sprung, um Joghurt zu holen.“ Sie griff nach der noch prall gefüllten Schale mit hellenischem Joghurt. Unter den erstaunten Blicken von Penthesilea und Fatima teilte sie die weiße cremige Masse großzügig zwischen beiden auf und ging mit der nun leeren Schale wortlos in Richtung Vorratskeller.

Odin kam sich wie ein Trottel vor, als er ihr folgte.

Alles Leben konzentrierte sich im Dorf auf den Versammlungsplatz. Kaum hatten sie den Platz unter der Linde verlassen, umgab sie von vielstimmigem Vogelgesang veredelte Ruhe. Odin holte Freyja rasch ein, und sie trödelten fast nebeneinanderher. Der Weg zum Keller war zu kurz, um zu einem Gespräch zu finden, geschweige denn, einen Faden zu spinnen, der ein Bild ergab von all dem, was eigentlich gesagt werden musste.

Freyja verwendete alle Kraft darauf, ihre Flüche zurückzuhalten. Wollte Odin all ihre Anstrengungen, den Superpokal das dritte Mal zu erringen, vereiteln? Wollte das Leben sie verhöhnen und sabotieren?

Freyja und Odin standen vor dem gemauerten Keller.

Das Leben, echote es in ihr, *wird von Mächten oder Menschen gelenkt, oftmals von Mächten oder von Unsterblichen, die hinter Menschen oder anderen Unsterblichen, Göttern, Heldinnen oder Helden stehen, immer aber von Energien. Und wenn es gar nicht Odin ist, der mich zu sabotieren versucht?*

Freyjas Gedanken reduzierten sich binnen kurzem auf die Frage *Wer oder was steht hinter Odin?* Und diese Frage zog andere nach sich. *Hat Lil ihn geschickt, um meinen Sieg zu verhindern? Hat der Sturmgott die Macht, Odin, Liliths Sohn, zu manipulieren wie einst Ariman? Oder ist es Ariman selbst, der hinter Lil steht? Wen wollen die beiden manipulieren? Mich etwa?*

Freyja legte die Hand an den Riegel der Tür. Sie öffnete nicht nur die Tür zu einem Kellergewölbe, in dem die Vorräte für die Nerthus-Spiele lagerten, auch ihre mentale Feuertür öffnete sich quietschend immer mehr und heraus kamen Bilder, Gedanken und Ideen, die Freyja gar nicht gefielen.

Hat Odin nicht sogar seine eigene Mutter an ihren Erzfeind, ihren Zwillingsbruder Ariman, verraten? Warum sollte er nicht wieder in seinem oder Lils Dienst stehen? Der Sturmgott hat Odin hierher geschickt, um mich zu verwirren. Will er unter allen Umständen jene zwei Personen, die mich am meisten lieben? Arbeiten Odin und Lil zusammen? Warum? Ich verliere meine Wettkämpfe, Lil gewinnt. Ist das absurd? Ist das möglich? Was ist das nur? Wer hat während des Sturms am Tisch gesessen und Karten gespielt? Odin ist es nicht gewesen, er war aber Teil des Spiels. Wer hielt das Blatt in der Hand? Wirklich Ariman?

Freyja merkte, dass Odin langsam von einem Fuß auf den anderen trat und sie anstarrte. Angenehm kühle, etwas modrige Luft schlug ihr aus dem Raum entgegen und sie atmete die Brise ein, als könnte sie mit ihrer Hilfe den Kopf lüften. Sie ging in gebückter Haltung in den Keller und entzündete die Kerze, die auf dem rechten Regal bereitstand. Von hinten fiel ein Schatten in das dunkle Gemäuer.

Odin folgte Freyja.

Ihre Augen gewöhnten sich langsam an das Dämmerlicht und ihre Ohren an die Geräusche.

Moment mal, dachte Freyja im nächsten Augenblick, *Geräusche?*

Wie kamen die bloß in einen aus dicken Quadersteinen gebauten Keller?

Sie leuchtete mit der Kerze umher und dachte *Volltreffer!*

Zwei Zwerge standen vor Freyja. Sie reichten ihr knapp bis zur Hüfte, es waren zwei von der größeren Sorte. Sie hatten sich tief in die Nahrungsmittelberge eingegraben, die die Teilnehmenden aus allen Ländern mitgebracht hatten. Und da sie in ihrer Gier auch wissen wollten, was ganz unten lag, ließ es sich nicht so einfach hopplahopp wieder weglaufen. Als die Tür aufging, mussten sie sich erst mal aus dem Essensberg graben und da waren sie schon entdeckt.

Freyja erfasste die Situation blitzschnell und bemerkte den Gang an der Rückseite. Umgehend nahm sie einen schweren runden Käse und warf ihn vor die Öffnung, die gerade so groß war, dass die Zwerge mit ihrer Beute kriechend darin verschwinden konnten. Der Weg nach hinten war somit versperrt. Einfach zur Tür hinauszugehen hätte bedeutet, Freyja und Odin umrennen zu müssen, und zwar bei einem Meter Größenunterschied pro Person.

Die zwei Rotbemützten sahen sich an, nickten einander zu und sprangen im nächsten Moment auf ein Regal, auf dem Äpfel lagerten. Damit bewarfen sie Freyja und Odin und hofften, sie so von der Tür wegtreiben zu können, damit ihnen die Flucht gelang. Doch da hatten sie sich mit den Falschen angelegt. Odin trat an das Regal heran und schüttelte so heftig an dem wackeligen Gerüst, dass die Zwerge schnell ins Taumeln gerieten und herunterfielen. Kaum unten angelangt hielten sie sich ihre Ellenbogen schützend vors Gesicht und versuchten, gegen Odin und Freyja anzurennen. Vergeblich. Freyja wankte leicht, während Odin keinen Millimeter wich.

Freyja füllte ihre Lungen mit Luft und stieß den Kampfruf der Nordländer aus. Ein am Anfang harmlos anmutendes „Uh, Uh, Uh", das jedoch in der Lautstärke und Intensität mit jedem „Uh!" zunahm und sehr rasch zu einem ohrenbetäubenden Getöse anschwoll, seinen Weg aus dem Keller hinausfand und weiter bis zum Dorf hinüber schallte. Die Zwerge hielten sich verzweifelt die Ohren zu.

Und ehe sie sich versahen, versammelten sich die Dorfbewohner vor der Kellertür. An den Frühstückstischen war es schon laut gewesen, doch Freyjas Rufe übertrafen das Spektakel derart, dass alle zur Lärmquelle zogen wie die Motten zum Licht.

Die Zwerge standen wie paralysiert und glotzten auf unzählige Köpfe, die schattenwerfend auf sie herab starrten. Unvermutet boxte einer dem anderen in die Rippe und rief: „Los!“ Die beiden Zwerge machten Purzelbäume rückwärts und versuchten, den Käse von ihrem Fluchtweg wegzuschieben. Auch diese Rechnung hatten sie ohne Freyja und Odin gemacht. Odin war mit einem Schritt bei den Zwergen und packte sie am Schlafittchen. Er hielt seine Beute hoch wie zappelnde Kaninchen. Freyja leuchtete ihm den Weg aus dem Keller.

Grinsend hielt Odin seinen Fang ins Tageslicht: „Eigentlich wollte Freyja Joghurt holen.“

Die beiden sahen sich an und mussten lachen.

„Was machen wir jetzt mit ihnen?“, fragte Freyja.

Die allgemeine Ratlosigkeit mischte sich mit leichter Aggression.

„Wir werfen sie ins Meer!“, alle wussten, Zwerge konnten nicht schwimmen.

Die Elfen, die eben noch Cesari gefrühstückt hatten, bauten sich mit vor ihrer Brust verschränkten Armen vor Odin auf. „Hast du die mitgebracht?“, fragte die Buchenelfe im Namen aller.

Freyja sah sich um. Sie wusste, die Elfen standen nicht alleine mit ihrem Misstrauen. Mahhara, die Salisborner, sie alle dachten in die gleiche Richtung. Ihr plötzlicher Aufbruch, um Joghurt zu holen, obwohl die Schüssel voll gewesen war, gab genug Anlass zu Spekulationen. Odin war ihr gefolgt. Sie hatte ihm einen Vorwand gegeben, die Zwerge zu schnappen, um seine Tarnung als Arimans Arm aufrechtzuhalten, könnten misstrauische Geister denken. Freyja pries ihre Intuition, nichts über ihre Affäre verlautbart zu haben. Sie säße sonst mit im Boot der Verdächtigungen.

Odin riss die Augen auf und starrte die Buchenelfe an. Jetzt hatten sie es also ausgesprochen. Auch wenn er sich schlecht fühlte wegen all dem, was damals geschehen war, auch wenn er die Anschuldigung verstehen konnte, war es vorbei .„Nein! Natürlich nicht!“, japste er empört. „Diesen Unsinn kommentiere ich nicht.“ Nur kurze Zeit später wurde ihm bewusst, dass dieser Unsinn ihm wirklich gefährlich werden konnte.

Das sah auch Kundrie, die Hexe von Salisborn, so. Sie schaute sehr nachdenklich drein, als sie hervortrat und Odins Beute betrachtete: „Zwerge, klar. Wie hatten wir auf friedliche Wettkämpfe ohne eure Attacken hoffen können.“

Die Zwerge hatten ihre Gegenwehr aufgegeben und glichen eher zwei grün-rot gekleideten Kartoffelsäcken als der lästigsten Plage der Baumwelten.

Kundrie bemerkte, wie misstrauisch selbst Lilith ihren Sohn beäugte. Die Weltenchronistin dachte dasselbe wie Mahhara und die Elfen: Die Zwerge hatten Ariman damals geholfen. Wie konnten sie sicher sein, dass sie das jetzt nicht wieder taten? Odin wiederum hatte Ariman geholfen und stand jetzt mit zwei Zwergen vor ihnen.

Odin spürte, wie die Stimmung kippte. Alles sprach gegen ihn, sogar, dass er die Zwerge geschnappt hatte. Mit seinem Auge blickte er zu Kundrie. Dann reckte er trotzig sein Kinn vor und schaute herausfordernd in Richtung Eulenfrau. Mahhara schälte sich bedächtig das Pentakeltüll von den Schultern.

„Fragt die Pentakelkobolde“, forderte er.

Kundrie und Mahhara nickten. Genau das hatten sie vor. Im nächsten Moment war Ena aus dem Stoff gekrabbelt und saß auf ihrer Schulter.

Odin sah ihn und hielt die Zwerge wieder hoch: „Könnte vielleicht mal jemand?“

Freyja trat vor und nahm ihm die zappelnde Beute ab.

Er atmete tief durch, die Lippen geschürzt, die Augen auf den Pentakelkobold gerichtet, stand er reglos in der Sonne und wartete. Ena war Odins offen zur Schau getragene Ergebenheit den Dingen gegenüber, die kommen würden, sichtlich unangenehm. Andererseits wusste der Kobold, was man von ihm erwartete: eine genaue Prüfung von Odins Gewissen.

Sein grüner Haarpuschel wackelte, während er sprach. „Ich hoffe, du verstehst das“, begann er.

Odin zuckte leicht mit der Augenbraue über seiner Augenklappe, das musste als Antwort genügen.

„Also gut, ich glaube, du kennst noch nicht den ganzen Zusammenhang, aber uns ist es wichtig zu beweisen, dass du mit Ariman nichts mehr zu tun hast. Hast du mir irgendetwas dazu zu sagen?“

Diesmal war es die andere Augenbraue, die linke, die zuckte. Odin schwieg, sein blaues Auge fixierte Ena.

„Gut, ich verstehe, du willst es mir leichtmachen.“ Enas Blick stach zurück, seine Körperhaltung verharrte mit einem letzten Ruck in Stillstand, dann tauchte er über Odins Auge in dessen Seele und fand das, wonach er suchte. Der Kobold kehrte mit seinem Bewusstsein wieder zurück auf Mahharas Schulter, der Haarpuschel begann erneut zu wackeln, die Arme und Beine zuckten.

„Danke!“, er lachte übers ganze Gesicht und sah strahlend in die

Runde. „Wie ich es dir bereits gesagt habe, Lilith, dein Sohn ist zurückgekehrt, um zu bleiben, nicht um zu verraten“, rief er der obersten Unsterblichen zu, so laut, dass es alle hören konnten.

Lilith fiel ein riesiger Felsbrocken vom Herzen. Voller Liebe sah sie zu Odin. Den schmerzte das Misstrauen, auch wenn er es verstehen konnte. Doch nun wussten es alle: Er hatte mit Ariman nicht mehr das Geringste zu schaffen.

3. Diskus-Training

Freyja stand am hinteren Ende des Steinpodestes und schaute mit zusammengekniffenen Augen in die leeren Zuschauerbereiche der Wettkampfstätte. Ariman, Zwerge und Odin hin oder her, Freyjas Gedanken waren ganz im Hier und Jetzt. Sie hatte ihre Zöpfe auf dem Rücken zusammengebunden, die Tigeraugenkette abgelegt. Die Diskusscheibe lag locker auf ihrem Handteller. Freyja blinzelte in die Sonne. Freundin Sol schien vom Himmel herab zu nicken.

Ihr hatte sie diesen wunderbaren Sport zu verdanken. Die Scheibe in ihrer Hand, wenngleich aus besten Granskogheimer Fichten gearbeitet, war doch ein Porträt von Sol, einer guten Freundin ihrer Mutter Skadi. Skadi hatte die Sonne dereinst gebeten, ihrem mit keinem Steinwurf zufriedenen Kind ein Wurfgerät zu kreieren. Sol hatte ihr den Wunsch erfüllt und ihr eine goldene Scheibe mit dem Antlitz ihrer selbst darauf geschenkt. Diese Scheibe hatte schon wunderbar geschwebt, als Freyja sie als Zwölfjährige geworfen hatte.

Da ein aus kostbarem Gold gefertigtes Sportgerät jedoch nicht dazu taugte, sich zu verbreiten, schnitzte Skadi für ihre Tochter den ersten Holzdiskus. Dieses Wurfgerät wurde der Göttin Sol gewidmet, die ihnen allen die Tage erwärmte und erhellte und es war Bestandteil einer der angesehensten Sportarten bei den Nerthus-Spielen.

Die Pentakelkobolde Dio und Tessera waren die Schiedsrichter des ersten Trainingslaufes und standen am Rand des Wurffelds, wo sie alles gut überblicken konnten.

Freyjas Aufmerksamkeit lag ganz auf der runden Scheibe, die auf ihren letzten Fingergliedern ruhte und durch die leichte Beugung im Handgelenk an der oberen Seite ihren Unterarm berührte. Sie stand mit dem Rücken zum Wurffeld. Die Beine schulterbreit auseinander, ging sie leicht in die Hocke und verlagerte ihr Körpergewicht auf beide Beine. Der rechte Arm mit dem perfekt gewuchteten Diskus hing pendelnd seitlich am Körper herab. Die Muskeln entwickelten ihre Spannung unter dem hauteng genähten Sporthemd, ihr Kopf fiel leicht nach unten, unverkrampft und ruhig. Mit aufrechtem Oberkörper begann sie den Anschwung.

Jetzt trat das linke Bein auf dem Fußballen in Wurfrichtung, ihr gesamtes Körpergewicht verlagerte sich auf dieses Bein. Als es den idealen Winkel erreichte, drückte sich das rechte Bein vom Boden ab, bewegte sich auf den vorderen Podestrand zu. Durch den relativ großen Abstand, der jetzt zwischen dem rechten Fuß und dem Wurfarm herrschte, sah Freyjas Körper wie ein in sich verwrungenes Handtuch aus. Der Tanz zwischen dem rechten und dem linken Fuß wiederholte sich. Durch diese Drehung kam der Diskus richtig in Schwung.

Der Oberkörper war nun dem Wurffeld zugewandt, beide Beine landeten kurz vor dem Ende des Podests, der Rücken der Wurfhand zeigte nach oben, und in der besten Gleichgewichtslage übertrug Freyja ihre gesammelte Kraft auf den Diskus. Die Freigabe der Holzscheibe glich einer Explosion, in der sich Freyja gleichzeitig drehte, streckte, mit beiden Beinen umhersprang und die Scheibe losließ. Sie fing sich mit dem rechten Bein ab, stützte die rechte Hand auf das rechte Knie, blieb in halbgebückter Position stehen und beobachtete den Flug der Scheibe.

Die flog und flog und fiel erst kurz vor Ende des Wurffelds auf den Rasen. Freyja wusste, es gab an diesem Wurf nichts auszusetzen. Der erste Wurf, der erste Trainingsdurchlauf und sie hatte die Latte gleich von Anfang an hochgehängt. Sie war gut und würde die Maßstäbe setzen im Rennen um den Superpokal. Ein guter Start! Sie war sehr zufrieden mit sich. Vereinzelter Applaus kam von den umstehenden Mittrainierenden.

Penthesilea nickte anerkennend. Tobi, der herausragende Fünfkämpfer unter den komludianischen Wurfkäfern, hielt den Daumen hoch und betrat gleich nach Freyja das Steinpodest. Er übergab seinem Trainer vorher die Nickelbrille, die alle Komludianer derzeit trugen, nicht etwa wegen eines Augenfehlers, sondern aus reiner Eitelkeit. Tobi sammelte sich kurz, ging mit aufrechtem Oberkörper in die Knie, wie Freyja kurz vor ihm. In dem Moment hatte sein vielgliedriger Körper noch die übliche grau-schwarze Farbe. Doch als er begann, über das Steinpodest zu wirbeln, verwandelte er sich in ein glutrotes Inferno, und auch ihm gelang die Kraftexplosion für einen perfekten Abwurf der Diskusscheibe. Sie landete eine Handbreit hinter Freyjas.

Na ja, dachte Freyja. Auch wenn es nur eine Handbreit war, eine Handbreit dahinter blieb dahinter. Ihr Wurf war der Bessere.

Tobi verließ das Podest vorschriftsmäßig nach hinten links, sobald sein Diskus am Boden lag.

Penthesilea war an der Reihe. Sie hatte wie Freyja ihre Haare zu Zöpfen geflochten, aber rund um ihren Kopf herum festgesteckt. Sie nahm ihre Scheibe von Trainerin Hippolyta entgegen, wischte einen kurzen Kuss über den Diskus und begab sich ebenfalls auf das Steinpodest. Ihre Konzentration war ganz auf die Holzscheibe gerichtet, die locker in ihrer linken Hand pendelte. Sie ging in die Knie, ihre Muskeln spannten, der aufrechte Oberkörper beugte sich über das linke Knie. Sie verlagerte ihr Gewicht auf den linken Fußballen, stand kurz vor der ersten Drehung, da zog Thor zur Wettkampfstätte ein.

Lautstark unterbrach er Penthesileas ersten Wurf, indem er polternd in die Runde grüßte: „Ho, ho, ho, wie könnt ihr ohne mich beginnen!? Ich bin doch nicht etwa zu spät?"

Penthesilea nahm wutschnaubend wahr, wie diese Worte ihr die ganze Spannung aus dem Körper sogen. Sie richtete sich auf und sah Thor mit leicht zur Seite geneigtem Kopf an: „Ich hoffe, du entschuldigst, dass wir pünktlich begonnen haben", antwortete sie pikiert. „Pünktlich bedeutet, dass es einen mit allen vereinbarten Zeitpunkt gab, an dem wir uns hier einfanden. Und soweit ich das überblicke, sind alle außer dir gekommen. Wenn es dir jetzt keine Umstände bereiten würde, dann hol deine Scheibe, stell dich an und halt einfach den Mund!" Thor quittierte Penthesileas Worte mit einem Lächeln unter hochgezogenen Augenbrauen: „Ich wusste gar nicht, dass es hier so spaßfrei zugeht."

„Versuch es mit dem Wort ‚konzentriert', lieber Thor", mischten sich die Schiedsrichter Dio und Tessera ein. „Hol deine Scheibe und lass dich registrieren, dann schafft ihr alle drei Trainingsläufe vor dem Mittagessen."

Freyja ging zu Thor rüber und begrüßte ihn: „Komm, wir sind hier wirklich schon mittendrin."

Sie sah seine Augenringe und merkte, dass es Thor nicht gut ging. Er spielte hier eine Rolle, die er nicht empfand. Es brannte ihr auf der Seele, ihn direkt zu fragen, warum er auf den Hilferuf der

Dragefolk nicht reagiert hatte, als Lil sie auf offener See überfiel.

„Wir hätten deine Hilfe vor einigen Tagen auf der *Dragefolk* wirklich gebraucht Warum hast du nicht reagiert?“ Freyja konnte die Frage nicht zurückhalten, obwohl sie von Thors Problemen ja schon gehört hatte.

Thor atmete tief durch und ließ seinen massigen Körper auf die Steintreppe sinken, die als Zuschauertribüne diente. Sie befanden sich abseits des Sportfeldes und weit genug von den anderen entfernt, sodass sie ungehindert reden konnten. „Frigg und ich haben uns getrennt“, sagte Thor kurz und bündig, seufzte so tief, als müsste er Luft aus einer unterirdischen Grotte einen langen Weg herauf holen, und strich sich dabei mit einer Hand über seinen Bart und das Gesicht.

Freyja strich ihm über den Arm und nickte mitfühlend. sie erinnerte sich an den verliebten Thor, der alles für seine Prinzessin getan hatte und Frigg hatte in Thors Gegenwart regelrecht geschwebt. Sie waren das Traumpaar der Baumwelten schlechthin gewesen. Das war vorbei.

„Aber warum?“, fragte Freyja, obwohl sie den Grund ja schon von Lilith gehört hatte. Sie interessierte Thors Antwort.

Thor schüttelte den Kopf. Statt eine Antwort auf Freyjas Frage zu geben, entschuldigte er sich dafür, dass er ihrem Hilferuf nicht gefolgt war: „Frigg sagte mir genau in dem Moment, dass sie mich verlässt, als ich deinen Hilferuf vernahm. Glaub mir, ich hätte alles getan, um euch zu helfen. Aber was sollte ich machen? Meine Prinzessin sagte, dass sie geht und dann war sie weg. In meinem Zustand wäre ich dir keine Hilfe gewesen.“ Eine Träne rann über Thors Wange. Er wischte sie weg, stützte sein Gesicht auf beide Hände und starrte mit zusammengekniffenen Lippen auf das Sportfeld.

Freyja ließ sich neben Thor nieder und legte mitfühlend eine Hand auf seinen mächtigen Oberarm. „Ich habe ...“, das war schon alles, was aus ihm rauskam.

Thors verzweifelter Gesichtsausdruck und sein Schweigen sagten alles.

„Thor ... nein“, schnaubte Freyja, jetzt hatte sie es von ihm selbst gehört.

„Es war doch nur einmal!“, Thor klang so reuevoll, als würde er seinen Seitensprung sofort rückgängig machen, wenn er es doch nur könnte.

Sie saßen eine Weile schweigend und sahen Fatima zu. Die Assassina absolvierte als Linkshänderin, wie Freyja erst jetzt bemerkte, gerade einen brillanten Diskuswurf..

Thor sackte in sich zusammen. Tränen rannen über seinen Dreitagebart. „Ich habe alles kaputtgemacht. Dabei liebe ich nur sie!“ Er schaute unendlich traurig drein: „Als Frigg dann letzte Woche an der Yggdrasil-Universität ihre Prüfung abgelegt hat, habe ich trainiert, statt sie abzuholen. Sie ist jetzt eine von Alte Frau Harpa persönlich ausgebildete Harfinistin. Sie sagt, ich habe sie so schwer enttäuscht, dass sie mir überhaupt nicht mehr vertraut. Ich habe es nicht glauben wollen. Wir haben gestritten, dann hat sie ihre Koffer gepackt, jetzt ist sie weg. Sie wird auch nicht nach Rugia kommen, um mich nicht abzulenken, wie sie sagt. Aber ich glaube, sie will mich einfach nicht sehen.“

Die kleine Frigg, dachte Freyja, *wird erwachsen*. Sie beneidete Thor fast um die vernünftige Entscheidung seiner Freundin, Ex-Freundin, korrigierte sie sich in Gedanken und versuchte, *nicht* an Odin zu denken. Er hatte sich keinen einzigen Gedanken darüber gemacht, wie sie es wohl finden würde, wenn er hier auftauchte.

Freyja berührte Thors Oberarm leicht: „Wer weiß schon, wozu all die Dinge gut sind.“

Als Tesseras Stimme erklang, ertappte Freyja sich bei der Überlegung, dass Thor in diesem Jahr kein allzu ernsthafter Konkurrent sein würde. Der Pentakelkobold rief nach Thor. Er war der Letzte, bevor der zweite Trainingslauf beginnen sollte.

„Ich bin so froh, dass euch in dem Sturm nichts passiert ist. Ich hätte mir das nie verzeihen können“, sagte er, bevor er seinen Diskus aufnahm.

Freya nickte: „Ja, ich weiß. Es ist ja alles gut gegangen.“

15. Der Unfall

Der erste Trainingslauf der Nerthus-Spiele endete für alle mehr oder weniger zufriedenstellend. Doch das war Freyja egal. Ihr Wurf saß, das war das Wichtigste!

Für den Nachmittag stand das erste Speerwurftraining an. Freyja machte es wie die anderen und erfrischte sich nach dem Training bei einem Bad im Bächlein. Dann ging sie in ihre Hütte, um die Zeit bis zum Mittagessen zu nutzen und sich auszuruhen. Ihre

Behausung lag westlich des Versammlungsplatzes mitten im Ort, war rund und bestand aus einem einzigen Raum, wie alle anderen Hütten des Dorfes.

Es gab Platz für mitgebrachte Kleidertruhen, eine Halterung für Speere, ein Regal für andere Sportgeräte und persönliche Dinge sowie Öllampen an den Wänden. Auf einem kleinen Holztisch lag Schreibzeug, ein in einen Holzrahmen gespannter Pergamentbogen mit einem Kohlegriffel daneben. Darauf konnten die Sportler ihre Leistungen notieren, Gedanken aufschreiben oder sich als Dichter versuchen.

Der Tisch stand mit einem Schemel darunter neben der eigentlichen Attraktion des Raumes: dem mit weichem Stroh und unzähligen bunten Decken und Kissen gepolsterten Bett, darüber die Fenster mit den nach außen geklappten Fensterläden. Die Hütten waren alle aus festverknüpftem Stroh gebaut, bei Wärme kühl und im Winter warm. Allerdings wurden diese Behausungen ausschließlich während der Nerthus-Spiele genutzt und in der Zwischenzeit von den Rugianern in Schuss gehalten.

Freyjas Speer Snorrie lag auf dem Bett wie ein guter Freund, der seine Liebste erwartete. Die Halterung an der Wand blieb von Freyja ungenutzt. Man stellte sein Liebstes auf der Welt doch nicht einfach in eine Ecke. Als Freyja sich hinlegte, nahm sie Snorrie dann auch in den Arm wie einen Liebhaber. Den Namen Snorrie hatte der Meisterschmied der Nordlande, Hanarr, für Freyjas Speer ausgesucht.

Hanarr hatte den Speer vor undenklich langer Zeit in den Höhlen von Översttrollandskap geschmiedet, der Heimat von Freyjas Mutter Skadi. Ihm fiel diese Aufgabe quasi von Natur aus zu, da er nicht nur Freyjas Oheim, sondern auch der begabteste und kunstfertigste Handwerker war, der sie dazu noch von Kindesbeinen an kannte.

Hanarr galt als Künstler unter den Schmieden, dem die Ideen nie ausgingen. Er war ein etwa mittelgroßer Troll und reichte Freyja bis knapp unters Kinn. Seine grüne Filzkleidung und eine lederne Schmiedskappe waren seine Markenzeichen. Er war der Troll, der die ersten Handschuhe angefertigt und sie als Arbeitsschutzkleidung eingeführt hatte. Außerdem war er gebildet, liebte Elfengesang und Dichtung. Er roch immer gut und würde am liebsten eine Elfe heiraten. Dazu war es bisher leider nicht gekommen.

In seiner Freizeit schnitzte Hanarr Runen, wahre Kunstwerke, die er auf Ketten, Bechern oder Waffen verewigte. Auch diese Ketten, Becher und Waffen waren Kunstwerke. Snorrie war unter einer ganzen Reihe herausragender Arbeiten sein bestes Stück. Der Troll hatte unsichtbare Runen in Freyjas Speer geschmiedet, die das

Kampfgerät unantastbar für alle äußeren Einflüsse machten.

Freyja lächelte, während sie sich an Snorrie schmiegte. Etwas entfernt war das Geklapper von Kochgeschirr und Suppenschüsseln zu hören. Die Wolkendiener bereiteten das Mittagessen vor. Der Geruch von gebackenen Pasteten lag in der Luft und löste ein Gefühl absoluten Friedens aus.

Freyja nickte ein. Doch statt von einem Tornado, einem Riesenkraken und einem Pokal voll mit verbotenem Wissen zu träumen, schlich sich Lils wehendes Wesen in ihren Traum. Er war flatterhaft und ungreifbar und lachte sein fieses Lachen wie seinerzeit auf dem Meer, als er den Sturm über sie gebracht hatte. Freyja schlug im Schlaf um sich, befahl Lil, sich zu verziehen. Und tatsächlich, Lil verschwand.

An seiner Stelle erschien Hanarr im Traum. Er saß in seiner Schmiedshöhle unter den Bergen vor dem offenen Feuer und murmelte etwas vor sich hin, wiederholte es ein ums andere Mal. Freyja verstand die Worte, aber nicht deren Bedeutung. Hanarr forderte sie auf: „Schreib dir den Spruch auf und wache über ihn!"

Mit diesen Worten löste sich Hanarrs Erscheinung in Nebel auf, und Freyja erwachte. Noch in den Fängen des Traums verheddert, griff sie nach dem Holzrahmen mit dem Pergament und dem Kohlestift und schrieb nieder, was Hanarr diktiert hatte.

Dann rieb sie sich die Augen, und sie verstand, was der Spruch bedeutete. Es war der unsichtbare Zauberspruch, der mit Hilfe von Runen auf Snorries Speerspitze eingeritzt war. Dieser Spruch war so geheim, dass er außerhalb von Freyjas Geist nirgends erscheinen durfte. Deshalb hatte Hanarr ihn ihr damals nur einmal gesagt, als er ihr Snorrie überlassen hatte. Zum Glück erinnerte Freyja sich daran.

Sie wiederholte den Zauberspruch mehrmals in Gedanken und bemerkte, wie er sich in ihrem Bewusstsein verankerte. Wann immer sie den Zauberspruch aufsagte, konnten Snorrie weder Gegenwind noch andere störende Einflüsse etwas anhaben. Und so hoffte sie, er würde auch wirken, wenn sie ohne Snorrie laufen, Diskus werfen oder schwimmen würde.

Auf geht's, Lil, die Spiele können beginnen, sagte sie in Gedanken, *Danke Hanarr!*

Plötzlich erscholl ein Getöse vom Versammlungsplatz. Ein Wolkendiener hatte beim Tische decken mehrere Schüsseln fallenlassen, die lautstark zerbrachen.

Zeit aufzustehen, dachte Freyja und besah sich das Pergament. Sie durfte den Spruch nicht vergessen, aber sie musste auch dafür sorgen, dass er nicht in die falschen Hände fiel. Die Lösung dieses

Problems verschob sie auf später und versteckte das Pergament unter ihrer Matratze mit den unzähligen Decken und Kissen darauf.

„Und du passt mir gut auf unser Heiligstes auf, mein lieber Snorrie", mit diesen Worten stellte sie ihren Speer ans Kopfende und verließ die Hütte.

Auf dem Versammlungsplatz unter der Linde in der Dorfmitte ging es lebhaft zu. Ein Großteil der Tische war schon mit frisch gebadeten und hungrigen Sportlerinnen und Sportlern besetzt. Doch einige erfrischten sich noch in dem Flüsschen am Dorfrand. Von der Badestelle drangen ein großes Gekreische, Lachen und das Geräusch von spritzendem Wasser zu ihnen.

Unter der Linde machten sie sich derweil schon mit Hunger über die Leckereien her, die die Wolkendiener gezaubert hatten, darunter Eintopf und Pasteten, und diskutierten dabei Leistungen, Rückschläge und Prognosen. Das Wudang-Team hatte sich im Kampfsport geübt, die Daghtas aus Palau Eilend hatten den ersten Trainingslauf im Schwimmen hinter sich, die allermeisten aber kamen vom Diskuswurf. Schwimmen und Diskus waren Teil der Königsdisziplin Fünfkampf. Etwas später gesellten sich die Amazonen und Stepps vom Reittraining dazu.

Nach dem Essen herrschte Mittagsruhe. Freyja nutzte die Zeit, um Hanarrs Spruch stückweise auf mehrere Steine zu malen, die sie dann mit dem Schriftbild nach unten inmitten anderer Steine ins Regal legte, von denen einige unbeschrieben waren. Sie hoffte darauf, dass die Steine selbst für den unwahrscheinlichen Fall, dass jemand sie entdeckte, in der falschen Reihenfolge zusammengelegt werden würden. Sie selbst könnte schlichtweg behaupten, es handele sich um ein altes Gedicht aus Översttrollandskap, das ihr so sehr ans Herz gewachsen war, dass sie es auf Steinen verewigt mit sich führte.

Beschwingt verließ sie ihre Hütte und ging ins Stadion. Der erste Durchlauf im Speerwurf stand an. Als Erstes übten sie den klassischen Weitwurf, so wie ihre Ahnen seit Urzeiten mit dem Speer geworfen hatten, um ihre Sippen und Dörfer zu ernähren. Der Zielwurf war in der nächsten Runde an die Reihe. Sie wärmten sich auf, und Freyja wusste nicht, wie sie erneut zu der Ehre kam, auch hier zu beginnen.

Sie umwickelte Snorrie mit der Schnur, griff mit Daumen und Zeigefinger in die Schlinge und umfasste mit der restlichen Hand den Griff in der Mitte ihres Speeres. Sie hob ihn über ihren Kopf, nahm Anlauf und führte ihn mit großer Wucht während der letzten fünf Schritte nach hinten, um eine ideale Abwurfspannung zu schaffen.

Sie konzentrierte sich auf jedes Detail ihrer Bewegung, murmelte lautlos den Zauberspruch und warf den Speer, während sich gleichzeitig das Seil vom Griff abwickelte. Die Abwurfgeschwindigkeit stimmte, die Wurflinie des Speeres hätte keinen besseren Winkel treffen können, und so flog Snorrie über den Rasen hinaus und fiel erst weit hinter der Absperrung nach unten. Er blieb schaukelnd in einem Kiesbett stecken, jenem Teil der Wettkampfstätte, der für die Zuschauenden gedacht war. Ein lautes „Ohhhhh" begleitete den Jahrhundertwurf.

Die Pentakelkobolde Ena und Tria waren als Schiedsrichter diesem Trainingslauf zugeteilt. Tria rannte dem Speer hinterher, der bis zum dritten Rang auf der Zuschauertribüne hinaufgeflogen war. Unschuldig wippte der Schaft vor sich hin, als Tria ihn erreichte. Dem unscheinbar wirkenden Kobold gelang es, den Speer mit einem Ruck rauszuziehen. Nicht auszudenken, wenn jemand hier gestanden hätte. Glücklicherweise hatten sie diese schwerwiegende Sicherheitslücke auf diese Weise entdecken können. Da musste etwas geschehen.

Freyja registrierte den Vorfall als Eintrübung am Rande, sah darin nichts mehr als einen kleinen Schönheitsfehler und jubelte innerlich über die enorme Weite. Das sollte ihr Thor erst einmal nachmachen. Der stand am Rand mit den anderen Sportlern und reckte seinen Daumen in die Höhe. Das breite Grinsen auf seinem Gesicht zeigte, dass er Freyjas Vorlage als Ansporn für seine eigenen Leistungen betrachtete.

Na dann, dachte Freyja hochzufrieden, *zeig mir, was du kannst.* Sie war aber auch erleichtert darüber, dass er deutlich gefasster wirkte als bei ihrem ersten Treffen.

Sie lief auf Tria zu und nahm dem Pentakelkobold den Speer aus der Hand, der für ihn eigentlich viel zu groß war. Umso erstaunlicher, was die kleinen Kobolde mit diesen im Vergleich zu ihrer Körpergröße überdimensionierten Sportgeräten anfangen konnten. Ena und Tria baten um eine kurze Besprechungspause.

Snorrie lag Freyja locker in der Hand, als sie zu den anderen ging. Fatima, Mahhara, Penthesilea und Thor bewegten sich, um warm zu bleiben.

„Ich wette, unsere gute alte Freyja hat im letzten Jahr nichts anderes getan, als den Elchen und Bären in ihrer Heimat hinterherzujagen. Leben noch welche?", Thor drehte seinen massigen Oberkörper hin und her, über den lockige braune Haare fast bis zur Brust fielen, die Ellenbogen hielt er angewinkelt, den Kopf drehte er wie nach einem Takt in die jeweilige Richtung. Er stoppte und lächelte

Freyja an: „Gratuliere, meine Liebe, das war der beste Wurf, den ich je gesehen habe. Hab ich schon erzählt, dass ich meinen Speer Buldgor neulich im Sumpf suchen musste?“

Freyja grinste. Thor konnte wieder prahlen, ein gutes Zeichen, es ging wieder aufwärts mit ihm: „Hat Buldgor einen Biber erwischt? Oder einen Molch?“

„Nein, aber er findet immer wieder den Weg zurück!“, Thor lachte jetzt bissiger. Doch seine Bewunderung für Freyjas Leistung war aufrichtig. Er wusste, letztlich hatte im Speerwurf niemand eine Chance gegen sie. Auch wenn er im letzten Jahr einen Durchlauf gegen sie gewonnen hatte, das waren nur normale Leistungsschwankungen gewesen. Thor musste gucken, dass er im Diskuswurf und im Ringen seine Punkte sammelte. Er war, wie alle anderen ebenfalls, fest davon überzeugt, dass er in diesem Jahr den Superpokal gewinnen würde. Denn auch er nahm an allen Wettkämpfen teil.

„Du machst mir Angst, Freyja!“, die dunklen Augen im schwarztätowierten Gesicht von Fatima glitzerten ironisch. Auch Fatima hatte sich in ihren kühnsten Träumen ausgemalt, wie sie am Ende der Nerthus-Spiele den Kranz aus Olivenzweigen aufgesetzt bekäme. Der Olivenkranz gebührte allein dem Sieger des Superpokals.

Freyja hatte an diesem Nachmittag einige mutige Träume zerstört und die Zahl der Realisten bei den Nerthus-Spielen erhöht.

Die Pentakelkobolde beendeten ihre Besprechung und verfügten, dass der Probelauf unter der Bedingung fortgesetzt werden würde, dass sich am hinteren Spielfeldrand, also da, wo die Speere hinflogen, niemand aufhielt.

Mahhara war nach Freyja die Zweite, die das Abwurffeld betrat. Ihr Speer war von Meister Balderich hergestellt, einem Zwergenmeister, der das Zwergenreich verlassen hatte und nach Salisborn übergesiedelt war, als sich die Zeiten im Svartalfheim eklatant verschlechtert hatten. Sie wiegte ihren Speer in der Hand, wickelte die Schnur um den Griff und schlüpfte mit Daumen und Zeigefinger in die Schlaufe. Dann hielt sie den Speer locker über dem Kopf, nahm Anlauf und fühlte alle Augen auf sich ruhen. Sie beugte ihren Oberkörper seitlich nach hinten und rannte los, alle Spannkraft floss durch ihren Arm in die Wurfhand. Sie setzte zum letzten Schritt an.

Da passierte es, ein Aufschrei ging durch die Reihen. Denn Mahhara stolperte mitten im Abwurf. Sie wollte sich an ihrem Speer festklammern, aber das erwies sich als keine gute Idee. Der rechte Fuß blieb am Boden stecken und kam nicht weiter. Der Schwung ihres Körpers floss in den Wurfarm. Der unbewegliche rechte Fuß führte dazu, dass der Körper einen Halbkreis zeichnete und sich in seinem vollen Schub dem Rasen näherte. Das alles geschah in wenigen Momenten. Die Eulenfrau konnte nichts tun, um den Fall aufzuhalten, und schlug der Länge nach auf.

Die Pentakelkobolde rannten zum Ort des Geschehens. Die Zuschauer blickten paralysiert und es dauerte einen Moment, bis sie sich wieder bewegen konnten. Freyja war nach den Kobolden als Erste bei Mahhara. Die Eulenfrau lag bewusstlos am Boden. Freyja nahm ihren blutenden Kopf auf ihren Schoß und streichelte Mahharas schwarze Haare. Sie hatte noch Glück im Unglück gehabt, weil sie auf dem Rasen aufgekommen war. Das Anlauffeld bestand aus blankem Stein.

„Schnell, jemand muss Kundrie holen!", rief der Pentakelkobold Tria, der neben Freyja und Mahhara stand. Penthesilea sprintete sofort los, um der Aufforderung Folge zu leisten und die Hexe von Midgard mit ihren Wundermitteln zu holen.

Ena ging derweil, am ganzen Körper wackelnd, mit weit aufgerissenen Augen aufmerksam den Boden absuchend zum Anlauffeld. Er bückte sich und hob etwas in die Höhe: „Ein Seil, knapp über dem Boden gespannt."

Die anwesenden Elfen riefen wie aus einem Mund: „Zwerge!"

5. Folgen eines Unfalls

Waren gerade eben noch alle auf ihre Trainingsleistungen fixiert gewesen, so suchten sie nun gemeinsam nach Spuren von Zwergen im Stadion. Pentakelkobold Ena hielt das Seil hoch, über das Mahhara gestolpert war, und schüttelte ungläubig den Kopf: „Das war vor Freyjas Wurf noch nicht hier. Sie müssen es gespannt haben, während wir alle mit Freyjas Speer beschäftigt waren."

Natürlich hatten sie vor dem Training alles abgesucht, zweimal, dreimal sogar. Aber nicht noch einmal vor Mahharas Abwurf. Die Antwort auf die Frage, wie die Zwerge das hatten anstellen können, fand die Buchenelfe.

„Ich fürchte, diese Bagage ist von hier gekommen", zischte sie wütend und hob ein geschickt ausgestochenes Stück Rasen direkt neben dem Antritt für den Speerwurf hoch, das mit nur einem flüchtigen Blick nicht zu erkennen war. Darunter befand sich ein Gang.

„Die sind hier auch unterirdisch unterwegs", fauchte die Hortensienelfe.

Ratlosigkeit machte sich breit. Unterirdisch, klar, es waren Zwerge, und im Svartalfheim lebten sie in Höhlen, also unter der Erde. Das bedeutete aber, sie mussten jetzt auch noch das Erdreich kontrollieren.

Die Haselelfe hatte den richtigen Einfall: „Wir werden Kundrie bitten, mit Maulwurfvorstand Talpa zu reden. Die Maulwürfe müssen uns helfen, die Zwerge aufzuspüren", sagte sie bitter.

„Verdammtes Pack!", fluchte die Rosenelfe.

Die Elfen hatten allen Grund zur Verbitterung gegenüber den Zwergen. Die Svartalfheimer Zwerge hatten viele ihrer Artgenossen zu Zeiten von Arimans kurzer Schreckensherrschaft erst in ihre Zwergenhöhlen entführt und dann ein Massaker unter ihnen angerichtet.

„Denen werden wir es zeigen, macht euch keine Sorgen," ein Hüne von einem Fünfkämpfer schob sich nach vorne und sah auf den unterirdischen Gang, dann auf die nicht weit davon liegende, immer noch bewusstlose Mahhara, deren Kopf auf Freyjas Schoß ruhte. Es war Theodor, der imposanteste des korsikanischen Teams. Hellbraunes Haar hing ungezähmt um seinen Kopf, seine grauen Augen blickten wach in die Welt. Er war fast so groß wie Freyja, aber mit doppelt so breiten Schultern wie sie ausgestattet. „Wenn nichts mehr geht, wisst ihr gar nicht, welche Ideen Cesari entwickeln kann. Er ist der Geheimtipp für alles", versprach Theodor.

„Vor allem muss die Eulenfrau wieder gesund werden. Die Nerthus-Spiele ohne Mahhara sind wie ein Sommer ohne Orangen", sagte Penthesilea, die in dem Moment mit Kundrie zurückgekehrt war. Penthesilea war eine der besten Reiterinnen der Welt, und Kundries Sieben-Meilen-Schritt überwand weitläufige Entfernungen mühelos.

In dem Augenblick, als Kundrie sich zu Mahhara niederkniete, stöhnte diese und kam langsam wieder zu Bewusstsein. Blut lief ihr aus der Nase.

Die Hexe von Midgard half Mahhara, sich langsam aufzurichten, den Kopf nach hinten zu beugen und schickte nach kaltem Wasser und einem Lappen, den sie ihr auf die Stirn legte. Kein Zweifel, die Nase war gebrochen. Kundrie untersuchte Mahhara gründlich von oben bis unten, das Handgelenk war gestaucht und der rechte Fuß gezerrt. Zumindest äußerlich waren die Verletzungen nicht so schwerwiegend, dass sie kein Alrunensaft heilen konnte. Blieb nur zu hoffen, dass Mahhara sich keine Gehirnerschütterung oder innere Verletzungen zugezogen hatte.

Um das zu testen, sollte Mahhara ihren Kopf nach rechts drehen, nach links, nach unten, nach oben, ganz vorsichtig. Dann schaute Kundrie ihr in die Augen und Mahhara musste das ganze Spiel mit ihren Augäpfeln wiederholen. Immerhin war sie so geschwächt und benommen, dass sie den Anordnungen ihrer Schwester widerstandslos und ohne bissige Kommentare Folge leistete.

Als sie fertig waren, atmete Kundrie auf. Es gab Anlass zur Hoffnung, dass der harte Schädel der Eulenfrau seinen Inhalt gut geschützt hatte. Letzte Gewissheit würden sie erst im Laufe des Tages erhalten. Doch ihre Bestürzung hielt an. „Nicht zu fassen, eine Zwergenattacke mitten auf Rugia", brach es aus ihr heraus.

Dem konnte niemand etwas hinzufügen. Freyja half, Mahhara auf eine Trage zu legen, an deren vier Enden Outies standen, die Langstreckenläufer aus dem Outbeck. Dann sah sie mit den anderen zu, wie Kundrie und die Outis die Verletzte vorsichtig ins Dorf brachten.

„Ich werde die Maulwürfe bitten, uns alle hier zu unterstützen", sagte sie zu Breitfuß, dem Anführer der Outis.

Breitfuß hatte seinen Namen verdient. Schaute man ihn von oben nach unten an, so fiel zuerst sein wildwucherndes Haar auf, dann ein fransiger Bart, der ein unglaublich breites Kinn umrahmte, alle Haare von der gleichen Mitternachtsfarbe. Ein voluminöser Hals verband Kopf und Körper, allesamt von braungebrannter Haut bedeckt. Breite Schultern und ein gewölbter Brustkorb konnten Dinge tragen, von deren Existenz andere Leute noch nicht einmal etwas ahnten. Seine muskulösen Beine endeten auf dem Erdboden in zwei unglaublichen Füßen, die so ausgetreten waren, dass sie aussahen, als hätten sie die ganze Welt bereits mehrmals umrundet, was wahrscheinlich zutraf. Das Einzige, was Outis zu Hause an Kleidung trugen, waren ihre Lendenschurze, hier warfen sie sich noch leicht gewebte Hemden über, denn es war trotz eines schönen Frühsommers im Vergleich zu ihrer Heimat eher kühl.

Er nickte und sagte nichts, sah aber mit dem Vorschlag sehr zufrieden aus.

6. Eine Begegnung auf der Buche

Thor und die anderen saßen und polierten ihre Speere, während klarwurde, dass der Trainingslauf unmöglich fortgesetzt werden konnte.

Freyja verfluchte die Zwerge innerlich dafür, dass der Unfall ausgerechnet jetzt hatte passieren müssen, während sie einen so guten Lauf gehabt hatte. Umgehend entschuldigte sie sich in Gedanken bei Mahhara. Aber wenn sie Thor wirklich dauerhaft einschüchtern wollte, so sehr, dass er vergaß, dass auch er der beste Speerwerfer aller Welten sein konnte, musste sie vor allem immer besser werden. Einschüchterung durch Erfolg war der beste Weg. Für Freyja war dieser Tag noch zu jung, um das Training zu beenden. Trotzdem putzte sie Snorrie hingebungsvoll mit einem weichen Lappen aus Rentierhaut.

Thor und Penthesilea waren als Erste mit ihren Speeren fertig.

„Wie lange brauchst du noch? Kommst du mit zurück?“, fragte Penthesilea Freyja.

„Wartet nicht auf mich. Ich komme nach“, antwortete sie und rieb an Snorries Spitze.

Thor und Penthesilea brachen in Richtung Dorf auf. Rundherum diskutierten sie den Unfall, mögliche Schutzmaßnahmen und denkbare Folgen. Die Pentakelkobolde hatten ganz genau hingesehen, und trotzdem war es den Zwergen möglich gewesen, dort ein Seil zu spannen, wo kurz vorher alles abgesucht worden war. Sie würden eine Lösung finden, aber nicht hier und nicht heute. Ein Trupp nach dem anderen machte sich auf den Rückweg ins Dorf.

Freyja verließ das Stadion mit der Gruppe von Fatima, Theodor, dem Korsen und Hippolyta. Doch sie ging nicht mit zurück ins Dorf, sondern bog in den Wald ab.

Snorrie lag ihr locker in der Hand, als sie unter das grüne Blätterdach altehrwürdiger Buchenriesen eintauchte. Vor einem ganz besonders prächtigen Exemplar blieb sie stehen. Es wären mindestens fünf Menschen vonnöten, um seinen Stamm zu umgreifen. Die weit ausladenden Äste gaben eine bestmögliche Stufenleiter ab. Freyja lehnte Snorrie an den Stamm und bat ihn, hier auf sie zu warten. Dann stellte sie sich vor die Buche, verbeugte sich und legte beide Handflächen auf den Stamm.

Darf ich auf dich klettern? Ein Wind fuhr raschelnd durch das Blätterwerk. Freyja fasste das als ein „Ja“ auf, streifte ihre ledernen Sportschuhe ab, griff nach dem am tiefsten hängenden Ast und zog sich hinauf. Schnell wie ein Bärenjunges erklomm sie den Stamm und war im Handumdrehen in der Baumspitze. Sie glitt wieder hinab und wiederholte den Kletterparkparcours etliche Male. Hoch, runter, wieder hinauf und wieder hinab. Erst nach ihrem fünften Aufstieg atmete sie schwerer. Sie blieb oben auf einem dünnen, aber stabilen Ast sitzen, so hoch, dass sie einen guten Blick über den Wald bis zu dem in der Sonne ruhig vor sich hin glitzernden Meer und weiter bis zum Horizont hatte.

Sie genoss die Weite, die salzige frische Brise, die vom Meer herwehte, diese herrliche Insel in all ihren Facetten. Freyja schloss die Augen, atmete tief ein und aus. Sie breitete die Arme aus, als wollte sie losfliegen, sie wollte die ganze Welt umarmen. Glücksgefühle durchströmten sie, wie sie sie lange schon nicht mehr gespürt hatte. Ein Lächeln lag auf ihrem Gesicht. Freyja öffnete die Augen, lächelte immer noch und dankte innerlich allen Göttern und Geistern dieser Gegend für dieses wunderbare Erlebnis, einfach hier sitzen und da sein zu dürfen. Sie wollte sich gerade auf den Rückweg nach unten begeben, als sie die Veränderung bemerkte.

Plötzlich zog eine Sturmschneise über das Meer. Keine Wolken waren zu sehen, aber der Wind wühlte sich durch die Wellen, als würde jemand in Windeseile eine Straße graben. Vom Wasser her baute sich die Windhose auf, die dem Tornado in Freyjas Traum gefährlich ähnelte. Der Trichter näherte sich dem Ufer, wirbelte am Strand enorme Mengen Sand auf und setzte seinen Weg über die Wipfel der Bäume fort, genau auf sie zu. Freyja sah in Lils stürmisches Gesicht, Haare, Bart, Augen, alles flatterte an ihm. Sie erwartete, jeden Moment in die Luft gewirbelt und in einer Gruft wieder abgesetzt zu werden, wo ein Riesenkrake und ein Pokal mit verbotenem Wissen auf sie warteten.

Schnell glitt sie zwei Etagen tiefer auf einen stabileren Ast. Die riesige Buche beugte sich unter der Wucht des Sturmes, während sich Freyja am Baumstamm festklammerte. Lil rauschte mit lautem Lachen über sie hinweg.

Alles dauerte nur wenige Augenblicke. Der Baum stand noch wie vor dem Tornado, nachdem es vorbei war. Freyja sah sich um. So wie der Sturm vor wenigen Minuten aus dem Nichts entstanden war, so war er ins Nichts entschwunden.

Alles blieb ruhig. Sie strich ihr Haar aus dem Gesicht, schüttelte den Kopf und fragte sich, was das gerade gewesen war. Ast um Ast glitt sie hinunter. Ungefähr drei Ast-Etagen über dem Erdboden bemerkte sie ein Eichhörnchen.

Das schwarzpelzige Tier hockte auf der glatten Rinde eines Astes schräg über ihr. Es saß ganz still und starrte sie an, das linke Auge zuckte. Ein Kohlefeuer mit dunkler Flamme ohne jede Wärme glomm darin. Dieser Blick schien eine Kralle auszufahren, die sich in Freyjas Innerem festhakte. Sie schaffte es nicht, sich dem zu entziehen. Ihr wurde schummerig, rote Kreisel breiteten sich vor ihren Augen aus, und sie hatte das Gefühl, als würde eine fremde Macht das Kommando über sie übernehmen. Sie spürte, wie sie sich selbst entglitt. Ein bitterer, pelziger Geschmack in Freyjas Mund komplettierte die Reihe der Verwirrungen.

Sie merkte, wie diese kalten Glutaugen sie in eine Sphäre entführten, in der sie noch nie gewesen war und in der sie niemals hatte sein wollen. Sie atmete tief durch und fühlte wieder etwas von sich selbst, spürte ihre eigene Geschichte, nicht nur das fremde Bewusstsein, das sich in ihr festkrallte. Doch auch, wie sie sich selbst erlebte, irritierte sie. Es schien ihr, als wollte sie sich teilen, als sähe sie sich selbst doppelt, als riefe eine Person, die sie bislang nicht kannte, die sie aber selbst war.

Dann erklang ein Name in ihrem Kopf. Jemand rief: „Ariman!“ Sie wusste nicht, wer oder warum, aber es war wie eine Warnung, die sie aufweckte. Endlich schaffte sie es, sich aus dem Bann der kalten Glutaugen zu lösen. Bestürzt über sich selbst, grub sie die Fingernägel in ihre Haut und kniff sich ins Handgelenk. Ein Schmerzimpuls durchzog sie. Sie vereinte sich wieder mit sich selbst und trennte sich endgültig von diesem todbringenden Blick. Mit dem Geschmack verschwand die Farbe, und das Eichhörnchen löste sich auf. Alles schien nicht mehr als ein Traum gewesen zu sein.

Freyja saß benommen drei Ebenen über der Erde. Die Realität schob sich wie durch einen Wattebausch zurück in ihr Bewusstsein. Sie hörte einen Specht ganz in ihrer Nähe, ein Kuckuck rief, unzählige Singvögel tobten in den Bäumen, ein Eichelhäher glitt lautlos dahin. Weit und breit kein dunkler Pelz, kein bitterer Geschmack, keine rote Farbe vor ihren Augen. Und sie saß als eine einzige Person auf dem Ast. Doch das Bild, das sie in diesem tranceartigen Zustand von sich selber gesehen hatte, ließ sie nicht los. Sie selbst als ein zweigesichtiges Individuum, von dem eines einen Bart trug. Es war nicht nur das Bild, das sie irritierte, sondern das, was sie bei seinem Anblick empfunden hatte. Es war die tiefste Liebe gewesen, die sie je gefühlt hatte, und eine über alles bislang Dagewesene hinausreichende Dankbarkeit.

Sie schüttelte den Kopf. Diese guten Gefühle waren nur die eine Seite der Medaille, die andere Seite war bedrohlich. Sie musste dringend zu sich kommen. Ariman war fort, doch Lil war noch in der Nähe.

Kaum hatte sie an seine Anwesenheit gedacht, fuhr er ihr schon wieder durchs Haar und lachte sie hämisch an: „Du weißt noch immer nicht, mit wem du es zu tun hast. Streng dich an, du musst gewinnen! Sonst gewinne ich, hahaha. Du weißt, was passiert, wenn du dich nicht an unsere Abmachung hältst. Das wird dein Dorf nicht überleben, und am Schlechtesten wird es dem ergehen, der dich liebt."

Mit einem Gelächter, das Freyja einen Schauer über den Rücken jagte, hetzte Lil über die Baumkronen davon, machte am Horizont kehrt und raste wieder auf Freyja zu. Die Baumkronen wehrten sich wild, aber vergeblich gegen sein Toben. Sie wurden geschüttelt, ihre Blätter zerfetzt, Äste wirbelten abgeknickt durch die Luft.

Freyja hasste diese Art Spielchen. „Du kannst mich mal, weißt du das eigentlich!", rief sie ihm entgegen.

Der Sturmgott hatte dafür nur ein Lachen übrig, das aus den Tiefen des Todessumpfes selbst zu kommen schien. Er lachte und war von einem Augenblick zum nächsten verschwunden. Keine sich biegenden Baumwipfel mehr, keine umherfliegenden Blätter und Äste. Sie bemühte ihren Silberblick, aber auch der sah weder eine Bedrohung noch eine kartenspielende Runde.

Doch eine Verbindung war jetzt klar, die zwischen dem Sturmgott und Ariman! Bei dem Kartenspiel hatten noch zwei weitere Personen mit am Tisch gesessen. Freyja würde herausfinden, wer sie waren. Genauso, was das ganze Theater eigentlich sollte, das Lil und Ariman um ihre Person veranstalteten.

Sie kletterte vom Baum herab, nahm Snorrie in die Hand und kehrte in leichtem Dauerlauf zurück ins Dorf.

7. Gegen die Zwergenplage

Als Freyja sich dem Dorf näherte, mischten sich anfangs dezente Geräusche und Gerüche unter die Waldkulisse. Die Gemengelage aus Vogelgesang, dem Duft nach dunkler Erde, saftigen Pflanzen und dichtem, atmendem Blätterwerk durchsetzte sich mehr und mehr mit lautem Lachen und Gesprächsfetzen und den Aromen von Feuerstellen und Essen, das darauf garte oder buk.

Die Wolkendiener waren nicht untätig gewesen und servierten Tee, Kaffee und Gebäck. Alle hatten sie sich erneut auf dem

Versammlungsplatz eingefunden, um die Situation zu besprechen, fast alle. Kapitän Hallgrimson wachte über die zwei gefangenen Zwerge in ihrem Käfig, von Odin war weit und breit nichts zu sehen, aber mit Freyja waren die Teilnehmenden an den Nerthus-Spielen jetzt vollzählig.

Freyja platzte in die Diskussion hinein, wie man sich am besten vor Zwergenattacken schützen konnte. Sie setzte sich auf den letzten freien Platz an Kundries und Liliths Tisch, nahm sich einen Becher mit frischem Tee und ein Stück duftenden Honigkuchen. Beim Kauen schloss sie genussvoll die Augen. Das Meisterwerk der Wolkendiener bestand aus Butter, weißem Mehl und Elfenhonig. Köstlich! Sie erinnerte sich noch an Zeiten, in denen die wundervollste Süßspeise auf allen Feiern und Zusammenkünften in den Baumwelten edelstes Zwergenfudge aus dem Svartalfheim gewesen war, ebenfalls aus Elfenhonig, aber mit Sahne gekocht und außerdem mit allerlei Gewürzen versehen.

Freyja genoss den Honigkuchen, schwelgte noch kurz in den guten alten Zeiten und öffnete schließlich die Augen in der Realität. Sie musste Lilith und Kundrie von ihrer Begegnung im Wald berichten und warnen, dass Ariman viel näher war, als sie bisher gedacht hatten. Vielleicht sollte sie sich einfach zwischen Lilith und die Amazone quetschen, die direkt neben Lilith saß. Freyja nahm noch einen Schluck aus der Teetasse, wollte gerade aufstehen, da öffnete sich die Tür von Kundries Hütte, eine noch recht blasse Mahhara humpelte heraus und machte Freyjas Plan zunichte. Umgehend fokussierte sich die allgemeine Aufmerksamkeit auf Mahhara. Regelrechter Applaus brandete auf. Rechts der Nase prangte auf dem Alabastergesicht der Eulenfrau ein beachtliches Veilchen. Ihr Arm hing in einer Schlinge, und mit der anderen Hand stützte sie sich auf einen Stock, der sie um eine Handbreit überragte.

An ihrem Stock humpelte sie betont auffällig wie eine alte gebrechliche Frau herbei, die eine Hand am Stock, die andere auf dem Kreuz.

Sie hat es einfach drauf, dachte Freyja bewundernd. Der Unfall war schwer gewesen, doch ihren Humor bewies Mahhara in allen Lebenslagen. Der Tisch, an dem Penthesilea mit dem ganzen Amazonenteam, den Assassinas und Freyjas Mannschaft saß, stand auf, um die Eulenfrau wie eine Heldin zu feiern. Sie johlten lärmend, während Mahhara mit gebeugtem Rücken und übertrieben ächzend zu dem Tisch ihrer Schwester schritt.

„Welch ein Glück, sie kann wieder laufen!", Kundrie stand auf und umarmte ihre Schwester, dabei nahm sie ihr den viel zu großen

Stock weg und bot ihr ihren Arm an. „Und jetzt", rief sie, als trainierte sie mit ihr Diskuswurf, „Rücken gerade! Augen geradeaus! Und Kinn nach oben! So wird eine Eulenfrau draus."

Mahhara hatte ihren Auftritt. Die ganze Runde bejubelte mittlerweile die Szene. Die Eulenfrau winkte gnädig, solange bis es Kundrie genug wurde: „Komm, du Zwergenopfer, setz dich."

Mahhara leistete der Aufforderung ihrer Schwester brav Folge, jedoch nicht ohne entsprechende Mimik und Gestik, als hätte eine alte Frau sich zu ihrer letzten Höchstleistung aufgerafft, indem sie diesen Weg von der Hütte bis hierher zurücklegt hatte.

Mahhara setzte sich, der Mund blieb herausfordernd verzogen: „Und was wird einer Heldin des Sportfestes angeboten?"

Auch Freyja spielte mit. Sie schenkte Mahhara mit einer leichten Verbeugung einen Becher Kaffee ein, stellte ihn vor sie hin und legte ein Stück Honigkuchen daneben: „Für dich natürlich nur das Beste."

Die Eulenfrau schnupperte an dem Getränk und verzog ihr Gesicht, als hätte Freyja ihr einen Teller mit lebenden Taranteln vorgesetzt: „Was um alles in der Welt?" Sie wendete sich mit gespieltem Entsetzen an ihre Schwester: „Kundrie, muss ich das jetzt wirklich?" und zeigte mit noch immer verzerrtem Gesicht auf den Kaffee.

Kundrie verdrehte die Augen, schüttelte den Kopf, nahm den Kaffeebecher und stellte ihn vor sich: „Sie mag keinen Kaffee", erklärte sie Freyja in einem Tonfall zwischen entschuldigend und genervt.

Schon kam ein Wolkendiener mit Kirschblütentee herbei und servierte Mahhara eine dampfende Tasse. Die roch daran, schloss selig lächelnd die Augen, trank einen Schluck und schenkte dem Wolkenflausch einen verzückten Blick, als wäre ihr gerade ein Wunder widerfahren,

„Unsere liebe Eulenfrau sprintet bereits auf der Zielgeraden zur Genesung", Kundrie legte Mahhara einen Arm um die Schulter. „Aber sag, du Gute, wie geht's dir wirklich? Was macht der Kopf? Wie's aussieht, sollte ich dich auf etwaige Folgeschäden untersuchen."

Diesmal hatte Kundrie die Lacher auf ihrer Seite, und Mahhara machte ein rumpeliges Gesicht. Der Punkt ging an Kundrie. Das konnte sie nicht auf sich sitzenlassen.

„Warum? Mein Gehör funktioniert, ich habe sehr deutlich vernommen, was du gesagt hast, meine Augen sehen dich, und meine Nase hat mich davor gerettet, Kaffee trinken zu müssen. Also alles in Ordnung." Sie biss vom Honigkuchen ab und ließ ein langgezogenes ‚Ahhh', vernehmen. „Auch mein Geschmack ist auf der Höhe, Kundrie. Der hier ist köstlich!"

„Sie hat sogar Appetit“, Kundrie tat erstaunt. „Meine Arznei schlägt besser an, als ich zu träumen gewagt habe.“ Sie hatte Mahhara eine neue Kombination aus Alrunensaft und Rosenwurz verabreicht, ein Extrakt, der nicht nur extrem heilend, sondern auch äußerst stimulierend auf die Laune wirkte. Die neue Zusammensetzung schien bei Mahhara außergewöhnlich gut zu helfen. Sie sollte den nächsten Trank vielleicht etwas niedriger dosieren, dachte die Hexe bei sich.

Mahhara sah ruhig in die Runde, hob ihren Becher mit dem Tee, prostete allen zu und lächelte dann Kundrie an. „Auf unsere Hexe!“, rief sie laut. Mahhara amüsierte sich offenbar köstlich. Jedoch konnte niemand so genau den Grund ihrer Heiterkeit nachvollziehen.

Kundrie verzog bei Mahharas Worten das Gesicht, als hätte sie unvorbereitet in eine Zitrone gebissen. Davon völlig unbeeindruckt standen die Anwesenden auf dem Versammlungsplatz auf und brachten einen Toast auf Kundrie aus. „Auf unsere Hexe!“, riefen sie im Chor und tranken.

„Jetzt ist‘s aber gut“, wehrte Kundrie ab, der das alles hier langsam zu viel wurde. „Es geht um Alrunensaft, nicht um Hexerei.“ Mit leicht verkniffenem Gesicht wollte sie zum Thema zurückkehren. Die allgemeine Aufregung um Mahharas rasche Genesung legte sich und Kundrie lenkte den Fokus wieder auf die Aufgabe, um die es hauptsächlich ging: „Wir waren dabei stehengeblieben, ob es Mittel gibt, um dem Treiben der Zwerge nachhaltig ein Ende zu setzen. Irgendwelche Vorschläge?“

Freyja setzte sich wie alle anderen, es geschah automatisch. Doch sie war noch immer nicht zum Zuge gekommen mit ihrem ebenfalls wichtigen Anliegen, vor Arimans Nähe zu warnen. Dann musste sie eben der Hexe von Midgard ins Wort fallen. Schüchtern waren andere. Sie straffte die Schultern, holte Luft und musste hinnehmen, dass Theodor, der korsikanische Hüne, der sich nicht hingesetzt hatte, schneller sprach als sie und sich so die Aufmerksamkeit auf dem Versammlungsplatz sicherte.

„Ähem“, räusperte er sich. „Wir könnten die Zwerge ausräuchern.“

Sein Vorschlag erzeugte erstaunte, vereinzelt sogar entsetzte Gesichter und die Fragen „Was?, „Wie? und „Wozu?“ schwirrten vielfach geäußert durch die Luft.

Theodor fuhr fort: „Ich hatte es ja schon im Stadion erwähnt.“ Er blickte verstohlen zu Mahhara, die ihre lädierte Nase zwischen ihren starren Augen in seine Richtung hielt. „Unser Teamchef Cesari ist eine wahre Geheimwaffe, die tatsächlich zum Himmel stinkt, wenn man ihn erstmal lässt. Und er legt übrigens Wert darauf, dass das alle auch bemerken."

Freyja erinnerte sich an den Geruch, den nur kleinste Stücke des ominösen Teamchefs auf dem Tisch der korsikanischen Fünfkämpfer verströmt hatten. Deswegen hielt sich Cesari die meiste Zeit in seinem Verschlag auf dem Schiff oder in einem Tongefäß auf, wenn er außerhalb war.

„Im Moment ist er auf dem Schiff in seiner Kammer. Aber ich denke, wir können sein Einverständnis voraussetzen, wenn wir euch seine Hilfe anbieten", erklärte Theodor weiter.

„Woher weißt du das?", fragte Mahhara dazwischen.

Theodor wurde tatsächlich rot wie eine Rübe. Er bemerkte es selbst und das war ihm so peinlich, dass das Rot sich gleich noch um drei Nuancen vertiefte. Er fragte sich, ob eine blinde Eulenfrau seinen Farbwechsel bemerken konnte, und hatte darüber die Frage vergessen, die sie gestellt hatte.

Giuseppe sprang ein, ein braungebrannter, breitschultriger und schwarzhaariger Korse, dem vorne ein Schneidezahn fehlte und der einen ganzen Kopf kleiner als Theodor war: „Wir kennen Cesaris Gemüt in und auswendig. Er löst alle Probleme am liebsten auf seine eigene unnachahmliche Art."

Darauf mochte Freyja wetten.

Theodor hatte sich in der Zwischenzeit wieder gefangen: „Also, was ich sagen wollte, wir könnten mit Cesari das ganze Zwergenreich ausräuchern. Stellt euch nur mal den Gestank unter der Erde vor, ohne Abzug oder offenes Fenster."

Cesari als Lösung der Zwergenplage? Ein Raunen ging durch die Reihen.

„Dufte Sache", bemerkte Freyja und erntete Gelächter. Auch Mahhara grinste.

Theodor fühlte sich in die Enge getrieben und wurde wieder rot. „Ich meine das ernst", verteidigte er seinen Vorschlag.

„Klar, ein Stück Cesari vor's Zwergentor, und sie fallen ohnmächtig wie die Fliegen um, die sich dann nie an sie heranwagen würden, weil es so stinkt", parlierte Mahhara.

„Ja, eigentlich habe ich es genauso gedacht, nur dass Cesari viele kleine Teile von sich hergibt und wir sie im Zwergenreich verteilen."

Der ernste Ton in Theodors Stimme und der durchdringende Blick aus seinen grauen Augen ließen einige der Spötter verstummen. Kundrie sah nachdenklich zu ihm herüber: „Was würden wir damit bezwecken? Die Zwerge aus ihrem Heim vertreiben? Und dann?"

Auch Mahhara war wieder ernst und kam Theodor mit einer Antwort zuvor: „Ich glaube, ich weiß, worauf du hinauswillst, Theodor."

Die Gesichtsfarbe des Angesprochenen wechselte ins Karmesinrot einer blühenden Dahlie.

Sie fuhr fort: „Wir zeigen ihnen, dass wir sie auch ärgern können, und zwar richtig. Wir haben uns doch bislang im Grunde noch überhaupt nicht gegen ihre Überfälle und Raubzüge gewehrt."

„Weil wir wussten, wie schlecht es ihnen im Grunde im Svartalfheim geht. Mit diesem Ungeheuer von Zwergenältesten im Rücken haben sie doch keine Wahl", verteidigte Kundrie sich, denn dass nichts gegen die Zwerge unternommen wurde, war vor allem ihr zu verdanken. „Seit Titanias Fluch finden sie weder Edelsteine noch Metall, sie kriegen keinen Elfenhonig mehr zum Fudgekochen. Wovon sollen sie denn leben?" Sie seufzte: „Aber ihr habt natürlich recht, das hier ist etwas ganz anderes, als Lebensmittel fürs Überleben zu stehlen."

„Ja, sie überspannen den Bogen gerade. Wir sollten ihnen genau jetzt die Grenze aufzeigen, die sie überschreiten", entgegnete Mahhara und heftete ihren starren Blick dann wieder auf Theodor. Ihr Blick vertiefte das Rot in seinem Gesicht.

Mahhara hatte die Aggression der Zwerge mit voller Wucht abgekriegt. Trotzdem wollte auch sie keine Rache oder unverhältnismäßiges Vorgehen: „Wir ärgern sie kräftig und bieten ihnen dann unsere Hilfe an. War das der Plan, Theodor? Das wäre doch auch ganz in deinem Sinne, Schwester, denn so kämen wir vielleicht wieder mit ihnen ins Gespräch", schloss Mahhara.

Kundrie sah zustimmend drein. Auch Theodor, der sich in der Zwischenzeit wieder auf seinen Platz gesetzt hatte, aber aufgrund seiner Statur immer noch alle Köpfe überragte, nickte: „Ja, Mahhara, danke. Ich hätte es nicht besser ausdrücken können." Seine Stimme klang heiser, als er die Eulenfrau ansprach.

Auch Lilith erkannte, was der bizarre Vorschlag von Theodor alles bewirken könnte. Sie war begeistert: „Wir hätten eine gute Verhandlungsbasis mit den Zwergen, um Forderungen aufzustellen, wenn wir ihnen helfen, was wir natürlich tun. Im Idealfall haben wir friedliche Nerthus-Spiele, denn sie wären im Svartalfheim beschäftigt. Unsere Hilfe beim Reinigen kann der Beginn von neuen Gesprächen zwischen unseren Welten sein. Danke Theodor!" Lilith reckte einen Arm in die Höhe, wie zur Abstimmung. „Ich bin dafür."

Alle Blicke wanderten geschlossen zu den Elfen. Sie verfolgten auffällig ruhig die Diskussion. Nur an ihren zusammengekniffenen

Augen und Mündern war die innere Anspannung abzulesen, die dieses Thema bei ihnen erzeugte. Sie merkten, dass etwas von ihnen erwartet wurde. Die Hortensienelfe stand auf und sah lange zu Kundrie, Mahhara und Lilith rüber, bevor sie betont gelassen sprach.

„Es ist euch allen hoffentlich klar, dass wir neue Beziehungen zum Zwergenreich nicht ohne Elfenkönigin Titania aushandeln können“, gab sie zu bedenken und setzte sich wieder zwischen die Buchenelfe und die Haselelfe.

„Das steht außer Frage“, stimmte Kundrie umgehend zu und erntete Zustimmung von allen Seiten.

„Ich schicke sofort meinen Boten Habrok zu Titania, damit er sie hierherholt“, schlug Lilith vor.

„Wir nehmen jetzt mal an, Titania stimmt zu. Wie wollen wir Cesari dann ins Zwergenreich bringen und, vor allem, wie wollen wir ihn dort verteilen?“ Mahhara dachte den Vorschlag weiter. Sie sah zu Theodor, während sie die Frage stellte. Der hatte sich gerade etwas beruhigt.

Mahharas Frage fand Unterstützung unter der Linde.

„Maulwürfe?“, fragte Theodor zögernd. Er hatte von Kundries traditionell guten Beziehungen zu einer sehr fähigen und weitverzweigten Maulwurfkolonie gehört.

Kundrie schüttelte den Kopf. „Maulwurfvorstand Talpa und seine Leute haben uns schon immer sehr bei allem unterstützt, was das Svartalfheim angeht. Deswegen haben die Zwerge Windspiele installiert, die es den Maulwürfen mit ihrem sensiblen Gehör unmöglich machen, sich dem Svartalfheim überhaupt zu nähern.“

Stille legte sich über den Versammlungsplatz, während die Anwesenden über der Frage brüteten, wie Cesari ins Zwergenreich kommen könnte. Tobi stand schließlich auf und verbeugte sich höflich vor den anderen. Er rückte nervös an der Nickelbrille auf seiner Nase, sprach aber mit fester Stimme: „Wenn ich einen Vorschlag machen dürfte.“ Er verbeugte sich erneut, diesmal in Richtung der Elfen, um zu zeigen, dass er ihrer Geschichte mit den Zwergen tiefempfundenen Respekt zollte. „Bei uns gibt es eine Lebensform, die wir ‚die Borsen‘ nennen. Der vollständige Name auf Komludianisch lautet ‚Borsi‘nstokatowi‘kyschuschi‘, was übersetzt so viel heißt wie ‚die auf den Steinen und in der Erde kleben‘. Von ihrer Art her sind sie Mikropoden, die das Erdreich bevölkern. Sie sind von sehr freundlichem Wesen und immer hilfsbereit. Ich könnte mir vorstellen, dass sie uns bei der Lösung des Problems helfen und Cesari im Zwergenreich verteilen. Ich denke nicht, dass Zwerge diese außerirdische Lebensart überhaupt erkennen werden. Sie werden nur einen kriechenden Käse sehen und vor allem riechen." Er verbeugte sich ein zweites Mal in Richtung der Elfen: „Wenn ihr dem denn zustimmt."

Tobi setzte mit seinem Vorschlag eine lebhafte Diskussion in Gang. Am Ende des Palavers stand Lilith auf, und der Geräuschpegel rundherum verebbte. „Wir stimmen ab", schlug sie vor. „Wer ist für Theodors und Tobis Vorschlag, Cesari mit Hilfe der Borsen ins Svartalfheim zu schicken?"

Ringsumher streckten sich Arme und Hände in die Höhe. Nur um den Tisch, an dem die Elfen saßen, blieben die Hände unten. Lilith zählte, wurde aber von der Hortensienelfe unterbrochen: „Wir wissen, dass die Mehrheit für den Vorschlag ist. Ich bitte euch nur darum, die Details mit Titania zu sprechen. Sie hat ihre gesamte Familie durch Hellerich verloren."

„Danke", sagte Lilith zu dem Elfentisch. „Wir bereiten die Aktion zwar vor, denn wir können keine wertvolle Zeit verschenken, die endgültige Entscheidung aber wird nicht ohne Titania gefällt." Sie sah zu den komludianischen Wurfkäfern: „Könnt ihr noch heute zu eurem Planeten Kontakt aufnehmen und fragen, ob die Borsen uns in dieser Angelegenheit Unterstützung gewähren?"

Tobi nickte. „Ich mache mich auf den intergalaktischen Weg!", sagte er kurz, stand auf und begab sich zu dem Megalithfeld, in dem das Raumschiff parkte.

Die Versammelten waren sehr mit sich und ihrem Planungstalent einverstanden und erörterten zufrieden alle möglichen Auswirkungen des Plans bei Tee und Honigkuchen. Selbst die Elfen waren weniger skeptisch als befürchtet. Elfenkönigin Titania war noch nicht dazu gehört worden, aber allen war klar, hier musste etwas Entscheidendes geschehen.

Kundrie stand auf: „Wir werden alles unverzüglich in die Wege leiten. Aber wir sind auf Rugia. Bevor wir eine konkrete Aktion gegen die Zwerge starten, müssen die Pferde gehört werden."

Zustimmendes Nicken und Gemurmel von allen Seiten. Baumweltenbewohner und Nordländerinnen kannten das Pferdeorakel von Rugia als wichtige Instanz der Insel auf dem Weg hin zu Entscheidungsfindungen und Maßnahmen. Die Gäste der Baumwelten wussten vom Stellenwert dieser Pferde. Sie genossen als Orakel höchste Achtung. Es gab Völker, zum Beispiel die Steps, die die Baumwelten in ihrem Umgang mit den Pferden übertrafen. Andere kannten gar keine solche innige Beziehung zu einem bestimmten Tier, wie die Assassinas. Alle aber waren sich einig, sie waren auf Rugia, also mussten die Pferde befragt werden.

8. Die Retter

Freyja war erleichtert. Ein Plan, wie mit der ganzen Situation umgegangen werden konnte, nahm Gestalt an. Und kamen die Baumwelten tatsächlich mit den Zwergen ins Gespräch, würde diese Entwicklung Arimans Treiben deutlich erschweren. Warum Ariman sie ausgerechnet mit Hilfe Lils attackierte, war dabei fast egal. Sie alle konnten dem etwas entgegensetzen, wenn sie nur versuchten, die Zwerge wieder auf die Seite der Baumwelten zu ziehen. Titanias Reaktion darauf stand noch aus. Aber hier auf Rugia hatten sie ein mächtiges Instrument, um den richtigen Weg für ihr Vorhaben zu finden: das Pferdeorakel. Sollte es zu ihren Gunsten entscheiden, würde es selbst die Elfenkönigin schwer haben, sich dem entgegenzustellen. Freyja vermutete, dass Kundrie genau das beabsichtigte. Die Elfenkönigin hatte bislang alle Vorschläge erfolgreich blockiert.

Das Pferdeorakel war für den nächsten Tag anberaumt. Morgen, wenn die Sonne im Zenit stand, würden sie wissen, ob die Kräfte des Himmels mit ihnen waren.

Die Zwerge wieder als Teil der Baumwelten aufzunehmen, würde ein wichtiges Einfallstor für Ariman schließen. Freyja brannte es auf der Seele, dass sie noch niemanden hatte erzählen können, dass der schon um die Sportlersiedlung herumschlich. Das würde sie umgehend nachholen. Sie tauschte mit der Amazone, die neben Lilith saß den Platz, sah der Weltenchronistin aus Asgard ins Gesicht, wollte gerade etwas sagen, da erklang aus der Ferne ein froher Ruf: „Er macht‘s, er macht‘s!“

Giuseppe kehrte zurück, seine Zahnlücke blitzte hervor, während er, aufgeregt mit seinen Armen fuchtelnd, schon von weitem rief: „Er macht‘s, er macht‘s. Cesari ist mit dem Plan einverstanden, wir werden die Svartalfheimer Zwergenhöhlen ausräuchern.“

Der erste Schritt war getan. Alle waren wir elektrisiert wegen der Aussicht, einen gangbaren Weg weg von den jetzigen Zuständen gefunden zu haben.

Quer über die Tische hinweg wurde diskutiert: über Strafen, Aussöhnung und Verbannung der Zwerge, über die Chancen, dass das Pferdeorakel zustimmte, und über die Gefahren, die das ganze Vorhaben mit sich brachte. Die Frage, ob die extraterrestrischen Mikropoden sie unterstützen würden, wurde facettenreich zerpflückt.

Freyja saß nur äußerlich ruhig in dem ganzen Durcheinander an Ideen, Vorschlägen und Aktionen. Giuseppe stand neben ihr und redete mit Theodor auf Kundrie und Lilith ein. Die Ansage lautete, der Situation planvoll und ohne Panik zu begegnen. Also schob Freyja Giuseppe zur Seite, denn sie wollte nicht über alle hinwegschreien müssen, aber sie musste wenigstens Lilith sagen, dass nicht nur Arimans Helfer Lil hier war, sondern auch Liliths Zwillingsbruder selbst.

„Lilith", begann sie und legte der Weltenchronistin aus Asgard die Hand auf den Unterarm. Da kippelte die Bank, auf der sie saßen, der Tisch und der ganze Erdboden wurden lebendig. Eine Maulwurfhorde grub sich mit solcher Geschwindigkeit aus der Erde aus, dass auch Freyja überrumpelt und ihr Vorsatz, von Ariman zu erzählen, einmal mehr vereitelt wurde. Überall wurden Erdbrocken zu kleinen Hügeln aufgehäuft, aus denen im nächsten Moment rosafarbene Schnauzen und schwarze Schaufeln ragten. Manch einer musste seine Füße schnell beiseiteschieben, weil die Erde unter ihm zu wackeln begann, bevor sie lebendig wurde und eine spitze Maulwurfschnauze herausragte, auf die niemand treten wollte.

Auch unter Kundries Sitzplatz entstand so ein Hügel. Ihr Gesicht erstrahlte wie die Morgensonne, als sie Talpa, den Maulwurfvorstand, entdeckte. Er hatte sich direkt vor ihr ausgegraben. Für ein telepathisch begabtes Wesen wie ihn war das eine der leichteren Übungen.

Talpa kam mit ausgebreiteten Schaufeln auf die Freundin zugekrochen. Kundrie glitt von der Bank runter auf die Erde zu ihrem geliebten Maulwurf und umarmte ihn: „Talpa, wie lange ist es her?"

Talpa lag selig in Kundries Armen und sprach mit ihr wie mit einer langjährigen Freundin: „Das ist jetzt egal, liebe Kundrie."

Auch die Hexe genoss den Moment. Dann lösten sich die Zwei voneinander, Kundrie setzte sich auf beide Fersen und schaute sehr ernst: „Ihr seid darüber im Bilde, worum es geht?"

„Ja", antwortete Talpa, „wir werden alles tun, um das Erdreich zu schützen und euch zwergenfreie Wettkämpfe zu ermöglichen."

Kundrie lächelte. Gute Freunde, die ihnen sofort beistanden, das war ein guter Anfang. „Ihr müsst die Aufgabe nicht alleine bewältigen, es gibt sehr begabte Unterstützung für euch", sagte Kundrie und winkte Breitfuß und seinen Freunden aus dem Outbeck.

Als würde er ihn aus seinen kleinen blinden Augen sehen können, wendete der Maulwurfvorstand seine Nasenspitze dem obersten Outi zu, der von hinten an ihn herantrat, ganz vorsichtig nach unten schauend, um nur keinen Fehltritt zu riskieren. Maulwürfe konnten Personen und Dinge nach dem kleinsten Geräusch, das diese machten, orten - und ihnen dann mit ihrem Geruch folgen.

Outis waren wirklich leise, aber natürlich hörte Talpa ihn und verkündete: „Wir werden viel voneinander lernen."

Breitfuß packte die Maulwurfklaue vorsichtig zwischen Daumen und Zeigefinger, schüttelte sie und nickte freundlich. In seinem dunklen Gesicht blitzten Augen wie glimmende Kohlestückchen auf. Talpa und Breitfuß sahen sich an.

Wir kennen den Herzschlag der Erde und den Gesang der Elemente. Aber könnt ihr uns beibringen, wie wir Zwergentunnel von anderen Gängen unterscheiden?, fragte Breitfuß stumm.

Talpa antwortete. *Das lernt ihr schnell, ist nicht schwer.*

Breitfuß nickte zufrieden. Auf dieser Ebene verstanden sie sich mit den Maulwürfen. Breitfuß sprach jetzt laut zu den Schwestern und allen Umstehenden: „Wir sind die ganze Nacht durch die Stadien gelaufen und haben der Erde zugehört. Wir nehmen jeden Tunnel wahr. Ich muss gestehen, wir können einen Mäusegang nicht von einem Zwergentunnel unterscheiden. Deswegen brauchen wir Unterstützung direkt von unten. Wir werden gut mit den Maulwürfen zusammenarbeiten."

Breitfuß' Rede hatte für Outis einen enormen Umfang. Sie waren keine Freunde großer Worte. Ihre Sinne benutzten sie, um der Erde nachzuspüren. Outis konnten sie in allen ihren Facetten wahrnehmen, sie riechen, schmecken, hören. Reden war weniger ihre Disziplin. Als Wettkampfstättenwächter allerdings waren Outis die ideale Wahl. Sie brauchten weiter nichts zu tun, als das, was sie sowieso in ihrem Leben taten: laufen und ihre Umgebung beobachten. Sie würden dem gleichen Instinkt folgen wie in ihrer Heimat, der sie weite Strecken in Wüsten laufen oder ganze Kontinente überqueren ließ. Sie kommunizierten mit dem Magnetismus der Erde, der sie immer und in all seinen Erscheinungsformen begleitete und leitete. Ein Outi konnte sich einfach nicht verlaufen. Darüber hinaus spürten sie es eben auch, wenn die erdeigenen Energiebahnen etwa durch Tunnel oder Gräben unterbrochen wurden.

Outis als Stadionwächter hatten noch einen weiteren unschlagbaren Vorteil. Sie konnten sich über weite Entfernungen hinweg telepathisch verständigen. Deshalb waren Outis und Maulwürfe, die das gleiche Talent besaßen, ein ideales Team.

Ohne ein Wort der Verabredung erhoben sich alle Outis und machten sich auf den Weg zurück in die Arena, wo sich Mahhara am Morgen verletzt hatte.

Talpa winkte kurz: „Tja dann."

Im nächsten Moment verschwanden auch die Maulwürfe. Zurück blieben nur dunkle Erdhügel.

9. Eine geheimnisvolle Begebenheit

An allen Tischen wurde geschwatzt und gelacht. Die Stimmung war gelöst. Freyja dankte dem Wolkendiener, der ihr Tee nachschenkte, und nahm ein paar Schlucke. Doch in ihr kribbelte es. Für ihren Geschmack zog sich hier alles viel zu sehr in die Länge.

Lilith und Kundrie waren in ein Gespräch mit den korsikanischen Fünfkämpfern und den Elfen vertieft und verabredeten gerade, gemeinsam Cesari aufzusuchen. Der war in seiner ganzen Form lieber in seinem Verschlag auf dem Schiff geblieben, um die sensibleren unter den Nasen nicht nachhaltig zu beeinträchtigen.

Tausendfüßler und Thor fachsimpelten über die beste Gangart beim Langstreckenlauf. Ian, Abrasax und Fatima erörterten wortreich verschiedene Stile des Zweikampfs und welcher gegen Zwerge am effektivsten sein könnte. Dazu erwogen sie Varianten mit und ohne Waffen, den Einsatz der eigenen Stimme oder den alltäglicher Dinge wie Stuhlbeine oder Baumäste, die, im rechten Augenblick eingesetzt, einem verloren geglaubten Kampf den entscheidenden Impuls geben und das Ergebnis umkehren konnten. Sie schreckten nicht davor zurück, ihr Können praktisch und lärmend zu demonstrieren.

Temudschin, Trond und Penthesilea sprachen über Pferde und wie sie die besten Leistungen erbrachten. Temudschin rückte keinen Werst von seiner Meinung ab, Pferde auf der Geistebene am besten motivieren zu können. Ohne geistige Einheit von Pferd und Reiter und die Zustimmung des Pferdes zu den gesetzten Zielen gäbe es keinen Sieg bei einem Rennen. Trond stimmte dieser Ansicht zu. Penthesilea dagegen hatte klare Vorstellungen davon, dass Pferde an die Kandare gehörten, respektvoll behandelt selbstredend, aber mit einem klar hierarchischen Anspruch, wobei die Reiterin sich weder unter noch neben dem Pferd angesiedelt sah.

Eulenfrau Mahhara hatte sich auf Drängen Kundries wieder hingelegt, natürlich nach einem angemessenen Protest. Die Tatsache, dass sie es dann aber doch tat, sprach für Kundries Warnung: „Du musst dich heute noch schonen."

Freyja schaute sich um, sie würde hier nicht zum Zuge kommen. Sie konnte sich nicht erinnern, wann sie das letzte Mal einen ganzen Nachmittag an einem Tisch gesessen und Tee getrunken hatte.

Also auf in den Wald, um zu trainieren, sagte sie sich, erhob sich und warf einen letzten Blick zu Lilith, die mit Kundrie neben den gestikulierenden Fünfkämpfern stand. Da bemerkte sie einen Wind, der

Liliths Nase umwehte. Freyja stutzte, denn in den paar Tagen seit ihrer ersten Begegnung hatte sie gelernt, ein normales Lüftchen von Lil zu unterscheiden. Diese ganz und gar nicht alltägliche Brise zog weiter und begann, in Liliths Haar zu spielen.

Nicht schon wieder, dachte Freyja und merkte, wie sie sich verspannte. Die oberste Unsterbliche aus Asgard strich leicht genervt die schwarzen Locken zurück, die ihr permanent in Gesicht und Augen wehten. Rundherum säuselte nicht das kleinste Lüftchen.

Freyja beobachtete die Szene. Sie war sicher, dass Lil um Lilith herum wehte. Aber er attackierte Lilith nicht. Spielte er? Freyja wurde neugierig und ließ ihren Silberblick schweifen. Sie staunte nicht schlecht über das, was sie sah.

Im Bruchteil eines einzigen Augenblicks, in dem Lil unbemerkt in Liliths Haar herumwuselte, während Freyja zusah, spürte sie deutlich, dass er nachdenklich war, um nicht zu sagen fürsorglich.

Freyja stutzte. Das passte so gar nicht in das Bild, das sie von Lil hatte.

Da geschah es, Lil bemerkte Freyjas Anwesenheit. Umgehend wurde er zu dem flatterhaften Wesen, das sie auf der Hinreise bedroht hatte, und tänzelte mit hämischem Grinsen direkt vor ihrem Gesicht umher.

Du hältst dich wohl für ganz schlau, was? Lils Ton war der Situation völlig unangemessen aggressiv. Sie hatte doch nur geschaut. Aber er wollte ganz offensichtlich nicht, dass sie ihn bei dem, was er tat, beobachtete. Was wollte der junge Windgott verbergen?

Dann pass auf, was du tust, ganz einfach!, rief sie ihm in Gedanken zu, wusste aber ehrlich nicht so ganz genau, worüber sie hier eigentlich sprachen.

Doch ihre Bemerkung reichte, damit Lil wütend wie eine wildgewordene Wisentherde abzog. Er zog eine Schneise der Verwüstung durch die Bäume, die er auf seinem Weg herausriss und wie Zaunstecken herumwirbelte. Er stürmte zum Wasser, über dem von einem Moment zum anderen eine Wolkenwand thronte, aus der heraus es blitzte und donnerte. Lil fuhr durch die Zwischenräume des Wassers und warf es so hoch in die Luft, dass sich eine Welle auftürmte, die bis zum Himmel zu reichen schien. Kein Tornadotrichter, sondern ein ausgewachsener Tsunami fegte über das Meer und diesmal war ein Fischerboot bedroht. Die Monsterwelle raste direkt auf das Boot zu.

Freyja erstarrte bei dem Anblick. Sie war sich für einen Sekundenbruchteil nicht sicher, ob sich das, was hier geschah, in der Realität oder im Zwischenraum ihrer seherischen Fähigkeiten abspielte, aber klar war, dass sie es mit einem sehr wütenden Lil zu tun hatte. Lil ritt mit unsäglichem Lachen auf der Welle, die sich unter ihm immer höher auftürmte. Freyja sah mit ihrem Silberblick, wie die zwei Fischer auf ihrem Boot am Heck standen und die Wasserwand, die da direkt auf sie zugerollt kam, mit stummem Entsetzen anstarrten. Nur einen Augenblick später erfasste die Monsterwelle das Fischerboot und warf es so hoch in die Luft, dass es bei seinem Aufprall auf dem Wasser zerschellte. Lil brach in der Luft erneut in höhnisches Gelächter aus.

Freyja konnte nur hilflos zusehen, wie zwei Menschen im Wasser trieben, dem Spiel der Wellen ausgeliefert und um Hilfe rufend. Die Nordländerin war angesichts dieser Vernichtungswut genauso fassungslos wie ohnmächtig. Trümmer des zerstörten Fischkutters schwammen im aufgewühlten Wasser. Sie sah Holzplanken auf die zwei Menschen zutreiben. Die Fischer konnten sich daran festklammern, was ihnen eine reelle Überlebenschance verschaffte, sofern sie es bis zum Ufer schafften. Die Monsterwelle trieb auf den Strand zu. Freyja folgte ihr und erstarrte.

Ein tiefenentspannter Odin lag Sheesha rauchend im Sand und starrte den Himmel an. Genau an der Stelle, an der die Welle auf Land treffen würde.

Lils Lachen dröhnte in ihren Ohren, der Magen verkrampfte sich. Was sollte das alles? Nur weil sie gesehen hatte, dass er auch nett sein konnte? Obwohl, „nett" war nicht der richtige Ausdruck. Freyja suchte noch nach dem richtigen Begriff, da änderte die Riesenwelle ohne erkennbaren Grund ihren Kurs und trieb parallel den Strand entlang. Ihre Höhe wurde geringer, ihre Zerstörungswut nahm ab, der Wind ringsherum legte sich, und schließlich verebbte die Bedrohung in seichtem Wellengang. Die Schiffbrüchigen schwammen in Richtung des nahen Ufers. Es gab viele entwurzelte Bäume und ein zerschlagenes Fischerboot, aber die Besatzung hatte sich retten können. Die Bilanz des Wutausbruchs war überschaubar, nur die Ursache vollkommen schleierhaft.

Lil wehte laut lachend davon.

10. Freyjas Vision

Freyja wanderte mit ihrem Silberblick langsam zurück in die Gegenwart auf den Versammlungsplatz unter der Linde und bemerkte, dass sie mittlerweile alleine am Tisch saß. Alle, die eben noch fröhlich lachend und fachsimpelnd beisammengesessen hatten, standen fassungslos am Waldrand, der im Norden des Versammlungsplatzes lag, und betrachteten das Ausmaß der Zerstörung, das dieses unvermittelt über sie gekommene Sturminferno angerichtet hatte. Eine Windhose war aus buchstäblich heiterem Himmel über sie hereingebrochen und hatte ohne jede Vorwarnung ihren Wald erfasst, aber erst ab dem Dorfrand. Das war alles sehr mysteriös. Zumindest Lilith und Kundrie wussten, dass es eine, wenngleich nicht beruhigende, so doch schlüssige Erklärung dafür geben musste.

Sie wussten auch, von wem sie die bekamen. Freyja hatte die ganze Zeit völlig weggetreten auf ihrem Platz gesessen. Lilith sah zur Nordländerin, die benommen ihren Kopf schüttelte, das erste Anzeichen dafür, dass sie in ihre Umgebung zurückkehrte. Und tatsächlich, Freyja bewegte sich leicht. Sie schaute desorientiert um sich. Wie hinter einem Schleier bemerkte sie die aufgewühlte Gruppe am Ortsrand vor der Schneise. Alle standen dort und diskutierten wild durcheinander.

Es ist also alles geschehen, wie ich es gesehen habe, keine Vision, sondern Realität, schoss es Freyja durch den Nebel ihrer Wahrnehmung. Dann merkte sie, wie jemand an ihren Schultern rüttelte.

Es war Lilith, die sie mit einem ungewöhnlich ernsten Blick fixierte. „Freyja, was ist los?“, rief Lilith laut, um zu der Nordländerin durchzudringen.

Freyja schüttelte den Kopf und holte tief Luft. Sie war von ihrem Ausflug und dem, was sie gesehen hatte, noch völlig benommen. „Die Fischer, wir müssen die Fischer retten!“, japste sie.

Lilith rief Abrasax und Ian, die in der Nähe standen, zu: „Schnell, geht zum Strand, folgt der Schneise.“ Sie sah zu Freyja: „Zum Strand ist doch richtig?“ Die nickte.

Lilith wandte sich wieder an Ian und Abrasax: „Dort sind Fischer in Seenot. Rettet sie, aber bringt euch auf keinen Fall selbst in Gefahr!“

Abrasax und Ian riefen die Fliegenden Fische zu sich, damit sie sie begleiteten. Ihre Unterstützung sollte sehr willkommen sein, denn sie waren nicht nur hervorragende Läufer, sondern auch grandiose

Schwimmer. Die anderen machten sich ebenfalls auf den Weg, sodass alles aus der Gruppe losstürmen wollte, was laufen konnte.

Lilith erfasste die Situation und dachte zwei Schritte weiter. Sie rief laut: „Stopp! Die Elfen und die korsikanischen Fünfkämpfer müssen hierbleiben. Wir gehen gleich zu Cesari. Die anderen können mitgehen. Kundrie, du auch. Aber komm so schnell wie möglich bitte nach."

Die Hexe von Midgard nickte. Ihr legendärer Siebenmeilenschritt würde aller Wahrscheinlichkeit nach dafür sorgen, dass sie als Erste am Strand und auch als Erste zurück war.

Tausendfüßler, duale Systeme, Steps, die Amazonen und auch die Assassinas setzten sich, ihren Kampfruf ausstoßend, in Bewegung. Kundrie holte noch schnell ihre Notfall-Kräutertasche aus der Hütte und war im nächsten Moment mit ihrem Siebenmeilenschritt verschwunden. Freyja war erleichtert. Jetzt hatten die Fischer gute Chancen, gerettet zu werden.

Allein zurückgeblieben setzte Lilith sich neben Freyja und legte ihre linke Hand auf Freyjas rechte: „Erzähl mir davon!" Sie zeigte auf die Baumschneise am Dorfeingang.

Freyja schüttelte völlig benommen den Kopf. Nachdem sie auf der Buche Ariman begegnet war, hatte Lil getobt und war wie als Vorspann mit einem Tornado übers Meer gerauscht. Jetzt hatte er einen Tsunami heraufbeschworen, nachdem sie ihn bei irgendetwas ertappt hatte, das ihn eigentlich ganz nett wirken ließ. Sie konnte sich überhaupt keinen Reim mehr darauf machen.

„Ariman und Lil, sie sind hier, beide! Ich wollte euch schon die ganze Zeit davon erzählen, aber immer wieder kam etwas oder jemand dazwischen", platzte es aus Freyja heraus, denn die zwei Namen waren für sie die Fixpunkte einer ganzen Ereigniskette, und sie musste endlich Liliths Aufmerksamkeit auf sie lenken. Die Weltenchronistin saß mit zusammengekniffenen Augen da und war ganz Ohr. Freyja wollte selbst nicht glauben, was sie gesehen hatte, aber es war wahr, und Lilith musste dringend die Einzelheiten erfahren.

Während Freyja von ihrer Begegnung auf der Buche erzählte, wurden die Augenbrauen der obersten Unsterblichen lebendig. Ab und an massierte sie mit den Fingern der freien Hand ihre Schläfe, als könnte und wollte sie nicht glauben, was sie da zweifelsfrei hörte. Freyja sprach von Arimans Versuch, sie zu hypnotisieren, danach von ihrer Vision, in der sie sich doppelt gesehen hatte. Doppelt und auch wieder nicht, denn eine Person hatte einen Bart gehabt, und sie war ganz klar beide Personen gewesen.

„Aber das ist eine ganz andere Geschichte“, beendete Freyja den ersten Teil ihres Berichts. Sie fühlte sich erleichtert, denn das Wissen um Arimans Umtriebe alleine tragen zu müssen, hatte sie belastet.

Lilith sah der Nordländerin aufmerksam ins Gesicht: „Wenn deine Vision von dir selbst in dem Moment erschien, als Ariman sich auf dich fokussierte, dann hängt das zusammen. Wir finden heraus, wie.“

Dieser klare Satz half Freyja, ihre Verwirrung über jenes Ereignis hintenanzustellen. Ariman war das Wichtigste. Sie wusste, dass Lilith besorgt war über seine Rückkehr, besorgt sein musste, nach dem, was das erste Mal geschehen war, als er die Baumwelten überfallen hat.

„Er ist also wieder da, ganz nah“, Lilith atmete schwer bei dem Gedanken daran, dass Ariman es wirklich erneut gewagt hatte, sich in ihr engstes Umfeld einzuschleichen.

„Was mir wirklich Sorgen macht“, begann Lilith leise, „ist, dass es Ariman gelungen ist, Taliesin in die Irre zu führen. Der weiße Magier ist der fähigste Druide aller bekannten Welten. Er suchte Ariman die ganze Zeit. Letztes Jahr ist Taliesin zurückgekehrt und hat eingestanden, Arimans Spur verloren zu haben.“ Lilith schüttelte den Kopf: „Weißt du, Freyja, wir haben gejubelt. Wir hielten Taliesins erfolglose Suche für den Beweis dafür, dass Ariman aus unserem Leben verschwunden war. Er wurde mehr eine Ahnung als eine reale Vorstellung und, dass er eines Tages doch wieder auftauchen könnte, habe ich nicht mehr glauben wollen.“ Den letzten Satz hauchte Lilith mehr, als dass sie ihn aussprach, fassungslos über ihre eigene Naivität.

„Ich weiß, wer das hier angerichtet hat“, fuhr Freyja fort und zeigte auf den verwüsteten Wald.

„Lil?“, fragte Lilith und Freyja nickte.

„Ja, Lil. Das war so“, Freyja erzählte von den jüngsten Ereignissen, die zu Lils Tobsuchtsanfall geführt hatten. Wie sie erst einen ganz netten Kerl gesehen hatte, der um Lilith herumscharwenzelt war, der sich dann umgehend in ein tobendes Kleinkind verwandelte, als er sie bemerkt hatte.

„Oh nein, zu dem personifizierten Bösen gesellt sich jetzt ein unberechenbarer Fratz, der ihm hörig ist. Ein Alptraum“, Lilith schluckte im allerletzten Moment einen Fluch herunter, den sie nie im Leben überhaupt zu denken für möglich gehalten hätte.

„Ja, zwergenfreie Wettkämpfe scheinen unser kleinstes Problem zu sein“, resümierte Freyja.

Die Elfen und korsikanischen Fünfkämpfer kamen vom Waldrand zurück. „Was war das?“, fragte die Hortensienelfe.

Lilith sah Freyja an und zuckte mit den Schultern: „Die Zwerge waren es nicht.“ Mit ihrer Antwort gab Lilith das Stichwort, um das Gespräch vom brisanten Duo Lil und Ariman wegzulenken. „Wollen wir Cesari besuchen und mit ihm schon mal die Details besprechen? Dann wäre er bereits im Bilde, wenn Tobi mit einer positiven Antwort und bestenfalls gleich mit den Borsen zurückkehrt. Wir sollten keine Zeit verlieren.“

Kundrie trat mit ihrem Siebenmeilenschritt aus dem Wald: „Die Fischer sind im Dorf zurück. Sie haben keine Blessuren, die eine Flasche Alrunensaft nicht heilen könnte.“

Freyja war erleichtert. Dann ging Kundrie kurz zu Mahhara in die Hütte. „Sie schläft“, verkündete sie nur wenig später auf dem Versammlungsplatz. „Morgen ist unsere Eulenfrau wieder voll dabei.“ Dann sah sie in die Runde: „Wollen wir?“

Nur wenig später lag der Versammlungsplatz verlassen in der nachmittäglichen Frühsommersonne.

11. Ein langersehntes Zusammentreffen

Freyja schlenderte in Richtung ihrer Hütte. War sie nach dem abgebrochenen Trainingslauf und während der endlosen Teedebatten noch voller Tatendrang und in Trainingslaune gewesen, so hatten sie die Vorkommnisse des restlichen Tages ausgelaugt. Im Moment wollte sie nichts mehr hören oder sehen von der Welt. Keine Bilder mehr im Kopf über Dramen, die sich irgendwo anders abspielten, keine magischen Überfälle oder Hypnoseversuche, nichts. Ihr Wunsch sollte sich nicht erfüllen.

Odin kam vom Waldrand her direkt auf sie zu. Freyja erkannte seine in der Nachmittagssonne glitzernde Sheesha, die er unterm Arm trug. Auch sie hatte im Land der Glutkobolde mit der Pfeife Bekanntschaft gemacht.

Der Anflug eines Lächelns glitt über ihr Gesicht, als sie sich an selig glänzende Augen und geglättete Gemüter erinnerte, fern jeden Argwohns. Sie registrierte, dass sie Odin gegenüber gerade keine überbordende Gemütsregung mehr empfand, als hätte auch sie eine Sheesha geraucht. Seine Anwesenheit trieb sie weder zu den emotionalen Klimmzügen, wie er das gestern noch getan hatte, noch aktivierte er einen Fluchtreflex in ihr.

Sie ging einfach weiter und versuchte, Odin in einem Zustand der Abgeklärtheit zu begegnen, die ihr selber völlig neu war.

Eine neue Entwicklungsstufe, stellte Freyja nicht ganz unzufrieden mit sich selbst fest.

Auch Odin kam gelassen angeschlendert. Er wirkte wie jemand, der die Aufregungen des Tages verpasst und wahrscheinlich nicht einmal bemerkt hatte, wie nah ihm die Gefahr durch eine Monsterwelle gekommen war.

Was er wohl über die Schneise denkt?, fragte sich Freyja, und als Nächstes schoss ihr erneut durch den Kopf, dass Odin abwesend gewesen sein könnte, weil er mit den ganzen Vorgängen um Lil und Ariman doch etwas zu tun hatte. Wieso war Lil mit der Monsterwelle einfach abgedreht und hatte Odin verschont, während er das Leben einfacher Fischer aufs Spiel setzte?

Ein großes „Stopp" erlegten sich Freyjas Gedankenspiele an dem Punkt selbst auf. Die Pentakelkobolde hatten alle Verdächtigungen ausgeräumt. Freyja zwang sich, ihren Spekulationen ein Ende zu setzen. Odin war hier, weil er in sein Zuhause zurückgekehrt war, nicht weil er Böses plante. Wusste er überhaupt, dass sein Onkel in der Nähe war? War er womöglich selbst in Gefahr?

Freyja seufzte innerlich. Sie spürte, wie die Ruhe sie verließ. Ein nervöses Kribbeln wuchs mit jedem Schritt, der den Abstand zwischen Odin und ihr verringerte.

Eben war sie noch stolz auf ihre Selbstbeherrschung gewesen, jetzt musste sie feststellen, dass sich ihr Kopfkarussell weiterdrehte. Bilder wie das, als sie Odin zum ersten Mal im Land der Glutkobolde gesehen hatte, kamen in ihr hoch, wie er hinter seinem Stand gesessen, Edelsteine sortiert und dann aufgeschaut hatte. Ihre Bernsteine waren auf seiner Ladentheke ausgebreitet gewesen und ihre Blicke hatten sich ineinander verschränkt.

Das Karussell war so unerbittlich wie das Leben selbst. Die schöne Zeit zog vorbei und ein Wahrsager erschien auf der Bildfläche. Seine Prophezeiung hatte alles zerstört. Als der vorausgesagte Alptraum schon in der nächsten Nacht eingetroffen war, hatte Freyja auch den Rest geglaubt. Dieser Rest sollte ein abgrundtiefes Unglück sein, das sowohl Freyja als auch ihren Liebsten in naher Zukunft treffen würde, sollten sie zusammenbleiben. Irgendwie schien sie aber das Unglück getroffen zu haben, weil sie den Worten des Wahrsagers vertraut und sich von Odin getrennt hatte. Oder wie sollte sie ein Jahr lang währende Alptraumnächte nennen?

Odin stand jetzt direkt vor ihr. Die Spannung wuchs in Freyja, sie spürte das Kribbeln bis zum Haaransatz. Immerhin war es, als hörte sie das Quietschen der Bremsen am Karussell und die Bilder verschwanden in einem nebulösen Nichts.Doch mit Gefasstheit hatte ihr Zustand nichts zu tun. Anspruch und Wirklichkeit bewiesen einmal mehr ihr diffiziles Verhältnis zueinander. Die Frage, die ihren Mund verließ, stand in völligem Gegensatz zu ihren Gedankenspielen und der Ton widersprach der Abgeklärtheit, die sie sich eben noch selbst attestierte.

„Warum hast du mich belogen?“, blaffte sie ihn an. Der harsche Ton überraschte selbst Freyja. Angriff stellte für sie die beste Form der Verteidigung dar.

„Wie hast du es herausgefunden?“, fragte Odin, der annahm, dass Freyja seine wahre Herkunft schon im Land der Glutkobolde erfahren hätte, daraufhin überstürzt abgereist sei und ihn jetzt gerade deswegen zur Rede stellte. Die Wirklichkeit grätschte auch ihm von hinten in die Beine.

„Ich treffe dich hier und alle sprechen dich mit Odin an? Mir sagtest du, dein Name sei Odur!“, setzte sie nach. Immerhin konnte sie ihre gereizte Tonlage mildern. Bestimmend blieb sie. Freyja folgte ihrer emotionalen Landkarte, als sie weiter sprach. Mit Logik hatte das alles nichts zu tun. „Niemand weiß etwas von uns, und das soll so bleiben.“

Odin nickte. Die Luft um sie herum schien sich zu verdichten. Odin machte keine Anstalten, etwas zu sagen. In Freyja arbeitete es. Sie hatte ihn wirklich nicht erkannt. Und er hatte sie angelogen. Doch auch sie hatte sich ungebührlich verhalten und ihn ohne Abschied und Erklärung verlassen. Als sie zu erzählen begann, folgte der Fluss ihrer Worte dem Gedankenstrom, der sich erst im Reden formte und im Moment der Idee nach ging, dass auch Odin ein Recht auf die Wahrheit hatte. Es klang wie ein Selbstgespräch, bei dem zufällig Odin daneben stand.

„Wie jeden Tag bin ich am Schwanenzelt des Wahrsagers vorbeigegangen. Wenn Leute dort herausgekommen sind, haben sie immer sehr zufrieden ausgesehen.“ Freyja machte eine kurze Pause. „Ich wollte mir eine sonnige Zukunft prophezeien lassen, in der außer mir noch ein charmanter junger Mann mit hellem Haar und einem blauen Auge eine gewisse Hauptrolle spielt. Das war die Ausgangslage, als ich das Zelt mit den magischen Zeichen und dem Schwanenkopf betrat.“

Odin merkte, es würde eine längere Geschichte werden. Ohne Freyja aus den Augen zu lassen, nahm er direkt neben ihr auf einem der Holzklötze Platz, die man überall im Dorf aufgestellt hatte, um eine komfortablere Art des sozialen Miteinanders zu gewährleisten als die, bei der man sich Grasflecken in der Hose holte.

Grasflecken waren Freyja egal und auch, dass Odin auf seinem Sitz etwas über ihr thronte, als sie sich auf dem Rasen niederließ. Sie schaute ihn sowieso nicht an, sondern konzentrierte sich auf die Wiese, die sich zwischen den Hütten erstreckte, gesprenkelt mit Gänseblümchen und Löwenzahn. Während sie weitersprach, begann sie, einen Kranz aus Rispengras zu flechten: „Nie im Leben habe ich damit gerechnet, dass er mir so offen rät, dich zu verlassen. Es machte die Dinge nicht besser, dass er das mit einer Dringlichkeit tat, die weit über einen gutgemeinten Ratschlag hinausging, und mit einer Prophezeiung garnierte, die noch in derselben Nacht eintrat. Ich konnte es einfach nicht ignorieren."

Freyja biss mit ihren Zähnen ein Stück von einem Grashalm ab und flocht mit einem anderen weiter. Sie überlegte kurz, ob der eingeschlagene Weg der Offenheit der richtige wäre, und entschied sich, ihn weiter zu gehen: „Als mich in dieser Nacht der prophezeite Alptraum heimsuchte, war das für mich der Beweis seines Könnens. Der Wahrsager muss etwas gesehen haben, das mir selbst verschlossen blieb. Also packte ich kurzentschlossen meine Sachen, setzte Segel und fuhr davon. Ende der Geschichte. Hier erfahre ich endlich, mit wem ich es wirklich zu tun hatte. Aber das ist ja jetzt auch egal." Sie ließ vom Rispengras ab und sah Odin endlich an.

Er war überrascht: „Du hast nicht gewusst, wer ich wirklich bin, und mich trotzdem verlassen?"

„Das habe ich gerade gesagt", Freyja wandte genervt den Blick ab und spielte mit ihrer Tigeraugenkette. Sie sprach leise weiter, so, als wollte sie sich ihre Blindheit selber erklären. „Ich habe dich das letzte Mal bei der Minenparade gesehen, vor all dem Schrecklichen, was danach in den Baumwelten passiert ist. Du hast dich total verändert seit damals. Und ich habe doch nie damit gerechnet, ausgerechnet dich, Liliths Sohn, im Land der Glutkobolde zu treffen."

„Ende der Geschichte!", echote Odin, als würde die Stimme, die da sprach, gar nicht zu ihm gehören. Ja, er hatte sich verändert. Freyja nicht. Er hatte sie gleich erkannt und sich in sie verliebt. Damals hätte er schwören können, dass der einzige Sinn seines Exils blonde Haare und einen Silberblick hatte. Er hatte Freyja für die Frau seines Lebens gehalten. Während in seinem Inneren ein Sturm tobte, saß er äußerlich unerschütterlich da wie Hassan, der seine Sheeshas verkaufte.

Freyja beschloss, sich auf keinem Fall so tiefgehend zu erklären, dass sie ihm ihre einjährige Leidensgeschichte offenbarte.

Odins scheinbar tiefenentspannte Pose lud Freyja dazu ein, ihn aus der Nähe zu betrachten. Erst jetzt bemerkte sie auf seiner Stirn unter dem Haaransatz Narben, die noch nicht lange verheilt waren. Ihr war die Frage schon gestern in den Sinn gekommen, warum sein Bart und seine langen Haare, die er sogar im Land der Glutkobolde immer zu einem schönen Zopf geflochten hatte, abrasiert waren. Seine sonnengegerbte Haut ließ auf einen langen Aufenthalt im Freien schließen. Leise klopfte bei ihr die Erkenntnis an, auch Odin könnte eine Geschichte in diesem letzten Jahr gehabt haben.

Er musste ihren Blick spüren, doch er ließ sie gewähren. Sollte sie doch! Solange sie nur in seiner Nähe war. Er saß da und wartete auf irgendetwas. Idealerweise hatte es damit zu tun, dass der Schmerz über ihre Trennung endlich vorbeiging. Denn, soweit war er immerhin, er glaubte nicht, dass sie je wieder zusammenfinden würden.

Also konnte er auch genauso gut auf bessere Zeiten warten, wie in der Wüste. Dort hatte er das Warten perfektioniert. Es hatte sich ausgezahlt, denn er war zurückgekehrt. Im Moment befand er sich seiner Meinung nach in einer überaus komfortablen Situation. In der Wüste hat sich sein Liebeskummer mit dem schlechten Gewissen akkumuliert, das ihn noch immer plagte, weil er einst für die Hypnose Arimans anfällig gewesen war. Sein Selbstwertgefühl hatte sich nach Freyjas Aufbruch in Luft aufgelöst.

Hier saß er bequem, satt, bei erträglichen Temperaturen, in angenehmer Gesellschaft und erfuhr gerade den Grund für diese Qualen. Seine Lage hatte sich eindeutig verbessert. Dafür war ein wenig Langmut ein angemessener Preis. Er sah Freyja an, die ihrerseits sofort wieder ins Gras starrte und sich wie eine pubertierende Göre fühlte, so wenig, wie sie ihre Gefühle unter Kontrolle hatte.

„Der Wahrsager riet dir, mich zu verlassen, und im nächsten Moment bist du über das Große Meer verschwunden?" Odin wagte sich jetzt an das Thema ran. „Ich hätte dir nicht zugetraut, dass du so viel Gewicht auf eine einzelne Meinung legst."

Er hatte den richtigen Knopf gefunden. Freyja zu unterstellen, sie wäre irgendwem, warum auch immer, hörig, funktionierte. Ihr Widerspruchsgeist war geweckt, und sie verlor sich in Details, die sie eigentlich nicht preisgeben wollte. „Er sagte nicht, ich soll dich verlassen", protestierte sie. „Er sagte, ich stürze dich ins Unglück, wenn ich bei dir bleibe. Und ich würde meine wahre Bestimmung nicht finden. Sie bliebe mir genauso verschlossen wie das Glück dir.“ Sie hatte das Rispengrasflechten wiederaufgenommen.

Ihre Worte aber hatten eine verheerende Wirkung auf Odin. Es war ihm, als stieße sie ihm nach einem Jahr noch einmal tausend Messer gleichzeitig ins Herz. Er hatte sich mühsam seine Seelenruhe zurückerkämpft, und jetzt offenbarte sie ihm einen größeren Liebesbeweis, als er sich jemals hätte erträumen können. Sie war bereit gewesen, sich selbst und ihr Glück zu opfern, damit er nicht unglücklich wurde. Deswegen hatte er in der Wüste bis auf die Knochen leiden müssen? Weil sie ihn in Wahrheit so geliebt hatte? Und er sie, so dass er halb wahnsinnig wurde, als sie weg war. Anders kann man seinen Entschluss, allein in die Wüste zu gehen, nicht erklären. Eine Gefühlsfontäne schoss in ihm hoch, die der Realität einen zuckrigen Überzug verlieh. Doch die Wirklichkeit grinste schon hinter der nächsten Ecke.

„Ich wollte auf keinem Fall riskieren, an meiner wahren Bestimmung vorbeizugehen. Nichts anderes prophezeite mir der Wahrsager, wenn wir zusammenblieben.“

Odins innere Fontäne versiegte augenblicklich und er landete auf dem Boden der Rugianer Tatsachen. Wenn er etwas nicht hat hören wollen, dann war es das gewesen.

Freyja bemerkte es nicht einmal: „Ich fragte den Wahrsager, ob ihn eine heimliche Verehrerin von dir für diese Auskunft bezahlt hätte, aber das ergab nicht wirklich einen Sinn, so spontan war meine Eingebung gewesen, in das Zelt zu treten. Der entscheidende Teil, der mich von seinem Können überzeugte, war der, dass die prophezeiten Alpträume noch in der gleichen Nacht begannen. Er hat mir gesagt, dass diese erst wieder vergehen, wenn ich mich meinem Schicksal stelle.“ Freyja war gedanklich so tief in ihre Geschichte verstrickt, dass sie jetzt doch ihre verletzliche Seite offenbarte, ohne es zu merken.

„Alpträume? Gleich mehrere?“, griff Odin den angebotenen Faden auf. Er hörte den letzten Satz nicht mehr, mit dem Freyja ihre Rede beendete. „Ich stellte mich meinem Schicksal, um meine Bestimmung finden. Es tat mir sehr weh. Aber deshalb verließ ich dich.“ Freyja tauchte aus dem Gewirr aus Erinnerungen und Gefühlen auf und beschloss, das Gespräch zu beenden. Sie hatten sich ausgesprochen. Freyja war sehr zufrieden mit sich. Odins letzte Frage musste sie nicht beantworten.

Um ihrem Entschluss Nachdruck zu verleihen, richtete sie sich auf, ein Ruck ging durch ihren Körper, als wollte sie sich erheben. Doch sie blieb sitzen. Eine Verbindung wurde aktiviert, die durch die ganzen Ereignisse unterbrochen gewesen war. Freyja verlor sich wortlos in den Weiten von Odins meerblauem Auge. Odin entsann sich in dem Moment, dass er in ihren glücklichen Zeiten immer gedacht hatte, Freyjas linkes, leicht schielendes Auge, das immer seine andere Seite ansah, würde die leere Augenhöhle auf seiner rechten Seite ausgleichen. Freyjas Silberblick schien die perfekte Ergänzung zu seinem Mangel zu sein. Eine Überlegung, die er auf die ganze Person übertrug. Wie hatte er sich doch in dieser Annahme geirrt.

„Zusammen waren wir glücklich und jetzt?“, Odin klang nicht verbittert. Er fasste nur ihren Zustand zusammen: „Du hast Alpträume, ich bin dadurch unglücklich geworden, dass du fortgegangen bist, aber es klingt nicht so, als würdest du es bereuen.“

An dieser Stelle riss der Faden auch schon wieder. Während Odin etwas mehr bei sich selbst landete, verzog sich Freyja zunehmend in eine Sphäre, die ihm versperrt war. Es sah ihrem Gesichtsausdruck an, dass er sie nicht mehr erreichte, und beschloss, sich dem hinzugeben, was er seit kurzem so gut konnte: warten und sich in Geduld üben.

Odin blieb sitzen und betrachtete den Silberblick von außen, während Freyja die Welt jenseits des sichtbaren Horizonts erforschte.

Sein zur Schau gestelltes Übermaß an Geduld reizte Freyja und stichelte in ihrer Seele. Die Eigenschaft namens Langmut war ihr selbst nur tröpfchenweise verabreicht worden. Ihre Vehemenz dagegen war bemerkenswert, wenn sie nach etwas graben wollte, gab sie nicht auf. Sie buddelte in Odins Selbsterkenntnis, die er in der Wüste gewonnen hatte.

„Selbsterkenntnis“, wie oft hatte sie dieses Wort schon benutzt. Doch in einer solchen Dimension war es selbst der sturmerprobten Freyja neu. Ihr Silberblick führte sie zu Odins Flucht in die Wüste. Sie sah den Augenblick, als sein Leid übermächtig wurde und er vor ihm davonlief, direkt in die Arme der Dschinn, die Odin Schmerzen zufügten, gegen die sich jeder Liebeskummer wie ein Elfengeburtstagskuchen ausnahm. Sie fühlte, wie sie ihm erst das Fleisch von den Knochen brannten, sein Skelett in der Wüste zum Bleichen auslegten und sich lachend an seinen Innereien labten, um ihn anschließend gereinigt und geläutert wieder zusammenzusetzen. Odins innere Einkehr verwandelte die ganze Person. Der Preis, den er dafür zahlte, war hoch.

Freyja zuckte zurück bei dem, was sie fühlte. Hatte sie bislang gedacht, seine Strafe wären die neun Tage und Nächte im Weltenbaum gewesen, so wusste sie es jetzt besser. Denn das, was sie in ihm fand, war unbeschreiblich. Er war vor simplem Liebeskummer geflüchtet und in einen Abgrund gefallen, größer und schwärzer als alles, was Freyja sich jemals ausgemalt hätte.

An dieser Stelle gebot sie sich selbst Einhalt und schürfte nicht weiter, aus Respekt vor Odins Stärke, die ihn solchen Schmerz hatte ertragen lassen. Seine tiefsten Abgründe standen nicht im Geringsten mit ihr im Zusammenhang, genauso wenig, wie sie ihrerseits ihr Leid Odin anlasten konnte. An diesem Punkt legte sich der Schalter um, und Freyja atmete freier. Sie ließ die reine Ebene ihrer Beziehung hinter sich und näherte sich dem großen Rahmen. Freyja bemerkte den Sog eines Großen und Ganzen, das Odin umgab. Im gleichen Moment überzog ein bitter-metallischer Pelz ihre Zunge. Mit diesem Wechsel hatte Freyja nicht gerechnet.

Wie schlich dieser Geschmack sich jetzt hier ein, der unzweifelhaft mit Ariman verbunden war? Waren er und Odin doch noch miteinander verbunden? Falls ja, wie?

Ariman, voller Abscheu wälzte sich der Name durch ihren Kopf, eine Schlammspur hinterlassend, auf der man ausrutschen könnte. Ein Name, der sich von anderen Namen abhob, als würde ein Kaktus aus einem Lilienfeld ragen. Wenn es noch eine wie auch immer geartete Verbindung zwischen Ariman und Odin gab, so beschloss Freyja, würde sie jetzt den Sand darüber wegschaufeln. Doch bei dem, was nun folgte, war das Gefühl Verblüffung nur die kleine Schwester von dem, was sie wirklich empfand.

Ihr Silberblick sah Ariman an dem Tisch sitzen, an dem sie ihn schon während der Überfahrt nach dem Sturm wahrgenommen hatte. Er hielt immer noch die Karten in der Hand. Sie sah ihm jetzt direkt ins Gesicht, konnte es aber nicht erkennen. So etwas war doch gar nicht möglich? Keine Nase, keine Augen, keine Ohren, aber ein Gesicht, und es war Ariman. Sein Blatt sah sie auch nicht. Hatten sie weitergespielt und neue Karten verteilt?

Links neben Ariman saß Lil. Der Sturmgott wirkte aufgeregt und sehr, sehr jung. Seine Jugend war Freyja bei ihren Begegnungen bislang nie so deutlich aufgefallen, könnte aber eine Erklärung seines impulsiven Verhaltens sein. Der Heißsporn eines unerfahrenen Windgottes könnte fatale Folgen haben, wenn er nicht gezügelt und in verlässliche Bahnen gelenkt würde. Mimik und Gestik passten zu allem, was einen Jungspund unberechenbar machte. Schade, dass sie seine Worte nicht verstand.

Dass alles an Lil flatterte und wehte, war seinem Wesen geschuldet. Doch er schien sich buchstäblich in Auflösung zu befinden, alles an ihm strebte in eine andere Richtung. Er hatte die Karten offen vor sich hingelegt, und Freyja erkannte das Blatt: viermal

Lilith in verschiedenen Farben. Lil diskutierte, und Ariman saß reglos und stumm. Genau, Ariman konnte nur selten selbst reden, brauchte meistens Werkzeuge, um sich zu artikulieren. Wenn er antwortete, antwortete Lil selbst, in Rede und Gegenrede, und gleichzeitig war nicht klar, wer da eigentlich sprach. Freyja konnte nicht hören, worüber sie diskutierten. Ihr Silberblick gestattete ihr nur optische Einsichten, keine akustischen Erkenntnisse.

Odin begann, sich zu sorgen, denn Freyjas Antlitz wurde bleich wie der Mond, mitten an einem helllichten Rugianer Spätnachmittag. „Alles in Ordnung?“, fragte er laut.

Freyja war so gebannt von dem, was sie sah, dass sie sich auf keinem Fall stören lassen wollte, auch nicht von demjenigen, der ihr diese Einblicke erst ermöglichte. Sie hob eine Handfläche in Odins Richtung, um ihn ohne Worte darum zu bitten, sie nicht zu stören.

Der gab sich damit zufrieden, Freyjas Blick nicht deuten zu können. Sie hatte sich schon längst aus Odins Gedankenwelt verabschiedet und befand sich jetzt mit ihrer ganzen Immanenz in einem Raum mit Ariman und Lil. Äußerlich saß sie starr wie ein Stock im Gras und fixierte Odins Auge, derweil beobachtete sie Ariman, der sein Blatt fest in den Händen hielt und nicht bereit zu sein schien, es aufzudecken. Während Lil auf ihn einredete, erkannte Freyja jetzt die beiden anderen Personen im Raum. Sie saßen an dem runden Tisch rechts neben Ariman beziehungsweise ihm gegenüber.

Einer von ihnen musste ein Meeresgott sein, so blau, wie seine Haut war, dazu wasserfarbene Haare und das Gesicht mit Algen und Muscheln behaftet. Er war ihrem Vater sehr ähnlich, nur die Augen hatten nicht den gütigen Glanz von Papa Njörd. Die Erinnerung an ihren Vater spülte den Namen dessen hinauf, der hier am Tisch saß. Es war der Meeresgott Tangaroa. Er lebte in den Gewässern vor der Insel Aota in der Hawaiki-Welt inmitten eines riesigen Meeres mit unzähligen Inseln und Inselgruppen. Sie selbst war nie dort gewesen, aber Tangaroa war einmal als Gast in den Unterwasserpalast ihres Vaters gereist.

Der Grund, aus dem sie sich an ihn so genau erinnerte, lag in dem Gastgeschenk, das er damals für sie mitgebracht hatte: eine Frucht in einer harten Schale und von einer so roten Farbe, wie sie sie nie vorher gesehen hatte. Das Kammer für Kammer abgetrennte weiße Fruchtfleisch war so süß gewesen, wie sie es später nie wieder schmecken sollte. Freyja musste innerlich fast lächeln, als sie an ihre kindliche Freude beim Essen dieser Süßigkeit dachte. Aber zweifelsohne saß Tangaroa als Arimans Verbündeter mit am Tisch und hielt seine Karten verdeckt, kein Grund zur Glückseligkeit.

Die Vierte im Bunde war eine Frau. Sie war von der Aura eines Steintrolls aus Överssttrollandskap umgeben, sah aber gleichzeitig völlig anders aus. Sie hatte mit Steinen zu tun, mit vielen Steinen, so viel stand fest, jedoch nicht das entfernteste mit den Nordlanden und schon gar nichts mit den Trollen, dessen war sich Freyja sicher. Wer sie war, konnte Freyja nicht sagen. Sie bewunderte nur ihre eindrucksvolle Erscheinung; die langen schwarzen Haare schmückte ein tiefroter Kopfschmuck, an dessen Seite Goldplättchen herabhingen, die bei der kleinsten Kopfbewegung sanft klirrende Geräusche verursachten. Ihr Mund war kirschrot angemalt, die Augen schwarz geschminkte Schlitze und die Haut blütenweiß. Warum eine derart elegante Erscheinung zu Arimans Gefolge zählte, musste Freyja noch herausfinden, ebenso, wer sie war und woher sie kam.

Fest stand nur, dass Ariman seine Verbündeten in allen Teilen der Welt gesucht und gefunden hatte.

Andererseits, dachte Freyja, *kann er nur fernab der Baumwelten überhaupt neue Verbündete finden*. In den Baumwelten war er überall die meist gehasste Person, außer bei den Zwergen. Nur wusste Freyja auch, dass sie es hier mit einem der gefährlichsten Gestaltenwandler und Blender zu tun hatte.

Plötzlich hob Ariman seinen Kopf und sah in die Richtung, aus der Freyja ihn beobachtete.

Einen kurzen Moment lang schien es Freyja so, als würde sie wieder in die Augen blicken, in denen sich rote Kreisel drehten, so wie seinerzeit bei dem Eichhörnchen auf der Buche. Ein Alarmsignal ging in ihr an. Sie musste sich umgehend zurückziehen. Es war wohl nur dem Streit mit Lil geschuldet, dass Ariman sie nicht schon viel früher bemerkt hatte. Wollte sie keinen Schaden nehmen, sollte Freyja das nächste Mal besser aufpassen.

Als Freyjas Selbst nach Rugia zurückkehrte, rumorten tausend Fragen in ihrem Kopf. Was war da los? Zwischen Ariman und Lil stimmte etwas nicht. Was hatte es mit den anderen Verbündeten auf sich? Wieso halfen sie Ariman? Was hatte das mit den Baumwelten zu tun? Was hatte das mit ihr zu tun? Oder mit Odin?

Eine mögliche Antwort erzeugte hundert neue Fragen, und die bewegten sich immer schneller in ihrem Kopf. Sie kreisten um einen dunklen Kern, der bitter und rot schmeckte. Aus diesem Kern schienen sie zwei nachtfarbene Augen zu sezieren und bittere rote Impulse in ihre Gedanken zu senden. Freyja bekam Schwierigkeiten zu atmen und keuchte. Sie griff sich an die Brust, dann sank sie zu Boden. Sie verlor das Bewusstsein.

Odin, der sie während der ganzen Zeit ihrer Wanderung mit zunehmender Unruhe beobachtet hatte, fing sie im letzten Moment auf und bettete ihren Kopf vorsichtig ins Gras.

12. Die Halle der willenlosen Geschöpfe

Freyja schaute wie durch einen Gazevorhang auf eine Welt, aus der sie beobachtet wurde. Sie wusste nicht, in welcher Realität sie sich gerade befand. Sie erinnerte sich an einen metallisch-bitteren Geschmack in roter Farbe und spürte ein Gefühl des Grauens. Wie konnte ein Geschmack eine Farbe haben?

Auch ihre Ohren schienen irgendwie auf einer anderen Frequenz als der gewohnten zu empfangen. Als Erstes nahm Freyja ein Fiepen wahr, das von hämmernden Geräuschen abgelöst wurde. Das Hämmern verebbte und ging wieder in den Fiepton über, der so lange auf- und abschwoll, bis die hämmernden Geräusche erneut ihren Raum in Freyjas Gehör eroberten. Sie versuchte vergeblich, ein Muster in dem zu erkennen, was sie hörte oder sah. Die Welt um sie herum war wie in eine dicke Decke gehüllt, doch ihr Gehörsinn arbeitete wie ein Bergwerk. Außerdem war ihr schlecht.

Sie merkte, dass ihr Speer Snorrie in ihrem Arm lag. Sie streichelte Snorrie aus einem Reflex heraus, wie sie es immer tat. Mit einem Mal erfasste sie ein Hustenreiz. Sie legte den Speer zur Seite, richtete sich auf und hielt sich hustend beide Hände vor den Mund.

Odin klopfte Freyja ganz leicht auf den Rücken, strich ihr eigentlich mehr darüber, als das er schlug. Der Husten beruhigte sich schnell, nur das Kribbeln im Hals blieb. Freyja sah Odin an, öffnete den Mund, wollte sprechen, doch ihre Kehle verließ nicht mehr als ein heiseres Krächzen.

„Trink erst einmal. Alles ist gut. Du bist ohnmächtig geworden."

Odin nahm einen Hornlöffel, tauchte ihn in eine irdene Schale und schob ihn Freyja vorsichtig in den Mund. Die honigfarbene Flüssigkeit lief ihr wohltuend durch Mund und Rachen und erstickte den Hustenreiz. Kundries Wundermittel, Alrunensaft mit Kräutern. Odin hatte ihn aus Mahharas Hütte geholt und gedacht, er täte Freyja gut.

Und tatsächlich, erleichtert ließ sich Freyja auf die zahlreichen Kissen zurückfallen, die sie komfortabel betteten. Langsam sah sie die Umrisse ihrer Umgebung klarer, die Geräusche in ihren Ohren ließen etwas nach, und ihre Erinnerung setzte sich Stück für Stück zusammen.

Sie bemerkte wieder diesen bitteren roten Geschmack. Er rief ihre Erinnerung wach. Mit einem Ruck saß Freyja kerzengerade im Bett. „Die spielen!", krächzte sie fassungslos.

Odin schaute verwirrt: „Was? Ja, du bist hier bei den Nerthus-Spielen."

„Nein, die pokern um irgendetwas", versuchte Freyja zu erklären. Dann starrte sie stumm auf die bunte Decke, die auf ihr lag.

Der Silberblick war Freyjas Begabung, hinter die Dinge zu schauen und Zusammenhänge zu erkennen, die anderen verborgen waren. Doch irgendetwas ließ sie momentan Grenzen überqueren, die sie normalerweise aus purem Selbstschutz einhielt. Ihr Silberblick hatte sich verselbständigt. Er war sozusagen in eine hyperaktive Phase getreten, in der sie ihn nicht mehr kontrollieren konnte. Äußerlich zeigte sich dieser Zustand in akuter körperlicher Schwäche.

Sie sank in die Kissen und schloss die Augen, während der Silberblick sich erneut aufmachte. Er wanderte durch den Raum zum Fenster, dessen Läden weit offenstanden und den Frühsommer hereinließen, setzte sich und schaute hinaus. Freyjas Aufmerksamkeit folgte ihrem Silberblick und schaute erneut in Arimans Augen am Pokertisch. Sie fragte sich, in welcher Welt sie wohl landen würde, wenn sie sich von Ariman in den Bann ziehen ließ. Sie gab nach und fühlte, wie die roten Kreisel sich in ihrem Inneren ausbreiteten, ein erhabenes Gefühl, das sie von allen anderen abhob.

Ihr Silberblick war in seiner experimentierfreudigen Phase. Freyja entschied, ihm das Feld zu überlassen, trat hinter ihren eigenen Willen zurück und gab sich den Wirbeln hin. Sie setzte die Reise fort, die sie, im Dorf auf dem Gras sitzend, begonnen hatte.

Ihr Abenteuer begann mit einem heftigen Strudel, der sie im Kreis herumschleuderte. Freyja wurde so übel, dass sie dachte, sie müsste sich übergeben. Sie schaffte es, den Reflex zu unterdrücken, und landete in einem hellen Raum, so etwas wie eine Höhle, nur hingen von den Wänden offene, sich zum Ende hin verästelnde Nervenbahnen herab, die je einen weißen, rotgeäderten Augapfel umfingen. Freyja wollte nicht glauben, was sie sah. Jeder dieser Augäpfel hatte in der Mitte eine dunkle Pupille, in der sich Kreisel drehten. Tausende Augäpfel in einer gleißenden Halle, an offenen

Nervenbahnen schwebend, beobachteten sie.

Sie saß auf hartgetretener Erde, und ihre Augen versuchten, sich an die helle und spiegelblanke Umgebung zu gewöhnen. Ihre Pupillen verengten sich mit der Zeit, und sie sah deutlicher. Freyja fragte sich nicht mehr, ob das gut oder schlecht war, was sie hier erblickte, sie staunte nur noch darüber. Zwischen den Augäpfeln verzweigten sich weitere Nervenstränge, die ganze Zwergenkörper umfingen. Die Bewegungen der Zwerge waren eckig wie die von Marionetten, wie sie da, abhängig von den Strängen, von der Höhlendecke herabhingen.

Sie sah aber nicht nur ferngesteuerte Svartalfheimer Zwerge, sondern noch andere Individuen mit weißblonden, schwarzen oder roten Haaren, mit kleinen Schlitzen als Augen und dunkler Hautfarbe oder aufgerissenen grünen Augen, die fassungslos in die Umgebung starrten.

Was um alles in der Welt war das hier? War das Arimans Panoptikum? Hatte er alle hier hypnotisiert? Er musste auf dem ganzen Planeten Erde sein Unwesen getrieben haben.

Aber nur dort, dachte Freyja gleich darauf, denn extraterrestrische Wesen konnte sie nicht erkennen.

Sie bemerkte, wie ein offenes Nervenbündel ohne Auge sich ihr schräg von hinten näherte. Es richtete seine Enden genau auf sie und zündete ganz offensichtlich mit elektrischen Impulsen bei ihr Bewegungen, die sie eindeutig nicht selbst befehligte. Einmal zuckte es hier, das nächste Mal da. Plötzlich konnte sie sich gar nicht mehr bewegen. Die Reglosigkeit fühlte sich fast so an wie in ihrem Alptraum vor dem Altar, nur war sie hier eher bleiern gelähmt, während im Traum ein immenser Druck auf ihr gelastet hatte. Der Nervenstrang tastete sich weiter an sie heran und schien sie zu beschnuppern.

Freyja merkte, wie er eine Art energetisches Spinnennetz um ihren Körper wob, das von außen nach innen in sie hineinkroch und seine Fänge nach ihrem Geist ausstreckte. In der Phase, in der das Spinnennetz sich ausbreitete, fühlte sie sich fast euphorisch. Doch je länger dieser Vorgang dauerte und je mehr sie sich einspinnen ließ, desto grauer wurde die Welt um sie herum, umso weniger sah sie von ihrer Umgebung. Bis Freyja registrierte, dass eine überdimensionale graue Nebelwand jede Wahrnehmung verschlang.

Es war höchste Zeit für den Rückzug, wenn sie nicht auch als eine der von der Decke hängenden Marionette enden wollte.

Freyjas Willen übernahm das Kommando, konzentrierte ihre Kräfte und navigierte ihren Silberblick, der es nur unter großer Anstrengung schaffte, den Nebel zu durchdringen. Doch sie schaffte es. Nach und nach lichtete sich das Grau ihrer Wahrnehmung und zeigte wieder die Umgebung in der Halle der willenlosen Geschöpfe. Freyja dirigierte ihre Sinne aus der Halle heraus. Den Tunnel rückwärts zu passieren, erwies sich als weitaus schwieriger, als hereinzukommen. Freyja kämpfte gegen das Netz, das sie noch immer umfangen hielt und ihren Willen betäuben wollte. Sie musste diesen Ort des Grauens schleunigst verlassen. Freyja bündelte ihre über Jahrtausende gesammelte Seelenstärke und stemmte sie der unbekannten Kraft dort draußen entgegen. Ariman würde bei ihr nicht zum Zuge kommen.

Freyja entstammte einem Geschlecht, das älter war als das, was ihr hier gerade begegnete. Ihr Silberblick hatte sich auf das gefährliche Terrain von Arimans Einfluss vorgewagt, und Ariman hatte sich als mächtig erwiesen. Immerhin war er Liliths Zwillingsbruder und bestens ausgebildet. In welchem Stamm Ariman und Lilith ihre Wurzeln hatten, ließ sich nicht festmachen. Lilith und er waren Waisen, als Inanna sie fand. Freyja war über die Familienhäuser in der Heimat der beiden nicht genau im Bilde. Doch die meisten Baumweltler entstammten dem Geschlecht der Asen. Es bedeutete, dass das Geschlecht von Freyjas Ahnen, den Wanen, älter war und mehr Erfahrung hatte. Sie fühlte, dass das gerade jetzt im Augenblick den entscheidenden Unterschied ausmachte, der über Sieg und Niederlage bestimmte. Freyja entwand sich endgültig dem alles verschlingenden Netz und entzog sich unwiderruflich den Impulsen roter, metallisch-bitter schmeckender Nervenbahnen. Er würde sie nie kriegen! Diese Erkenntnis durchzog, einem Energiestrahl gleich, ihr Innerstes. Eine neue Kraft durchströmte sie. Es fühlte sich an, als hätte sie gerade einen Auftrag erhalten. Wie zur Bestätigung passierte ihr Silberblick jetzt den Stein mit dem Pokal aus ihren Alpträumen. Kein Krake, keine Höhle, kein Windstoß. Nur der Kelch stand da, randvoll mit verbotenem Wissen. Freyja streckte die Hand aus. Sie wollte mit jeder Faser ihres Seins davon trinken. Verdandis Gesicht erschien ihr, einer Wolke gleich, und nickte ihr zu. Siehe da. War es ihr in ihren Alpträumen nicht möglich gewesen, nur in die Nähe des Pokals zu kommen, so griff sie jetzt mühelos danach, setzte ihn an den Mund und leerte ihn in einem Zug. Sie schmeckte nichts, weder süß noch sauer oder bitter oder sonst was. Doch der Pokal war leer, als sie ihn zurück auf den Stein stellte. Sie hatte vom verbotenen Wissen getrunken! Sie hatte den Pokal vollständig geleert! Freyja jubelte innerlich. Sie fühlte sich unbezwingbar und frei.

Ihr Wille dirigierte den Silberblick zu ihrem Körper zurück. Sie erkannte im Zurückkommen, dass Zwerge einem Ariman nichts entgegenzusetzen hatten, ebenso wie ein junger Odin in einer Sinnkrise das ideale Opfer dieses skrupellosen Gestaltenwandlers gewesen war. Die Frage, warum er es bei ihr versuchte, streifte sie am Rande.

Ich wäre sicher deine bislang größte Trophäe, dachte sie und streckte ihm innerlich die Zunge raus. *Dabei hast du mir letztlich dabei geholfen, den Kelch mit dem verbotenen Wissen zu leeren.*

Das letzte, was Freyja fühlte, bevor sie die Augen öffnete, war eine unermessliche Kraft und die Hoffnung, die Zeit der Alpträume hinter sich gelassen zu haben.

Sie sah Odin neben sich auf einem Schemel in ihrer Hütte sitzen. Der Anfang und das Ende ihrer Alpträume schienen mit ihm verbunden zu sein, dachte sie, hoffte sie, vor allem auf das Ende der Alpträume. Sie fixierte sein Auge mit ihrem Blick. Da geschah es, der meerblaue See ihr gegenüber brandete so heftig auf, dass Odin, der bislang ruhig an Freyjas Bett gesessen hatte, keuchend zurückschnellte und sie entsetzt ansah. Ein Strahl aus Freyjas Augen hatte ihn getroffen, Gefühle überfluteten ihn und so sehr er sich bemühte, er war nicht in der Lage, den Blick von ihr abzuwenden. Es war, als hätten sich Freyjas Augen in seinem Innersten verhakt. Er fasste sich an den Hals, als ringe er um Luft, riss sein Auge weit auf und wendete den Kopf hin und her. Vergeblich. Freyjas Blick hielt ihn unerbittlich in seinem Bann. Wie lange das ging, vermochte hinterher niemand zu sagen, doch Freyja merkte, dass hier etwas ganz und gar nicht stimmte. Auch ihr fiel es schwer, sich von Odin zu lösen. Sie konnte nicht einmal blinzeln, um den Blick zu unterbrechen.

Mit äußerster Konzentration gelang es ihr endlich, aus dem Bett zu springen und sich wegzudrehen. Sie beugte ihren Oberkörper nach unten, schloss die Augen und stemmte beide Fäuste fest gegen ihre Lider.

Odin war wieder frei. Sein Atem normalisierte sich und sein Körper entspannte.

In Freyjas Kopf dagegen drehte sich alles. Sie schwankte und wäre erneut gefallen, hätte Odin sie nicht gehalten. Während er sie mit einer Hand aufs Bett zurück dirigierte, schützte er mit der anderen Hand sein Auge vor Freyjas Blick.

Sie ließ sich vorsichtshalber auf dem Bauch aufs Bett und mit dem Gesicht aufs Kopfkissen fallen. In dieser Stellung beruhigte auch sie sich allmählich. Ihr Silberblick zog sich zurück und ihre

Wahrnehmung normalisierte sich. Sie hörte Vögel zwitschern, Leute reden und spürte Odins Hand auf ihrem Rücken. Sie war wieder in Rugia. „Alles in Ordnung?", fragte Odin erstaunlich ruhig. Ihm war, als hätte ihn eine Windhose gestreift.

Freyja schüttelte den Kopf. „Ich habe keine Ahnung", japste sie in ihr Kissen. Nach einer Weile legte sich auch in ihrem Inneren der Sturm vollständig und sie wagte es, ihren Blick zu heben. Odin bedeckte sein Auge vorsichtshalber erneut mit einer Hand. Erst als sich Freyja sicher war, dass nichts passieren konnte, schob sie seine Hand sanft zur Seite. „Es ist vorbei", sagte sie.

„Was?", fragte Odin.

„Das weiß ich nicht", antwortete Freyja. „Aber sie pokern", erklärte sie alles sehr verkürzt, „und die Zwerge sind noch immer Arimans Marionetten." Damit hatte sie zwei Visionen, von denen sie sich wahrscheinlich erst in wenigen Tagen erholen würde, verknappt dargestellt. Die Sache mit dem verbotenen Wissen ging Odin nichts an. Und die Sache mit dem Blick? Das musste Freyja erst selber klären.

Odin reichte ihr einen Schluck Wasser und schenkte ihr dann etwas von Kundries Alrunensaft ein.

Freyjas Schwindel verschwand, das Feuer in ihrem Mund wurde gelöscht, und ihre Wahrnehmung kehrte vollständig zurück in die Hütte auf Rugia, während sich der Alrunensaft warm und belebend in ihrem Inneren ausbreitete. „Wir müssen rauskriegen, um was sie spielen", sagte Freyja und stand auf. „Ich gehe zu Kundrie."

Doch nicht allein wegen der illustren Pokerrunde. Sie brauchte dringend Unterstützung, um zu verstehen, was da geschehen war und bedauerte sehr, dass Verdandi gerade jetzt so fern war, da sie endlich vom Pokal des verbotenen Wissens getrunken hatte.

13. Himmelstänzerin Thröma

Ariman zog es vor, mit einem Wolkenschiff zur Mutter aller Berge zu reisen, um die Himmelstänzerin und Fürstin über die Steine, Thröma, zu besuchen. Er musste eine weite Strecke von den Baumwelten aus zurücklegen, doch das bei solchen Reisen weitverbreitete und allseits beliebte Brainspotting war für Ariman keine Option. Es forderte seinen Tribut, denn man war nach jeder Reise durcheinander und dieser Zustand konnt schon mal ein paar Tage vorhalten. Da fuhr er lieber auf diese, ihm so angenehme Art.

Was es mit Thröma zu besprechen gab duldete keinen Aufschub.

Auf die Winde war Verlass. Nachdem Ariman die Baumwelten verlassen hatte, musste er nur die richtige Höhe finden, damit sie ihn in die gewünschte Richtung führten. Dann lehnte er sich in die flauschigen Wolkenpolster zurück. Er genoss mit geschlossenen Augen das wärmende Licht der aufgehenden Sonne auf dem Gesicht. Ein frischer Wind wehte ihm um die Nase und brachte ihn seinem Ziel mit jedem Atemzug näher. Er hatte sich aus den Midgarder Wolken ein Reisegefährt nach dem Vorbild eines sehr bequemen Schlittens geformt, sechs Hirsche davor gespannt und war am frühen Morgen, kurz vor Sonnenaufgang von der Insel Rugia aus gestartet. In Thrömas Steinwüste schien die Sonne nicht so lange, wie in den Baumwelten zu dieser Jahreszeit. Er wollte unbedingt bei Helligkeit ankommen.

Die Sonne hatte noch nicht ihren höchsten Stand erreicht, da ließ er die baumreiche Gegend hinter sich, überflog ein Meer, das nicht mal die Hälfte des Ausmaßes vom Großen Meer von Midgard hatte, sah immer wieder Gebirge unter sich, deren Gipfel auch im Sommer schneebedeckt blieben, streifte die Wüste, die seine alte Heimat gewesen war. Die wurde bald von einer kargen Steppe abgelöst und endlich sah Ariman weit am Horizont, hinter einem anderen Gebirge, den riesigen Steinhaufen, der das Ziel seiner Reise darstellte. Aus dieser gigantischen Steinansammlung stieg ein alles Vorstellbare übertreffender Berg auf, bekannt als die Mutter aller Berge, Wohnsitz der Fürstin über die Steine, Thröma. Weiß und mächtig lag er in der Landschaft. Selbst der heißeste Sommer konnte diese Schnee- und Eismassen nicht schmelzen.

Der Schnee reflektierte die Sonne so intensiv, dass der Glanz in den Augen schmerzte. Hier und da konnte man durch den Schnee- und Eispanzer den Fels erahnen. Wolken umtanzten diesen kolossalen Gipfel und reichten doch nie bis ganz nach oben. Ariman war es gelungen, seine Reise an einem der zu dieser Jahreszeit seltenen sonnigen Tage zu unternehmen.

Es durchströmte ihn heiß und kalt und bereitete ihm innerlich ein diebisches Vergnügen, wenn er daran dachte, wie Taliesin ihn über die Jahre gesucht und gejagt hatte, während er sicher bei Buttertee und getrocknetem Yakfleisch die Dienste emsiger Steingeister genossen hatte, die jeden Besuch schon von weitem meldeten. Er, Ariman war unsichtbar gewesen, sobald dieser Oberdruide der Baumwelten auch nur in seine Nähe kam.

Er wusste, dass Thröma ihn nicht aufgenommen hatte, weil sie ihn so sehr mochte. Diese bemerkenswerte Frau band sich an niemanden. Sie brauchte von Zeit zu Zeit einfach Abwechslung in ihrer Stein- und Eiswüste. Ihr Alltag war geprägt von Ritualen, die in anderen Gegenden als grausig galten. Thröma verkörperte in ihrem Dasein erbarmungsloses Mitgefühl, ein Widerspruch, der sich nur in ihrer Heimat auflösen ließ.

Sie hatte Ariman immer schon von ihrer Arbeit erzählt. Doch eines Tages durfte er sie begleiten. Ein Delinquent hatte sein Ehegelübde gebrochen und sich der Schwester eines Freundes zugewandt, mit ihr eine Ziege und das Bett geteilt. Thröma wurde schon bei geringfügigeren Vergehen aktiv.

Zuerst suchte sie den Übeltäter nachts in seinen Träumen auf. Als dieser, zermürbt durch die wiederkehrenden Alpträume, zu einem Schrein hoch oben auf einem Gipfel gepilgert war und sie um Vergebung angerufen hatte, war sie zur Stelle. Sie verriet ihm, wie er geistige Reinheit wiederherstellen konnte, bevor sie zur Tat schritt. Meist waren ihre Opfer schon durch ihre bloße Erscheinung halb bewusstlos, bevor sie ihnen die Adern aufschlitzte und ihr Blut in einen großen Kelch rinnen ließ.

Sie nahm den bemitleidenswerten Kreaturen ihr Blut und gab ihnen im Austausch ihre reine Seele wieder, die diese mit einem Bruch ihres Gelübdes besudelt hatten. Dafür lehrte Thröma den Kelch zum Schluss in einem Zug. Das Blut gab ihr Kraft, Unsterblichkeit und ewige Schönheit. Hatten sie für ihren Wortbruch mit ihrem Blut angemessen gebüßt, so drehte sich ihr Lebensrad meist recht zügig weiter. Die Büßer schritten durch die Pforte der Makellosigkeit in die Schatzkammer des ewigen Lebens. Beide Seiten gewannen – so sah das jedenfalls Thröma.

Von ihrem anstrengenden Alltag erholte sich die Himmelstänzerin am allerliebsten beim Kartenspiel. Pokern war ihre große Leidenschaft. Als Ariman durch die Welten gezogen war, gejagt von Taliesin, hatte es sich ergeben, dass Thröma allein mit Tangaroa nur Halma spielte, manchmal Schach. Ariman war zur rechten Zeit am rechten Ort gewesen, im Schlepptau einen jungen und unerfahrenen Windgott, den Thröma vom ersten Augenblick an bemuttert hatte. Die beiden fanden Aufnahme in Thrömas Steinpalast und genossen alle Vorzüge der Gastfreundschaft der Himmelstänzerin.

Ariman lächelte zufrieden, während sein Wolkenschiff über der Mutter aller Berge schwebte und er es zügig festmachte.

Erst jetzt gestattete er sich, wieder an den Grund seiner Reise zu denken, und seine Gedanken verdüsterten sich. Eigentlich wollte er um diese Zeit auf Rugia unabkömmlich sein und die Eroberung des Weltenthrons in Asgard vorbereiten. Dazu hätte es aber schon sehr viel mehr Chaos und Verwirrung auf Rugia geben sollen. Sein Ass im Ärmel beim Spiel um die Baumwelten sollte der Windgott Lil sein. Der war jung, ehrgeizig und hatte es in Thrömas Runde zu erheblichen Spielschulden bei Ariman gebracht.

Das Gelübde, seine Spielschulden bei Ariman abzuarbeiten, glich in Thrömas Gegenwart einem Schwur auf Leben und Tod. Eine Tatsache, die Ariman durchaus schätzte, denn nun stand Lil ohne Diskussion und Widerworte in seinen Diensten. Im Gegenzug dazu wäre Lil am Ende nicht nur schuldenfrei, sondern Ariman hätte ihm wie nebenbei auch noch das kleine Einmaleins der Machtübernahme auf fremdem Terrain beigebracht, samt einem eigenen Landstrich, den Lil überschrieben kriegen würde, sobald sie die Herren über die Baumwelten waren.

So war es abgesprochen, und noch vor kurzem hatte Lil der Erweiterung seines Wirkungsbereichs entgegengefiebert wie ein Absolvent der Yggdrasil-Universität seiner ersten Stelle nach bestandenem Examen. Der Windgott wollte endgültig raus aus der unbewohnten Wüste, in der er bislang nach Laune hatte toben und alle Lektionen eines jungen Windgottes lernen können, ohne jemandem zu schaden.

Inanna, die Stadtgöttin aus Uruk und Ziehmutter Liliths und Arimans hatte anfangs die Aufgabe übernommen, Lil eine Heimat zu geben und ihn zu unterweisen. Doch dann war Ariman ins Spiel gekommen.

Göttin Inanna hegte vollkommen andere Ambitionen bezüglich ihres Territoriums als Ariman es tat. Sie wollte dort Quellen, Flüsse und Bäche sprudeln lassen, die Wüste sollte fruchtbar werden, und sie erträumte sich ein Paradies für alle Lebewesen, die den Weg in ihr Reich fanden. Ein verantwortungsvoll handelnder Windgott war eine Grundvoraussetzung dafür, ein solches Reich zu schaffen. Sie hatte gehofft, dass Lil diese Aufgabe einst übernehmen konnte.

Doch Lil war nicht nur ein unerfahrener Heißsporn, dem persönlicher Spaß über alles ging, sondern auch nicht wirklich loyal. Er schlenderte eigentlich mit jedem mit, der so des Wegs kam und ihm irgendwas versprach. Eines Tages war das Ariman gewesen, der das Potenzial des Windgottes erkannt hatte, genauso wie einst Inanna.

Da hatte Inanna Lil aber schon aufgegeben und ihm beschieden, er solle sich perspektivisch eine andere Gegend suchen. Es passte alles wunderbar. Arimans Ideen fielen bei dem jungen Lil auf fruchtbaren Boden. Lil, experimentierfreudig und keiner Zerstreuung abgeneigt, war Ariman in die Steinwelten der Fürstin Thröma gefolgt. Dort unterwiesen die Steintänzerin, Ariman und der Meeresgott

Tangaroa Lil in der Kunst des Kartenspiels und verbrachten manch vergnüglichen Abend miteinander. Im Lauf der Zeit fand Lil immer größeren Gefallen an dem Spiel mit den Karten.

Doch er war nicht der Erste gewesen und würde nicht der Letzte sein, dem seine Spielleidenschaft zum Verhängnis wurde. Lil war seinen Mitspielern nicht gewachsen und hatte im Handumdrehen alles verspielt, sogar einen Anteil seiner alten Heimat, der Wüste, die ihm gar nicht gehörte. Das wusste Ariman zu der Zeit aber noch nicht. Als er es herausgefunden hatte, war es für Lil zu spät gewesen. Er stand bis über beide Ohren in Arimans Schuld. Und der liebte Abhängigkeiten über alles, vor allem, wenn sich jemand in dieser Form freiwillig auslieferte. Nun war es an Ariman, den Windgott endgültig auf seinen Weg der Dunkelheit einzuschwören. Lil schien tatsächlich bereit für den großen Wurf.

Auf der ersten Stufe sollte er Thors Autorität in den Baumwelten untergraben, indem er in seinem Revier wilderte. Dabei hatte eine labile, von Ehrgeiz zerfressene und Liebeskummer geschüttelte Clanchefin aus dem hohen Norden erpressbar gemacht werden sollen, um sie im zweiten Schritt gegen Lilith zu instrumentalisieren. Alles war blendend gelaufen.

Doch dann scheiterte Ariman nicht nur mit seinen hypnotischen Fähigkeiten bei Freyja, die ihm weitaus mehr entgegenzusetzen hatte als gedacht. Er musste auch erfahren, dass dieser Bastard Lil einen Handel mit der Clanchefin abgeschlossen hatte, der ihr einen Ausweg eröffnete, den es so niemals hätte geben dürfen! Es donnerte innerlich in Ariman, wenn er daran dachte. Und da Freyja unempfänglich für seine Hypnose war, machte das Lils Ausrutscher doppelt unerfreulich.

Dabei war der Anfang mit dem jungen Windgott so vielversprechend gewesen. Seinen Überfall auf Freyjas Schiff hatte Ariman als unbedingten Erfolg gewertet.

Freyja sollte das oberste Sahnehäubchen auf der Torte von Arimans Boshaftigkeiten sein. Ihr verzweifelter Versuch, in allen Wettkämpfen zu siegen, sollte die Fairness der Nerthus-Spiele zerstören und die Glaubwürdigkeit sportlicher Wettkämpfe ruinieren. Im Idealfall hätte das einige der Welten, die Sportler entsendeten, miteinander in Streit gebracht.

Auf alle Fälle würden die Baumwelten durch destruktive Sportkämpfe unglaubwürdig sein und könnten durchaus in eine insgesamt instabile Lage rutschen. Ihr Ansehen wäre weltweit beschädigt. Dazu noch ein paar Stürme, Verwüstungen, Tote, die auf Lils Konto gingen. Ach, es gab so unendliche viele, herrliche Möglichkeiten.

Ariman seufzte tief. *Man wird doch noch mal träumen dürfen.* Im Film, der in Arimans Kopf ablief, verlor die große Weltenchronistin in der obersten der Baumwelten, Asgard, ihren strahlenden Ruf bevor er, der verstoßene Zwillingsbruder, zurückkehrte, um unter dem Applaus der restlichen Welt unhaltbare Zustände zu beenden. Solche Wechsel erforderten immer Opfer, von denen Lilith eines der ersten sein würde.

Lil war ein durchaus furios zu nennender Start gelungen. Der Monstersturm, mit dem die *Dragefolk* von ihm überfallen worden war, hatte selbst Ariman beeindruckt und Freyja dazu gebracht, alle Kröten zu schlucken, um ihres Clans willen. Und soweit Ariman das übersah, sorgte Freyja sich wirklich um ihr Dorf und ihre Leute. Jedenfalls hatte sie über ihren Deal mit Lil noch kein einziges Wort verloren.

Geadelt hatte er Lil, indem er sich seine Stimme lieh und durch ihn sprach. Und jetzt? Was um alles in den Welten war da los?

Die Ouvertüre, mit der Lil der Besatzung der *Dragefolk und* Freyja einen gehörigen Schrecken eingejagt und Ariman den Boden für weitere Aktionen bereitet hatte, war längst verklungen. Der krachende Auftakt hatte Angst erzeugt, und Angst bedeutete immer Macht. Doch die Pause, die Lil gerade einlegte, schuf Ruhe, in der die Gegner sich zum Gegenschlag sammeln konnten. So wie Ariman seine verhasste Zwillingsschwester einschätzte, tat sie gerade genau das.

Lil sollte sich durch den Boden wühlen für das Crescendo und Accelerando und ihn, Ariman, die Erfolgsleiter hinaufspülen, so weit hinauf, bis er in Asgard saß und ihm die Baumwelten zu Füßen lagen. Hach, Ariman hätte schwärmen können, er war doch der geborene Dirigent der Baumwelten.

Nur leider fehlte derzeit der Takt, der die orchestrierte Aktion verband und weiter voranbrachte.

Arimans Traumwelt zerstob auf einen Schlag, als er ganz oben am höchsten Ton der Tonleiter angekommen war. Denn sein Plan hatte eine Schwachstelle, und die hieß Lil. Dummerweise war die ganze Aktion zum großen Teil genau auf diesen Windgott gebaut. Eine dünne Stimme ganz weit unten in seinem Inneren flüsterte davon, dass auch er, Ariman, es nicht auf Anhieb geschafft hatte, Freyja in seinen Bann zu ziehen und zu instrumentalisieren. Doch mit ungebetenen Meinungen machte er es wie mit Fliegen: schnell totklatschen. Die Stimme wurde umgehend zum Schweigen gebracht, und er richtete seinen Blick wieder auf die Fehler der anderen.

In Lil glaubte Ariman, das Licht gefunden zu haben, das ihm Trost und Unterstützung in seinem einsamen Kampf sein würde, jetzt, da sein Neffe Odin ihn so schmählich verraten hatte. Gesucht, gefunden und geschult. Ariman weigerte sich, zu denken, dass er den Windgott falsch eingeschätzt hatte. Er meinte, Lils Unberechenbarkeit, Stärke und Ungestüm ausreichend lang getestet zu haben.

Aber gut, alle Sentimentalitäten hin oder her, es gab da ja auch noch diesen Schuldschein und das Gelübde Lils, seine Schuld zu begleichen, abgelegt am Tisch der Pokerrunde, also im Beisein von Thröma. Von dieser Verpflichtung würde er sich nicht befreien können, da konnte Thröma ihn bemuttern, so viel sie wollte. Es war ihr tief eingebrannt, für Gerechtigkeit und geistige Reinheit zu sorgen und in diesem Punkt unbarmherzig zu sein. Lil würde einen Wortbruch nicht unbeschadet überstehen.

Das Wolkenschiff dockte mit einem Ruck an, und Ariman verließ sein Reisegefährt. Er setzte mit beiden Füßen sicher auf dem vereisten Untergrund auf und ging sauber aus dem Eis herausgehauene Treppen hinab. Rechts und links türmten sich Eispanzer über dem schmalen Gang zwischen den Felsen. Ein stabiles Seil war den ganzen Weg über in Handhöhe gespannt und bot ausreichend Sicherheit, falls doch einmal jemand ausrutschte. Was nicht sehr wahrscheinlich war, denn Thrömas Steindiener hatten bis hinauf zur letzten Stufe Sand gestreut. *Brauchbares Volk*, dachte Ariman, *Thröma hat sie im Griff*.

Die Wetterbedingungen waren optimal, was hier oben selten der Fall war. Heute wehte nur der übliche strenge Wind, und es schneite nicht. Trotzdem sah Ariman Thrömas Palast erst, als er genau davor stand. Das riesige Gebäude war unsichtbar für all jene, die nicht wussten, wo genau sie suchen sollten. Als Ariman ankam, standen die Zinnen und Türme in Flammen, so schien es. Die Sonne verabschiedete sich im Westen mit spektakulären Farben hinter den großen Steinhaufen. Sie tauchte das gigantische steinerne Eingangstor und die ganze westliche Seite in tieforangefarbenes Licht und ließ alles in den optimistischsten Farben des Lebens erstrahlen.

Thröma hatte den idealen Platz für sich und ihren Palast bereits vor so langer Zeit gefunden, dass sie sich selbst nicht an den genauen Zeitpunkt erinnerte. Er war mitten in einem von nur einer Seite zugänglichen Tal unterhalb des Gipfels der Mutter aller Berge gebaut, an drei Seiten geschützt durch unüberwindbare Bergmassive. Der Platz für die Reisegefährte ihrer Besucher lag auf einem Plateau am Ende des Eisganges, der von Westen her auf den schmalen Zugangsweg mündete.

Ein imposantes Eingangstor vermittelte von Anfang an den gebotenen Respekt für Ort und Bewohnerin. Die steinerne Einfassung zeigte Thrömas Blutkelch auf der einen und ihren Dreizack auf der anderen Seite. In der Mitte des Bogens prangte ein Wesen mit ausgestreckter Zunge, dem man alleine in Dunkelheit nicht begegnen wollte.

Eine kleine Pforte in dem Tor war nur angelehnt. Man erwartete ihn also schon. Alles andere hätte ihn überrascht.

Er schlüpfte hinein und schloss die Pforte sorgfältig hinter sich ab. Zu sehen war in diesem gigantischen Raum niemand. Hell erleuchtet von Kerzen, die von Riesen gegossen sein mussten, lag er einsam da. Auch Thrömas steinerner Thron war verlassen. Aber Ariman wusste, hier hatten die Steine Augen und Ohren.

Er ging geradeaus in Richtung Wohnhalle im hinteren Bereich des Palasts, vorbei an imposanten Säulen, in die ganz oben, knapp unter der steinernen Decke, Gesichter von einschüchternden Steingeistern gehauen waren. Beim Näherkommen sah er bereits das Feuer flackern. Und richtig, es war, wie Ariman vermutet hatte.

Lil und Thröma saßen im Kaminzimmer. Sie ließen sich Buttertee schmecken und knabberten entspannt an getrocknetem Yakfleisch. Auch für Ariman stand eine Tasse bereit, sogar frischer Tee dampfte schon darin. Thrömas Hellsichtigkeit war weit bekannt.

Ohne ihren Blick vom Feuer zu nehmen, erklärte sie: „Die Blätter aus der diesjährigen Ernte, sind besonders fein, der Tee wird dir schmecken. Es ist auch schon Butter drin. Wird dir gut tun nach der Reise.“

Beim letzten Satz blickte die Fürstin der Steine Ariman über ihre rechte Schulter an. Die überaus elegante Erscheinung reckte das Kinn und zog ihre sauber gezupften Augenbrauen in einem anthrazitfarbenen Gesicht in die Höhe. Ihr roter Kopfschmuck, der über und über mit goldenen Plättchen und kunstvollen Ornamenten bestickt war, klimperte leise. Einige Plättchen hingen rechts und links ihres Gesichtes herab. Ihr elegantes rotes Kleid war auf dieselbe Art und Weise gearbeitet und begleitete jede ihrer Bewegungen mit feinen Geräuschen. Ihr schwarzes Haar floss in langen Strömen über ihre Kleidung, hier und da waren bunte Bänder eingeflochten. Schmale Augen blitzten schwarz geschminkt aus ihrem runden Gesicht. Ein auffallend roter Mund formte ein abschätziges Lächeln.

Sie hätte eine wahre Schönheit sein können, wenn nicht das dritte Auge auf ihrer Stirn die Perfektion aufgesprengt hätte. Wenn es geschlossen war, wie jetzt, nahm man es als kaum mehr als einen

Fleck auf ihrer dunklen Haut wahr. Geöffnet aber strahlte es gleißend blau hervor.

Thröma residierte wie üblich auf ihrem aus Stein gehauenen und mit Fellen verkleideten Diwan, der dank einer Rückenlehne genug Komfort bot, um darauf mit der angemessenen Grazie auch in Gesellschaft seinen Tee zu nehmen. Lil waberte auf einigen Fellen auf dem Fußboden direkt vor dem Kamin. Ohne Felle und Stein ging in diesem Palast gar nichts.

Er begrüßte Ariman mit einem flüchtigen Nicken.

Der Gast nickte ebenfalls, setzte sich auf den großen, aus Stein gehauenen Stuhl und nippte am Tee.

Wieso überrascht es mich nicht, euch beide hier zu treffen?, eröffnete Ariman auf seine übliche stumme Art und Weise das Gespräch. Er ließ Lils Stimme bei ihm. Hier verstand man ihn auch ohne seine üblichen Tricks.

Thröma sah ihm fest in die Augen: „Es überrascht dich nicht, weil du in der Hoffnung gekommen bist, dass du die Situation genau so finden würdest. Es ist besser, du redest mit Lil, während ich dabei bin und das weißt du selbst auch."

Thröma sprach ihre Worte laut aus, weil sie wusste, dass Lil sonst nichts von ihrer Unterhaltung mit Ariman mitbekam. Der ungestüme Lil hasste diesen telepathischen Firlefanz, bei dem man sich immer allzu sehr auf ein Gespräch konzentrieren musste. Außerdem hätte er einem stimmlosen Ariman direkt ins Gesicht sehen müssen, um ihn zu verstehen. Telepathie brauchte mehr Selbstdisziplin, Übung und Konzentration, als der junge Windgott aufbringen konnte. Deswegen hatte er seinem ehemaligen großen Vorbild einst auch so bereitwillig seine Stimme geliehen. Eine Bereitwilligkeit, die durchaus von roten, sich in Lils Augen drehenden Kreiseln unterstützt worden war, die nun verschwunden waren.

Im Moment starrte Lil mit trotzigem Ausdruck ins Feuer. Er dachte gar nicht daran, Ariman anzuschauen.

Was hast du dir dabei gedacht, mit Freyja diesen Handel zu schließen?, donnerte Ariman stumm gegen den Windgott. *Götter kämpfen und siegen, sie geben Unsterblichen keine Chancen!*

Welchen Weg auch immer sie gefunden haben mochten, Arimans Ergüsse waren bei Lil angekommen, obwohl der ins Feuer starrte. Der Windgott entspannte sich ganz leicht. Es ging Ariman gar nicht um seine Gefühle? Er blickte kurz zu seinem Mentor auf, schmeckte etwas Metallisches und sah die Kreisel. Sofort wendete er seinen Blick wieder ab und fixierte das Feuer im Kamin.

Was ist? Antwortest du mir nicht mehr? Was kommt als Nächstes?

Vielleicht ‚Hey, ich will nicht mehr und steig aus, mach das mit Baumwelten doch alleine!'? Hast du mal nachgerechnet, wie hoch deine Spielschulden bei mir sind?

„Warum sich lange mit irgendwelchen Vorreden aufhalten", bemerkte Thröma trocken. „Aber immerhin bist du ehrlich und tust nicht so, als ob du nett wärst." Als sie sich Lil zuwandte, nahm ihre Stimme einen fast mütterlichen Ton an: „Aber er hat recht, Lil, Schulden müssen beglichen und Abmachungen eingehalten werden oder zumindest muss man darüber reden. Dann könnten die Abzahlungsbedingungen vielleicht geändert werden. Also bitte, überlegt zusammen, wie ihr euch einigen könnt!"

Lil starrte weiter trotzig ins Feuer. Ariman dagegen nickte zufrieden. Er war sich nicht hundertprozentig sicher gewesen, wie die Fürstin der Steine sich zu dem Streit stellen würde, den Lil durch sein Verhalten vom Zaun gebrochen hatte. Doch jetzt war klar, sie würde ihre Funktion als Hüterin von Recht und Gerechtigkeit weiterhin ausüben, auch wenn sie Lil offensichtlich unter ihre Fittiche genommen hatte. Dieser Jungspund brauchte das ganz unübersehbar. Obwohl Ariman fand, er allein hätte aus Lil schon etwas Richtiges gemacht.

Die Himmelstänzerin war dabei, Lil alles beizubringen, was ein anständiger Sturmgott brauchte. Mit Betonung auf „anständig".

Weil Thröma sich als Vermittlerin zwischen ihm und Lil anbot, hoffte Ariman dennoch auf ein zufriedenstellendes Ergebnis. Denn Thröma war vieles, aber bestimmt keine Träumerin. Wenn sie pokerte, kannte sie den Einsatz. Darüber diskutierte sie später nicht mehr. Lil hatte Schulden bei ihm und ein öffentliches Gelübde abgelegt, in dem es darum ging, Ariman auf seinem Weg, die Herrschaft über Asgard und die Baumwelten zu erringen, in jeder Weise zu unterstützen. Als erster Schritt war vereinbart worden, dass er half, Freyja von Ariman abhängig zu machen, um im nächsten Schritt, auch mit Freyjas Hilfe, Lilith aus Asgard zu vertreiben. Mehr als Schulden brauchte es nicht, um Lil zu zwingen, Arimans Befehle auszuführen oder im Zweifelsfall echte Schwierigkeiten mit Thröma zu riskieren.

Die Schulden waren der Schalter, um Lils Getriebe in Gang zu setzen und in Arimans Sinne zu lenken, wenn er sich schon seinem Blick und einer Unterhaltung mit ihm verweigerte. Doch vorher war erst einmal zu klären, was eigentlich passiert war.

Sag ihm, dass er mit mir reden soll, forderte Ariman Thröma stumm auf.

Die nickte, tippte Lil an die Schulter und wies mit den Augen in Arimans Richtung, als Lil sie anschaute. Lil drehte sich endlich zu Ariman um. So abrupt die Bewegung war, so unvermutet brach es auch aus ihm heraus. Doch er blickte zu Boden, während er sprach: „Du hast sie mir alle als verabscheuungswürdige Kreaturen beschrieben, die es nicht besser verdient hätten, als in Wind und Wetter unterzugehen. Wir müssen einen anderen Weg finden, wie ich meine Spielschulden bei dir abtragen kann. Mit Freyja komme ich klar. Sie ist vielleicht verwirrt, aber arrogant genug, um sich zu überschätzen. Das heißt, du kriegst die Nordlande. Was du aber noch planst, das kannst du vergessen. Ich werde Lilith und ihrer Familie nichts tun!"

Wirst du nicht?, in Arimans Augen drehten sich kleine rote Kreisel, die sich in Lils Blick bohren wollten.

Doch der drehte sich bockig weg. „Nein, werde ich nicht!", beharrte er. „Mit deinem komischen Blick brauchst du es bei mir gar nicht mehr zu versuchen, da fall ich nicht mehr drauf rein. Ich bezahle meine Schulden. Das macht man so, und das habe ich geschworen. Eine Hälfte ist nach Freyjas Untergang getilgt. Für den anderen Teil wird mir schon was einfallen."

„Du weißt aber, dass Freyja immer nur Mittel zum Zweck war, Lil", gab Thröma zu bedenken. „Erst mit Liliths Vertreibung aus Asgard sind deine Schulden vollständig abbezahlt. Du kannst nicht ins Wasser springen, ohne nass zu werden."

Und in der Position, Forderungen zu stellen, bist du auch nicht, wütete Ariman. Arimans Blick mit den Kreiseln brannte Lil förmlich im Nacken. Der Windgott verfluchte den Tag, als er sie zum ersten Mal erblickt hatte und naiv in die Falle getappt war.

Mit diesen Kreiseln hatte alles angefangen, damals in der Wüste. Lil war einsam gewesen und hatte im Huluppu-Baum Aufnahme gefunden. Wie oft hatte er dort in den Zweigen gesessen, manchmal gemeinsam mit Inanna. Sie hatten über weites Land geschaut und von großen Städten geträumt, wie sie zuvor noch nirgends gebaut worden waren. Jedes Haus hätte ein Bad und Wasser. Es gäbe Kunst und Musik, große Schulen mit vielen Lehrern und Schülern. All das hatten sie in einer Gegend schaffen wollen, die zu dem Zeitpunkt kaum bewohnt, aber wunderschön und mit reichlich Potenzial gesegnet war.

Dann, eines Tages, Lil war allein im Baum gewesen, hatte sich Ariman zu ihm gesellt. Er war heimlich zurückgekehrt in die alte Heimat, um sich vor Taliesin zu verstecken. Hier kannte er Plätze, an denen Taliesin ihn nie finden würde. Dabei hatte Ariman Lil entdeckt. Ariman hat geheimnisvoll getan und Lil das Versprechen abgenommen, über ihre Begegnungen zu schweigen. Mit Arimans Ankunft hatte sich Lil verändert. War es bislang bei Inanna darum gegangen, niemanden zu verletzen, so war das Ziel jetzt größtmögliche Zerstörung um jeden Preis. Lil war jung gewesen und sein Ehrgeiz geweckt. Er wusste nicht, was Ariman im Detail plante und hatte sich Inanna entzogen, ohne ihr den Grund für seinen Wandel zu erklären. Schließlich war er ganz mit Ariman fortgegangen.

Ariman hatte Lil gelobt, ihn angetrieben und ihn kleingemacht, um ihn wieder aufzubauen. Er spielte mit ihm, wie es ihm beliebte. Und was tat Lil? Alles, um Ariman zu gefallen. Den unheilvollen Einfluss dieser roten Kreise in Arimans Augen, die sich auf ihn übertrugen, hatte Lil erst bemerkt, als er sich in seiner Not allein zu Thröma rettete. Die hatte gewusst, dass in Lil ein guter Kerl steckte, der niemandem schaden mochte. Nur war er mit einem solchen Selbstbild bei Ariman an der falschen Adresse.

Thrömas schlechtes Gewissen darüber, dass sie Lil nicht vor sich selber bewahren konnte und ihn in ihren Pokerrunden mit in diesen Abgrund gerissen hatte, war ihr Ansporn genug, sich um ihn zu kümmern. Denn sie wusste, gelang es ihr nicht, zwischen Ariman und Lil zu vermitteln, dann wäre sie diejenige, die Lil töten musste. Er hatte das Gelübde sogar in ihrer Gegenwart abgelegt. Einen solchen Meineid konnte sie niemandem durchgehen lassen. Der Windgott hatte sich damals offensichtlich keine Gedanken darüber gemacht, welch unschönes Procedere sich hinter dem simplen Satz: „Wir vertreiben Lilith aus Asgard“ verbergen könnte, als er zustimmte, Arimans Ziel mit zu tragen, um damit seine Schulden zu begleichen.

„Ich denke, ihr habt viel Spielraum, um zu verhandeln“, sagte sie nun und trank von ihrem Buttertee. „Könntest du dir denn eine andere Art vorstellen, wie Lil seine Schulden bei dir bezahlen kann, Ariman?“

Soll er mir vielleicht morgens den Tee ans Bett bringen? Thröma hörte Ariman hinter sich knurren.

„Selbstverständlich nicht“, antwortete sie laut. „Nur müssen wir irgendeinen Weg finden. Unser junger Freund hier hat das älteste und stärkste aller Motive auf seiner Seite, dir die getroffene Vereinbarung aufzukündigen.“

Gut, dass wir darüber endlich sprechen! Ich bin hier, um zu erfahren, was eigentlich los ist!, forderte er Thröma auf, fortzufahren. Offenbar wusste sie mehr als er.

Thröma stellte ihren Tee auf das kleine Steintischchen neben ihren Divan. „Das kann noch nicht einmal an dir vorbeigegangen sein“, spottete sie. „Unser junger Freund hier ist verliebt. Was soll man da noch sagen?“

Verschone mich bitte, Ariman klang ernsthaft entsetzt. *Ist denn hier auf nichts mehr Verlass? Ich denke, er will die Nordlande zerstören. Und wie kann er sich in Freyja verlieben, wenn er sie arrogant findet? So was hat man doch unter Kontrolle!*

Offenbar hatte Ariman nicht richtig zugehört, oder er wollte einfach nicht glauben, was offensichtlich war. Thrömas Mund umspielte ein spöttisches Lächeln, während in seinem Kopf ein Feuerwerk an Möglichkeiten explodierte, wie er auf so etwas reagieren könnte. Alle hatten den kleinsten gemeinsamen Nenner darin, dass er am liebsten auf Lil einschlagen würde, um ihm diese fixe Idee auf der Stelle auszutreiben. Rohe Gewalt gegen ihren Liebling würde Thröma allerdings zu verhindern wissen. Es galt, andere Wege zu finden.

Also gut, ich warte auf deine Vorschläge, Lil. Wie gedenkst du, deine Schulden bei mir abzuzahlen? Ariman sah Thröma an, die ihn aufmerksam beobachtete. *Du sagtest eben, du überfällst Freyjas Dorf, so oder so. Von mir aus sei verliebt dabei, nur tu, was man dir sagt und alles ist gut!* Ariman sah Thröma an. *Würdest du ihm das bitte übersetzen?*

Die nickte, doch ihre Augen blitzten höhnisch: „Sag es ihm, Lil.“

Ariman schaute misstrauisch auf die Fürstin der Steine. Hatten die Zwei sich schon einen Plan zurechtgelegt? Er sah sich genötigt einzulenken, bevor Lil etwas Unwiderrufliches gesagt hätte. *Wir können dir ein anderes Ziel aussuchen. Wie wäre es mit Odin? Da könntest du gleich einen potenziellen Rivalen aus dem Feld schlagen.* Ariman war stolz auf seinen klugen Schachzug. Liliths Ziehsohn war immerhin Freyjas Liebhaber gewesen. Ihn auszuschalten könnte Lil zusätzlich motivieren. Lil schwieg.

Und dann schauen wir eben, wie du mit Freyja zusammenkommst. Ariman übersah in seinem Stolz, sich zu solch irrsinnigen Vorschlägen überwunden zu haben, dass Lil so gar nicht darauf ansprang. *An unseren Zielen ändert sich dadurch nichts*, ergänzte Ariman.

Er war ja nun kein Ignorant, aber Odin gab doch ein wirklich schönes Ziel ab. *Du könntest selber wählen, wie du ihn tötest*, fügte Ariman großzügig hinzu.

Thröma blickte zu Lil: „Es wäre an der Zeit, dass du redest.“

Was denn noch?, fragte Ariman. *Haben wir nicht alles geklärt?*

Lil drehte sich um, sah Ariman direkt ins Gesicht, drückte ein Auge, das sich vor lauter Aufregung schon wieder selbständig gemacht hatte, an den richtigen Platz und strich sich unstet durchs noch flatterhaftere Haar: „Ist dir nie aufgefallen, was für eine wunderschöne und großartige Schwester du hast?"

Im nächsten Moment drehte er sich schon wieder weg. Ariman war so überrumpelt, dass er die kurze Gelegenheit, sich erneut in Lils Inneres festzuhaken, verstreichen ließ.

14. Die Ankunft

Nach einem turbulenten Tag war den Besuchern von Rugia keine geruhsame Nacht beschieden. Tobis Raumschiff versuchte sich in einem leisen Landeanflug, sodass zumindest niemand einen Hörschäden davontrug. Ausnahmslos alle, die schliefen, wurden von dem Radau und einem Lichtkegel, der das mitternachtsfinstere Rugia taghell erleuchtete, aus dem Schlaf gerissen.

Auch Freyja. Sie erholte sich gerade von ihrem Silberblick-Parcours und war eingeschlafen. Als das Raumschiff sie weckte, war ihr sofort bewusst, dass sie einfach nur geschlafen hatte, ohne Alptraum. Deswegen kümmerte sie sich gar nicht weiter um den Tumult im Dorf, blieb liegen und wachte am Morgen mit dem unbeschreiblichen Gefühl auf, einfach aufzuwachen. Sie war nicht schweißgebadet, weil sie durch die Luft geflogen war, kein Krake hatte geraten, von einem verbotenen Wissen zu kosten und es ihr gleichzeitig vorenthalten. Sie hatte einfach traumlos geschlafen.

Im Gegensatz zu den korsikanischen Fünfkämpfern, die im Bewusstsein geschlummert hatten, dass ihr zum Himmel stinkender Teamchef die Welt retten wird. Die Elfen sind wach geblieben und haben auf ihre Königin gewartet.

Kundrie und Lilith schliefen sowieso nicht. Sie saßen die ganze Nacht munter diskutierend mit ebendiesem Teamchef zusammen, den sie am Nachmittag kurzerhand von seinem Schiff mitgenommen und ins Dorf gebracht hatten. Cesari saß in seinem Tontopf und sie arbeiteten einen Plan für ihre Aktion im Svartalfheim aus. Als Tobis Raumschiff sich im Landeanflug auf Rugia befand, saßen sie auf der sanft schaukelnden dickbäuchigen Galeere der Korsikaner und schauten in den sternenübersäten Nachthimmel. Ein schnell sich nähernder heller Punkt entpuppte sich als Tobis Fluggleiter, der nur Momente später den Frieden ihres nächtlichen

Beisammenseins durchbrach. Die Landung verlief glücklich, die Maschinen schalteten sich planmäßig eine nach der anderen ab. Schon bald darauf verließ Tobi mit einem Goldfischglas sein Fluggerät und lief schnurstracks zu Liliths Hütte.

Die Dorfbewohner lamentierten nur wenig später über die viel zu früh heraufziehende Sonne. Doch die Unerbittlichkeit eines Naturgesetzes scherte sich nicht im Geringsten darum, ob nachts Raumschiffe landeten und der Schlaf deshalb zu kurz gewesen war.

So trafen grantelnde Sportler, Freyja war die erfreuliche Ausnahme, auf dem Versammlungsplatz auf eine gutgelaunte Truppe aus Lilith, Kundrie, Tobi, einem Goldfischglas ohne Wasser und Fische und einem bauchigen Tongefäß mit Deckel, in dem Cesari ruhte. Wolkendiener huschten herum und servierten Frühstück.

Der Himmel strahlte wie eine blank gewienerte kobaltblaue Schale. Der Wald duftete nach frischen Buchen, Kiefern und Fichten und die Vögel gaben ihr Bestes, um die Dorfbewohner aufzuheitern. Trotzdem grummelten viele gereizt, und die Wolkendiener hatten alle Hände voll zu tun damit, Kaffee auszuschenken. Besonders an dem Tisch, an dem sich bereits alle Steps, der Rentierclan sowie Ian und Abrasax aus Salisborn eingefunden hatten, wurden die Becher auffallend oft hochgehalten. Sie schliefen alle in relativer Nähe zu einem gewissen Megalithfeld, in das heute Nacht ein Raumschiff eingeparkt hatte.

Das komludianische Raumschiff war Gesprächsthema Nummer eins. Es brachte Anhänger und Gegner des extraterrestrischen Materialismus, einer eigenen philosophischen Kategorie, gegeneinander auf. Bei einigen Baumweltlern war die Lebensphilosophie des extraterrestrischen Materialismus gnadenlos verrufen. Der Lärm heute Nacht hatte sie in jedem einzelnen ihrer Argumente bestätigt.

Die Mehrheit auf Freyjas und Liliths Heimatplaneten bevorzugte tatsächlich die geistige Lebensart, die sich im Gegensatz zum Materialismus der Natur verschrieben hatte und dort alles fand, was man brauchte.

Es gab schließlich die angenehme Art des Reisens per Brainspotting, sie gehörte zur Basisausstattung der geistigen Existenz. Die meisten Baumweltler nahmen den Nachteil daran gerne in Kauf.

Nachdem eine angemessene Zeit lang leidenschaftlich gestritten wurde, legte sich die Aufregung um Lärm und Himmelsfeuer. Grund waren nicht allein die erfolgreich verlaufenden Bemühungen der Wolkendiener, den unersättlichen Kaffeedurst zu stillen, sondern auch die Tatsache, dass mit dem Raumschiff die Borsen gekommen waren, um die Baumwelten und die Nerthus-Spiele zu retten.

Tobi trug das Goldfischglas aus Liliths Hütte hinaus auf den Versammlungsplatz. Der Käfer aus Komludia hatte die Größe eines normalen Baumweltlers und ging aufrecht auf seinen zwei Hinterbeinen, der mehrgliedrige Schwanz baumelte dabei knapp über dem Boden. Er stellte das Goldfischglas auf den zentralen Tisch, damit alle es gut sehen konnten. Man sollte nicht meinen, dass die Borsen und die Käfer von ein und demselben Planeten stammten.

Eine leidlich wiederhergestellte Mahhara, die korsikanischen Fünfkämpfer sowie alle fünf Elfen hatten Platz gemacht für Tobis Gefäß.

„Darf ich vorstellen“, sagte der jetzt so laut, dass auch die Leute an den hinteren Tischen ihn hörten, „unsere Borsen.“ Damit waren die neuangekommenen Komludianer vorgestellt.

Auf den ersten Blick sah man im Inneren des Gefäßes mit Erde und farbiger Gaze bedeckte Steine, die mit ihren bunten Mustern leuchteten. Doch nachdem Tobi auf das Glas gezeigt und die Gäste vorgestellt hatte, wurde es auf den Steinen lebendig. Die farbenfrohen Muster schienen sich zu bewegen.

Mahhara drückte ihre Nase fast an das Gefäß: „Ich könnte meinen, sie winken uns zu.“ Die Eulenfrau winkte intuitiv zurück.

Tobi bestätigte ihre Vermutung: „Unsere Borsen verstehen jedes Wort und sind ihrer Umgebung gegenüber sehr aufgeschlossen.“ Er hielt einen Daumen in Richtung der Borsen in die Höhe und lächelte. Das Zeichen, dass die Kommunikationsanstrengung der Mikropoden erfolgreich war.

Mahhara sah fröhlich lächelnd zu Tobi. Sie war immer hocherfreut, neue Lebensformen kennenzulernen, und dass selbst diese winzigen Lebewesen, die wie heimische Flechten auf dem Stein lebten, mit ihnen kommunizierten, machte sie glücklich und endlich auch völlig friedlich.

Tobi setzte sich dazu und sah in die Runde: „Von uns aus kann es losgehen. Wir müssen die Borsen nur an den Ort bringen, an dem sie arbeiten sollen.“ Er sah zu dem Gefäß mit dem Käse: „Ich müsste ihn kurz rausholen.“ Tobi legte den Deckel daneben und eine unnachahmliche Wolke Cesari entwich dem Gefäß. „Bist du bereit, Cesari?“, fragte Tobi

Der Korsenkäse nickte. Er lag jetzt rund und stinkend auf dem Holzbrett, auf das ihn Tobi gelegt hatte, mitten auf dem Tisch. Heute wagte es niemand, dagegen aufzubegehren. Zu wichtig war die Rolle, die der Teamchef als olfaktorische Herausforderung bei der Bekämpfung der Zwerge einnehmen sollte.

„Hatten wir eigentlich schon darüber geredet, ob die Borsen riechen können?“, ließ sich Kundrie vernehmen.

„Sie riechen sogar mehr als wir“, antwortete Tobi. Die Gesichter um ihn herum wurden auf einen Schlag sehr lang.

„Dann haben wir vielleicht ein Problem“, es war Theodor, der aussprach, was prompt in dem Moment alle dachten.

„Nein, das glaube ich nicht“, erwiderte Tobi. „Ich weiß, worum ihr euch sorgt. Sie verarbeiten Gerüche anders und werden Cesari nicht wie wir wahrnehmen. Sie riechen, aber bewerten nicht. Bewerten tun sie nur, wenn ihnen etwas als sehr angenehm in die Nase sticht. Alles andere erscheint ihnen neutral. Ein ausgeglichenes Volk und damit die ideale Wahl für unser Vorhaben.“ Er sah in ihre Richtung: „Ich wette, ihr lernt Cesari lieben.“ Der letzte Satz war eindeutig an die Borsen gerichtet.

„Hoffentlich haben sie ihn nicht zum Fressen gern“, spottete Giuseppe und entblößte seine Zahnlücke beim Lachen.

„Sie ernähren sich nur von den Mineralien der Steine und von Luft“, beruhigte Tobi die Anwesenden völlig ironiefrei. „Und sie können jede Farbe in ihrer Umgebung annehmen. Derzeit sind sie aufgeregt und wegen all der neuen Leute rundherum so froh und bunt gemustert. Im Svartalfheim werden sie mit den Erdklumpen und Steinen praktisch verschmelzen.“

„Na dann ist doch alles geklärt!“, Theodor legte entschlossen beide Hände auf den Tisch, ein Ruck ging durch seinen Körper, und er stand auf. „Lasst uns keine Zeit verschwenden.“

„Stopp, stopp, stopp!“, rief Kundrie. Sie und ihre Freundin Lilith hatten sich ebenfalls erhoben. „Wie wir gestern schon sagten, bei uns ist es üblich, vor einer solch großen Unternehmung die Pferde zu befragen.“

„Das habt ihr doch von uns“, flüsterte Temudschin dem neben ihm sitzenden Trond ins Ohr.

„Wieso von euch? Da müssten wir erst mal klären, wo die Pferde zuerst heimisch waren. Vielleicht machen wir das schon genauso lange wie ihr?“, entgegnete Trond in leicht gekränktem Tonfall.

Temudschin sah ihn erstaunt an: „Quatsch, das ist unser Brauch! Die Pferde sind die Verbündeten unserer Götter und ihre Stimme.“

Trond zuckte nur mit den Schultern. Er trank den letzten Schluck Kaffee aus, während Kundrie weiter sprach: „Alle, die an dem Ritual teilnehmen möchten, sind eingeladen, zur Mittagszeit zum Heiligen Hain der Pferde zu kommen. Das Ritual beginnt, wenn die Sonne den höchsten Stand des Tages erreicht, dann sind die Kräfte des Schicksals gebündelt und reden mit uns.“

15. Das Pferdeorakel

Gleich nach dem Frühstück versammelten sich alle am Ortsrand. Aufgrund der mangelnden Ortskenntnisse der meisten von ihnen ging Kundrie mit Lilith und Mahhara voran. Sie hätte es gerne gesehen, wenn sich die Eulenfrau noch erholt hätte, doch konnte sie als Hexe mehr als verstehen, wenn Mahhara sich das Spektakel des Pferdeorakels nicht entgehen lassen wollte.

Tobi und die komludianischen Wurfkäfer mit den Borsen wichen den drei Frauen nicht von der Seite. Auch die Elfen und Fünfkämpfer mit Cesari im Tontopf waren an der Spitze des prozessionsähnlichen Ausflugs dabei. Ab und an schaute einer der Korsikaner zum Teamchef rein, ob alles in Ordnung war mit ihm und aus irgendeinem nicht auszumachenden Grund roch Cesari heute nur ein Viertel so streng wie sonst.

„Cesari eben", kommentierten die Korsikaner, als die Elfen sie darauf ansprachen. Es schien, als wollte ihr Teamchef die Ernsthaftigkeit der Situation würdigen und sich einfach so lange zurücknehmen, bis er gebraucht wurde.

Freyja, Birgitta und das ganze Team aus den Nordlanden schlossen sich gleich dahinter an. Auch Freyja war halbwegs wiederhergestellt. Trotzdem kam es ihr ganz gelegen, dass der Tag heute nicht mit einer Trainingseinheit begann.

Während sie mit Birgitta plauderte, bemerkte sie sehr zu ihrem eigenen Ärger, wie sie sich suchend nach Odin umschaute. Doch sei es drum. Feuertür auf, lästige Gedanken in den Raum dahinter gestopft und Tür zu. Zum Glück hatte sie gestern noch mit Kundrie darüber sprechen können, dass sie sich freiwillig in Arimans Bann begeben hat, über den Ausflug ihres Silberblicks in die Halle der willenlosen Geschöpfe und den Vorfall danach, während dem sie Odin kraft ihres Blickes in Bann gehalten hatte. Kundrie hatte aufmerksam gelauscht und ihr dann auf die Schulter geklopft. „Du bist bis in Arimans Innerstes vorgedrungen und konntest selbst dort seinen hypnotischen Fähigkeiten widerstehen, Freyja", hatte sie anerkennend gesagt. „Es kann sein, dass dein Blick uns nochmal sehr nützlich sein wird. Halte dich bereit, dieses Potenzial werden wir noch brauchen." Freyja hatte die Tatsache, dass es ausgerechnet Odin war, der als erster ihre neue Fähigkeit zu spüren bekam, beunruhigt. Sollte da doch noch eine Verbindung zwischen ihnen sein? Doch darauf ging Kundrie überhaupt nicht ein. Es schien keine Rolle zu spielen. Das war für Freyja die beste Nachricht. Und zum Pferdeorakel wollte Odin offenbar auch nicht gehen. Sie entspannte zusehends im Kreis ihres Clans.

Der Weg begann in einem Ausläufer des Rugianer Waldes. Sie passierten Buchen, Eichen und Fichten. Dann führte der Pfad hinein ins Unterholz. Sie gelangten auf von Ebereschenbüschen gesäumte hügelige Wege und liefen an von Rohrwiesen gerahmten Teichen vorbei. Auf dem letzten Stück konnten sie zum Teil nur zu zweit nebeneinanderher gehen. Uralte, aufrecht stehende Steine und riesige Eichen geleiteten die Prozession durch dichtes Unterholz zur Lichtung der Sieben Schimmel. Dort, im Heiligtum und Zentrum der Insel Rugia, öffnete sich der Urwald, und man betrat ein weitläufig angelegtes Labyrinth, geformt aus mehrreihigen Megalithsteinen. Das Besondere an diesem Labyrinth war, dass es in allen vier Himmelsrichtungen einen Durchgang zurück in den umgebenden Urwald hatte.

Die zahlreichen Neuankömmlinge strömten schwatzend und lachend herbei. Doch die Wirkung dieses Ortes sorgte dafür, dass die Gespräche bald nur flüsternd geführt wurden, bis sie schließlich ganz verstummten.

Freyja hatte bislang kein einziges Sportfest verpasst und sich deswegen eingebildet, Rugia zu kennen. Sie hatte sich geirrt.

Das Heiligtum der Sieben Schimmel konnte es mit dem Reich der Eichenschwester Verdandi von Granskogheim aufnehmen. Die Heiligen Pferde von Rugia galten als die hellsichtigsten Geschöpfe der Baumwelten. Sie lebten fern aller Verstrickungen und kommunizierten nur mit den Megalithen, der Sonne und dem Universum.

Der Kreis in der Mitte der Lichtung war Anfang und Ende des Orakels. Da Liliths Habicht, der Asgardbote Habrok, schon vorausgeflogen war, wussten die Schimmel Bescheid und hatten sich vor den Steinen gegenüber dem Nordeingang versammelt. Der Südwestwind war warm und trocken, wie Pferde es mochten.

Die Menge verstummte rasch, und Kundrie begann ohne jede Verzögerung, denn die Sonne näherte sich ihrem Zenit. Bekleidet war die Hexe von Midgard mit ihrem hellen Zeremonienmantel aus einfachem Leinen, den sie über ihre grasgrüne Pluderhose und die braune Tunika geworfen hatte. Sie räucherte mit wildem Salbei, um die guten Geister einzuladen und die bösen zu vertreiben. Sicher war sicher. Leise vor sich hin murmelnd trat sie in die Mitte des Labyrinths.

Alle sieben Schimmel versammelten sich um sie herum. Die Hexe von Midgard trug jetzt das Glas mit den komludianischen Borsen in der einen Hand, auf der anderen Seite hielt sie den kreisrunden

Cesari auf einem Holzbrett. Dann stellte sie beides auf den Boden und kreuzte die Hände vor der Brust. Sie verbeugte sich in alle vier Himmelsrichtungen, vor den Pferden, den Borsen, Cesari und konzentrierte sich auf die Frage. Schließlich hob sie die Arme in die Luft, wendete ihr Gesicht dem Himmel zu und rief mit lauter Stimme: „Schicksalsmächte, wir rufen euch! Vertraut euch unseren Helfern an und sagt uns, ob wir durch unseren Plan die Zwerge in die Gemeinschaft zurückholen können."

Dann verließ sie den Kreis, und die Pferde übernahmen. Sie hatten Kundries Worten gelauscht und waren bereit, als Medium für die Schicksalsmächte das Wirken der höchsten und geheimen Kräfte zu verkünden. Sie nickten mehrmals und begannen, einen Pferdetanz in der Mitte der Lichtung aufzuführen. Der größte und älteste der sieben Schimmel begab sich in den Kreis und drehte sich um sich selbst, den Kopf nach rechts in Richtung der Hinterläufe geneigt, wobei seine Hufe immer knapp über dem korsikanischen Käse und das Borsenglas dahinglitten. In seinen Bewegungen schien ein bestimmtes Muster zu liegen. Die anderen Pferde beobachteten den Tanz ihres Kameraden, die Nüstern starr in seine Richtung gestreckt, ihre Körper ruhig, lauschten sie den unsichtbaren Mächten und warteten auf ihr Zeichen.

Nach einer Weile teilten sich die sechs Pferde auf. Vier von ihnen trabten langsam zu je einem der Ausgänge aus dem Labyrinth. Die anderen zwei zogen im Kreis um den mittleren Schimmel herum, der weiterhin um Borsen und Cesari tänzelte. Nachdem die zwei Pferde einmal um den mittleren Schimmel herumgelaufen waren, erhoben sie den Kopf und wieherten.

Nun begannen die Pferde an den vier Labyrinthausgängen, sich wie auf Kommando im Kreis zu drehen.

Kundrie stand außerhalb des Kreises hinter dem Nordausgang mit geschlossenen Augen und spürte die Energieimpulse. Sie lauschte den Pferden und öffnete die Augen genau in dem Moment, als der älteste Schimmel in der Mitte sich aufrichtete, mit den Vorderhufen in der Luft rührte, die helle Mähne nach hinten warf und den Kopf gen Sonne reckte. Mit einem Wiehern, das durch jede Faser des Körpers drang, tobte er im Galopp auf und davon, durch den südlichen Ausgang der Megalithen. Als hätten sie es einstudiert, folgten die anderen Pferde.

„Sie gehen gen Süden", flüsterte Kundrie unendlich erleichtert. Sie stand reglos wie eine Statue, die Arme über der Brust gekreuzt, der Südwestwind spielte mit ihrem weißen Haar.

Kundrie nahm den Augenblick in sich auf. Der Kreis des

Schicksals nahm einen neuen Anfang, das Universum hatte ausgeatmet und sammelte sich für einen neuen tiefen Atemzug. Die Pferde hatten das Orakel gen Süden verlassen. Das bedeutete Feuer, Reichtum, Chaos und Fruchtbarkeit. Die Aktion war gefahrvoll, doch segensreich!

Als die Pferde verschwunden blieben, wurde die Menge unruhig. Ein Gemurmel erhob sich, ungläubiges Zischeln, vereinzelte Rufe. Kundrie hob die Arme und betrat den Kreis. Sie stellte sich neben das Borsenglas und Cesari und bat ohne Worte darum, das Zeremoniell nicht zu stören, solange es nicht beendet war.

Schon bald hörte man die Hufe der Schimmel, die von Westen her zurückkehrten. Die sieben Schimmel versammelten sich im Kreis um die Hexe, die Köpfe ihr zugewendet. Es schien, als lächelten sie.

Kundrie atmete tief durch. Sie drehte ihr Gesicht mit geschlossenen Augen zur Sonne, die die Hexe von Midgard leuchten ließ, als sei sie aus purem Gold gegossen.

„Der Pfad ist bereit, das Schicksal ist uns gewogen", rief Kundrie, senkte die Arme, öffnete die Augen und hob das Borsenglas und Cesari auf. „Nun denn, wir haben zu tun!"

Der Pferde- und Käsegeruch vermischte sich mit dem Duft von weißem Flieder. Elfenkönigin Titania kam genau im Moment der Orakelverkündung aus dem Losalfheim angeflogen. Durch ihren Spiegel ohne Grenzen war sie teilweise bereits im Bilde.

„Der Pfad ist bereit?", fragte sie und landete neben Lilith. Die Weltenchronistin stand wie jedes Mal völlig im Bann des Orakels und musste den Weg erst zurückfinden, als Titania sie ansprach.

Die Menge kam in Bewegung, was Lilith das Erwachen erleichterte. Denn es kam zu einem leichten Gedränge, als die Umstehenden, die kleine Geschenke mitgebracht hatten, sie jetzt im Steinkreis ablegten. Viele Äpfel waren dabei. Alle wussten, dass Pferde Äpfel liebten, aber auch Hafer oder Heu.

„Titania!", Liliths Gesicht erstrahlte, als würde die Sonne nicht am Himmel, sondern aus ihr selbst heraus strahlen. Sie umarmte die Elfenkönigin, deren Augen wie Buchenblätter im Sonnenlicht leuchteten.

Auch Mahhara bemerkte die Elfenkönigin und eilte dazu.

Titania wiederholte ihre Frage. Sie blickte skeptisch und herausfordernd zugleich. Während die Details auf Rugia besprochen worden waren, war sie unterwegs gewesen.

Lilith legte einen Arm um die Elfenkönigin: „Wir haben einen guten Plan, Titania." Die Weltenchronistin hätte jetzt gerne

Unterstützung von Kundrie gehabt, die immerhin das Orakel geleitet hatte.

Doch die Hexe von Midgard stand noch ganz unter dem Eindruck dessen, was hier gerade passiert war. Tanzende Pferde im Süden des Steinkreises waren eine äußerst seltene Gabe der Schicksalsmächte und ihr selber in ihrem langen Dasein bisher nur einmal geschenkt worden. „Die Mächte des Schicksals sind mit uns. Erweisen wir uns ihnen als würdig", murmelte sie und bemerkte nun auch die Elfenkönigin.

16. Die Elfenkönigin

Der Weg zurück ins Dorf gestaltete sich anfangs genauso lebhaft wie der Hinweg.

Die Elfenkönigin lief zwischen Lilith, Mahhara und Kundrie. Von drei Seiten strömten Fakten und Erlebnisberichte auf sie ein. Man sollte meinen, Titania hätte nicht nur zwei Tage auf Rugia versäumt. Allerdings sparten ihre Freundinnen vorerst Arimans Anteil an dem ganzen Aufruhr aus.

Die Elfenkönigin erfuhr sonst alles, angefangen von Lils Attacken auf Freyjas Team bis hin zum Grund für Mahharas blau und rot angelaufene Nase als Folge des Zwergenangriffs im Stadion. Ohne Umschweife kamen sie zum Plan, weitere Attacken zu unterbinden, den das Pferdeorakel eben als erfolgversprechend abgesegnet hatte.

„Ich verstehe es aber immer noch nicht", warf Titania ein. „Es ist ja nett von eurem Teamchef und euren Borsen", sie wandte sich erst an die korsikanischen Fünfkämpfer und dann an Tobi, „dass sie uns bei der Lösung unserer Probleme helfen wollen. Aber was habt ihr vor? Das Svartalfheim unbewohnbar zu machen? Meint ihr wirklich, ihr bringt sie mit der Aktion dazu, mit euch zu reden? Und nur mal angenommen, sie tun das wirklich, werden sie einfach so", Titania schnippte dabei mit dem Finger, „wieder gute Zwerge, alles ist vergessen, nie gewesen, wieder gut? Hellerich wird ein treusorgender Zwergenältester, Zwerge und Elfen heiraten wieder, kriegen Kinder und wählen sich einen neuen Kolonieältesten? Und auch Jasmin ist wieder da? Wo immer sie sich jetzt aufhält, falls sie überhaupt noch lebt."

Titanias Augen füllten sich mit Tränen. Ihre letzte lebende Verwandte war ihre Nichte Jasmin, und die war seit über einem Jahr verschwunden, wie vom Erdboden verschluckt. Der letzte Koloniealteste der Schwarzelfen war ihr Bruder Oberon gewesen, Jasmins Vater. Hellerich hatte ihn getötet, bevor er die überlebenden Schwarzelfen entführt und versklavt hatte. Der Gipfel seines Sadismus war nicht allein die Tatsache gewesen, dass er wenig später die unglückselige Jasmin geheiratet hatte. Als Hochzeitsgeschenk hatte er ein Massaker unter den losalfheimstämmigen Schwarzelfen angerichtet. Selbst Bewohner des letzten Winkels im Universum kannten die grausige Geschichte der als „Bluthochzeit" in Liliths „Weltenchronik" verankerten Vorkommnisse.

Diese Wunde war in Titania und den anderen Elfen noch nicht verheilt und fand ihren Ausdruck in der dauerhaften, tiefen Feindschaft zwischen Elfen und Zwergen.

Titania war damals so in Rage geraten, dass sie das Svartalfheim erst überflutet und später noch allumfassend verflucht hatte, ein für die Elfenkönigin einmaliger Vorgang. Ihr Fluch machte es Hellerich und seinen Nachfahren unmöglich, Erz-, Silber- oder Edelsteinminen zu finden. Die alten Minen waren versiegt, neue konnten nicht aufgetan werden. Die Zwerge hatten ihre Existenzgrundlage verloren und zogen seither plündernd und raubend durch die Baumwelten. Der Fluch war so lange wirksam, bis sich eine grundlegende Wandlung im Svartalfheim vollziehen würde. Nicht nur Kundrie sah die Zeit dafür gekommen.

„Die Borsen verteilen Cesari im Svartalfheim. Wir erfahren von dem Unglück und werden ihnen unsere Hilfe bei den Säuberungsarbeiten anbieten. Unsere Hoffnung ist, dadurch einen Gesprächsprozess anzustoßen. Ganz oben auf der Traumliste steht, dass sie ihre Raubzüge und Vorstöße gegen uns unterlassen und zu guter Letzt zurückkehren können in die Gemeinschaft", Kundrie schwärmte regelrecht von den Möglichkeiten, die sich auftaten. „Verstehst du, Titania, der Moment ist günstig, das Svartalfheim zu verändern."

„Ihr meint ernsthaft, ihr verseucht die Zwergenhöhlen und die Zwerge merken nicht, wer das alles verursacht hat? Hellerich mag böse sein, blöd ist er aber nicht." Titania zweifelte mit jeder Faser ihres Daseins. „Wenn es schlecht läuft, könntet ihr eine neue Qualität in dem Konflikt heraufbeschwören, habt ihr das auch bedacht?"

„Hast du einen besseren Vorschlag, Titania?", fragte Kundrie einen Hauch gereizt. Sie hatte nicht vor, sich ihre durch die Botschaft der Heiligen Pferde noch verstärkte optimistische Weltsicht kaputtmachen zu lassen.

Titania klang regelrecht abschätzend: „Besser als eure Idee, die sie nur ärgern wird? Allerdings. Wie wäre es mit einer hübschen Überschwemmung, die den Damen und Herren Zwergen ihre Bösartigkeiten aus dem Kopf spült? Sollen wir die Pferde fragen, was sie davon halten?“

„Spotte nicht“, fuhr Mahhara ungewohnt ernsthaft dazwischen.

„Tu ich ganz und gar nicht“, hielt Titania dagegen. „Die Zwerge können froh sein, dass ich sie nur verflucht habe und nicht, wie sie es getan hätten, gleich umgebracht.“

Mahharas Sorge war in diesem Punkt vollkommen unberechtigt, Titania meinte es ernst. Kundrie dachte an die fröhlichen Spielstunden in ihrem Garten, wenn Titanias Tochter mit Hellerichs und Jasmins Sohn jauchzend in ihr Feenbächlein sprang. Zwergen- und Elfenkinder setzten sich über alle Verbote und Gepflogenheiten hinweg, die ihnen eingebläut wurden. Die Zeit war reif für eine Veränderung. Kundrie konnte auch stur sein. Sie würde Titania jetzt reinen Wein einschenken. Ihr Gesichtszüge verhärteten sich.

Es ist anzunehmen, dass Lilith genau wusste, was Kundrie vorhatte. Sie war schneller, legte der Elfenkönigin einen Arm um die Schulter und zog sie sanft zu einem Platz mit vermoosten Steinen am Ufer des Teiches, an dem sie gerade vorbeigingen. „Ihr könnt schon vorgehen“, sagte sie zu den anderen. Auch Kundrie leistete der Aufforderung ohne nachzufragen Folge.

Der Grund für Liliths Eingreifen war klar, sie sah die Zeit für die ganze Wahrheit gekommen, ebenso wie Kundrie. Allerdings betraf das nicht den Umgang der Elfen- und Zwergenkinder miteinander, sondern Arimans Rückkehr. Darüber hatten sie mit Titania noch nicht geredet. Und dabei ging es um mehr, als nur die Befindlichkeiten im Losalfheim. Sie mussten dem Bösen seine Lebensgrundlage entziehen. Lilith müsste sich schwer täuschen, wenn die Elfenkönigin sich dem verweigern würde.

17. Neue Wege

Es war leichter als gedacht, Titania mit ins Boot der Cesari-Borsen-Operation zu holen. Auch wenn es weniger offene Zustimmung als vielmehr feine Zurückhaltung war, die Elfenkönigin wollte sich letztendlich dem Versuch, die Verhältnisse zu ändern, nicht entgegenstellen. Schließlich ging es darum, Arimans Treiben Einhalt zu gebieten.

Dementsprechend entspannt und gutgelaunt war Lilith, als sie zum Dorf kamen, wo ihre Ankunft mit Spannung erwartet wurde. Auf dem Versammlungsplatz brach umgehend Jubel aus, als sie das Ergebnis ihrer Unterhaltung mit Titania bekanntgab.

Kundrie ging zur Elfenkönigin und drückte ihr vor lauter Dankbarkeit einen dicken Kuss auf die Wange. „Wir alle wissen diese Geste zu schätzen, Titania, glaub mir", versicherte sie ihr während der darauffolgenden Umarmung. Titania nickte ihr zu, sagte aber nichts.

Die Hexe ging zu den korsikanischen Fünfkämpfen mit Cesari und Tobi samt Borsen: „Ihr habt alles?"

Sie hatte ihnen bereits kleine Phiolen mit einer violetten Flüssigkeit gegeben. Ein Gift, das erst zu Halluzinationen, dann zu Orientierungslosigkeit und schließlich zum Vergessen führte. Eine wirksame Waffe, sollten sie von den Svartalfheimern in irgendeiner Form angegriffen werden. Denn zum Schluss, wenn die Zwerge wieder halbwegs bei sich waren und ihre Höhlen verließen, verätzten sie sich unter dem Sonnenlicht auch noch, wenn sie das Gift nicht vorher abgewaschen hatten, was unwahrscheinlich war. Körperpflege war während der letzten Jahre im Svartalfheim aus der Mode gekommen. Kein Zwerg würde sich erklären können, woher die Verbrennungen kamen, sie hätten ja alles vergessen.

Die Gruppe wollte sich gerade auf den Weg machen, da gesellte sich Mahhara dazu. Sie war kurz in ihrer Hütte gewesen, um eine Tasche mit dem Allernotwendigsten für die Reise zu holen. „Ihr werdet eine Ortskundige im Svartalfheim brauchen", erklärte sie den erstaunten Korsikanern. „Kundrie und Lilith können hier nicht weg, und eine Elfe mit zu den Zwergen zu schicken, wäre ungeschickt. Also müsst ihr die alte blinde Eulenfrau nehmen. Außerdem kann ich die Zwerge im Moment schon mit meinem bloßen Anblick schocken." Da hatte die Eulenfrau nicht ganz unrecht. Ihre Nase leuchtete in vielen Farben, und das linke Auge war blutunterlaufen.

Theodor hob seine Hand und klatschte Mahharas linke ab. „Willkommen in der Gemeinschaft, Eulenfrau", sagte er von einem Ohr zum anderen strahlend.

Kundrie versuchte gar nicht erst, zu diskutieren. Sie holte eine weitere Phiole aus ihrer Basttasche, gab sie Mahhara und umarmte die Schwester; „Pass auf dich auf, ja!"

18. Lil

Sobald die Gruppe in Richtung Svartalfheim aufgebrochen war, sollten sich die Zurückbleibenden dem Training widmen. Alle hatten volles Vertrauen, dass die Outis und die Maulwürfe ihre Arbeit getan hatten und das Stadion zwergenfrei war. Freyja wollte gerade mit Penthesilea und Fatima aufbrechen.

Doch Lilith hielt die Clanchefin zurück: „Wir müssen noch mit dir reden. Es gibt Neuigkeiten von Lil. Wir brauchen deine Meinung dazu."

Freyja zuckte zusammen. Was war passiert? Es gelang ihr, Haltung zu wahren und ihre Sorge wegen des Pakts mit Lil zu unterdrücken.

Kundrie und die Elfenkönigin empfingen Freyja und Lilith in einem abgedunkelten Raum. Die Fensterläden waren geschlossen, und in jeder Ecke stand eine Elfe mit einem Musikinstrument. Sie musizierten wunderschön.

„Wir müssen verhindern, dass Lil uns belauscht", begründete Lilith den Aufwand.

„Das fällt euch aber früh ein. Bei den Zwergen ward ihr weitaus entspannter, dabei sind sie doch hier überall unterwegs", Freyja konnte sich diesen bissigen Kommentar nicht verkneifen, der ihrer Nervosität über das entsprang, was jetzt folgen würde.

„Die Maulwürfe waren die ganze Zeit unterwegs, um die Zwerge von uns fernzuhalten", erläuterte Kundrie. „Und dass Talpa und seine Leute das gut gemacht haben, merkst du daran, dass niemand es bemerkt hat."

Irgendwie wäre Freyja mehr überrascht gewesen, wenn Kundrie zu der Zwergenplage nichts eingefallen wäre. „Gegen Lil habt ihr also noch kein Mittel?", fragte sie.

„Doch", antwortete Lilith, „dich!"

„Oh!" Irgendwie kam Freyja sich in ihrer Einsilbigkeit gerade blöd vor.

„Komm setz dich!", forderte Kundrie sie auf.

„Freyja, schön, dich wiederzusehen", begrüßte die Elfenkönigin nun die Nordländerin.

Freyja lächelte zurück. Sie war zum Zerreißen gespannt auf das, was jetzt kommen würde. Wenn ihre Befürchtung, das ihr Pakt aufgeflogen war, sich gleich als richtig entpuppte, dann waren ihr Dorf und ihre Leute in ernsthafter Gefahr.

„Also?", ermunterte sie Titania. Denn von wem sonst sollten umwerfende Neuigkeiten kommen?

„Dass Lil diesmal Arimans Werkzeug ist, der die Drecksarbeit macht, wisst ihr ja schon“, begann Titania, ohne zu zögern, „aber Lil hat einen schwachen Punkt.“

„Haben wir den nicht alle?“, knurrte Freyja. Sie erwartete nichts Gutes.

Doch Titania hatte sich heute nicht dazu überwunden, der Zwergenaktion ihren Segen zu geben, um sich jetzt von Freyja aus dem Konzept bringen zu lassen. „Ich habe ihn im Zauberspiegel beobachtet, wie er um Lilith herumsäuselte“, fuhr sie fort.

Freyja stolperte über ihre eigenen Erwartungen. Das klang nach einer ganz anderen Sache. Sie erinnerte sich gut an den gestrigen Nachmittag, als sie Lil dabei ertappt hatte, wie er Lilith umschwirrte und das eine Schneise der Zerstörung nach sich gezogen hatte. Die darauffolgende Kette von Ereignissen hatte Freyja diese kurze Sequenz vergessen lassen.

„Wieso ist es wichtig, wenn Lil einmal um Lilith herumsäuselt?“, wollte Kundrie wissen.

„Ich habe das auch gesehen, und als Lil mich bemerkt hat, kam es zu dieser Windhose“, sagte Freyja.

„Und du hast dich nicht gefragt, warum das alles passierte?“, gab Titania zurück.

„Ja, schon“, erwiderte Freyja wahrheitsgemäß, „aber mir schien es einfach nicht so wichtig.“

„Ist es aber, liebe Freyja, ist es aber“, Titania klang gönnerhaft.

„Weil?“, ermunterte die Nordländerin die Elfenkönigin.

„Weil er in Lilith verliebt ist.“

Titania genoss den Augenblick, als Freyja die Gesichtszüge entgleisten. Die Nordländerin sah, dass Kundrie und Lilith Bescheid wussten, denn deren Blicke hingen erwartungsvoll an ihr.

„Und was hat das mit mir zu tun?“, erkundigte sich Freyja, nachdem sie die Nachricht verdaut hatte.

„Du hast die ehrenvolle Aufgabe, Lil aufzustöbern und alles zu tun, damit er sich gegen Ariman stellt“, brachte es Lilith auf den Punkt.

„Mehr nicht?“ Freyja glaubte, sich verhört zu haben.

„Mehr nicht. Um alles andere kümmern wir uns später. Lil muss sich nur gegen Ariman stellen“, beteuerte Lilith. Kundrie wiederum sah so aus, als würde sie noch etwas zurückhalten.

„Und wo ist Lil, damit ich ihn gegen seinen Herrn und Meister aufwiegeln kann?“, fragte Freyja und sah Titania an. Die zuckte mit ihren Schultern.

„Das hofften wir, mit deiner Hilfe rauszukriegen. Du hast doch irgendwas von einem Kartenspiel gesagt “, erklärte Kundrie ihre Ausgangsidee.

„Wo fand das statt?“, ergänzte Lilith, „das wäre die erste Frage.“

„Was weiß ich denn?“, Freyja war überrumpelt. „Hast du nichts sehen können?“, fragte sie Titania.

„Nein, ich habe keinen Ort erkannt. Lass uns einfach zusammen überlegen“, schlug Titania vor. „Ich habe ihn mit einer eleganten Frau gesehen, die irgendetwas mit Steinen zu tun hatte.“

Das überraschte Freyja jetzt doch. „Sie trug einen aufwendigen Goldschmuck und hatte lange schwarze Haare“, ergänzte sie.

„Das ist sie“, rief Titania, „du hast sie auch gesehen?“

„Ja, habe ich.“

Freyjas Antwort gab ihnen Hoffnung, die Identität der Frau bald enthüllen und somit Lils Aufenthalt näher zu kommen.

„Sie hat sich sehr um Lil gesorgt“, beschrieb Titania, was sie in ihrem Spiegel ohne Grenzen beobachtet hatte.

„Diese Frau, von der wir hier sprechen, hat mit Ariman gepokert“, jetzt musste Freyja doch mal dagegenhalten. „Der Einsatz wart ihr alle. Glaubt ihr wirklich, dass sie diejenige sein wird, die Lil von Ariman wegbringt?“

„Nein, das sollst du übernehmen!“, Kundrie konnte sich sehr kurzfassen, wenn es darauf ankam. „Aber wir vermuten, dass Lil bei ihr sein könnte. Zumindest wäre ihr Aufenthaltsort ein Anfang, herauszufinden, wo Lil ist.“

„Lil hat sie beim Namen genannt, irgendwas mit T“, fügte Titania hinzu.

Freyja gab ihren Widerspruchsgeist auf. „Beschreib alles“, forderte sie Titania auf. Ihr ging es vor allem darum, über ihren Pakt mit Lil zu schweigen. Sonst müsste sie auf der Stelle abreisen und die Nordlande verteidigen. So aber lauschte sie konzentriert Titanias Worten.

Die Elfenkönigin kratzte die kleinsten Fitzelchen ihrer Erinnerung an den gestrigen Abend zusammen, als ihr Spiegel ihr eine Sequenz aus einem Schloss gezeigt hatte, das ihr vorkam, wie jenseits der Fantasie erbaut. Titania hatte nur wenig von der dort stattfindenden Unterhaltung verstehen können und nur zwei Personen gesehen. Es schien aber auch noch eine andere Person anwesend zu sein.

„Kannst du dir einen Reim darauf machen?“, fragte sie Freyja zum Schluss.

Die Nordländerin versank in einer Unterhaltung mit sich selbst. Sie bezog ihren Silberblick ein, alle ihre Erfahrungen und ihr

Wissen, zog alle Wesen in Erwägung, die sie mit Steinen in Verbindung brachte, und endlich stand die gesuchte Person mit Namen und Steinschloss vor ihr.

„Es muss Thröma, die Himmelstänzerin sein. Ich weiß, wo wir sie finden“, verkündete sie nach einer ganzen Weile, in der nur liebliche Elfenmusik zu hören war, ihren erfreuten Zuhörerinnen. „Ich werde mit Fatima und Penthesilea gehen. Allein könnte es schwierig werden“, sie merkte wie der Gedanke, Lils habhaft zu werden, sich warm und weich in ihr ausbreitete.

„Noch was “, unterbrach Kundrie den Schwung der Nordländerin.

War ja klar, dachte die und wartete.

Und wirklich, ermutigt durch Freyjas neue Kräfte, wagte Kundrie im Moment einfach weiter zu träumen als die anderen. Nachdem die Elfenkönigin von dieser möglichen dritten Person bei der Unterhaltung zwischen Thröma und Lil gesprochen hatte, nahm der Traum reale Züge an.

„Wenn du dorthin gehst, kann es sein, dass du auch Ariman triffst. Finde heraus, was er vorhat. Am besten wäre, ihr bringt Ariman gleich mit!“

Freyja war sich sicher, richtig gehört zu haben. Doch was sie hörte, war so unglaublich, dass sie nachfragen musste. „Meinst du, wir sollen Ariman gefangen nehmen, nachdem Taliesin ihn alll die Jahre gejagt, aber nicht gefunden hat? Das ist nicht dein Ernst!“

„Du kannst es zumindest versuchen!“, bestätigte Kundrie trocken. „Taliesin wusste nicht, wo er suchen sollte. aber ihr. Und er hatte nicht die Möglichkeiten, die dir jetzt zur Verfügung stehen. Schleicht euch in Thrömas Palast, seid vorsichtig und schaut was ihr ausrichten könnt.“ Wenn Kundrie es mittlerweile jemandem zutraute, Arimans habhaft zu werden, dann Freyja. Sie war die richtige Frau dafür!

19. Freyja bei der Himmelstänzerin

Drei Frauen in festen Stiefeln mit Spikes, dunkler enger Lederkleidung und Fellkappen auf dem Kopf kletterten eine mit losem Geröll übersäte Schlucht hinauf. Sie trugen Rucksäcke auf dem Rücken und Seile um die Hüften, die sie miteinander verbunden und gesichert hatten. Neben der dünnen Höhenluft kämpften sie auch mit einem fulminanten Sturm, der ihnen abwechselnd Regentropfen, Schnee und Hagel ins Gesicht klatschte. Wollten sie ihren Plan ausführen, mussten sie die Geröllwüste rund um den Steinpalast zu Fuß überwinden, Die Treppe war geladenen Gästen vorbehalten. Ungeladenem Besuch, der noch dazu unbemerkt ins Schloss wollte, blieb nur der mühsame Aufstieg über die Südroute zu dem Tal, in dem sich Thrömas Palast verbarg.

Der Aufstieg war zu dieser Jahreszeit immer mit heftigen Schnee oder Regengüssen verbunden, den Wind gab es gratis dazu.

Immerhin hielten sich durch ihre Anreise per Brainspotting die zu bewältigenden Höhenmeter in Grenzen, auch wenn dieser Trost mittlerweile verflogen war.

Doch der Ausflug hatte seine guten Seiten: Sie befanden sich inmitten eines atemberaubenden Panoramas, das andernorts nicht zu finden war. Rundherum ragten Berge auf, die stolz und gerade ihre schneebedeckten Steinrücken in den Himmel streckten. Auch im Sommer lag hier oben eine überdurchschnittliche Menge an Schnee und Eis. Über der imposanten Szenerie thronte der Gipfel aller Gipfel wie die Krone einer unangefochtenen Königin auf Lebenszeit, die Himmel und Erde gleichzeitig beherrschte. Von den Einheimischen in einer Mischung aus Liebe und Respekt Mutter oder auch Göttin aller Berge genannt, zog er jeden in Bann, der sich in seiner Nähe aufhielt.

Den drei Frauen war der Anblick nach ihrer Ankunft nur kurz vergönnt, denn schon bald umhüllten Wolken den Berg und verschleierten den Blick darauf. Dann zog auch noch dieses Unwetter auf. Orientierung gab ihnen Kapitän Hallgrimsons Sonnenstein, den er Freyja zugesteckt hatte, damit sie gut durch das Steinmeer und im Nebel navigieren konnte. Die Nordländerin war ihm zutiefst dankbar dafür, dass er sich für sie von seinem Heiligsten gelöst hatte, und sie sah ihre erhabene Pflicht darin, den Stein und sie alle drei unversehrt zurückzubringen.

Freyja, Penthesilea und Fatima bestanden mit eiserner mentaler Disziplin alle Herausforderungen. Bald fanden sich schon vor einer Himmelspforte wieder, die sie ins Steinschloss führen sollte, dessen Konturen sich im Schneetreiben nur erahnen ließen. Gerade richtig, denn es dämmerte bereits. Hier im Tal ging das noch schneller als oben auf dem Gipfel, und die Nacht wollten sie in dieser Witterung nicht im Freien verbringen. Selbst Mäntel aus Drachenleder, die sie trotz der kurzbemessenen Zeit ihrer Reisevorbereitung aus dem Norden hatten organisieren können, würden sie nicht vor den lebensfeindlichen Temperaturen in dieser Höhe schützen. Vor allem bauten die Frauen auf die Eigenschaft der Mäntel, sie unsichtbar zu machen, wenn sie gleich den Palast betreten würden.

Sie ahnten nicht, dass diesen Ort nur finden konnte, wer ihn finden sollte.

Die Drei hatten alle schon von den bizarren Ritualen Thrömas gehört und fanden nun auf der Vorderfront des Eingangs den Blutkelch der Fürstin und ihren Dreizack in Stein gemeißelt wieder. Der Dämon in der Mitte des Bogens erschreckte sie nicht, doch dass die kleine Pforte in dem Tor nur angelehnt war, verwunderte sie durchaus.

Sie sahen sich um und konnten in dem Schneegraupel keinen Hinweis darauf entdecken, dass sie beobachtet wurden, obwohl genau das der Fall war. Steingeister kommunizierten auf geheimen Kanälen ständig mit Thröma und im Umkreis ihres Steinpalastes gab es nichts, worüber die Himmelstänzerin nicht Bescheid wusste. Dafür musste sie keinen Fuß nach draußen setzen, schon gar nicht bei diesem Wetter.

Freyja, Penthesilea und Fatima sahen sich an und verständigten sich wortlos. Dank des besonderen Leders waren sie zumindest darunter trocken, was ein hoch einzuschätzendes Gut bei diesem Wetter war, wenn sie nicht zu Eistrollen erstarren wollten. Statt jetzt umstandslos die Pforte zu passieren, verschwanden sie jedoch hinter einer Felskante. Dahinter verbarg sich eine beengte Höhle, die ihnen für kurze Zeit ausreichend Schutz bot, den sie für die Vorbereitung ihres weiteren Vorhabens benötigten. Sie lösten die Sicherungsseile, mit denen sie miteinander verbunden waren, um sich im Zweifelsfall gegenseitig helfen zu können, wenn eine von ihnen in Schwierigkeiten geriet.

Jetzt mussten sie noch mit Zeige- und Mittelfinger der rechten Hand das verabredete Zeichen, ein Triskell, auf die linke Brustseite ihres Mantels malen und schon sah man sie nicht mehr.

Verdandi hatte ihnen versprochen, dass nur sie sich selbst untereinander umrisshaft sehen konnten. Es klappte. Aufmerksame Ohren hätten ein kurzes Fluchen und daraufhin Penthesileas leise Ermahnung hören können: „Pass doch auf, wo du hintrittst!" Das nahm Fatima sich ab jetzt vor. Die Pforte schwenkte nur ein klein wenig auf, als die Frauen in den Palast schlüpften.

Doch auf das, was sie dahinter erwartete, waren sie nicht vorbereitet. Die Hallen mitsamt dem Mobiliar waren für Riesen gebaut. Es gab Kerzenständer, die mehr als doppelt so hoch waren wie sie selbst. In einem Kamin flackerte ein überdimensioniertes Feuer, das den Raum erhellte, ihn aber nicht zu wärmen vermochte. Alles war aus massivem Stein, Stühle und Wände waren mit langzottigen Yakfellen bedeckt.

Die Eingangshalle war weitläufig und übersichtlich eingerichtet. Der Blick führte ohne Umschweife auf einen mit Fellen drapierten gigantischen Steinthron, auf dem Thröma persönlich saß, als würde sie jemanden erwarten. Reglos, mit zu Schlitzen verengten Augen, saß sie da, den Kopf von ihrem Goldschmuck gerahmt. Ihre Nasenflügel hoben und senkten sich auffällig, als witterte sie etwas, wie Freyja mit Sorge beobachtete. Der untrügliche Geruchssinn der Himmelstänzerin war legendär. Plötzlich öffnete sich das dritte Auge auf ihrer Stirn. So überraschend es geöffnet wurde, genau so rasch schloss es sich wieder.

All das hätte ausgereicht, um den Mut zu verlieren. Doch wirklich beängstigend waren die sieben dunklen Hunde mit gefletschten Zähnen. Sie umstanden den Thron, schauten alle knurrend in Richtung Eingangstür und wedelten mit ihren buschigen Schwänzen. Das Zeichen ihrer Herrin loszustürmen kam allerdings nicht.

Freyja spürte das flatterhafte Wesen eines Windgottes aus Richtung der weiter hinten liegenden Wohnhalle. Um die zu erreichen, mussten sie am Thron vorbei. Das Trio schlich unsichtbar und mit angehaltenem Atem in den Schatten imposanter Säulen einen Gang entlang, der sie nach hinten führte. Die Halle war groß genug, um ausreichenden Abstand zwischen sich und dem Thron zu halten.

Thröma regte sich nicht, die Hunde blieben, wo sie waren. Und doch wusste Freyja, ihr Kommen war nicht unbemerkt geblieben. Denn kaum erreichten sie die Wohnhalle mit dem flackernden Kamin, drehte Thröma den Kopf genau in ihre Richtung. Die Hunde schlugen an und wurden nur durch einen deutlichen Wink der Himmelstänzerin zurückgehalten.

Thröma gab sich einen Ruck, ihr Goldschmuck klimperte, als sie vom Thron aufstand und nach hinten schlenderte. Sie ließ sich auf ihrem Diwan nieder, neben Lil, der auf einem Yakfell vor einem flackernden Kamin saß und aus einem Becher trank. Die Hunde erhoben sich ebenfalls und folgten Thröma mit Augen, verharrten aber reglos am Steinthron, als kein Zeichen kam, das sie folgen sollten. Nur ihre Körper verrieten die Spannung, unter der sie standen.

Lil schien noch ruheloser, als Freyja ihn auf See und auf Rugia erlebt hatte. Drei saubere Tassen standen auf einem niedrigen Holztisch. Wurden sie erwartet?

Freyja, Penthesilea und Fatima waren unsicher, wie sie sich zu verhalten hatten. Sie sollten Lil beeinflussen und am besten gleich Ariman gefangen nehmen, zumindest wenn es nach Kundrie ginge. Lil war hier. Von Ariman dagegen keine Spur. Und weiter?

Thröma schnippte von ihrem Diwan in der Wohnhalle aus mit

den Fingern, daraufhin legten sich die Hunde winselnd neben den Thron. Sie schienen widerwillig zu gehorchen.

Freyja konnte sich des Gefühls nicht erwehren, dass alles hier Theater war. Aber was bezweckte die Fürstin der Steine damit? Das erfuhren sie nur, wenn sie blieben. Freyja wies mit dem Kopf auf einen Wandvorhang aus massivem Brokat, der neben einer Öffnung in der Wand zur Seite geschoben war. Offenbar verdeckte der Vorhang normalerweise diese Tür. Er war der ideale Zufluchtsort für das Trio. Diese Tür, die nach hinten rausging, konnte gute Dienste leisten, falls Thröma sie doch entdeckt hatte und ihre Hunde auf sie hetzte.

„Bringst du mir frischen Tee, mein Lieber?", flötete Thröma honigsüß.

Lil starrte in den Kamin. Seine glasigen Augen verrieten, dass er einem stärkeren Getränk huldigte: „Erwartest du Besuch?", fragte er mit Blick auf die drei unbenutzten Tassen auf dem Tisch.

Doch Thröma ging darauf nicht ein: „Hol mir eine Tasse Tee aus der Küche und dir auch. Es bringt nichts, Liebeskummer in Schnaps zu ertränken. Davon wird er nicht weniger, und deine Schulden bei Ariman zahlen sich dadurch auch nicht ab. Also bitte, lass uns bei einem Tee überlegen, was wir tun können." Dann setzte sie hinzu: „Aber nur wenig Butter, wegen der Figur."

Lil stellte seinen Becher ab, stand auf und verschwand hinter einer kleinen Tür auf der gegenüberliegenden Seite, die das Trio bislang noch gar nicht wahrgenommen hatte. Nur Momente später kam er mit zwei Tassen zurück, deren Dampf sich im Raum verteilte. Er reichte eine Tasse Thröma, mit der anderen setzte er sich auf seinen Platz zurück.

„So ist es gut", seufzte Thröma zufrieden lächelnd, nachdem sie den ersten Schluck genossen hatte.

Die drei Frauen hinter dem Vorhang sahen sich verwundert an. Thröma schien Lil gut im Griff zu haben. Und was hatte sie gerade über Lils Schulden bei Ariman gesagt? War Lil nicht seinen eigenen Entscheidungen und Arimans Hypnose erlegen, sondern schlichtweg erpressbar? Freyja kombinierte diesen Satz mit den Bildern, die sie während der Ausflüge mit ihrem Silberblick gewonnen hatte, besonders dieses Kartenspiel und der Streit zwischen Lil und Ariman.

Das alles zusammen eröffnete einen völlig neuen Blickwinkel auf die Gründe von Lils Taten, was eine Rolle dabei spielen könnte, ihn aus Arimans Spirale herauszuholen. Thrömas Rolle war völlig unklar, doch die Himmelstänzerin schien dem Trio nicht schaden zu wollen. Vorerst zumindest nicht. So verständigten sich die drei

Frauen wortlos darüber, zu bleiben. Es wäre eine Schande, die ganzen Informationen hier im Raum mit den beiden alleine zu lassen.

Thröma trank ihren Tee wortlos und nachdenklich.

„Also gut, ich trinke Tee, wie du gewünscht hast", drängte Lil. „Was schlägst du vor, das ich tun soll? Ich habe mich total hineingeritten, wie soll ich da je wieder herauskommen?" Der Windgott erwartete ganz eindeutig eine klare Ansage.

Doch erst als die Tasse leer war, sah Thröma Lil an: „Richte die Dinge so, dass alles wieder gut wird", schlug sie vor, nachdem sie Lil ihre Tasse gereicht hatte, die dieser auf den niedrigen Tisch neben die drei ungebrauchten stellte.

Freyja staunte über die zwei Personen, die sie in Lil vereint sah. Der Windgott flatterte, der Bart wehte, die Ohren hingen mal hier, mal da, die Augen blieben standhaft an ihrem angestammten Platz, immerhin, der Mund verrutschte nur leicht – fast so, wie sie ihn damals auf der *Dragefolk* kennengelernt hatte. Doch damals war er voll boshafter Energie gewesen. Und heute? Irgendwie schien er mit naivem Blick in eine Welt zu sehen, die er nicht sortieren konnte. Stützte er sich deshalb auf Thröma und ihre Ratschläge wie ein Lahmer auf seine Krücke?

Er war so unglaublich jung. Mit wem hatte sie auf dem Schiff verhandelt, als sie der Sturm überfiel? Mit dem, der dort auf einem Yakfell vor dem Kamin saß, auf keinen Fall. Sollte Ariman auch in Lils jungem Leben die Ursache allen Übels sein?

Freyja wollte unter keinen Umständen dieses Gefühl, das da kurz in ihrem Inneren aufflackerte, zur Gewohnheit werden lassen. Mitgefühl für jemanden, der sie in einen unseligen Pakt gezwungen hatte, kam nicht in Frage.

„Soll ich Ariman vielleicht den Abort putzen? Wo wohnt der denn überhaupt? Oder weiterspielen, um alles zurückzugewinnen?", Lil schlug sich die Hände vors Gesicht, eine Geste abgrundtiefer Verzweiflung.

„Bist du töricht?", fuhr ihn Thröma an und sprach dann versöhnlicher weiter. „Ich würde auf der anderen Seite anfangen. Bei Lilith. Lern sie doch überhaupt erst einmal kennen."

Das war der weise Rat einer aufgeklärten Frau, die die Anzahl ihrer Liebschaften nicht wirklich überblickte, aber genau wusste, wie ernüchternd das wahre Wesen hinter dem verliebten Schein sein konnte: „Hast du dir mal überlegt, dass sie vielleicht einen anderen haben könnte?"

„Ich habe niemanden gesehen", warf Lil trotzig mit ungewöhnlichem Selbstbewusstsein ein.

Thröma versuchte es anders: „Bedenke: Du schuldest Ariman eine Menge Geld. Dass er das ausnutzt, hättest du vorher wissen müssen. Und nun hast du dich leider in Arimans verhasste Schwester verliebt."

Die Augen von Freyja, Fatima und Penthesilea wurden immer größer, als Thröma weitersprach.

„Deswegen wird es Zeit für ein paar Wahrheiten. Die erste und einzige Wahrheit in Liliths Leben heißt Heimdall. Er ist ihre große Liebe und auf Wanderschaft. Deswegen siehst du sie mit keinem anderen Partner. Sie will nämlich niemand anderen. Alle, die sich nur etwas in der Welt auskennen, wissen das."

„Sie kennt mich noch nicht."

Thröma wusste nicht, ob sie weinen oder lachen sollte: „Mein Lieber, bewundere deine Lilith und schwärme von ihr. Ich passe auf dich auf, so gut ich kann, dass dir nichts dabei passiert. Aber schlag sie dir aus dem Kopf."

Lil sah mit Tränen in den Augen zu Thröma. „Weißt du, dass das das Schönste ist, was mir jemals jemand gesagt hat? Bei uns in der Familie war alles", er suchte die richtigen Worte, „so anders, so voller Hass und Kampf. Wir wurden nur dazu erzogen, gegen unsere Onkel zu ziehen, die unsere Großeltern unglücklich gemacht hatten. Das war natürlich nicht nett von ihnen, aber diese endlose Feindschaft hat daran auch nichts geändert."

Freyja glaubte, sich verhört zu haben.

„Lass die Vergangenheit hinter dir", beruhigte Thröma den Windgott. „Hol uns noch einen Tee und dann entwerfen wir einen Plan."

Lil nickte: „Würdest du wirklich?" Er setzte erneut an: „Also, wenn ich die Abmachung nicht einhalte, tötest du mich dann?"

„Hol Tee", befahl Thröma.

Lil nickte und trabte brav nach hinten. Die knisternden Holzscheite im Kamin waren das einzige Geräusch, kein Laut von draußen drang herein. Hier mussten der Kamin und die Kerzen Tag und Nacht und Sommer wie Winter brennen, um die Dunkelheit zu vertreiben.

Eine sichere Höhle, aber auch manchmal einsam, dachte Freyja und wusste gar nicht, wie sehr sie damit den Nagel auf den Kopf traf.

Sie war sich mittlerweile sicher, dass es die Absicht der Fürstin war, sie dieses Gespräch belauschen zu lassen. Nur warum? Waren sie vielleicht Teil der Lösung, die Thröma vorschwebte? Sollten sie dem jungen Windgott helfen? Wobei? Aus Arimans Klauen zu entkommen? Freyja zog die Nase kraus, als hätte sie in etwas Saures gebissen.

Gleichzeitig erkannte sie, dass die Fürstin eine weitsichtige Frau war. Sie halfen Lil. Und im Gegenzug? Bekamen sie vielleicht Ariman? War das Thrömas Plan? Aber was war mit Lils Schulden? Freyja sah zur reglos auf dem Diwan liegenden Thröma.

Der Windgott kam flatternd mit frischem Tee zurück.

„Danke, mein Lieber", durch Thröma strömte wieder Leben, sie stützte sich mit dem linken Ellenbogen auf, nahm dic Tasse entgegen und trank einen Schluck. „So viel Butter, mein Lieber, du meinst es aber gut mit mir", sie lehnte sich entspannt auf ihrem Diwan zurück. „Also gut, lass uns die Situation noch mal überdenken. Wie steht's denn mit dem Pakt zwischen dieser Freyja und dir, über den Ariman sich so aufgeregt hat? Könnte der dir helfen?"

Das wurde ja immer besser. Jetzt hatte Lil über ihren Pakt geplaudert, obwohl Schweigen Teil der Abmachung war. Freyja hatte sich dran gehalten. Am liebsten würde sie hinter dem Vorhang vorspringen und diesem Windgott eine hinter die Ohren hauen. Sie hatte schon bei der kleinsten Andeutung gedacht, ihr Dorf sei in Gefahr. Und jetzt brach dieser Filou da selber ihren Handel.

Fatima und Penthesilea fragten sich, was ihre Gefährtin mit dem unglücklichen Früchtchen da vor ihnen auf den Fellen zu schaffen haben könnte. Und wieso nur beschäftigte sich Thröma so ausführlich mit ihm? Langweilte sie sich, weil in ihrem Gebirge alles seinen geordneten Gang lief?

„Wenn ich dir jetzt etwas vorschlage, denke immer daran, dass Lilith bislang nur eine einzige große Liebe hatte. Ich fürchte nur, du wirst nicht lockerlassen, bevor du das selbst herausgefunden hast: Du versuchst durch Freyja an Lilith zu kommen", schlug Thröma vor, dachte kurz nach und fügte hinzu: „Diese Idee gefällt mir immer besser, je länger ich darüber nachdenke."

Lil schaute verwirrt zu ihr hoch: „Was?"

Er sah genauso sprachlos drein wie die drei Frauen hinter dem Vorhang.

Lil stellte den Tee neben sich auf das Fell und machte eine fragende Handbewegung.

„Pass bitte auf, dass nichts über das gute Yakfell läuft. Das wäre jammerschade", bat Thröma sanft. „Also, du gehst folgendermaßen vor: Du beichtest Freyja, dass du ihren Leuten gar nichts tun wolltest. Es war alles Arimans Idee."

Der Windgott schnaubte verächtlich durch die Nase. „Ach komm, Thröma, alles auf andere schieben machen Kleinkinder, denen das Spielzeug weggenommen wurde", parlierte Lil erstaunlich erwachsen.

Thröma sah ihn wohlwollend an: „Gut, ich bin froh, dass du das sagst."

Lil schnaubte erneut, diesmal beleidigt: „Noch Tee? Mir scheint nämlich, wir stecken fest."

„Och nein, danke, mein Lieber. Ich habe genug", Thröma stand selbst auf, stellte ihre Tasse auf das niedrige Tischchen neben Lil und lehnte sich anschließend mit geschlossenen Augen auf ihrem Diwan zurück. Es dauerte nicht lange, da öffnete sich der sorgfältig geschminkte Mund leicht, und es ertönten sehr regelmäßige Geräusche des Ein- und Ausatmens. Kein Zweifel, Thröma war eingeschlafen.

Freyja hatte verstanden. Sie wies mit ihrem Kopf zur Tür hin. Ihre Gefährtinnen nickten, und im Handumdrehen hatten die drei Frauen das Wohngemach Thrömas verlassen. Die Fürstin der Steine hatte alles gesagt, was es zu sagen gab.

Der Vorhang bewegte sich wie durch einen Windhauch, als die Drei durchschlüpften und sich an einem Aufgang wiederfanden, der offenbar in ein oberes Stockwerk führte.

Da der Vorhang auch für die Hunde kein großes Hindernis darstellte und sie durchaus ihrer Witterung folgen konnten, beeilten sie sich, die riesigen Stufen zu erklimmen, um einen anderen Raum zu finden, der vielleicht eine richtige Tür hatte.

Freyja war noch immer verwirrt. Thröma hatte gewollt, dass sie genau dieses Gespräch belauschten. Warum?

Sie fanden im ersten Stock einen für ihr Vorhaben denkbar günstigen Ort: eine kleine Kammer, die überquoll von edler Kleidung mit diesem typisch rot-schwarzen Webmuster, wie es Thröma trug. Die drei Frauen schlugen den Triskell in umgekehrter Richtung und waren wieder in voller Ausprägung sichtbar. Reihum schauten sie in perplexe Gesichter.

Fatima fand ihre Sprache als Erste wieder: „Irgendein Vorschlag?"

„Ja", kam die Antwort von hinter einem Vorhang, der ganz offensichtlich dazu diente, die Ankleidekammer vom übrigen Raum abzutrennen. Die Freundinnen zuckten zusammen. Thröma trat hervor, in der Hand einen Kienspan, mit dem sie ein paar Kerzen anzündete. Sie sah genauso aus wie eben in ihrer Wohnhalle.

„Hattet ihr wirklich geglaubt, unbemerkt bei mir herumschnüffeln zu können?", sie schüttelte tadelnd den Kopf, der Goldschmuck klimperte leise. „Aber gut, nehmt dennoch meinen Rat. Den, den ihr sucht, werdet ihr unter Wasser finden, bei Lils Onkel. Den anderen hier überlasst mir." Mit diesen Worten verbeugte sie sich und löste sich schlichtweg in Luft auf.

Fatima und Penthesilea sahen Freyja mit großen Augen an: „Und jetzt?“

Gute Frage. Eine Inspektion mit dem Silberblick schloss Freyja aus. Thröma war zu nah, sie konnte sich in ihr Innerstes schleichen. Die Fähigkeiten dieser Frau waren legendär. Freyja musste sich nur erinnern, dass bei der Pokerrunde neben Ariman, Lil und der Himmelstänzerin auch Tangaroa anwesend war, um Thrömas Hinweis zu entschlüsseln.

„Um Lil wird sich schon gekümmert. Also auf zu Tangaroa!“, sagte Freyja schließlich. „Lasst mich das machen!“

Ihr blieb nur, zu hoffen, dass Thröma sie in die Hawaiki-Welt des Unterwassergottes Tangaroa nicht in einen Hinterhalt schickte. Zur Sicherheit würden sie nicht direkt zu seinem Unterwasserpalast reisen.

Freyja, Penthesilea und Fatima stellten sich im Kreis auf, umfassten mit beiden Armen die Schultern der jeweils anderen, und Freyja imaginierte mit zusammengekniffenen Augen die dem Unterwasserpalast Tangaroas nächstgelegene Insel. Lautlos verschwanden sie.

20. Auf dem Weg ins Svartalfheim

Eine Nacht und einen halben Tag dauerte die Überfahrt von Rugia ins Zentrum von Midgard. Das Team um Cesari und die Borsen hatte dafür die *Salisborn* gewählt, das Schiff, das das Midgarder Team nach Rugia gefahren hatte. Die Reise verlief ohne Zwischenfälle. Ab und an gab es kurze Schauer mit ein paar Sturmböen, ansonsten zeigte sich das Baltiixmeer von seiner frühsommerlichen Seite. Die Stimmung an Bord war gut.

Die Korsen achteten darauf, dass es ihrem Teamchef Cesari an nichts fehlte, wobei man den Käse mit gutem Gewissen als anspruchslos und genügsam bezeichnen konnte, wie er so ruhig und rund in einem Tongefäß auf seinen Einsatz wartete. Keinen Grund zu jammern hatten auch die Mitfahrer auf der *Salisborn*, die dank eines stetig auf dem offenen Meer wehenden Windes von Cesaris strenger Note nie etwas mitbekamen.

Tobi umhegte seine Borsen, die mindestens genauso anspruchslos wie Cesari waren und sich ihre Nahrung, Steine von Komludia, gleich selbst mitgebracht hatten.

Auch Mahhara ging es wieder bestens nach dem Zwischenfall im Stadion. Dank Kundries Zaubertränken musste sie nur etwas Puder auflegen, um die blauen Flecken in ihrem Gesicht zu kaschieren. Fuß, Arm und Nase waren wieder heil und ihre Abenteuerlust ungebrochen. Es war ihr ein inneres Bedürfnis, an diesem Unternehmen teilzunehmen. Abgesehen davon, dass sie davon überzeugt war, überall nützlich zu sein, wollte sie einen Blick auf die Ahnengalerie in ihrem Niefelheimer Schloss werfen, in der man etwaige Entwicklungen ablesen konnte, bevor sie geschahen – Pferdeorakel hin oder her. Dazu musste sie zurück in die Heimat reisen. Denn immerhin hatte sie bei Arimans erstem Überfall auf die Baumwelten als Erste das Porträt von Odin verblassen sehen, bevor die unheilvollen Geschehnisse ihr bis dahin beschauliches Leben überrollten.

Hellerichs Porträt war ebenfalls erst verblasst und dann ganz verschwunden, als der Zwergenälteste Arimans Hypnose erlegen war. Umgekehrt hatte Mahhara Odins Porträt wieder in voller Farbe auferstehen sehen, kurz bevor er aus seinem inneren Reich der Finsternis zurückkehrt war. Sie war gespannt darauf, ob sich irgendetwas verändert hatte.

Die Gruppe der Reisenden saß an Deck der *Salisborn* auf Schiffstauen und Fässern. Theodor hatte einen Becher Wasser in der Hand, Giuseppe ließ einen Topf mit frisch gepflückten Rugianer Kirschen kreisen.

„Uns kommt zugute, dass die Zwerge uns nicht kennen. Sie kämen doch nie im Leben darauf, dass es unser Teamchef sein könnte, der ihnen die Unannehmlichkeiten bereitet, vor denen sie in allerkürzester Zeit stehen werden“, spuckte Giuseppe die Wörter wie Kirschkerne aus.

„Falls doch, werden wir die Attacke als Überfall einer kleinen und unbelehrbaren Truppe aus dem Niemandsland des Mittelmeeres tarnen, die sich einfach im Ort für den Kampf um ihre Freiheit geirrt hat“, brummelte Theodor.

„Ein angenehmer Nebeneffekt für die Zwerge wäre, dass sie nicht länger als die Einzigen dastünden, die sich in ihren Zielen verrannt haben“, ergänzte Mahhara und feixte innerlich, als sie sich den über den Angriff völlig verdatterten Hellerich vorstellte, wie er kopflos sinnlose Befehle brüllte, während Cesari im Svartalfheim vor sich hin dampfte und kein frischer Luftzug den Geruch zumindest verdünnte. „Aber wir tarnen uns zumindest als Abordnung von

Kundrie, die ihren Nachschub an Alrunen sichert – wie abgesprochen. Eure Sprüche habt ihr gelernt?“, fragte Mahhara munter in die Runde.

Rundherum nickten alle. Denn bevor sie irgendwelche Ausreden erfinden mussten, falls sie bei ihrer Aktion ertappt wurden, gaben sie ihrer Reise lieber von vornherein die perfekte Tarnung.

Am Horizont zeichnete sich das näher kommende Ufer immer deutlicher ab. Mahhara atmete die salzige Meerluft tief ein. Elfenkönigin Titania sollte in der Zwischenzeit auch auf ihrem Posten sein. Ihr fiel die Aufgabe zu, die Aktion im Losalfheim vor ihrem Zauberspiegel zu überwachen. Sie hatte nach anfänglichem Zögern dann doch zugestimmt, sich an der Aktion zumindest indirekt zu beteiligen. Ein Ziel für sie war, die magische Schutzhülle zu durchdringen, die Ariman während eines Aufenthaltes im Svartalfheim darum gelegt hat. Die schirmte die Vorgänge im Inneren des Svartalfheims vor Titanias Zauberspiegel ab.

Für die Zwerge war das der beste Schutz, um ihre Raubzüge und Attacken zu planen. Aber auch die beste Magie bekam Löcher, sobald jemand mit unvorhergesehenen Aufgaben konfrontiert wurde. Das stand den Zwergen bevor. Und das Loch zu finden, war Titanias Aufgabe in dem ganzen Plan.

Auf der kleinen Felseninsel links von der *Salisborn* schrie eine Papageientaucherkolonie. Der Hafen lag hinter einer schützenden Felszunge verborgen. Die Sonne schien von einem königsblauen Himmel und verwandelte das Meer in einen silbernen Spiegel. Hoch über dem felsigen Ufer thronte der Silberwald in seiner ganzen majestätischen Pracht. Die Wiesen davor lagen wie ein gelber Teppich von abertausenden Schlüsselblumen da.

Mahhara stand immer noch an der Reling und atmete genießerisch ein und aus. „Unser Silberwald ist mit nichts zu vergleichen, auch wenn die Buchen auf Rugia mindestens genauso altehrwürdig sind“, schwärmte sie mit geschlossenen Augen.

Erst nachdem die *Salisborn* die Felszunge passiert hatte, sah man die ausladende Bucht, die über Jahrtausende vom Blauen Fluss aus dem Felsen gespült worden war. Der Hafen von Midgard war ein geschützter Ort, der vielen Schiffen Platz bot. Fünf Schiffe, deren Ladung gerade von Bord getragen wurde, lagen momentan dort. Ein Schiff lief aus, als die *Salisborn* anlegte.

Eine kurze hölzerne Treppe überbrückte den Spalt zwischen den Schiffsplanken und dem Kai und hielt ihr Versprechen, dass alle das Schiff bequem verlassen konnten.

Theodor ging als Erster, und als er die Treppe bestieg, bot er Mahhara tatsächlich seinen Arm an. Sie sollte sicher an Land kommen. Mahhara lächelte, versuchte jedoch, nicht allzu spöttisch zu wirken, denn ihr gefiel der hünenhafte Korse, der wie ein Leuchtturm aus dem Kreis seiner Kameraden herausragte. Ihr Stolz ließ dann aber doch nicht zu, dass sie das Schiff an der Hand eines anderen verließ. Stattdessen folgte sie Theodor, der Cesaris Gefäß mit von Bord nahm. Die Eulenfrau mochte blind sein, alle anderen Sinne funktionierten allerdings tausendmal besser als bei jedem anderen. Eine Treppe sicher zu überqueren, war ihre leichteste Übung. Das sollte Theodor gleich sehen.

Tobi trug das außerirdische Glas mit den Borsen.

Die Reisenden von der *Salisborn* tauchten in die mit nichts zu vergleichende magische Geschäftigkeit des Hafens ein. Fremde Segel kündigten davon, dass sich hier Geschöpfe aus aller Welt mit ihren Waren, Geschichten und Neuigkeiten trafen. Niemand verließ einen Hafen so, wie er darin angekommen war.

Es duftete nach Suppen, Pasteten und frischem Brot. Der Hafen war auch ein großer Basar, rechts und links reihte sich Stand an Stand. Töpfer priesen ihre irdenen Schüsseln an, Schnitzer hölzernes Besteck und allerlei nützliche Waren. In den Ständen der Gerber hingen Felle oder bereits zu Kleidung verarbeitetes Leder. Ein Barbier hatte sein Zelt aufgestellt und versuchte sich an Bärten und zotteligen Haaren.

Als die Korsen mit Mahhara durch den Hafen schlenderten, teilte sich die Menge vor ihnen wie vor einem unsichtbaren Rammbock. Cesari warf seinen Schatten voraus, oder besser, seine Ausdünstung, Tongefäß hin oder her.

„Nimm‘s nicht persönlich, Chef! Diese Barbaren wissen noch nicht, was gut ist“, Theodor tröstete ihn, denn Cesari war sehr wohl sensibel und registrierte genau, was in seiner Umgebung los war, auch wenn er in einem Behältnis saß und getragen wurde und nicht, wie auf seiner Heimatinsel üblich, selber über den Boden rollte. Wenngleich die vielen fremden Gesichter, Waren und Sprachen sie schützten, verließen sie den Hafen so schnell wie möglich, um nur kein unnötiges Aufsehen zu erregen, das sich im schlechtesten Fall bis ins Svartalfheim herumsprechen könnte.

Der Hafen war nicht nur von der See her gut geschützt. Nur eine, wenngleich geräumige, Straße führte auf dem Landweg herein und wieder hinaus. Sie war zwischen hohen Felsen eingezwängt und grenzte auf einer Seite an den tobenden Blauen Fluss, der im Frühjahr schon mal Hochwasser führen und die Straße unpassierbar machen konnte. Wer hinein oder hinaus wollte, stieß am Eingang der Schlucht auf einen Wachposten und ein Tor aus dicken Eichenbohlen, das im Zweifelsfall geschlossen werden konnte. Solche Vorsichtsmaßnahmen gab es in Midgard noch nicht lange. Sie waren nötig geworden, seit die Zwerge die Gemeinschaft der Baumwelten verlassen hatten und räubernd und plündernd durch die Gegend zogen. Bevor die Schlucht bewacht wurde, hatten Zwerge den Hafen sage und schreibe dreimal überfallen und eine Schneise der Verwüstung geschlagen.

Die Korsikaner gaben den Tonkrug mit Cesari als eigene Verpflegung aus und das Glas mit den Borsen als Dekoration, so passierten sie problemlos.

Hinter dem Kontrollpunkt gab es eine Ponystation, in der Neuankömmlinge die Tiere für die Weiterreise mieten konnten. Als sie sich nur kurze Zeit später auf fünf kräftigen Ponys verteilten, fühlte Mahhara sich wie eine Reisende im eigenen Land. Ohne Zwischenfälle ritten sie durch den satten Silberwald, vorbei an Eichen, Buchen, Tannen und Fichten. An den Rändern franste das Unterholz nach und nach aus, und schon bald standen sie auf Kundries Streuobstwiese, auf der knorrige Äste aneinanderschabten.

Am Horizont qualmten die Feuer der Langhäuser von Salisborn. Direkt vor ihnen floss das Feenbächlein quer durch Kundries Garten. Dahinter duckte sich ihre Rundhütte vor der gigantischen Weltenesche Yggdrasil in den langsam heraufziehenden Sonnenuntergang, beim ersten Mal ein überwältigender Anblick. So stockte den Mitgliedern der Reisegesellschaft vorhersehbar der Atem, also allen außer Mahhara, bevor sie sich in Lobeshymnen über den Baum aller Bäume ergossen und die Eulenfrau darauf drängen musste, das letzte Stück des Weges rasch zurückzulegen. Vor Kundries Hütte angekommen, luden sie ihr Gepäck vom Rücken der Tiere und schickten sie zurück zum Hafen. Die Ponys kannten den Weg.

Die Jahreszeit mit ihren kurzen Nächten war ihrer Unternehmung gewogen. Schon kurz nach der Ankunft hatte die müde Gesellschaft in Kundries Hütte ein Feuer unter dem Kessel geschürt, getrocknete Kirschblüten hineingeworfen und lagerte im Dämmerlicht mit einer frischen Tasse Tee in der Hand und üppiger Reiseverpflegung im Mund in Kundries Garten.

Mahhara hatte sich von der kleinen Gruppe verabschiedet, um die Umgebung zu prüfen und eventuellen Zwergenbegegnungen vorzubeugen. Aber da war nicht die kleinste Auffälligkeit. Sie flog als Eule zu den bekannten Treffpunkten ihrer Kameradinnen und instruierte alle Nachtvögel, die sie traf. Schnell hatte die Eulenfrau ein Zwergen- und Ariman-Frühwarnsystem eingerichtet, das sie in nur einem Flügelschlag über alle verdächtigen Bewegungen und Vorkommnisse unterrichten würde.

Sie kehrte kurz zurück, um ihre Reisegefährten darüber zu unterrichten, dass sie alle sicher ein paar Stunden ruhen konnten. Sie selber würde kurz vor der Dämmerung zurück sein. Mit diesen Worten machte sie sich auf den Weg in das eisige Niefelheim. Als sie die verwitterten Steintreppen in der Weltenesche, die alle Welten miteinander verband, herunterflog, wurde ihr warm ums Herz. Gleich wäre sie in ihrem Eisschloss. Abenteuer- und reiselustig, wie die Eulenfrau war, hing sie doch mit großer Inbrunst an ihrem Flecken Eis und Schnee.

Sie verließ in Muspelsheim die Esche und schaute sich im heißen Teil der Unterwelt um. Ihre Schwester Fangdarna, die Feuersalamandra, war nirgends zu sehen, also flog sie unverzüglich über die lachende Brücke in den kalten Teil der Unterwelt. Zurück im Eisschloss stürzte sie ohne viel Federlesens in den Saal der Ahnengalerie auf Hellerichs Bild zu. Sie floss in ihre Gestalt als Eulenfrau, stieß sich mit der rechten Faust in die linke Handfläche und befand sich mit einem lauten „Ja, ich hab‘s doch gewusst!“ schon wieder auf dem Weg nach oben zu Kundries Garten.

Nur kurze Zeit später fand sie in Kundries Hütte alles ruhig und friedlich vor. Die Korsikaner und Tobi schliefen. Mahhara nutzte die Zeit für einen kurzen Abstecher nach Salisborn zu Kubaba, der Kaschbrauerin des Ortes, und fand sie in der Dunkelheit auf einer Bank vor ihrem Haus am Eingang des Dorfes sitzend.

Flüsternd unterhielten sich die beiden darüber, dass die Elfen Kubaba besucht und ihr den Auftrag gegeben hatten, besonders viel Kasch zu brauen. Damit war sie den ganzen Tag beschäftigt gewesen und hatte es dann dummerweise unbeaufsichtigt vor ihrer Hütte gelagert, um es abkühlen zu lassen. Und jetzt war es tatsächlich verschwunden. Wollte man das wirklich glauben? Als sie das empört fragte, umspielte ein nicht ganz unauffälliges Grinsen ihren Mund.

Mutmaßlich gestohlen von den Zwergen. Was bedeutete, im Svartalfheim dürfte heute Nacht eine schöne Feier stattfinden. Was wiederum viele ziemlich betrunkene Zwerge bedeutete. War das zu glauben? Mahhara hätte sich den Beginn ihrer Aktion nicht besser erträumen lassen.

21. In der Hawaiki-Welt

Farbenfrohe Fische, graue Rochen und andere Kreaturen glitten mit der Strömung durch Korallenwälder und über Nesselarme, vorbei an grünen Unterwasserwiesen mit prächtigen Wasseranemonen.

Die Strömung vermittelte ein Gefühl der permanenten Schwerelosigkeit. Das Befremdlichste an diesem Ort aber war die ständige Ruhelosigkeit, dieses Auf- und Abgleiten, als würde das Wasser atmen.

Ariman hob und senkte sich mit der Strömung, wie alles hier. In seiner jetzigen Gestalt als imposante Feuerqualle fiel seine aktuelle Gesichtslosigkeit nicht so sehr ins Gewicht. Er war ja dran, diesen Mangel zu beheben, den der Fortgang Lils bewirkt hatte. Dazu musste er nur endlich sein Gegenüber unter Kontrolle bringen. Nun ja, er war geduldig, etwas anderes blieb ihm im Moment auch nicht übrig.

Eine Stachelmakrele betrat den Raum unter dem Korallenriff. Mit ihren leicht herabhängenden Mundwinkeln und den starren Augen wirkte sie teilnahmslos. Sie hielt zwei Gläser vergorenen Algensafts in ihren blau phosphoreszierenden Flossen, die sie auf den Tisch stellte, an dem sich Ariman und Tangaroa gegenübersaßen und Pläne für die nahe Zukunft entwarfen.

„Es ist so weit, wir können unsere Fingerübungen in einen handfesten Überfall verwandeln", ließ Tangaroa gerade vernehmen. Der Meeresgott nahm die Stachelmakrele nicht einmal wahr. „Wird auch Zeit!"

Von Zornesröte konnte man bei ihm nicht sprechen, aber seine blaue Haut verdunkelte sich merklich, als er sprach, bis sie so blau war wie die Schwanzflossen der Stachelmakrele. In seinen wasserfarbenen Haaren schwebten Algen, am Gesicht klebten Muscheln.

Ariman war es recht. Die Pläne standen und vor allem wollte er sich nicht länger die Vorwürfe Tangaroas anhören. Der hatte Lil von Anfang an nicht getraut. Berechtigte Vorhaltungen waren immer am ekelhaftesten.

„Ich habe dich vor diesem Knilch gewarnt. Aus der Brut meines Bruders kann nichts Gutes hervorgegangen sein", schwadronierte Tangaroa.

Oh nein, nun fing der doch wieder damit an. Ariman sackte innerlich zusammen. In solchen Situationen war ihm das Manko, dass er als Gestaltenwandler selten eine eigene Stimme hatte, am deutlichsten bewusst. Im Moment konnte er weder widersprechen noch Einhalt gebieten. Erschwerend dazu kam, dass dieser alte Sturkopf von Unterwasserherrscher Eigenschaften hatte, die Ariman durchaus zu schätzen wusste, nicht zuletzt, weil sie auch ihm selbst zu eigen waren. Das führte jedoch manchmal dazu, dass sich sein Kompagnon ignorant ihm gegenüber verhielt.

Ariman hob sein Glas mit vergorenem Algensaft, eine Spezialität des Hauses, die den Vorteil hatte, effektiv zu benebeln. Einer der Vorzüge dieser Unterwasserwelt bestand darin, dass es das gleiche Getränk auch unvergoren gab. Trank man davon, bekam man umgehend einen klaren Kopf.

Also her mit dem Gebräu, da kann nichts schiefgehen, dachte er, während er die Gestalt eines Kugelfischs annahm. Als Qualle konnte man zwar elegant mit der Meeresströmung schweben, aber ohne Mund schlecht trinken. Außerdem erschien Ariman die Gestalt einer Qualle nicht angemessen ausdrucksstark. Als Gestaltenwandler ließen sich solche Probleme schnell beheben.

Also prostete Tangaroa jetzt einem Kugelfisch zu, hob sein Glas mit nachlässiger Geste an den Mund und unterbrach sein Salbader nur für den kurzen Augenblick, den er brauchte, um den Saft in einem Zug herunterzustürzen. Den auffällig in seine Richtung gerichteten Blick bemerkte er kaum, genauso wenig die roten Kreisel, die sich darin drehten.

Aber gut, das wird schon noch, dachte sich Ariman und winkte mit dem leeren Glas der Stachelmakrele, die diskret am Ausgang des Korallenriffs auf Order wartete.

„Wenn es damals nach mir gegangen wäre, ich hätte sie alle getötet. Die Eltern und vor allem diesen Windgott-Bruder, der sich uns in den Weg stellte. Windgötter sind doch alle gleich. Ich meine, die Eltern haben uns in völliger Dunkelheit gehalten, denen war völlig egal, wie es uns ging! Und dieses Rumgeflenne von Vater Rangi war nach der Trennung völlig überzogen. Irgendwer musste den Preis dafür zahlen, dass wir ans Sonnenlicht kamen und warum sollten wir darauf verzichten? Ich kann dir versichern, mein Freund, du willst dein Leben nicht in völliger Dunkelheit verbringen."

Die Stachelmakrele stellte mit ihren blauen Flossen zwei neue Gläser vor die beiden und nahm die geleerten auf ihrem Tablett mit nach draußen in die Korallenriffküche.

Tangaroa seufzte: „Aber dass der Schuft uns so hintergeht und sich unendlich vermehrt mit vielen kleinen listigen Nachwuchs-Windgöttern und Sturmboten, die uns allen das Leben weitervergällen, das hätte niemand gedacht."

Tangaroa leerte sein Glas, ohne sich erneut die Mühe zu machen, Ariman zuzuprosten. Der wiederum merkte sich solche Details für sein Leben gerne. Denn sobald er einen Stimmersatz für Tangaroa gefunden hätte ... Das Bild eines abgewrackten Zwergenältesten blitzte in Arimans Gedächtnis auf, während er das zweite Glas Algensaft runter kippte. Seine Augen versuchten es erneut bei Tangaroa, aber wieder ohne Glück. Der Meeresgott war so versunken in seinem Familienzwist, von dem Lil ein Teil war, dass Arimans Hypnoseversuche keine Chance hatten zu fruchten. Hypnose war für Ariman bei Tangaroa auch nicht dafür gedacht, einen an sich guten Charakter von seiner inneren Bahn abzubringen. Weit gefehlt, hier ging es darum, seinem Gegenüber einfach mal das Maul zu stopfen, damit er in Ruhe seinen Algensaft trinken konnte. Ariman seufzte innerlich, man konnte nicht alles haben.

„Vielleicht hätte ich diesem Möchtegern-Windgott Lil gleich die Meinung geigen sollen. Ich meine, er wusste, dass ich sein Onkel bin und was ich von meinem Bruder halte."

Ariman dachte daran, wie viel glücklicher alle Leute sein könnten, wenn der Komplex Familie irgendwann überwunden wäre und man sich durch eine einfachere Form der Zellteilung vermehren könnte. Vermehren, abnabeln, fertig - ohne dieses ganze Familienbrimborium! Er speicherte das als eines seiner langfristigen Projekte im Kopf ab und überlegte befreit, wie schön es gewesen wäre, ohne eine Schwester aufzuwachsen. Aber gut, auch Brüder konnten Probleme bereiten, wie Tangaroa es mit seinem Hass auf seinen Windgottbruder bewies.

Ariman wertete es als einen besonders dummen Zufall, dass er seinerzeit ausgerechnet Lil zu Thröma angeschleppt hatte, als dessen Onkel mit der Himmelstänzerin Halma gespielt und die sofort hocherfreut zusammengezählt hatte, dass sie jetzt genug Personen für eine Pokerrunde waren.

Ariman versuchte es jetzt doch noch mal mit einem kurzen Hypnoseblick, auch diesmal vergebens, und seufzte. Für diese zerrütteten Familienverhältnisse konnte er ausnahmsweise nichts.

Ärgerlich war hauptsächlich, dass Tangaroa, der von Anfang an gegen Lil als Hoffnungsträger Arimans gewettert hatte, in seinen Tiraden Recht behalten sollte. Ariman gab dennoch nicht auf, denn das hätte einen zu leichten Sieg für alle anderen bedeutet. Das kam nicht in Frage.

Tangaroa zählte gerade die Vorzüge seiner fünf anderen Brüder auf, die sich gemeinsam mit ihm gegen ihre Eltern, Vater Rangi, der Himmel, und Mutter Paapa, die Erde, gestellt hatten. Die hatten ihre Kinder in völliger Dunkelheit aufwachsen lassen, nur um sich nicht trennen zu müssen. Allein der Windgott hatte sich auf die Seite seiner Eltern geschlagen, als die anderen rebelliert und gefordert hatten, Himmel und Erde sollten sich endlich trennen und die ihnen zugedachten Plätze einnehmen, damit auch sie im Licht leben konnten. Selbst berechtigte Forderungen mussten oft mit Gewalt durchgesetzt werden und so war es in der dunklen, aber friedlichen Hawaiki-Welt zum Krieg gekommen - wie üblich, innerhalb der Familie.

Die rebellierenden Brüder hatten den Kampf gewonnen und die Eltern hatten sich trennen müssen. Doch seitdem vergoss Vater Rangi nicht nur unendlich viele Tränen, da er von Mutter Papa getrennt war, es herrschte zudem dauerhaft Krieg zwischen dem Windgott mit seinen zahlreichen Nachfahren auf der einen Seite und den Brüdern auf der anderen. Der Windgott schickte Stürme, wann immer er konnte.

„Dass sich mein Neffe so unbefangen mit mir an einen Tisch setzte, bezeugt seine unendliche Naivität“, resümierte Tangaroa nun, als völlig unvermutet ein weiterer Besuch hereinspazierte.

Thröma, die Fürstin der Steine, materialisierte sich aus dem Nichts im Raum und saß schon im nächsten Augenblick bei Ariman und Tangaroa am Tisch, als wäre es das Normalste auf der Welt.

Die Stachelmakrele wollte sofort aus dem Raum eilen und ein neues Getränk holen, da rief ihr Thröma hinterher: „Aber bitte unvergoren! Und dreimal!“ Sie wandte sich den beiden anderen zu und sagte in bestimmtem Ton: „Ihr müsst bei klarem Verstand sein!“

Ariman sah diese imposante Erscheinung an und konnte seine Bewunderung für ihre unerschütterliche Souveränität nicht verhehlen. Thrömas kunstvolle Frisur und Kosmetik litten erstaunlich wenig unter dem Wasser, so als umgäbe sie ein unsichtbarer Feuchtigkeitsschutz. Nur diesem Wippen mit der Wasserströmung konnte sie nicht gänzlich entkommen, wenngleich bei ihr auch noch das würdevoll aussah, wie sich Ariman nicht verkneifen konnte zu denken.

Ansonsten war er Thröma dankbar dafür, dass sie ihn aus dieser Situation rettete. Tangaroa hatte Ariman zum etwa hundertsten Mal die gleiche Geschichte über seine undankbare Bagage erzählt. Thröma unterbrach Tangaroa mit der größten Selbstverständlichkeit: „Freyja ist auf dem Weg hierher. Ich glaube, deine Versuche, sie umzudrehen, kannst du als gescheitert betrachten“, dieser Satz war eine Antwort auf Arimans wortlos gestellte Frage, warum sie in einer so schönen Unterwassernacht vergorenen Algensaft ablehnte, mit dem sich doch herrlich böse Pläne schmieden ließen.

„Die also auch", griff Tangaroa hämisch grinsend das Thema auf, seine Artikulation hatte nach dem Genuss des dritten Algensafts schon etwas gelitten. Er sah dem Kugelfisch in die Augen und grinste. Ariman dachte noch, *er wird jetzt doch wohl nicht.* Eine Kugelfischgestalt war eine überaus beeindruckende Form aus Arimans Sicht. Doch auch die hatte ihre Schwachpunkte. Denn es gab eine unendlich demütigende Lage, wenn Kugelfische als zubereitete Speise, aller Stacheln und Gifte beraubt und mit Zitrone und Wasserspinat verziert, irgendeine Platte zierten. Das für diesen Zustand verwendete Wort sollte niemals in Gegenwart eines lebenden Kugelfisches benutzt werden. Tangaroa scherte sich nicht drum. Und da war es auch schon raus: „Fugu", trat Tangaroa genüsslich nach. Umgehend verwandelte sich Ariman in einen gefleckten Katzenhai, der seine Reisszähne bleckte. Diese Sprache verstand Tangaroa.

Ariman knabberte noch an der Beleidigung, während der Meeresgott sich Thröma zu wandte. „Na, altes Mädchen", begrüßte er sie rüpelhaft.

Innerlich schüttelte Ariman den Kopf und fragte sich einmal mehr, was die Zwei wohl zusammengeführt hatte.

Thröma hielt sich wie immer aufrecht und entschied, auf Tangaroas Benehmen nicht einmal mit einem Wimpernzucken zu reagieren: „Ich dachte, es interessiert euch vielleicht, dass dich jemand sucht, Ariman! Und zwar drei Frauen mit Namen Penthesilea, Fatima und na ja, Freyja kennst du ja."

Die Stachelmakrele stellte die verlangten drei Gläser mit Algensaft auf den Tisch.

„Danke, meine Liebe", sagte Thröma höflich, sammelte die zwei Gläser vergorenen Algensaft ein und übergab sie der Makrele. „Unsere Zwei hier haben wahrlich genug", mit diesen Worten verteilte sie die alkoholfreien Getränke. Dann nickte sie der Stachelmakrele zu: „Du kannst jetzt gehen, Liebes. Wir kommen zurecht."

So freundlich sie eben noch zur Makrele gesehen hatte, so dunkel und engschlitzig wurde ihr Blick, als er jetzt zwischen Tangaroa und Ariman hin und her wanderte.

Tangaroa war ganz damit beschäftig, noch blauer anzulaufen, weil ihm sein geliebter Algensaft weggenommen worden war. Ariman konnte also ungestört mit Thröma Konversation betreiben. Er stichelte in ihrem Verhältnis zu diesem verzärtelten Windgott. Ohne ihren Schutz wäre Lil ein Spielball in seinen Händen. Doch da er die Himmelstänzerin hinter sich wusste, konnte dieser Bursche sich

Dinge herausnehmen, die Ariman ihm unter anderen Umständen schnell ausgetrieben hätte. Am Ärgerlichsten war, dass Ariman derjenige war, der die beiden auf seiner Reise durch die Welten zusammengebracht hatte.

Na, hast du das Milchbübchen allein zu Hause gelassen? Wer wechselt ihm jetzt die Windeln?

Auch für diese Art Humor hatte Thröma pure Nichtbeachtung übrig. Ihr Blick wurde allerdings nicht freundlicher davon: „Wie sieht euer Plan aus, wenn die Spioninnen von Rugia hier eintreffen? Seid ihr gerüstet?"

Arimans Haiblick wurde lauernd, während Tangaroa das Glas mit dem unvergorenen Algensaft unschlüssig in den Händen drehte.

Woher weißt du, dass sie auf dem Weg hierher sind? Und wenn es so ist, dann schlag uns eine Strategie vor!, forderte Ariman sie auf. Ihm war egal, ob Tangaroa in seinem Zustand die intellektuelle Leistung erbringen und einer telepathischen Unterhaltung folgen konnte.

„Gut, ich dachte schon, du fragst nie", Thrömas perfekt geschminkter Mund verzog sich zu einem leichten Lächeln. „Wenn sie dich in meinem Steinpalast suchen und du nicht dort warst, was glaubst du wohl, wen sie als Nächstes auf der Liste haben?" Sie machte eine kurze Kunstpause. „Ich würde vorschlagen, ihr verlasst auf der Stelle diesen Ort. Es ist egal, wohin, Hauptsache weg von hier und dorthin, wo sie euch nicht vermuten. Fällt dir dazu was ein?", wandte sie sich direkt an Ariman.

Der spielte wie Tangaroa mit dem unvergorenen Algensaftglas, das grün und gefüllt vor ihm stand. Er wollte seinen Dämmerzustand noch nicht verlassen, den ihm zwei Gläser von dem höllischen Unterwassergebräu beschert hatten. Aber er schob das Unaufhaltsame nur kurz auf, das wusste er. Also los. Er kippte das Glas ebenfalls runter und war auf einen Schlag nüchtern. Schade.

Ja, ich weiß, wohin wir gehen, er sah zu Tangaroa, *wir holen Verstärkung.*

Der haute mit seiner mächtigen Meeresgottpranke auf den Tisch, der auf dem sandigen Untergrund tanzte. „Zum Teufel mit Verstärkung, lass uns endlich loslegen und Rugia plattmachen. Das sollte wohl die leichteste Übung für jemanden wie dich und mich sein", polterte er, und es war nicht klar ersichtlich, ob da nicht noch eine erkleckliche Portion vergorenen Algensafts aus ihm sprach.

Thröma sah den ungehobelten Klotz von einem Meeresgott an und fragte sich, wie langweilig ihr in ihrer Steinwüste wirklich zumute sein musste, wenn sie mit so einem Grobian Halma spielte. Vielleicht würde sie in Zukunft ihre Gesellschaft besser auswählen. Sie blickte zu Ariman. Hatte er ihre Gedanken mitgelesen?

Aber der schüttelte sich bloß vor Abscheu und starrte auf das leere Algensaftglas.

Thrömas neuer Vorsatz würde auch Ariman treffen. Denn immerhin hatte der das Küken Lil zu ihr mitgeschleppt, das jetzt in der Falle gefangen saß. Thröma mochte sich die Konsequenzen noch gar nicht ausdenken, wenn ihm nicht bald einfiel, wie er aus dem Schlamassel rauskam, wusste aber auch, es gab einen Punkt, an dem sie keinen Kompromiss eingehen konnte.

„Wohin willst du?", fragte Tangaroa erneut.

Zu einem alten Freund. Ariman sah Thröma an. *Kommst du mit?*

Der Goldschmuck der Fürstin klimperte leise, während sie den Kopf schüttelte.

22. Kampf im Svartalfheim

Ariman hatte sich in kluger Voraussicht zwei Krüge unvergorenen Algensafts als Reiseproviant einpacken lassen. Dann sperrte er die Stachelmakrele aus dem Raum im Korallenriff aus, um zu verhindern, dass sie etwas hörte, das sie während ihrer Abwesenheit etwaigen Besuchern über ihr hastiges Aufbrechen berichten konnte. Denn es konnte vorkommen, dass während der Abreise per Brainspotting der Name des Zielortes fiel. Das geschah manchmal unbewusst, wenn man sich in voller Konzentration auf eben jenen befand. Alles unerfreuliche Nebeneffekte, die Ariman angesichts der Dringlichkeit von Thrömas Worten in Kauf nahm.

Der Algensaft, so hoffte er, würde die Phase der Benommenheit abkürzen. Aber er hatte da auch noch etwas anderes im Blick.

Gesagt, getan, Krug geschnappt, sich mit Tangaroa über den Zielort verständigt, der Unterwassergott setzte seine künstlichen Lungen ein und los ging's. Ariman hatte versucht, Tangaroa die Umgebung so detailliert wie möglich zu beschreiben, damit sie beide genau wussten, wohin es ging und sich Ariman nicht alleine vor Ort wiederfand, während Tangaroa wer weiß, wo abblieb. Ariman gab nun wieder den weniger furchteinflößenden Kugelfisch.

Sie legten beide Arme beziehungsweise Flossen auf den Nacken des anderen und hielten in je einer Hand den Algensaft, damit der sie auch auf ihrer Reise begleitete. Sie gingen in die Hocke, schlossen die Augen, konzentrierten sich und es gab ein leises Plopp, als sie sich in Luft auflösten.

Die beiden fanden sich tatsächlich im Teich vor dem Svartalfheim wieder. Von dort mussten sie allerdings schnell auftauchen, Ariman hatte sich im Moment der Ankunft in einen Drachen verwandelt, der aus dem flachen Teich herausragte und Tangaroa konnte mit künstlichen Lungen nicht mehr unter Wasser atmen. Also spazierten sie beide an Land.

Es war Nacht in Midgard, doch aus den Svartalfheimer Höhlen strahlte es hell, Gesänge zogen durch die frische Nachtluft und das Aroma rundherum erinnerte an den Gestank von Spelunken. Ariman gratulierte sich dazu, den unvergorenen Algensaft mitgenommen zu haben, war sich aber noch nicht ganz sicher, ob die Zwerge die Plörre zu sich nehmen würden. Wer gab seinen hart erarbeiteten Rausch schon freiwillig auf?

Er sah der ganzen Unternehmung mit gemischten Gefühlen entgegen. Wie würden die Zwerge ihn aufnehmen, wenn er aus dem Nichts auftauchte nach all der Zeit, die vergangen war? Obwohl, ein ausdrucksstarkes Blinzeln von seiner Seite, und sie würden ihn erneut anhimmeln. Dessen war er sich sicher. Ariman überlegte, ob er in seiner Drachengestalt – er war ein ausnehmend kleiner Drache - ins Svartalfheim passen würde und ob es nicht besser wäre, in eine andere Form zu wechseln. Auf alle Fälle müsste er sich eine eindrucksvolle Figur ausdenken, die eine Verbindung zum Feuer hatte. Feuer kam immer gut an.

Er könnte andererseits das Salamander-Element verwenden, in dem er schon einmal imponierend im Svartalfheim gewirkt hatte. Oder doch besser ein Krokodil? Doch da fehlte das Feuer. Ariman entschied sich, in seiner Drachengestalt zu bleiben. Als Drache konnte er angemessen eindrucksvoll auftreten, selbst wenn er mal den Kopf einziehen musste.

„Wo liegt das Problem, da jetzt reinzugehen?“, unterbrach Tangaroa Arimans Grübelei.

Der nickte. Los gings. Die Bundeshalle, das wusste Ariman, war weitläufig genug für ihn als Drachen. Dort würde er residieren. Er dachte sich ein paar zündende Einlagen aus und geriet innerlich regelrecht darüber ins Schwärmen, was er Großartiges plante.

Dann sah er Tangaroa in die Augen und zwang ihn, seinen Blick auszuhalten. Es gab nichts, wohin der Meeresgott sich hätte flüchten können, das hier war Arimans Terrain. Der gewünschte Erfolg ließ nicht auf sich warten. Tangaroa nickte ergeben, und in seinen blauen Augen drehten sich von diesem Moment an kleine rote Kreisel. Test gelungen! Ariman hatte seine Stimme gefunden. Alles war für seinen großen Auftritt bereit.

Sie bewegten sich auf das Licht und den Krach zu. Das Tor des Svartalfheims hing schief in seinen Angeln und verrottete vor sich hin. Tangaroa und Ariman betraten die Höhlen. Andere Gemüter als das stabile von Ariman hätten vielleicht unter einem Anflug von Sentimentalität gelitten, als er jetzt nach langer Zeit wieder das erste Mal einen Fuß, respektive vier Drachentatzen, auf den Flecken Erde setzte, an dem er einst so nachhaltig gewirkt hatte. Ariman hatte Maßstäbe in Sachen Triumph der Boshaftigkeit gesetzt, mit Hellerich als Marionette am anderen Ende der Fäden. Die Zwerge waren seitdem Ausgestoßene aus der Gemeinschaft der Yggdrasil-Baumwelten und die Feindschaft zwischen Elfen und Zwergen schien noch heute fest zementiert. Doch mit solcher Art Gedanken hielt Ariman sich nicht auf. Er schob sich einfach den Gang entlang, um sein Ziel zu erreichen: die Bundeshalle.

Vereinzelt leuchtende Fackeln verströmten ein Dämmerlicht, in dem Schatten wie Dämonen über die Wände tanzten. In den Gängen stapelten sich Abfälle. Sie stolperten alle Nase lang über etwas, zertraten Ton, und etwas Glitschiges unter ihnen machte den Weg gefährlich. Ariman wollte jetzt nicht damit beginnen zu zweifeln, ob er die richtige Entscheidung getroffen damit hatte, diesen Zwergenältesten wieder zurück ins Boot zu holen. Es gab keine Alternativen.

Sie passierten zahlreiche Holztüren, hinter denen die Zwergenwohnhöhlen lagen. Früher waren sie kunstvoll geschnitzt gewesen, alles hatte geblitzt und geduftet. Jetzt wuchs selbst auf den Türen im Inneren des Svartalfheims Moos. Und der Geruch sprach für sich.

Sie näherten sich der Bundeshalle, eben jenem Ort, an dem Ariman noch heute Schauer des Entzückens über seinen nun schuppigen Rücken jagten, wenn er an sein Werk dachte. Hier hatte Hellerichs Hochzeit stattgefunden. Ihm war Jasmin angetraut worden, deren Vater er zuvor getötet und deren Mutter er eingesperrt hatte, später war diese in Haft gestorben. Als Tischdeko hatten die abgeschlagenen Köpfe des Losalfheimer Elfenclans Hellerichs Hochzeitstafel geschmückt. Aber jetzt war es auch genug der Rührseligkeit.

Ariman und Tangaroa kamen immer wieder vereinzelt Zwerge aus der Halle entgegengestolpert. Sie sparten sich den Gang ins Freie, indem sie alles, was getan werden musste, um weiterzutrinken, mitten in den Gängen verrichteten und auf kurzem Weg zurückkehrten.

Hier schaute selbst Tangaroa etwas befremdet, doch Ariman ließ den Meeresgott nicht weiterdenken als bis zum Eintritt in eben jene Halle, in der gerade ausgelassen gefeiert wurde. Genau darum ging es und nicht um die Lebensart einzelner Zwerge.

Ariman ging vorneweg, er bog um die Ecke und dann stockte auch ihm trotz aller Konzentration auf sein Ziel für einen klitzekleinen Moment der Atem.

Von der Architektur her hatte sich die Bundeshalle der Zwerge nicht verändert. Auf demselben steinernen Thron, den Ariman kannte, lag Hellerich mehr, als dass er saß. Tatsächlich stand dahinter noch die Tafel, mit den von Ariman persönlich in Stein gemeißelten neuen Gesetzen im Svartalfheim, die eine Vererbung des Throns und des Titels des Zwergenältesten vom Vater auf den Sohn festschrieb. Eine weitaus praktischere Form als diese ewigen Wahlen zum Zwergenältesten, in denen tatsächlich jeder einmal Chef sein konnte. Viele hatten doch gar nicht das Zeug dazu.

Damals war noch kein Zwergenältestensohn da gewesen, aber auch das Problem war mittlerweile gelöst. Der steinerne Zechtisch stand ebenso am gleichen Ort wie immer, doch der Rest war unbeschreiblich, sowohl in Bezug auf Sauberkeit und Tischsitten als auch auf Geruch.

Unfassbar, schoss es dagegen Tangaroa durch den Kopf, der vielleicht skrupellos war, aber in seinem Unterwasserpalast bestimmt nicht abgeschmackt residierte.

Ein Gedanke, den er nicht weiterverfolgen konnte, denn Ariman beschloss loszulegen, und im nächsten Moment brach ein unterirdisches Feuerwerk los, das feinfühligeren Gemütern als den anwesenden Zwergen wohl derart zugesetzt hätte, dass es durchaus die Bezeichnung „gesundheitsschädlich“ verdient hätte.

Es krachte und zischte, ganze Kaskaden von Sternschnuppen ergossen sich über den Höhlenhimmel, Qualm breitete sich aus und mittendrin ekstatisch kreischende Zwerge, die schon vorher nicht mehr ganz bei Sinnen gewesen waren, jetzt aber eindeutig den letzten Funken Verstand verloren. Hellerich war noch am ruhigsten. Fraglich war nur, ob das ein Kompliment sein konnte, wenn jemand blöd und mit rundem Auge auf dieses Schauspiel schaute und dabei vergaß, seinen Mund wieder zu schließen.

Ariman war gleich beim Eintritt in die Halle aufgefallen, dass der Zwergenälteste wie Odin eine Augenklappe trug, nur über seinem linken Auge. Wie Ariman sich gerne und feixend erinnerte, war er derjenige, auf den Odins Augenschaden zurückging. Auch für Hellerichs Augenklappe war Ariman indirekt verantwortlich, aber egal, jetzt standen andere Dinge im Vordergrund.

Er umgab sich selbst mit einem Feuerkranz und tauchte sich damit ins grellste Licht, das er zu bieten hatte. „Hallo, hallo, hallo" versuchte er sich als gnadenloser Entertainer mit anschwellender Stimme und dem gewünschten Erfolg. Alle Zwerge standen wie verwachsen mit dem Ort, an dem sie gerade waren. Die allgemeine Aufmerksamkeit kannte nur einen einzigen Punkt: Ariman. Wenn das nicht der Himmel war.

Doch er musste schnell nachlegen, sehr schnell. Das Reptil richtete sich auf, breitete beide Vorderpranken aus, verdrehte die Augen in Richtung Höhlendecke, von der noch einzelne Sternschnuppen herabregneten und rief: „Ich bin zurück!"

Ariman gelang es erneut, Tangaroa ein so entzücktes Tremolo zu entlocken, dass es sich anhörte, als wäre mit diesem Satz und ohne weitere Erklärung alles gesagt, worauf es ankam. Und irgendwie schien er damit durchzukommen. Denn als Ariman endete, brach tatsächlich frenetischer Jubel unter den Anwesenden aus und, ja, so war es tatsächlich, die Zwerge sanken auf die Knie. Es war fast, als ob sie den wahren Gott gefunden hätten, den sie ab sofort als einzigen und alleinigen Gebieter anbeteten. Aber das taten sie noch nicht. Erst einmal begnügten sie sich damit, jubelnd niederzuknien und dann, als sie verstummten, Ariman an den Lippen zu hängen, ohne selbst irgendeine Art von Geräusch von sich zugeben. Nicht einmal der leiseste Rülpser war mehr zu hören.

„Ich bin zurück und werde euch in eine glanzvolle Zukunft führen", Ariman selbst fand das jetzt auch nicht besonders geistreich, aber etwas irritierte nicht nur ihn.

Eine neue Form von Gestank zog durch die Bundeshalle. Ein Geruch, der an nichts Vergleichbares erinnerte, obwohl es hier auch schon so stank, als hätte eine sechsköpfige Pumafamilie sieben Tage lang ihre Höhle weder verlassen noch gelüftet. Doch das hier hatte eine ganz andere Dimension.

Die Zwerge lagen noch auf ihren Knien, deutliche Irritation zeichnete ihren Gesichtsausdruck. Sie schauten suchend nach rechts und links, als käme ihnen gerade die Erkenntnis, dass ordinärer Gestank ein Normalmaß durchaus überschreiten konnte.

Die Ersten von ihnen liefen leicht grünlich an. Die Gesichtsfarbe war dem Zusammenspiel geschuldet, dass ein enormer Alkoholpegel auf einen Gestank traf, der den zum Atmen notwendigen Sauerstoff immer mehr zurückdrängte. Selbst Ariman blickte sich mit seinen Reptilienaugen verwundert um und fragte sich, woher dieser exzellente Ausdünstungsexzess jetzt wohl wieder kam.

Da stürzte Hellerichs Sohn Alberich mit Freunden und in Nachtkleidung, bei der auch die legendäre Nachtzipfelmütze nicht fehlte, in die Bundeshalle. Sein Vater hockte immer noch mit leicht debilem Gesichtsausdruck auf dem Thron, als könne er sich nicht entscheiden, ob er dem Heiland zujubeln oder dem Gestank ausweichen sollte.

„Was habt ihr denn jetzt schon wieder gemacht?", brüllte Alberich fassungslos. „Und wer sind die denn hier?", er zeigte auf den Besuch, der noch vor Sekunden als der Heiland des Svartalfheims durchgegangen war.

Aber Zwerge hielten sich für clever und auch wenn keiner der anwesenden Zwerge, die Jungen ausgenommen, eins und eins zusammenzählen konnten oder zumindest nicht auf zwei gekommen wären, so taten sie es dennoch und kamen unter dem Strich zu dem Ergebnis, dass Gestank und Besuch zusammenhängen mussten. Immerhin war beides fast zeitgleich aufgetreten. In dem Moment, als diese Erkenntnis in der Bundeshalle eintrat, erhob sich ein Gebrüll von Seiten der Zwerge, das mit dem Wort „unvorstellbar" am besten umschrieben wäre.

„Du willst uns vergiften!"

„Die da wollen uns umbringen!"

„Sollen wir hier verrecken?"

„Ihr erstickt uns, und dann nistet ihr euch in unserem schönen Zwergenreich ein!"

Die Zwerge stachelten sich gegenseitig auf, bis die Masse beschloss, dass man den Heiland und dessen Begleitung besser umbrachte, bevor sie einem selber den Garaus machten.

Bevor Ariman begriff, was hier vor sich ging, stürzte sich eine Meute betrunkener und mit Sauerstoff unterversorgter Zwerge auf ihn. Faustdicke Seile legten sich in Windeseile um Ariman und seinen Gefährten Tangaroa und zogen sich ganz fest zu. Woher die auf einmal kamen, vermochte hinterher niemand mehr zu sagen. Wie lange würde ein Gestaltenwandler allerdings in einer Form bleiben, die ihn bewegungsunfähig machte? Ariman kicherte noch innerlich, während er die Fesselkünste der Zwerge über sich ergehen ließ. Doch dann gab es ein furchterregendes Gebrüll, und ihm verging das Lachen.

Mahhara konnte ihr Glück nicht fassen, als sie vom Waldrand aus beobachtete, wie ein Meeresgott und ein Kugelfisch im Svartalfheimer Zwergentümpel auftauchten, der Kugelfisch sich umgehend in einen Drachen verwandelte, alle beide aus dem Teich kletterten und in die Svartalfheimer Höhlen eintauchten. Dass Ariman in der Nähe sein musste, sagte ihr juckendes Gefieder ihr schon Augenblicke, bevor er auftauchte. Zuverlässig breitete sich der bittere rote Geschmack in ihrem Mund aus. Ganz gleich, ob Kugelfisch oder Drache, es handelte sich unverwechselbar um Ariman.

Sie hatten, im Schutz des dunklen Waldes verborgen, die Borsen gerade ausreichend mit Cesari bestückt, als die zwei Gestalten wie ein Geschenk des Schicksals die Wasseroberfläche des Teichs durchbrachen. Nun mussten sie nur noch abwarten, bis Drache und Meeresgott in den Gängen verschwanden, dann konnte ihre Attacke beginnen. Wer sollte da nicht glauben, die beiden Neuankömmlinge hätten den Gestank mitgebracht.

Die tanzenden Pferde hatten Recht behalten. Alles lief am Schnürchen, zu gut, wie Mahhara, misstrauisch, wie sie war, fand.

Da ertönte erst fulminantes Getöse aus der Bundeshalle, rasch gefolgt von Gezeter und Geschrei, vor allem junger Zwerge. Und dann taumelten auch schon die ersten röchelnden Svartalfheimer aus den Höhlen und fielen auf die Wiese. Der Damm war gebrochen, alle rannten raus, schrien fassungslos und wankten ohne Orientierung umher. Einige mussten sich übergeben, andere kämpften mit lebensbedrohlicher Atemnot, wieder andere stürzten in den Teich, weil sie nicht mehr wussten, wo sie waren.

Mütter versuchten, ihre schreienden Kinder zu beruhigen, Väter, sie vom Wasser fernzuhalten. Klar war nur: hier hatte es jemand auf die Zwerge abgesehen.

Mahhara, Tobi und die Korsikaner lagerten im Schatten des Silberwaldes und diskutierten leise.

„Wir könnten Ariman gefangen nehmen“, warf Theodor ein, „das ist eine unbeschreibliche Chance.“

„Wie sollen wir unsere Anwesenheit erklären? Wir dürfen auf keinen Fall als Urheber dieses Chaos‘ auffliegen“, widersprach Mahhara gedämpft, „die Folgen wären verheerend.“ In ihrer Vorstellung spielte sie rasend schnell alle möglichen Szenarien durch, wie sie es anstellen konnten, Ariman unerkannt dingfest zu machen, der ihnen hier wie ein Geburtstagsgeschenk in die Arme gelaufen war. Er musste dann ja auch noch nach Rugia gebracht werden.

Dieser Triumph wäre größer als jeder Superpokal bei den Nerthus-Spielen. Mahhara lächelte beinahe, wenn sie daran dachte, wie das hier alles angefangen hatte: bei sportlichen Wettkämpfen, zu denen aus aller Herren Länder wie Galaxien die Sportler und Sportlerinnen zusammenkamen. Und jetzt hockten sie im Wald und beobachteten bang, wie die Sonne dämmerte. Es musste ein Plan her, wie mit der neuen Situation umzugehen war. Denn sollten sie hier entdeckt werden, dann könnte sich das Blatt, das gerade voller Hass gegen Arimans Drachenschädel schlug, genauso schnell gegen sie wenden.

„Lasst uns zu Kundries Hütte zurückkehren. Wir können unsere Anwesenheit hier mit nichts rechtfertigen", resümierte Mahhara schließlich die Lage.

Es war ein schwerer Schritt, eine Gelegenheit wie diese ungenutzt zu lassen. Aber es war der einzig Richtige. Das eigentliche Ziel dieser Aktion, die Zwerge in die Gemeinschaft zurückzuholen, durfte nicht gefährdet werden. Ariman jetzt gefangen zu nehmen, würde bedeuten, ihre Deckung zu verlassen. Das ging nicht. Die Zwerge durften nie erfahren, dass der Gestank den Namen Cesari trug.

„Was ist, wenn Ariman es schafft, sie zu hypnotisieren und wieder gefügig zu machen?", fragte Tobi und traf damit einen wunden Punkt in der ansonsten stimmigen Gleichung.

Ja, was wäre dann? Krieg?

Mahhara antwortete: „Hoffen wir, dass die jungen Zwerge das verhindern mögen."

„Aber wie können wir sie dabei unterstützen?", wollte Theodor wissen.

Mahhara hielt auch das für eine sehr gute Frage: „Das Schicksal ist uns gewogen, sagen die Pferde. Wir finden Lösungen. Aber jetzt wird es hell, lasst uns besser verschwinden."

Die Borsen und Cesari taten ihre Arbeit wie geplant, für alle anderen gab es nichts mehr zu tun. Mahhara nahm ihre Eulengestalt an und flog voran, um sicherzustellen, dass sie unbemerkt den Silberwald passieren konnten.

Es geschah Unglaubliches im Svartalfheim. Selbst die hartgesottensten Zwerge hätten sich einen solchen Tumult nicht vorstellen können. Viele stürzten kopflos ins Freie und wussten nicht, wie ihnen geschah. In der Bundeshalle kämpften volltrunkene Zwerge um Luft und mit ihren zwei Gefangenen. Um das Chaos komplett zu machen, tauchten dort auch noch wie aus dem Nichts drei Frauen in Ledermänteln auf.

Freyja, Penthesilea und Fatima waren von der Hawaiki-Welt aus den Spuren der Reisenden gefolgt. Die Stachelmakrele fühlte sich von Tangaroa nicht so geschätzt, dass es ihr zuwidergelaufen wäre, Geheimnisse an interessiert nachfragende Unbekannte auszuplaudern. Da Bedienstete immer an verschlossenen Türen lauschten, hatte das Trio kein Problem damit gehabt, von ihr die Reiseroute zu erfahren.

Erst unsichtbar reisten sie den beiden ins Svartalfheim nach und kamen in genau dem Moment an, als Ariman seine Vorstellung begann und Sternschnuppen herabregnen ließ. Tangaroa saß so lässig dabei, als sei er der gewählte Abgeordnete des gesamten Orbits.

Das Trio beobachtete die Ereignisse von ihrer aufgrund ihrer Unsichtbarkeit sicheren Position aus und war erst fassungslos darüber, wie schnell Ariman die Zwerge in den Griff bckam, aber auch, wie rasch sich die Situation umdrehte. Dieser Wechsel von vollkommener Ergebenheit zu abgrundtiefem Hass innerhalb nur eines Momentes ergab jedoch ein schlüssiges Bild. Die Zwerge waren labil, was bedeutete, sie waren genauso leichtgläubig wie wankelmütig. Die drei Frauen wussten die Chance zu nutzen, die sich ihnen gerade bot. Die Zwerge konnten umgedreht und Ariman mitsamt Kumpan festgesetzt werden.

Es kam jetzt auf den Moment an. Fressen oder gefressen werden, lautete die Devise und Freyja war nicht gekommen, um Arimans Frühstückspastete zu sein.

Die drei unsichtbaren Frauen ahnten, dass sie in dem Moment im Svartalfheim ankamen, als die Borsen und Cesari dabei waren, ihr Werk tun. Sie waren die Einzigen, die wussten, woher dieser unsägliche Geruch kam, und konnten daher Vorsichtsmaßnahmen ergreifen. Sie zogen ihre Halstücher aus der Manteltasche und banden sie sich vor das Gesicht. Freyja reichte ihr Tuch Fatima und gab ihr praktisch geräuschlos Anweisungen dazu, was damit zu tun war. Fatima verstand und behielt das Tuch in der Hand. Sie und Penthesilea würden sich um Tangaroa kümmern.

Die Stimmung kippte dem Gestank entsprechend rasch. Die große Stunde von Freyja, Fatima und Penthesilea hatte geschlagen.

Als Erste schlichen Fatima und Penthesilea, noch immer unsichtbar, von hinten an Tangaroa heran. Fatima warf ihm Freyjas Tuch über die Augen, während Penthesilea den völlig Überrumpelten festhielt. Fatima band das Tuch fest, und sie zogen sich ohne Umschweife wieder zurück. Denn die jungen Zwerge kamen ihnen zu Hilfe, als gäbe es ein Drehbuch, nach dem sie zusammenarbeiteten. Sie warfen Seile um die vermeintlichen Delinquenten und verhinderten so, dass der Meeresgott das Tuch herunterreißen konnte.

Diese Attacke aus dem Nichts samt der Aktion der Zwerge, die ihn fesselten, machte Tangaroa blind und unschädlich. Er jaulte laut auf, als er nichts mehr sah und bewegungsunfähig war. Die Frauen wussten, dass Tangaroas Augen bedeckt bleiben mussten, in ihnen steckte seine Macht, mit dem er sogar Wasser zu einer Waffe formen konnte.

Während des Bruchteils eines Augenblicks, in dem Fatima und Penthesilea Tangaroa seine Kraft raubten, kümmerte sich Freyja um Ariman. Sie wusste, es kam auf Schnelligkeit an, nur ein Wimpernschlag später würde der Gestaltenwandler als Maus oder sonst was Kleines verschwunden sein. Doch zuerst müsste sie sichtbar werden.

Freyja hielt inne. Mitten im Trubel wurde es still in ihr und um sie herum. Sie sammelte alle Kräfte in ihrem Silberblick, der wie eine Linse die Kraft ihrer Energie bündeln und auf Ariman richten würde. Kurz blitzte die Erinnerung an einen fernen Traum auf, in dem sie von einem verbotenen Wissen kostete. Verbotenes Wissen war sehr mächtig. Und das, was sie hier gleich tun würde, war, die Macht des verbotenen Wissens einzusetzen. Freyja erinnerte sich, wie sie, kurz nachdem sie den Pokal geleert hatte, Odin mit ihrem Blick gefangen und in Bann gezogen hatte. Das gleiche würde sie mit Ariman tun.

Freyja war die Trägerin des verbotenen Wissens. Und sie wusste, was sie zu tun hatte, sich Arimans Plänen in den Weg stellen. Sie entstammte dem älteren Geschlecht und verfügte über eine größere Kraft. Sollte es ihm trotzdem gelingen, sich in ihren Silberblick zu schleichen, sich dort festzuhaken und ihr das verbotene Wissen zu rauben, dann waren sie alle verloren. Sie musste schnell sein und alle Energie zusammenhalten. Freyja drehte sich in Richtung von Ariman, schloss die Augen und konzentrierte sich darauf, Ariman unschädlich zu machen.

Dann schlug sie das Triskell-Zeichen, wurde sichtbar und schrie ihren Nordfrauen-Schlachtruf. Erschreckt suchten alle Anwesenden die Quelle des plötzlichen Geschreis. Während alle Blicke zu ihr wanderten, auch Arimans, öffnete Freyja die Augen. Ihr Silberblick schlug zu und verhakte sich in Arimans Blick

Das war die erste Stufe der Auslöschung seiner Fähigkeiten. Sie durfte nicht ein einziges Mal blinzeln und natürlich schon gar nicht weggucken, sonst würde ihr Ariman entgleiten.

Sie schnippte mit dem Finger, und jetzt wurden auch Fatima und Penthesilea sichtbar. Freyja stand starr und unbeweglich und hielt Ariman in ihrem Silberblick gefangen. Die beiden anderen Frauen hielten mit ihren Kampfkünsten und Seilen die aufgebrachten Zwerge in Schach, die verwirrt Freyja attackierten und gleichzeitig an Ariman und Tangaroa zerrten, um beide nach draußen zu bringen.

Fatima sprang irgendwann auf den Tisch, stampfte mit dem Fuß auf und bat um Aufmerksamkeit. Sie redete vor allem mit den jungen Zwergen, erklärte ihre Absichten, Ariman dingfest zu machen, den offensichtlichen Verursacher dieses üblen Gestanks. Fatima erzählte eine Geschichte, nach der sie drei der Spur von Arimans Mief schon lange folgten und nun endlich am Ziel ihrer Reise seien. Fatima war in ihrer Erzählkunst so voller Begeisterung, dass es den zuhörenden Zwergen nicht schwerfiel, dieses Gefühl zu teilen. Sie glaubten Fatima alles. Auch die jungen Zwerge waren eben Zwerge und leicht zu beeinflussen. Allerdings gelang es dem Trio mit ihrer Hilfe, die alten Zwerge unter Kontrolle zu bringen und so etwas wie eine Ordnung in der Bundeshalle herzustellen.

Freyja war damit beschäftigt, Ariman mit ihrem Silberblick festzusetzen. Penthesilea achtete darauf, dass Tangaroa seine Fesseln nicht lösen und das Halstuch von seinen Augen nicht abnehmen konnte. Fatima übernahm es, die Jungzwerge zu organisieren. In einem waren sich alle einig: Sie mussten so schnell wie möglich zu Sauerstoff kommen.

Fatima sorgte mit Hilfe der Jungzwerge dafür, dass sich ein skurriler Zug durch die Gänge des Svartalfheims zum Ausgang bewegte. Die Jungzwerge hatten die Alten, die immer noch schwer unter ihrem übermäßigen Kaschkonsum litten, in ihre Mitte genommen und brachten sie aus dem Svartalfheim hinaus ins Freie.

Penthesilea führte Tangaroa an Seilen, eine Demütigung sondergleichen. Ariman und Freyja stolperten Auge in Auge dahin. Der Drache konnte sich nicht aus dem Blick aushaken, solange Freyja ihn, ohne zu blinzeln, festhielt.

Freyja dankte Verdandi, die ihr während der schweren Zeit ihrer Alpträume zur Seite gestanden und vieles beigebracht hatte, was sie jetzt im Augenblick brauchte. Reglos auszuharren, den Blick fortwährend auf Ariman gerichtet, um sein Gestaltwandeln zu unterbinden, erforderte ihre ganze Konzentration.

Erschwert wurde alles durch den Umstand, dass viele Zwerge gleichzeitig durch die Gänge nach draußen stürzten. Doch es gelang. Freyjas mentale Disziplin siegte, die Unternehmung glückte, und schon bald kam die ganze Gruppe, schwer nach Luft ringend, draußen an. Hinter dem Silberwald dämmerte der Morgen. Der Himmel war leicht verhangen, aber nach mehr als einem kurzen Schauer sah es nicht aus.

Ariman stand draußen vor dem Svartalfheim. Freyjas Silberblick hinderte ihn an dem, was er in einer solchen Situation normalerweise tun würde: Gestalt ändern und weglaufen, so schnell und weit wie möglich. Er wollte es anfangs nicht glauben, doch Widerstand war zwecklos. Er konnte sich nicht aus diesem Blick befreien.

Langsam sank er ins Gras am Zwergenweiher. Neben ihm saß Tangaroa, ebenfalls gefesselt und mit verbundenen Augen.

Alberich und seine Kameraden schritten zu den beiden Eindringlingen. Durch Arimans sitzende Lage gestärkt, so konnte Hellerichs Sohn ihm direkt in die Augen sehen. Ariman erwiderte den Blick nicht, aber Alberich fühlte sich groß und stark.

„Warum habt ihr das getan? Wer seid ihr überhaupt und was wollt ihr hier?", schrie Alberich, Erklärungen fordernd.

Penthesilea fürchtete durch diese Konfrontation um das Gelingen ihrer Aktion und versuchte, Alberich zu beruhigen.

„Das klären wir bestimmt bald", Penthesilea legte eine Hand auf seine Schulter.

Doch Alberich war so aufgeregt, dass er ihre Hand wegschlug und sich Ariman erneut näherte: „Ich kenne dich irgendwoher! Ich weiß nicht, woher, aber ich fühle nichts Gutes, wenn ich dich anschaue", keuchte er. Die Brust geschwellt, stand er in seiner ganzen Zwergengröße vor dem Drachen, der seinen Blick nicht von Freyja lösen konnte.

Penthesilea ballte die Faust und lachte den Zwerg an. Gut so, signalisierte sie ihm. Doch hier ging es um mehr. Schließlich gelang es ihr, Alberich wegzuziehen. „Wir haben ihn", zügelte sie ihn. „Aber damit das so bleibt, muss Freyja ihn im Blick behalten."

Alberich schaute staunend auf die starr in die Augen des Drachen blickende Nordländerin. Seine langen glatten roten Haare fielen ihm wirr in die Stirn. „Wer ist das", fragte er flüsternd Penthesilea. Er hatte Vertrauen zu der großen Amazone mit dem freundlichen Gesicht gefasst.

„Ariman", flüsterte sie zurück und sah, wie Alberich erstarrte.

„Das da ist Ariman?", er stolperte über den Namen, der ihn bis in die kleinste Faser seines Körpers frieren ließ.

Penthesilea nickte.

Plötzlich geschah eine Wandlung mit Alberich. Es war, als würde bei dem angriffslustigen Zwerg im Zeitlupentempo der Groschen fallen. Er erinnerte sich an etwas, und seine Augen weiteten sich vor Schreck. Dann sah er abwesend auf ein fernes Ziel im Silberwald und schluckte schwer.

Abrupt wendete er sich von der Szene ab und sprintete in Richtung Svartalfheim.

„Du kannst da nicht rein!", rief Penthesilea und rannte hinter ihm her. Sie warf ihn um und riss ihn zu Boden. Alberich versuchte genauso vehement wie vergeblich, sich zu wehren. Er schrie und biss und wollte um sich schlagen.

Penthesilea fixierte seine beiden Handgelenke über seinem Kopf: „Was willst du denn dort?"

Alberich schaute sich um. Alle Zwerge waren mit sich oder Familienmitgliedern beschäftigt. Sie wiegten Kinder, hielten sich im Arm, weinten oder sahen einfach nur starr vor sich hin. Der große Krach hatte sich gelegt, und die meisten waren einfach nur froh, dass niemandem etwas Ernsthaftes zugestoßen war. Alle saßen mehr oder minder wohlbehalten draußen auf der Wiese vor dem Svartalfheim. Der größte Schaden war der Kater der hartgesottenen Zecher aus der Bundeshalle. Niemand beachtete Penthesilea und den Sohn des Zwergenältesten. Das war gut so.

„Ihr müsst mir helfen", wisperte er.

„Worum geht's?", fragte Penthesilea.

Alberich erzählte es ihr leise. Daraufhin verschwanden beide im Svartalfheim.

23. Freyjas Kampf

Freyja saß Ariman gegenüber auf der Wiese vor dem Svartalfheim und starrte mit ihrem Silberblick in seine Drachenaugen. Körper und Geist Freyjas waren auf ein einziges Ziel gerichtet: Ariman auszuschalten. Sie war reglos und befand sich doch im größten Abenteuer ihres Lebens. Denn so viel wusste sie jetzt schon, das hier würde nicht nur Ariman für immer verändern.

Fatima wachte über sie beide, damit Freyja sich ganz und gar ihrer Aufgabe widmen konnte.

Ariman zu binden, war das Eine. Ihn seiner Gestalten zu berauben, das Andere. Dafür musste Freyja sich tiefer in seine Abgründe begeben, als sie es beim ersten Mal getan hatte. Doch diesmal hatte sie die Kontrolle. Ihr Silberblick tastete sich Stück für Stück voran. Der Weg war finster und verschlungen. Kälteschauer jagten Freyjas Rücken herunter. Sie stolperte in der Dunkelheit und stieß an kalte Felsen. Es ging nicht mehr weiter. Nach rechts gab es kein Durchkommen, nach links ebenso wenig.

Im ersten Moment wollte sie erleichtert umkehren. Da lösten sich Fratzen aus dem Schatten. Nasen, Ohren, Augen und Münder, verzerrt und weit aufgerissen.

Jemand wollte sie von hier vertreiben. Doch wer immer dahinter steckte, hatte einen Fehler gemacht. Niemals stieß ein Pfad grundlos an eine Wand. Jemand, der mit Fratzen Angst verbreitete, hatte etwas zu verbergen, und das lag meistens hinter Wänden gut versteckt. Solche Verstecke auszuspüren, erforderte Hartnäckigkeit und Mut.

Freyja kam mit sich selbst überein, dass sie genau die richtige Frau für diese Unternehmung war. Sie fügte Hartnäckigkeit und Mut als ihren zweiten und dritten Vornamen hinzu und machte sich daran, diese Zerrbilder wie lästige Spinnweben beiseitezuschieben, vergeblich. Die Fratzen griffen von allen Seiten mit aufgerissenen Schlünden und spitzen Zähne an. Freyja zeigte sich unbeeindruckt.

Die Gegenseite fuhr schwerere Geschütze auf und versuchte, mit Blitzen zu punkten, die auf Freyja abgefeuert wurden. Auch die waren nicht real, hinterließen dort, wo sie auftrafen, keine verbrannte Haut und nicht mal im Ansatz zertrümmertes Gestein. Doch wenn diese Blitze nicht von Feuer und Zorn getrieben wurden, wodurch dann?

Täuschungsabsicht? Zum Erschrecken? Freyjas Wortkette erweiterte sich um Panik und Verzweiflung, das fühlte sie hinter den Attacken. Sie erinnerte sich ihrer zwei neuen Vornamen. Auf wen oder was war sie gestoßen, hier an dieser Felswand des unwirklichen Schreckens?

Der Angriffsmodus änderte sich, nachdem Freyja gemerkt hatte, dass die Blitze ihr nichts anhaben konnten. Als reagierten die Angriffe auf ihre Gedanken, wurde Freyja von einer Armada Fledermäuse angefallen, die jetzt allerdings sehr real und schmerzhaft zubissen. Freyja schlug erst um sich, abermals vergeblich. Die Fledermäuse verhedderten sich in ihrem langen Haar, krochen unter ihren Mantel und verbissen sich in ihre Hände. Vor Schreck und Wut über die Attacke schlug sie mit der Faust gegen den Felsen und erwartete den entsprechenden Schmerz. Doch stattdessen geschah etwas Überraschendes: Goldene Funken stoben auf, und Risse breiteten sich strahlenförmig wie ein Spinnennetz um die Stelle herum aus, wo ihre Faust aufgetroffen war. Freyja glaubte erneut an eine Sinnestäuschung. Der Schlag tat nicht weh, die Bisse dagegen schon.

Tatsächlich blutete sie mittlerweile im Gesicht. Sie zog den Drachenledermantel fest um ihren Körper zusammen und warf sich die Kapuze über, schlug das Triskell und wurde unsichtbar. Die Fledermäuse fanden sie dank ihrer feinen Sinne trotzdem.

Freyja ließ sich nicht beirren, riss die Faust erneut in die Höhe und ließ sie diesmal voller Absicht auf den Felsen krachen. Es wiederholte sich das Prozedere von eben: An ihrer Hand spürte sie nichts, aber die Wand wurde von goldenen Funken erleuchtet, die Risse vertieften sich, ein knackendes Geräusch begleitete den Vorgang. Sie schlug erneut zu. Goldene Funken und Risse nahmen noch einmal zu. Das Knacken ging in ein Rieseln über, das Rieseln in ein ohrenbetäubendes Krachen. Die Wand fiel in sich zusammen.

Wenn Freyja erwartete, dass sie jetzt über Steintrümmer steigen musste, um weiter zu kommen, so täuschte sie sich auch darin. Die Wand zerbröselte sich selbst ins Nichts. Sobald die Geräusche verhallten, war der Weg frei, und es sah aus, als hätte es hier nie ein Hindernis gegeben.

Freyja holte tief Luft und ging weiter. Das Dahinter bestand aus zwei in blaues Licht getauchte Höhlen und einer neuen Stufe des Entsetzens. Ariman hatte zwei Herzkammern mit je einem Herzen, an jedem saugte ein Skorpion wie ein Baby an seiner Amme. Ihre Scheren und Beißwerkzeuge steckten in dem bläulichen Fleisch, die Schwänze waren ausgestreckt, und ihnen entströmten zahllose blaue Linien, die wie dünne Stricke kreuz und quer durch beide Höhlen liefen und sich weiter in der als Fels getarnten Umgebung verteilten. Diese blauen Linien hatten eine Aura, sie strahlten Energie aus und riefen förmlich: Hier kommt keiner durch! War die Wand davor zum Schutz vor Eindringlingen gedacht oder schützte sie potenzielle Eindringlinge vor dem, was ihnen hier geschehen könnte?

Was könnte Eindringlingen hier geschehen? Freyja rief sich erneut ihre Parole ins Gedächtnis: Mut und Hartnäckigkeit! Aber auch eine Warnung kam ihr in den Sinn. Die Herzen und die Spinnentiere schienen eine perfekte Allianz eingegangen zu sein. Wenn sie die Skorpione herausriss oder tötete, könnte sie Ariman ebenfalls töten. Das war nicht der Plan.

Wollte sie ihr Ziel erreichen und Ariman seiner Fähigkeit zum Gestaltenwandeln berauben, hatte sie diesen Ort genau zu erforschen. Dazu musste sie mitten hinein.

Es war sinnlos, unsichtbar zu sein. Sie tauchte wieder auf, zog sich aber die Kapuze tief ins Gesicht und schnallte den Gürtel eng um den Drachenledermantel.

Ihre Anwesenheit war mittlerweile nicht unbemerkt geblieben. Die Skorpione peitschten mit ihren Schwänzen blaue Linien wie wildgewordene Laserstrahlen durch die Herzkammern.

Freyja registrierte das mit Sorge, doch ihr blieb nichts anders übrig, sie konnte jetzt nicht aufhören. Daher sprang sie mit einem rückwärtigen Überschlag durch das Gewirr an blauen Energielinien.

Wie eine Akrobatin kreuzte sie die Zwischenräume der Energien und vermied den Kontakt mit den blauen Linien. Auf diese Art schaffte sie es bis zum Durchgang zwischen erster und zweiter Herzkammer. Auch die zweite Höhle war von den blauen Strängen durchzogen, doch die hatten eine andere, intensivere Energie, hier knisterte die Luft elektrisch. Auch dieser Skorpion bewegte seinen Schwanz, doch es lief alles langsamer, aber mächtiger ab, wie es Freyja schien. Auf den Flächen ihrer Haut, die unter dem Mantel hervorlugten, sträubten sich feine Härchen.

Freyja betrachtete ihre Umgebung und bemerkte, dass sich in dieser Kammer die Linien in der Intensität der blauen Farbe, ihrer Dicke und der Struktur unterschieden. Sie versenkte sich in diesen Anblick, fühlte in sich hinein und erkannte, warum die Linien bei aller Gemeinsamkeit auch anders waren.

Sie war am Ziel angelangt. Arimans Kunst des Gestaltenwandelns lag vor ihr wie ein geöffnetes Buch. Sie brauchte nur noch zu lesen, um zu begreifen, wie es funktionierte. Wer wusste, wie etwas arbeitete, konnte es zerstören.

Die Energiebahnen glichen sich, weil sie kompatibel sein mussten, wenn sie sich miteinander verbanden, und sie unterschieden sich, damit Ariman all die Erscheinungen hervorbringen konnte, in denen er sich zeigte.

Erscheinungen hervorbringen, vibrierte es plötzlich in Freyja und Schüttelfrost ergriff sie. *Was ist hier los?*, fragte sie sich. Sie stand vor den Linien, geschützt durch den Zwischenraum, zitterte innerlich, und Blitze tauchten vor ihren Augen auf wie Visionen. Ihr Kopf dröhnte.

Der Anfall ging jedoch schnell vorüber, sie konnte sich wieder auf ihre Aufgabe konzentrieren, dem Gestaltenwandler das Handwerk zu legen. Also los, sie kannte den Weg, nun musste sie ihn auch gehen. Sie wusste wenig über Gidims, jene Skorpiongeister, die sich in den Herzen eingenistet hatten. Es war nur klar, dass die hier sehr mächtig sein mussten. Herausreißen konnte sie die Tiere, ohne größeren Schaden anzurichten, nicht. Also musste sie deren Lebensader kappen, ihre lebensnotwendige Energie umwandeln.

Wieder zerhackten Blitze ihren klaren Blick auf das, was getan werden musste. Der Schüttelfrost ließ sie im Innersten gefrieren, und ihr wurde übel. Es fühlte sich nicht so an, als schwächten sie diese Anfälle. Vielmehr schien es Freyja, dass die Energie, die sie gleich brauchen würde, zu ihr floss.

Was immer sie da gerade erfasste, sie durfte sich davon nicht überwältigen lassen.

Ihre Aufgabe war es, Arimans Gestaltenwandlung zu unterbinden.

Freyja konzentrierte sich auf das, was sie umgab. Die blauen Linien waren der Schlüssel zu Arimans Gestalten. Bei genauer Betrachtung fiel Freyja auf, dass die Energie direkt am Herzen noch rot und gelb war, erst die Skorpione veränderten ihre Farbe und Kraft. Dadurch, dass die Energiebahnen sich übereinanderlegten, ermöglichten sie es Ariman, jede beliebige Gestalt anzunehmen. Regie führten Arimans Gedanken, von denen der Impuls ausging, indem er zum Beispiel *Bär* dachte, sich die Gestalt vorstellte und sie vielleicht noch mit bestimmten Eigenschaften garnierte. Die Skorpione griffen den Impuls auf, füllten ihn mit einer äquivalenten Energie und legten die entsprechenden Linien übereinander, die sich gegenseitig verstärkten, bis Ariman die Gestalt eines Bären annahm. Das alles dauerte nie länger als den Bruchteil einer Sekunde.

Freyja stand in Gedanken versunken in dem Zwischenraum, da streifte sie der Ausläufer einer der Linien. Sie zuckte erschrocken zusammen, doch dann merkte sie, dass diese Energie ihr gar nichts anhaben konnte. Im Gegenteil, als sie mit ihr in Kontakt kam, offenbarte sich ihr ein weiteres Geheimnis Arimans.

Er besaß die gleiche Gabe wie seine Zwillingsschwester Lilith. Sie hatten beide die Fähigkeit erhalten, Materie zu beeinflussen und Realität zu verändern, und zwar in stärkerem Maße, als es anderen vergönnt war. Doch während Lilith ihr Talent nutzte, um allen Wesen geheime Wünsche vor Augen zu führen und damit Dinge zu ermöglichen, die ihr Leben zum Besseren wendeten, stand Ariman unter dem Einfluss der Gidims, die die Realität für seine dunklen Zwecke manipulierten. Dafür war es von großem Vorteil, dass Ariman einerseits jede beliebige Gestalt annehmen, andererseits aber auch anderen vorgaukeln konnte, dass es ihre eigenen Wünsche und Gedanken waren, die er ihnen in dem Moment einpflanzte. Wer einmal unter Arimans Einfluss geriet, wurde schnell das willenlose Werkzeug seiner Gidims.

Freyja erkannte noch mehr. Sie wusste mit einem Mal, warum Ariman anfällig geworden war für diese Energie, die ihr offensichtlich nichts anhaben konnte. Es war sein Verlangen nach mehr. Egal was und wie viel er schon hatte, er akzeptierte kein „Genug". Diese Gier hatte es den Gidims ermöglicht, sich in Arimans Innerstem festzusetzen und ihn zu verändern.

Freyjas Silberblick zuckte hin und her. *Ich bin jetzt im tiefsten Inneren von Arimans Selbst und ich finde nicht den kleinsten Funken Gefühl. Das ist also der Preis, das tiefste Innere Arimans ist ein kalter Ort unendlich vieler Möglichkeiten, aber ohne jeden Funken Mitgefühl.*

Für seinen Wunsch nach Macht hatte er nicht nur beide Herzen verkauft, die Gidims hatten Ariman auch die Stimme und seinen Körperschatten genommen. So war Liliths Bruder ein Wesen bar jeden Gefühls und Anstands geworden, das nicht einmal mehr einen Schatten warf. Und doch, im Inneren seiner Herzen glühte es noch warm und rot. Da musste Freyja ansetzen.

Nach dieser Erkenntnis bekam Freyja zum dritten Mal einen Anfall von Schüttelfrost und Blitzen. In ihr vibrierte es, als strömten tausende dieser blauen Linien mitten durch sie hindurch.

Versuchte ein Gidim, sich auch in ihr einzunisten und ihr Herz leerzusaugen?

Freyja krümmte sich erneut, doch der Anfall währte nur kurz. Als er wieder vorbei war, richtete sie sich auf, hob beschwörend beide Arme und begann von innen heraus zu leuchten. Die helle Energie strahlte aus ihren Fingern und richtete sich auf das Einssein von Liebe und Leben. Sie wollte diesen Ort verändern, nicht zerstören.

Das warme orangefarbene Licht, das aus ihr herausströmte, legte sich um die blauen Linien. Freyja leuchtete immer heller, die Strahlen verbanden sich mit dem roten Licht zu einem riesigen Feuerball, der die Wände der ersten Höhle hoch und runter rollte. Überall dort, wo er hinkam, löste er kleine Implosionen aus, in denen die blauen Linien verglühten.

Der Feuerball rollte und sie musste nichts tun, außer sich auf das Wesentliche zu konzentrieren: Liebe und Leben. Sie sah zu, wie die Dinge sich durch ihre Vorstellungen und Empfindungen veränderten.

Es gelang. Ihr Feuerball fraß in der zweiten Herzkammer einen blauen Strang nach dem anderen, sie verschwanden einfach, wenn Freyjas Gefühlskugel darüber walzte. Der Skorpion wand und schüttelte sich und konnte sich doch nicht dagegen wehren, dass sie ihm seine Energie nahm.

Eine Höhle war gereinigt. Der Skorpion hing noch immer an Arimans Herzen, doch er verblasste zunehmend, wie Freyja mit Interesse bemerkte. Lösten sie sich selbst auf, sobald man ihnen die finstere Energie nahm?

Die Feuerkugel rollte in die nächste Höhle. Das gleiche Schauspiel, der Feuerball fraß die kalte blaue Energie auf und verwandelte sie in orangefarbenes warmes Licht. Es dauerte nicht lange, da strahlten beide Herzkammern Arimans hell, und die Skorpione waren, wenngleich noch vorhanden, so doch nicht mehr als Schatten ihrer selbst.

Auf der Svartalfheimer Wiese verschwand der Drache, an seiner Stelle saß jetzt ein gefesselter, schwarzhaariger Mann mit dunklen Locken, der seiner Zwillingsschwester Lilith sehr ähnlich sah. Fatima stieß einen Schreckensruf aus, der die Zwerge anlockte. Die Älteren unter ihnen kannten dieses Gesicht aus einer Zeit, in der Ariman als Kubabas Mann und Vater der Zwillinge Cedric und Abrasax in Salisborn gelebt hatte. Ihm gegenüber saß eine wachsbleiche Freyja, die das Innere des Schreckens der Baumwelten darauf untersuchte, ob ihr etwas entgangen war. Es schien nicht so.

Da durchzog Freyja wieder ein Blitz, heftiger als vorher. Sie wurde aus der Herzkammer Arimans hinausgeschleudert und fand sich in ihrem eigenen Herzen wieder.

Auf der Wiese rollte sich die Nordländerin gekrümmt auf den Boden. Fatima beobachtete mit Sorge, was da vor sich ging, und fragte sich, ob sie aufmerksam genug gewesen war oder ob sich jemand in Freyja eingeschlichen hatte. Sie war ihr nicht von der Seite gewichen, aber doch äußerst besorgt. Die Assassina fragte sich, ob sie etwas falsch gemacht hatte. Sie war in ihrer Aufmerksamkeit einmal abgelenkt gewesen, als Penthesilea sie um ihren und Freyjas Mantel sowie ihre Halstücher gebeten hatte. Fatima kümmerte sich nicht darum, was Penthesilea mit ihrem Mantel wollte, sie gab ihn ihr einfach. Freyjas Mantel behielt sie. Niemand wusste, ob die Nordfrau ihn nicht selbst brauchte. Penthesilea bedankte sich und verschwand. Nur diesen einen kleinen Moment lang hatte die Assassina ihre Aufmerksamkeit nicht zu hundert Prozent bei der Freundin gehabt. War in dem Augenblick etwas geschehen?

Fatimas Blick streifte Ariman. Der sah bleich aus, wie Freyja auch, sein Atem war dünn, aber regelmäßig, und er hielt die Augen geschlossen. Er schien nicht bei Bewusstsein zu sein. Freyja dagegen keuchte laut und wirkte entrückt.

Der Schüttelfrost in ihren Eingeweiden ließ sie sich verkrampfen. Ein brennender Schmerz durchzog sie, als ihr Feuerball jetzt direkt in ihre Herzkammern hineinrollte. Die Nordländerin bekam es mit der Angst zu tun. War das Arimans Rache? Setzte sich ein Gidim in ihr fest als Ausgleich? Sie hatte den Gidims eine Seele entrissen, suchten sie sich dafür eine andere?

Eine weitere Schüttelfrost-Attacke, verbunden mit einem Krampf in ihrem Innersten, überrollte sie. Freyja kämpfte, ihr Körper krümmte sich, die Assassina nahm Freyjas Hand und streichelte sie. Mehr konnte sie nicht tun.

Nach dem letzten Anfall erlebte Freyja eine Gefühlsexplosion in ihrem Herzen, die ihr einen Gänsehautschauer nach dem anderen über den Rücken jagte, während die Feuerkugel in ihr rumorte und sich in eine gleißend weiße Explosion verwandelte, die in jede Faser ihres Körpers kroch. Als das gleißende Licht verglüht war und den Blick auf ihr Innerstes freigab, hatte Freyja sich verdoppelt.

Die weißglühende Wolke rollte erneut an und breitete sich in ihrem Herzen aus. Freyja auf der Wiese meinte, an dem heftigen Schüttelfrost sterben zu müssen. Eine letzte Explosion zerriss ihr Innerstes und ließ sie ohnmächtig zusammensinken.

Als Freyja in der Wirklichkeit der Svartalfheimer Wiese wieder zu sich kam, saß Fatima neben ihr und hielt ihre linke Hand. Auch ihre rechte Hand wurde getätschelt. Freyja wendete ihr Gesicht auf die rechte Seite und dachte, sie sei tot.

„Wer bist du?", fragte Freyja heiser und überlegte, wie man das nannte, wenn man sich selber neben sich sitzen sah, aber sich nicht erkannte, da man zu den langen blonden Haaren noch einen Bart trug.

Denn es schien, als gäbe es sie ein zweites Mal in der Gestalt eines muskulösen, durchtrainierten Körpers, das Gesicht mit eindeutig denselben hohen Wangenknochen, die gleichen grau-blauen Augen.

Es gab keinen Zweifel, Freyja saß selbst an ihrer eigenen Seite, als Mann.

Fatima sah auch hilflos drein, konnte Freyja aber etwas erklären: „Erst hat sich so etwas wie eine goldene Staubwolke von dir gelöst, mit deinen Umrissen, dann saß er plötzlich neben mir und du lagst gleichzeitig auf der Wiese."

Freyja richtete sich auf und berührte ihre Tigeraugenkette, die sie immer daran erinnern sollte, die richtige Entscheidung getroffen zu haben, als sie Odin im Land der Glutkobolde verlassen hatte. Sie tastete den Anderen mit ihren Augen ab, er trug die Kette nicht. Sie sah sich also nicht selbst. Dann hob sie ihre Hand und berührte sein Gesicht, um die letzte Unsicherheit auszuschließen, dass es sich hier nicht doch um eine optische Täuschung handelte. Diese Berührung war der Beweis: Sie saß sich selbst mit einem anderen Geschlecht gegenüber.

„Wer bist du?", wiederholte sie zaghaft. Sie war überwältigt von dem, was hier geschah.

Ariman, Gidims, Tangaroa, alles rundherum war vergessen. Sie sah fasziniert in ihre eigenen Augen und lächelte sich selbst an. Dabei fühlte sie sich irgendwie ... verliebt.

„Freyr", antworte ihr Gegenüber. „Ich bin Freyr."

„Und woher kommst du?", fragte Freyja vorsichtig.

„Ich bin dein Schicksal und deine Aufgabe. Ich bin der, nach dem du dich schon dein ganzes Leben sehnst. Du wolltest immer auch ein Mann sein. Nun, du warst es und heute siehst du das selbst, denn ich bin hier“, Freyrs Worte lösten in Freyja Erinnerungen an Schüttelfrost, Blitze und innere Kämpfe aus, und sie hörte sich selbst reden, als Freyr weitersprach. „Heute hast du dich selbst gefunden.“

Freyja saß benommen ihrem männlichen Ebenbild gegenüber und war glücklich. Sie wusste, er sagte die Wahrheit. Sie kannten sich schon ihr ganzes Leben lang und jeder Schritt, den sie gemacht hatte, jeder Alptraum und jede unglückliche Liebe hatte sie direkt hierher an diese Stelle ihres Lebens geführt, damit sie sich endlich mit sich selbst vereinen konnte. Freyja verstand immer besser, was passiert war. Die Möglichkeit, in Arimans Innerem die Gidims unschädlich machen zu können, ohne unter ihren unheilvollen Einfluss zu geraten, war nur die eine Seite ihrer neuen Stärke, nachdem sie den Pokal mit dem verbotenen Wissen geleert hatte. Der wahre Kern war das Wissen um das Geheimnis der zwei Geschlechter in ihrem einen Körper gewesen. Wer den Mut aufbrachte, davon zu trinken, machte sein Innerstes auch äußerlich sichtbar.

Freyja hatte trotz Alpträumen und ewigem Liebeskummer nicht aufgegeben und an sich und ihr Glück geglaubt. Doch sie hatte ihr Ziel erst im Kampf mit einem Gidim erreicht, der ihre wahre Stärke herausgefordert hatte. Diesen Mut und die Hartnäckigkeit würde sie ihr Leben lang nicht aufgeben. Freyja hatte den Kampf ihres Lebens geführt und gesiegt.

Fatima verstand nicht die Details, aber sie sah das Glück in Freyjas Blick. Sie wollte dafür sorgen, dass die beiden sich erst mal kennenlernten. Mehr konnte sie im Augenblick nicht für die Freundin tun. Doch auch das war schwierig genug. Ariman lag bewusstlos neben ihnen auf der Wiese, Tangaroa saß wehrlos unter seiner Augenbinde und, mit ihren Speeren in der Hand wie aufgeplusterte Truthähne wirkende, Jungzwerge stolzierten um die kleine Gruppe herum. Fatima komplimentierte die Zwerge von dannen, die Ariman und Tangaroa fort von hier direkt an den Zwergenweiher bringen sollten. Freyja und Freyr hatten den Moment nur für sich.

Freyja fand ihren Lebenspartner in sich selbst. „Willkommen, Freyr!“, sagte sie.

HYNDLULIOD III

I. Titanias Triumph

Vor Kundries Hütte ahnte man am frühen Morgen noch nichts von den Geschehnissen. Dort taten sich eifrige Korsikaner damit hervor, mit kurz vor Sonnenaufgang gepflückten Alrunen zu hantieren. Die Alrunen waren eingeweiht und spielten das Spiel mit, denn in Bezug auf ihre Erntegewohnheiten verstanden sie keinen Spaß und gestatteten eigentlich nur Kundrie, ihre Wurzeln aus der Erde zu ziehen. Doch heute war der Tag der großen Ausnahmen. Eine Bewegung hatte Midgard erfasst, die auch an den Alrunen nicht vorbeiging, und so wurden korsikanische Fünfkämpfer und ein komludianischer Wurfkäfer zu Alrunenmagiern.

Giuseppe machte sich in der Hütte an Kundries Feuerstelle nützlich und kochte Tee. Hinter ihm in der Küchenzeile ruhte sein Käse und Teamchef namens Cesari gut verstaut in seinem Tongefäß, das einem olfaktorischen Hochsicherheitstrakt glich und auf einem der oberen Regalbretter stand.

Mahhara und Theodor saßen auf der Rabenfußbank an der Weltenesche und turtelten mit einer Tasse Kirschblütentee in der Hand, auch wenn es auf den ersten Blick so aussehen sollte, als besprächen sie die besten Alrunentinkturen. Das taten sie laut, leise spekulierten sie über den Verlauf ihrer wahren Aufgabe, die sie in andere Hände gelegt hatten. Vor allem Mahhara war zum Zerreißen gespannt darauf, welchen Ausgang diese Geschichte im Zwergenreich nehmen würde.

Da breitete sich an der Weltenesche der intensive Duft von Flieder aus, mitten im Sommer.

Mahhara rief laut zu Giuseppe rüber: „Bist du so gut und bringst eine Tasse Tee für unsere Elfenkönigin?“

„Mach ich“, rief der zurück, stand nur Momente später mit einer dampfenden Tasse in der Hand an der Rabenfußbank und suchte den neuen Gast vergeblich. „Wie jetzt?“

Da erst kam Titania aus Richtung des Feenbächleins über die Wiese geflogen. Sie war nicht allein. Theodor sah Mahhara schwärmend an und bewunderte einmal mehr ihren Weitblick. Giuseppe entblößte seine Zahnlücke beim Grinsen und zählte durch:

Kalmud, der Wächter der Pflanzenpassage, Titanias Tochter Sternenstaub, weitere Elfen: „Acht Tassen, sind auf dem Weg!“

Giuseppe reichte der Elfenkönigin den Tee; „Für dich“ und war schon wieder verschwunden.

Die Elfenkönigin setzte sich zu Mahhara und Theodor auf die Rabenfußbank, die anderen ließen sich rundherum im Gras nieder. Es war noch taufrisch, und leichte Nebelſetzen hingen über der Wiese.

Mahhara lächelte. „Ein wunderbarer Morgen. Ich komme gerade aus der Ahnengalerie zurück. Gute Nachrichten: Hellerichs Bild kommt zurück. Und ihr?“, erkundigte sie sich.

Titania sah die Eulenfrau erstaunt an: „Fragst du das im Ernst? Wir wollen natürlich ins Svartalfheim.“

Die Logik hinter Titanias Satz erschloss sich Mahhara auch nicht beim zweiten Nachdenken: „Ins Svartalfheim? Hilf mir!“ Sie wollte nicht vor allen über ihren Cesari-Borsen-Coup reden, den sie am ehesten hinter Titanias Aussage vermutete, der aber hochgeheim bleiben sollte.

Titania merkte, dass sie hier noch nicht auf dem neuesten Stand der Ereignisse waren: „Freyja hat Ariman gefangen genommen!“

Mahhara hatte eben einen Schluck Tee getrunken, den sie im nächsten Moment herausprustete. Um ein Haar hätte sie die Hortensienelfe getroffen: „Was? Wo?“

„Im Svartalfheim“, antwortete Titania und erzählte die Geschichte, während sich die Korsen und Tobi um sie herum versammelten.

„Ich konnte die ganzen Vorgänge im Zwergenreich nicht mit meinem Zauberspiegel verfolgen, aber die Zwerge sind noch des Nachts aus dem Svartalfheim raus auf die Wiese gestürzt. Unter ihnen waren der gefesselte Tangaroa, den Fatima bewachte, und Ariman, der ebenfalls gefesselt war, sein Blick durch Freyja gebannt. Sie hat mit ihm gekämpft, irgendwann saß Ariman in seiner alten Gestalt und bewusstlos auf dem Gras. Und dann …“, jetzt suchte die Elfenkönigin nach Worten, um zu beschreiben, was mit Freyja geschehen war, beschloss dann aber, sie sollten sich das alles selbst anschauen und von der Nordländerin erzählen lassen. „… haben wir uns auf den Weg gemacht.“

Die Neuigkeiten aus dem Svartalfheim verbreiteten sich wie Pollen im Frühling, auf einmal waren sie da, und alle wussten davon. Ariman war gefangen und Hellerich und seine Zwerge unschädlich gemacht. Wer das erfuhr, wollte dem Ereignis persönlich beiwohnen. Außerdem munkelte man noch etwas über Freyja, das so unwahrscheinlich klang, dass man es mit eigenen Augen sehen musste, um es zu glauben.

Das führte dazu, dass die Wiese vor dem Svartalfheim schon am Vormittag aus allen Nähten platzte und die Besucher in und um den Silberwald herum lagern mussten. Das Wetter spielte mit, sodass außer kurzen Schauern kein Ungemach zu fürchten war.

Titania war auf ihrem Weg vom Losalfheim zu den Zwergen über Salisborn geflogen, um die Sippen zu informieren und um ihre Unterstützung zu bitten. Die hatten sofort alle verfügbaren Lebensmittel zusammengeklaubt und stampften mit der halben Salisborner Bevölkerung, zwei Ochsenkarren voller Säcken und sogar mit Kesseln beladen durch den Silberwald. Elfenkönigin Titania und ihr Gefolge, das sich um Mahhara, die korsikanischen Fünfkämpfer und Tobi erweitert hatte, traf kurz vor den Salisbornern vor dem Svartalfheim ein.

Ein grauer Vogel aus der Mitte der Neuankömmlinge flog zunächst auf die Wiese rund um den Zwergenweiher. Er setzte sich auf ein Rohrgras am See, kniff die Augen zusammen und ließ ein wunderschönes „Kuckuck, Kuckuck, Kuckuck" vernehmen. Kalmud hatte lange mit diesem Ruf gehadert. Als Wächter der Pflanzenpassage dichtete er lieber Reime für die Besucher des Losalfheims, als den Kuckucksruf zu singen. Doch heute erfand er sein Lied neu und konnte nicht genug davon kriegen. „Kuckuck, Kuckuck, Kuckuck." Der Klang verbreitete sich über die ganze Wiese und mit ihm eine Ahnung von Frieden.

„Kuckuck, Kuckuck, Kuckuck", echote es im Wald, die Töne flogen klar und hell in den Himmel. Und tatsächlich, einigen Zwergen traten Tränen in die Augen, als hörten sie diese simple Melodie das erste Mal und als würde sie bei ihnen etwas ganz Besonderes auslösen. Die Rührung breitete sich nicht nur unter den Zwergen aus, auch die Neuankömmlinge spürten das Besondere des Augenblicks.

Elfen und Salisborner wurden auf der Zwergenwiese zwar nicht auf Anhieb willkommen geheißen, doch man traf sich, lud gemeinsam dringend benötigte Nahrungsmittel ab und machte sich umgehend – ebenfalls gemeinsam – an deren Zubereitung. Die erste Zusammenarbeit seit Jahren knüpfte auch erste Bande zwischen den Zwergen, die ebenfalls unter Hellerichs Herrschaft gelitten hatten, und den Elfen und Salisbornern. Dazu erklang immer wieder Kalmuds Botschaft, die er in die Herzen aller sang: „Kuckuck, Kuckuck, Kuckuck, lasst Frieden und Liebe wachsen." Sie erreichte alle.

Als Titania und ihr Gefolge den Silberwald verließen, saßen die Zwerge noch verstört und hungrig auf der Wiese. Über zwei offenen Feuern dampfte Milch für die Kleinsten in Kesseln. Allerdings schwammen darin sehr überschaubare Pfützen des raren Gutes. Doch sobald die Salisborner Sippen mit ihren Ochsenkarren ankamen, schlug die apathische Ergebenheit der Svartalfheimer um in geschäftiges Treiben.

Gemeinsam hoben sie Säcke mit Weizengries vom Karren und stellten sie aufs Gras, legten duftendes Brot und Käse daneben sowie zwei Körbe voll mit frisch gepflücktem Obst, dazu Losalfheimer Honig.

Giuseppe und ein Svartalfheimer Zwergenvater hievten mit Kubaba einen Kessel voller Milch in das Gestänge über das größte der brennenden Feuer. Ersterer fand seine Aufgabe darin, vor den leuchtenden Augen vieler Zwergenkinder Gries in den Kessel mit Milch einzurühren, ihn mit Honig abzuschmecken, Sahne hinzuzufügen und wenig später in geflochtenen Schüsseln zu verteilen.

Nicht zuletzt diesem Zauberwerk von Grießbrei war es zu verdanken, dass aus Feinden nach und nach Nachbarn wurden. Hilfreich waren auch Gespräch zwischen Salisbornern und Zwergen, in denen immer wieder durchklang, wie sehr die Zwerge sich eine Änderung der Verhältnisse im Svartalfheim gewünscht hatten. Mehr und mehr Zwerge bedankten sich für die großzügige Hilfe bei den Salisbornern und entschuldigten sich für Vergehen ihres Zwergenältesten und der Clique um ihn herum.

Die Elfen hielten sich anfangs bewusst abseits, um sich erst einmal mit den Gegebenheiten vertraut zu machen und um die Zwerge nicht noch mehr zu verschrecken. Doch es dauerte nicht lange, und auf den Zwergenwiesen wurde es lebhafter. Nach einer Weile gewann man den Eindruck, hier fände ein Volksfestspektakel statt.

Alle saßen, aßen, redeten und lachten, einige sangen sogar und das völlig nüchtern. Der Wächter der Pflanzenpassage, der Kuckuck Kalmud, sang in immer neuen Tönen ein altes Lied von Freundschaft, Liebe und Vertrauen.

Die Dinge liefen gut. Alle fanden zusammen. Freyja und Freyr waren jetzt umgeben von einer neugierigen Meute aus Elfenkönigin Titania, Mahhara, Theodor, Fatima und anderen, die jedes Detail ganz genau wissen wollten. Den abscheulichen Geruch verankerten sie als Arimans Werk im kollektiven Gedächtnis. Freyja berichtete mit stolz glänzendem Gesicht und Hand in Hand mit ihrem Freyr ein ums andere Mal von ihrem Coup, wie sie zu dritt die völlig betrunkenen Zwerge in der Bundeshalle überrascht hatten. Fatima ergänzte die Schilderungen der Freundin mit dem einen oder anderen Detail. Nach Penthesilea wurde gefragt, die wie vom Erdboden verschluckt war. Doch in dem Strom der Ereignisse blieb diese Einzelheit unbeachtet.

Als wäre es nicht Teil eines Plans, wurde besprochen, dass sich irgendjemand darum kümmern musste, das Svartalfheim zu säubern und wieder herzurichten.

Die Korsikaner und Tobi boten sich bereitwillig an, diese Aufgabe zu übernehmen, und wirkten dabei überhaupt nicht so, als hätten sie aktiv zur Situation beigetragen. Auch Gefahr sollte ihnen in den Höhlen nicht drohen. Ariman und Tangaroa saßen hier gefangen und Hellerich schlief seinen Rausch aus. Sie standen lässig auf, als wären sie einfach satt vom Frühstück, und schlenderten erst einmal zu Ariman und Tangaroa. Dann bauten sie sich vor beiden auf, und obwohl die wie zwei Häuflein geballten Elends am Rande des Silberwaldes saßen, schrien sie sie regelrecht an: „Was habt ihr mit dem Svartalfheim gemacht?"

Giuseppe tippte Tangaroa unfreundlich auf die Brust. „Na, wir warten! Aber bitte schön, wenn ihr nichts sagen wollt! Wir kriegen's eh raus!"

Ariman war wieder bei Bewusstsein, schien aber noch nichts von seinem neuen Dasein zu begreifen. Er registrierte, dass er keine Chance hatte, mit einer neuen Gestalt dieser Situation zu entfliehen. Er versuchte es mit seinem Blick, fixierte Giuseppe, und was passierte? Dieser kleine dunkelhaarige Typ ihm gegenüber entblößte seine Zahnreihe, um ihn anzulachen, und ein goldener Schneidzahn blitzte auf. Sonst nichts?

Resigniert klappte Ariman die Augenlider wieder zu. Er fühlte sich leer, ausgelaugt und sinnfrei und konnte nicht glauben, dass diese Nordländerin einen Weg gefunden hatte, nicht nur seine Existenz als Gestaltenwandler zu zerstören, sondern auch seine hypnotischen Fähigkeiten. Das war nicht einmal Taliesin, dem Oberdruiden, gelungen. Was immer diese Frau, die dort drüben mit einem männlichen Abbild ihrer selbst saß, auch gemacht hatte, das würde sie noch büßen. Böse würde sie das noch büßen! Ariman wusste: Für starke Flüche war das nicht der geeignete Augenblick. Er war viel zu schwach. Doch solche Phasen gingen immer vorbei!

Auch Tangaroa konnte nicht glauben, in welcher Situation er sich hier befand. Er fluchte innerlich über das Wirken des unseligen Lil, dem er die ganze Entwicklung anlastete. Zeit für Schwüre war jetzt auch für ihn nicht, aber so viel war gewiss, Lil würde noch etwas zu erwarten haben von ihm, wenn er hier erst mal wieder raus war. Den ganzen unseligen Zweig dieser Seite der Verwandtschaft würde seine Rache treffen. Doch auch Tangaroa zog es im Moment vor, den Dingen ihren Lauf zu lassen. Ihm blieb ja auch nichts weiter übrig, gefesselt und mit verbundenen Augen. Also saßen Ariman und Tangaroa in sich gekehrtda und versuchten, die Demütigungen mit Würde zu ertragen.

2. Ein neuer Abschnitt

Die Korsikaner und Tobi wandten sich den Svartalfheimer Höhlen zu und schlenderten wie ziellos weiter.

Tobi hielt ein Glas unter dem Arm: „Wir können ja mal nachschauen, was man da machen kann“, schlug er vor. Sie vermittelten weiter den Eindruck, als wären sie gerade eben auf die Idee gekommen, das Svartalfheim wieder bewohnbar zu machen.

Einige der Jungzwerge, die Tangaroa und Ariman bewachten, wollten mitkommen. Keine gute Idee. Theodor und Giuseppe gelang es, die Zwerge von der wichtigen Aufgabe hier draußen zu überzeugen.

Tobi und die Korsikaner banden sich feuchte Tücher vor das Gesicht, bewaffneten sich mit den Duftwässern, die die Elfen aus dem Losalfheim mitgebracht hatten, und gaben vor, nach der Ursache des ganzen Chaos forschen zu wollen. Verkündet, getan und im Svartalfheim verschwunden waren sie.

Ein neuer Pluspunkt für die Fremden, die sich da für ein auf der korsikanischen Insel völlig unbekanntes Zwergenvolk aus dem Svartalfheim engagierten. Während die Korsikaner mit Tobi und seinem Glas die Höhlen durchstreiften und versuchten, sie wieder zu reinigen, tuschelten die Zwerge über ihren Besuch: Das sollten die Bösen sein, vor denen Hellerich und Konsorten die anderen Zwerge gewarnt und geschützt hatten, indem sie Umgangsverbote und bei Nichtbeachtung empfindliche Strafen verhängt hatten? Es waren nette Leute, die da von der korsikanischen Insel zu ihnen kamen. Interessante Arten von Lebewesen gab es auch, einen intellektuell aussehenden Nickelbrillenträger mit zwei Flügeln zum Beispiel, der eigentlich aussah wie ein überdimensionierter Käfer auf zwei Beinen.

Ganz offensichtlich froh über die neuen Allianzen waren die Zwergen- und Elfennachkommen. Titania beobachtete mit halbem

Auge die Vorgänge auf der Wiese, während sie Freyjas Ausführungen folgte. Sie sah, wie vertraut ihre Tochter Sternenstaub und die anderen Elfen mit den Zwergen umgingen. Alle Elfen und vor allem ihre Tochter waren immer froh und freundlich. Aber der Umgang miteinander war so freundschaftlich, wie er sich nur in häufigen Begegnungen entwickeln konnte. Titania konnte nicht wissen, wie häufig die jungen Zwerge und Elfen in Kundries Garten miteinander gespielt hatten, doch ihr wurde klar, dass die junge Generation der beiden verfeindeten Völker sich schon längst kennen- und schätzen gelernt hatte.

Ihr Sonnenschein Sternenstaub zeigte ein besonderes Talent im Umgang mit Kräutern und wollte von der Mutter alles darüber wissen, wie Kräuter Leiden heilen konnten. Sie hing Titania an den Lippen, wenn sie über die Heilkraft bestimmter Blüten sprach. Doch folgte sie ganz offensichtlich auch ihren eigenen Interessen und Wegen, die ihre Mutter nicht kannte.

Titania selbst fiel es nicht in den Schoß, hier zu sein und gute Miene zu allem zu machen. Andererseits war alles einfacher, als sie es befürchtet hatte. Sie fühlte in sich hinein, ob sie so etwas wie das Gefühl, gesiegt zu haben, spürte. Aber sie fühlte nur eine große Leere, die ihre Liebsten verschluckt hatte, Oberon, Kleo und letztlich auch Jasmin, ihre Nichte. Während sie weiter die jungen Elfen und Zwergen beobachtete, schlich sich leise der Gedanke an sie heran, dass es auch Alberich schwer getroffen haben musste, als seine Mutter Jasmin verschwunden war. Titania sah sich um. Sie erblickte Hellerichs Sohn gar nicht in der Gruppe Sie machte sich darauf gefasst, mit der Rückkehr der Zwerge auch Details über Jasmins Verschwinden zu erfahren. Nach dem, was mit Oberon, Kleo und den Losalfheimer Schwarzelfen während der Bluthochzeit geschehen war, rechnete sie mit dem Schlimmsten. Sie war sehr froh, dass Hellerich seinen Rausch ausschlief und sie diese Begegnung erst einmal nicht durchleben musste.

3. In den Unbekannten Minen

Alberich hastete mit Penthesilea durch die immer niedriger werdenden Gänge des Svartalfheims. Er trug Fatimas Drachenledermantel und ihr Tuch vor der Nase. Penthesilea schützte sich mit ihrem eigenen Tuch und Mantel vor den Ausdünstungen, die das Atmen im Svartalfheim eigentlich unmöglich machten. Sie hatte dem Zwerg trotz anfänglichem Misstrauen ihre volle Unterstützung bei seiner nicht ungefährlichen Unternehmung zugesichert, nachdem Alberich ihr auf der Wiese vor dem Svartalfheim sein Herz ausgeschüttet und den Grund genannt hatte, warum er drauf und dran war, schutzlos in eine Höhle zu rennen.

Penthesilea kannte das Risiko, und darin lag der Unterschied zu Alberich. Der Jungzwerg war im Begriff gewesen, mit offenen Augen ins Unglück zu rennen.

Die Amazone hatte sich Tuch und Mantel von Fatima geliehen, ein Seil gegriffen, das auf der Wiese herumgelegen hatte, und sich mit Alberich auf den Weg in den hinteren Bereich des Svartalfheims gemacht, darauf vertrauend, dass ihr Fehlen im Trubel der Ereignisse keinem so schnell auffallen würde. Vorläufig würde keiner Fragen stellen, und das verschaffte ihnen einen Vorsprung, um ihr Unternehmen zu einem glückbringenden Ende bringen zu können.

Schon im Vorraum der Zwergenhöhlen schützte sie Alberich nach besten Möglichkeiten mit Tuch und Mantel, der darin versank, aber sicher war. Sie schlang sich das eine Ende des Seils um den Leib, das andere um Alberichs Hand.

„Die Mäntel sind aus Drachenleder, wir machen uns jetzt damit unsichtbar. Mach es mir nach“, forderte sie ihn auf. Beide schlugen das Triskell auf der linken Brust und waren im nächsten Moment verschwunden.

Sie erklärte dem verdutzten Alberich: „So sind wir geschützt, aber nur du siehst mich noch ein bisschen.“

Der Zwerg nickte.

„Gut, dann schnell.“

Alberich konnte im Laufen problemlos mit der Amazone mithalten. Sie rannten durch verlassene Gänge, in denen es wie nach einem Erdbeben aussah, und passierten stillgelegte Schürfplätze. Das Atmen war schwer, aber durch die Tücher möglich.

Penthesilea sah sich das eine oder andere Mal um, wich imaginären Hindernissen auf dem Gang aus, die sich bei näherem Hinschauen als bunte Flechten herausstellten, die irgendwas trugen. Sie wies auch Alberich an, nicht darauf zu treten. Auch sonst verhielt sie sich suchend. Alberich tat wie ihm geheißen, doch sonst bekam er nicht viel mit. Seine Sorgen blockierten jede andere Wahrnehmung. Er registrierte froh, dass Penthesilea so weitsichtig gewesen war, Fackeln einzustecken, die ihnen den Weg erleuchteten. Alberich hatte das Gefühl, noch nie so schnell in den Unbekannten Minen gewesen zu sein. Noch eine Wegbiegung, und sie standen vor dem Gitter, das ihnen den Weg versperrte. Penthesilea rüttelte an den Stäben, die bis unter die Höhlendecke reichten. Nichts zu machen. Sie sah Alberich fragend an, der eine Handbewegung machte, die zu sagen schien: „Moment nur."

Er hockte sich hin und löste einen auf den ersten Blick stabil wirkenden Gitterstab aus seiner Verankerung. Drei Stäbe entfernte er auf diese Weise aus ihrer Verankerung und machte ein geräumiges Schlupfloch frei, durch das auch die Amazone passte. Er knüpfte das Seil von seiner Hand und war als Erster auf der anderen Seite. Penthesilea hielt anerkennend ihren Daumen in die Höhe, wickelte auch sich das Seil von den Hüften und schlüpfte hindurch.

Jetzt ging Alberich voran. Penthesilea folgte ihm staunend und gratulierte sich innerlich selber dazu, sich auf dieses Abenteuer eingelassen zu haben. Sie tauchten in eine glitzernde Landschaft ein, die eher an ein fantastisches Zauberreich als eine Zwergenhöhle erinnerte. Über ihnen wölbten sich Felsen wie ein Himmel, in dem Edelsteine in allen Farben der Natur funkelten. Ein kleiner Bach plätscherte entlang des Wegs aus unebenem Gestein. Im Wasser schimmerten faustgroße Goldnuggets.

Penthesilea musste darauf achtgeben, dass sie vor Staunen und Überraschung nicht stolperte. Der Boden war glitschig und nicht nur uneben, sondern auch mit lockeren Steinen übersät. Diese Höhle verströmte einen ganz besonderen Zauber: All die Edelsteine, die Felsen waren von Gold- und Silberadern durchzogen, es strahlte und glitzerte so intensiv, dass sie keine Fackeln mehr brauchten. Penthesilea bedauerte, keine Zeit für eine tiefgehende Schwärmerei für diesen Ort zu haben. Sie sah den Jungzwerg an, der über die Steine hastete und den das alles hier nicht zu kümmern schien. Alberich wartete an einer Kurve auf die Amazone und bemerkte ihre Ergriffenheit.

„Dieser Ort ist wirklich etwas Besonderes geworden", sagte er und klang nicht mehr wie ein junger Zwerg, sondern wie ein weiser Weggefährte, der schon viel in seinem Leben gesehen und gelernt hatte.

„Es fühlt sich an wie ein fremder Planet, den ich immer schon mal besuchen wollte", kommentierte Penthesilea.

„Wir sind hier viele tausend Fuß unter der Erde. Der Vulkan ist nah. Es ist die Schatzkammer unseres Svartalfheims. Komm!", forderte er die Amazone auf und lief weiter.

Sie folgte, ohne Fragen zu stellen.

Alberich bog in eine unscheinbare Einbuchtung entlang des Weges ein und rief: „Mutter, ich bringe Besuch mit! Wo bist du?"

„Sind wir da?", fragte Penthesilea.

Alberich nickte: „Ja, gleich."

„Dann machen wir uns am besten sichtbar, sonst glaubt deine Mutter, Gespenster rufen nach ihr."

Sie machten beide das Triskell in umgekehrter Richtung. Penthesilea nahm das Tuch vom Mund: „Ich glaube, die Luft ist hier besser als vorne."

Sie wusste auch, warum. Hierhin hatten sich die Borsen mit Cesari bestimmt nicht verirrt.

Alberich war die Entspannung anzumerken, als er einen tiefen Zug der frischen, kühlen Bergluft einatmete und sicher war, hier hatte seine Mutter überleben können.

Penthesilea legte dem tapferen kleinen Zwerg die Hand auf die Schulter und lächelte, als erriete sie seine Gedanken: „Ihr ist sicher nichts passiert."

Alberich strahlte und war Penthesilea unendlich dankbar. Nicht nur dass sie ihn begleitete auf diese Reise ins Ungewisse, sie hatte ihm vor allem seine Geschichte geglaubt, dass er seiner Mutter in ihrem Versteck zu überleben half, in das sie vor seinem Vater geflüchtet war. Als dann dieser Gestank das Svartalfheim durchzogen hatte, war Alberich schier verrückt vor Sorge um seine Mutter geworden. Es hatte ihm ja niemand sagen können, woher das kam und wie sich der Sauerstoffmangel ausbreitete.

Er rief laut nach Jasmin: „Mutter!". Und noch einmal: „Mutter!"

Sie gingen ein Stück weiter und gelangten in eine Höhle, die doppelt so groß war wie die, die sie eben verlassen hatten. Auch hier strahlte, glitzerte und glänzte es an den Wänden. Penthesilea hatte von Titanias Fluch gehört, der es den Zwergen unmöglich machte, Edelmetalle und Edelsteine zu schürfen. Doch an diesem Ort sah sie, dass ihre Schätze direkt vor ihrer Nase versteckt waren. Im Zauber der Umgebung gefangen, stand Penthesilea mit offenem Mund da und atmete diese Energie ein, die mit nichts zu vergleichen war. Was dann kam, darauf war sie nicht vorbereitet, obwohl sie sich vollkommen auf diese Umgebung eingelassen hatte.

Es bog ein nie gesehenes Strahlen um die Ecke, von einer Intensität, als würde ein großer Edelstein sich bewegen. Doch es näherte sich in der Wolke aus goldweißem Licht eine Person. Erst als Alberich auf diese zustürmte und sie weinend umarmte, wusste Penthesilea, dass sie ihr Ziel erreicht hatten.

Auch sie ging auf die Lichtgestalt zu und schlug sich, nach Amazonenart, mit der rechten Faust über die linke Brust, dazu verbeugte sie sich tief: „Ich nehme an, du bist Jasmin? Es ist mir eine Ehre!"

„Penthesilea", erklärte Alberich seiner erschrockenen Mutter rasch. „Sie ist eine Freundin."

Daraufhin wandte sich Jasmin der Amazone zu, ahmte die Amazonen-Begrüßung nach und verbeugte sich klimpernd mit der rechten Faust über dem Herzen: „Auch mir ist es eine Ehre, dich kennenzulernen, Penthesilea.“

Penthesilea betrachtete Alberichs Mutter neugierig, war sie doch die erste Schwarzelfe, die ihr begegnete. Ihr langes, rotes Haar hing glatt herab. Die Farbe stammte von ihrer Zwergenmutter Kleo, die Glätte hatte sie von ihrem Elfenvater Oberon geerbt. Ihr rundes Gesicht strahlte, war aber weiß wie das Licht, das sie umgab. Nun sah Penthesilea auch, warum sie so strahlte: Ihre gesamte Kleidung war aus purem Gold und mit Edelsteinen geschmückt.

Jasmin bemerkte Penthesileas Verblüffung, als die ihr Kleid bestaunte: „Ich hatte keine andere Möglichkeit, als mir aus den Elementen meiner Umgebung Stoffe zu weben. Gold gibt es hier im Überfluss. Die Edelsteine sind zugegebenermaßen reiner Zierrat. Warum soll ich mich hier unvorteilhafter kleiden als notwendig, nur weil ich nicht ans Tageslicht komme?“

Der Amazone war sicher, sie hatte damit alles richtig gemacht, sich auf diese Unternehmung einzulassen. Der Aufenthalt in dieser Goldstube war mit nichts zu vergleichen. Wenngleich sie wusste, dass Jasmin sich vor einem brutalen Ehemann verstecken musste, der noch dazu der Mörder ihrer Eltern war, fühlte sie das Heilende dieses Ortes. Jasmin war eine starke Frau, die die Kräfte dieses Platzes für ihre Zwecke zu nutzen wusste.

Alles, was Penthesilea noch von Jasmins Refugium zu sehen bekam, in das sie von der Schwarzelfe eingeladen wurde, bestätigte sie in ihrem ersten Eindruck, eine ungewöhnliche Frau getroffen zu haben.

Das Erste, was Penthesilea dort bewunderte, war ein mit Edelsteinen besetzter Paravent aus purem Gold, vor dem Jasmin stehenblieb. Es gab reihenweise Smaragde, die von vielen Rubinen unterbrochen wurden.

„Hier, bei den Rubinen, ist mein lieber Alberich zu mir gekommen. Die Smaragde dazwischen stehen für die Zeit, die ich auf ihn gewartet habe“, Jasmin schenkte ihrem Sohn ein entzücktes Lächeln, das der kleine Zwerg aus allen Poren erwiderte.

An den Höhlenwänden reflektierten goldene Platten das Licht von Fackeln und leuchteten den Raum aus, als sei helllichter Tag.

„Hier habe ich es mir eingerichtet“, erzählte Jasmin, die vorangegangen war. Die Höhle war geräumig, hell, trocken und sauber. Da, wo keine goldenen Platten die Felswände bedeckten, hingen goldene Teppiche, deren Muster mit Edelsteinen verschiedenster

Farben und Größe unterstrichen waren, mal kreisrund, dann wie Bienenwaben oder wellenförmig. Das Trio betrat den nächsten, in genauso helles Licht getauchten Raum.

Unzählige kleine Wesen machten sich hier zu schaffen.

„Das sind Steingeister, meine treuen Freunde und Helfer“, stellte Jasmin ihre Mitbewohner vor, die sich an einem Spinnrad, einem Webstuhl oder anderweitig nützlich machten. Einer stellte sich an die Feuerstelle in der hinteren Ecke, und es sah aus, als bereitete er Tee zu.

Ein anderes kleines graues Steinhelferwesen kam zu ihnen. Seine Arme waren muskulös und trotzdem dünn, die Augen groß, der Körper schlank. Er zeigte Jasmin ein Hemd, in dessen Mitte eine Sonne aus Diamanten mit einem tiefroten Rubin im Zentrum des Strahlenkranzes prangte.

„Das ist Gru, unser Meisterschneider. Gru, das ist Penthesilea. Sie hat meinem Sohn geholfen. Darf ich ihr dafür dieses wunderschöne Hemd von dir schenken?“

Gru nickte strahlend und hielt das Goldhemd maßnehmend vor Penthesileas Körper, bevor die überhaupt etwas sagen konnte. Doch er schüttelte unzufrieden den Kopf, verschwand mitsamt Hemd an einem Tisch, der nur halb hinter einem Felsvorsprung herauslugte, und machte sich an die Arbeit.

Jasmin führte ihren Besuch zu einer Sitzecke, deren Kissen zwar in Goldbezügen steckten, aber doch immerhin bequem waren. Der Steingeist, der eben beim Teekessel gestanden hatte, brachte auf einem Tablett drei Becher und eine Kanne, alles aus Gold, aus der heißer Dampf aufstieg. Er verteilte es auf dem Steintisch, über dem eine goldene Tischdecke lag, und verschwand wieder. Ein anderer Steingeist legte drei Äpfel dazu.

Alberich goss Tee ein, und nach dem ersten Schluck fragte Jasmin: „Also, was ist passiert? Du hast es sonst immer alleine hierhergeschafft, Alberich. Und es ist erst drei Smaragde her, dass du hier warst. Außerdem hast du nicht die geringste Kleinigkeit dabei.“ Jasmin bemerkte ihren Fehler: „Nein, nein, tut mir leid. Das war kein Vorwurf. Es ist nur eine Frage, ich freue mich über Besuch.“ Sie sah Penthesilea an. Die verstand alles vollkommen und forderte Alberich mit einem Blick dazu auf, zu berichten.

Jasmin lehnte sich zurück und hörte ohne sichtbare Regung zu, wie ihr Sohn von den Geschehnissen und seiner neuen Freundin berichtete.

Mit wachsender Begeisterung verkündete er, dass sie das alles auch wegen dieser Zaubermäntel geschafft hatten, die ihre Träger unsichtbar machen konnten und die sie gerade auch trugen. Alberich stand auf, schlug das Triskell und war verschwunden.

Mit hochrotem Kopf kam er, das Triskel in Brusthöhe schlagend, wieder zurück. „Hast du das gesehen, Mutter?", rief er begeistert. Ein paar Steingeister hatten sich um sie herum versammelt und applaudierten bei dem Kunststück, das Alberich da gerade vorführte.

„Ich bin so stolz auf dich", antwortete Jasmin glücklich darüber, ihren Sohn so froh zu sehen. Dann wandte sie sich an Penthesilea: „Ich nehme an, du weißt, wer sich hinter dem Drachen verbirgt?"

Die nickte: „Ja, aber Ariman ist bei meinen Freundinnen Fatima und Freyja in den besten Händen. Freyja bearbeitete Ariman gerade und sie weiß, wie man seine Flucht verhindern kann."

Bei diesen Worten Penthesileas zog Jasmin doch anerkennend eine Augenbraue in die Höhe. Das war eine wirklich gute Nachricht.

Penthesilea fuhr fort: „Als wir die Wiese verließen, war Alberich krank vor Sorge darüber, dass dir hier hinten was passiert sein könnte. Wir wussten ja nicht, woher der Gestank kam und wie weit er gezogen ist. Ich kann nur sagen, ich bin sehr froh, dich hier unversehrt anzutreffen. Und du kannst sehr stolz auf deinen Sohn sein. Er hat uns geholfen, Ariman gefangen zu nehmen." Bei dem Lob wuchs der Zwerg um mindestens einen Kopf.

Penthesilea fand den Augenblick ideal für die letzte große Wahrheit: „Vielleicht sollten wir darüber nachdenken, zu dritt zurückzugehen."

Jasmin trank weiterhin stumm ihren Tee. Alberich schaute aufgeregt von einer zur anderen, sagte aber ebenfalls nichts. Seine Mutter setzte schließlich ihre Tasse ab: „Alle Drei?"

Penthesilea nickte und sah zu Alberich: „Was meinst du?"

Der Jungzwerg wurde unruhig: „Nun ja, ich weiß nicht. Mein Vater weiß von all dem hier nichts, es wird ihm sicher nicht gefallen." Er sah zu seiner Mutter.

„Wie kommst du darauf, dass ich, ohne meinen Jungen und auch mich selbst zu gefährden, ins Svartalfheim zurückkehren kann?", fragte Jasmin.

Penthesilea musste so wahrheitsgetreu wie möglich antworten, ohne die eine Aktion zu erwähnen, die sämtliche Ereignisse ins Rollen gebracht hatte.

„Das Leben ist eine stetige Veränderung, und gerade jetzt dreht sich das Rad des Schicksals", sagte Penthesilea für ihre Verhältnisse ungewohnt poetisch. „Wir folgten Arimans Spur schon länger, und es war geplant, die Zwerge in die Gemeinschaft der Baumwelten zurückzuholen. Ich bin mir ziemlich sicher, dass Elfenkönigin Titania mittlerweile zum Svartalfheim gekommen ist."

Als die Amazone den Namen der Elfenkönigin nannte, atmete Jasmin schwer auf. Ihre einzige noch lebende Elfenverwandte, sie sehnte sich so sehr danach, Titania zu umarmen.

Penthesilea analysierte die Lage weiter: „Wie es um Hellerich bestellt ist, weiß ich nicht. Er war sehr betrunken. Aber die Gemeinschaft der Baumwelten ist gewillt, ihre Beziehung zu den Zwergen zu verbessern. Kundrie hat das Pferdorakel auf Rugia befragt, und die Heiligen Schimmel haben gutes Gelingen prophezeit. Außerdem haben wir Ariman, sein Einfluss auf das Svartalfheim ist Geschichte."

Das letzte Argument schien für Jasmin entscheidend.

„Wenn es euch lieber ist, dann gehe ich noch einmal zurück und erkunde die aktuelle Lage", bot Penthesilea an. „Es gibt allerdings auch die Möglichkeit, dass du meinen Mantel anziehst, Jasmin, und uns unsichtbar folgst. Dann kannst du dir selbst ein Bild machen und vor Ort entscheiden, ob du dich wieder hierher zurückziehst oder dich zu erkennen gibst. Beides ist möglich."

„Das ist ein sehr großzügiges Angebot von dir, Penthesilea, danke." Sichtlich gerührt wandte sich Jasmin an ihren Sohn: „Du hast eine tolle Freundin."

Alberich strahlte, sah aber auch besorgt aus: „Was wirst du tun?"

Jasmin nahm sich eine Weile Zeit, bevor sie antwortete. „Wir gehen zusammen."

Nicht ganz unbesorgt darüber, ob die Borsen das Svartalfheim schon wieder so weit gereinigt hatten, dass ein Durchkommen auch ohne Mundschutz möglich war, gab Penthesilea Jasmin ihre Ausrüstung aus Mantel und Tuch. Da sie jedoch wusste, worauf sie zu achten hatte, konnte sie bei den ersten Anzeichen, dass das Svartalfheim noch immer unpassierbar war, umkehren und hier der Dinge ausharren.

Gru, der Meisterschneider, kam aus seiner Ecke geflitzt und hielt Penthesilea erneut das Goldhemd an. Es passte perfekt. Er warf es der Amazone über und stand zufrieden nickend vor ihr: „Wie für dich gemacht."

Die Amazone aber wehrte ab: „Das kann ich auf keinen Fall annehmen."

Doch Jasmin stellte sich auf die Zehenspitzen, umarmte sie und drückte ihr einen Kuss auf die Wange: „Das ist das Mindeste, was du verdient hast." Dann wandte sie sich geschäftig ab: „Ich nehme noch ein paar Dinge mit."

Sie winkte ihren Gästen und wendete sich einer kleineren Höhle zu, die mit einem Vorhang abgetrennt war und aus der ein überirdisches Strahlen drang: „Kommt mit, lasst uns gemeinsam etwas aussuchen. Ihr andern auch."

Die Steingeister waren wie ein Knäuel umgehend an Ort und Stelle und verstopften den Gang.

Penthesileas Staunen erreichte eine neue Ebene, als sie in die Schatzkammer des Svartalfheims schritten. Eine einzige Fackel beschien abertausende Stücke aus purem Gold, Silber und Edelsteinen. In der Mitte aber stand eine Stele, auf der ein Stern aus nachtdunklem Obsidian lag. Auf den ging Jasmin zu, streichelte ihn, packte ihn dann in weiches Tuch und legte ihn in eine kostbar aussehende Ledertasche. Diese Tasche hängte sie sich um und hielt eine Hand darauf, wie zum Schutz: „Dies hier sind all die Schätze, die Zwerge gemacht haben, als sie noch Goldschmiede und Kunsthandwerker waren. Die Schwarzelfen haben sie gerettet, als das Svartalfheim den dunklen Elementen anheimfiel. Vielleicht ist bald die Zeit gekommen, sie wieder ans Tageslicht zu holen. Das wäre doch wunderbar, nicht wahr?" Sie sah Penthesilea an.

Die nickte: „Ja, wenn du mich fragst, ist es an der Zeit."

4. Die Rückkehr

Penthesilea ging voran, ihr folgte ein ganzer Trupp Steingeister, die sich neugierig angeboten hatten, die prall gefüllten Säcke zu tragen, die Jasmin aus der Schatzkammer des Svartalfheims mitnahm, um den Zwergen zu zeigen, wo einst ihre Stärken gelegen hatten.

Zwischen der Amazone und den Geistern klaffte eine Lücke, aus der manchmal flüsternd nachgefragt wurde: „Jetzt links?"

„Nein, rechts."

„Doch links", widersprach die Frauenstimme, zu der kein Körper zu sehen war. „Der Weg ist kürzer", fügte sie hinzu.

„Den kenne ich aber nicht", antwortete eine ebenfalls körperlose Jungenstimme. „Ich bin immer von rechts gekommen."

„Also was jetzt?", fragte Penthesilea ungeduldig.

„Links“, sagte die Frauenstimme bestimmt und ergänzte: „Ich habe viel Zeit hier verbracht, der Weg ist der kürzeste.“

„Warum hast du mir das nicht gesagt, Mutter?“, zischelte der Junge.

Penthesilea beendete die Unterhaltung: „Wir gehen jetzt links entlang, und ihr diskutiert das später.“ Sie ging voran.

Sie hatte darauf bestanden, dass sowohl Alberich als auch seine Mutter zu ihrem eigenen Schutz die zwei Drachenledermäntel anzogen, um das Svartalfheim zu durchqueren. Sie hatte ihnen die Tücher vors Gesicht gebunden, und los ging es. Sie selber würde mit Zwergen und Sonstigem fertig werden, dessen war sie sicher. Penthesilea leuchtete in ihrem goldenen Hemd mit der diamantenen Sonne und dem großen Rubin in der Mitte fast so hell wie Jasmin, als sie die zum ersten Mal gesehen hatte.

Jasmin war der Abschied aus ihrem Refugium sichtlich schwergefallen. Doch als Alberich sie an der Hand genommen und angestrahlt hatte, war das Gewicht von ihren Schultern gewichen und sie waren zügig aufgebrochen.

Nacheinander passierten sie den Durchschlupf im Gitter und ließen die Unbekannten Minen hinter sich. Als sie sich den vorderen Svartalfheimer Wohnhöhlen näherten, bemerkte Penthesilea erleichtert, dass der Geruch erträglich und ausreichend Sauerstoff vorhanden war, um ohne Hilfsmittel hinaus auf die Zwergenwiese zu kommen.

Nicht lange und die Amazone hörte die ersten Geräusche, die sie nicht selbst machten. Es handelte sich um ein Gespräch direkt in ihrer Nähe, hier mussten irgendwo Zwerge sein. Sie stoppte, hielt sich den Zeigefinger vor den Mund, machte eine Handbewegung, die zeigte, dass sie vorausgehen wollte, da hörte sie plötzlich das Getrappel von Pferdehufen und einen Streit zwischen zwei Wesen, die sehr vertraut miteinander klangen.

„Wenn ich dir doch sage, dass wir hier putzen müssen. Hier riecht es noch.“

„Du irrst dich“, hielt die andere Stimme dagegen, „wir müssen dort putzen, um diesen wunderbaren Elfenduft zu verbreiten. Dort!“

Wieder hörte Penthesilea Pferdehufe. Sie schaute ziemlich ungläubig drein, als sie dort, im Svartalfheim, auf das duale Team des Sirius trafen.

„Was macht ihr denn hier?“, wollte sie entgeistert von den beiden wissen.

„Na, Schätzchen, wonach sieht es denn aus?“, gab der linke Kopf zurück und wedelte mit einem Tuch, während der andere den

Eimer aus Birkenrinde hochhielt. „Duftet wunderbar nach Lavendel. Wir sind auch schon fast fertig, nur noch dort drüben ein wenig drüberwischen."

„Nein, hier", protestierte der linke Kopf und wollte in die andere Richtung laufen.

Penthesilea brach urplötzlich in lautstarkes Gelächter aus und bündelte damit die gesamte Aufmerksamkeit auf ihre Person. Das duale Team vergaß seinen Streit und beachtete die Steingeister nicht. Was Alberich und Jasmin taten, war nicht zu erkennen.

„Es duftet also noch nicht ausreichend? Deswegen streitet ihr euch?"

Irgendwann schnaubte das duale Team verstimmt. „Unsere Arbeit amüsiert dich wohl sehr", bemerkte der rechte Kopf pikiert.

Sie schüttelte den Kopf, umfasste den rechten Pferdekopf mit beiden Händen und küsste ihn mitten auf die Nüstern: „Nein, das amüsiert mich überhaupt nicht, das macht mich glücklich. Und auch du, komm her." Sie küsste den linken Pferdekopf auf die gleiche Weise. „Ihr macht das ganz wunderbar"

Hinter ihr applaudierten die Steingeister. Das duale Team sah erst recht befremdet auf die Amazone. Sie verstanden überhaupt nichts.

Penthesilea beruhigte sich. „Woher kommt ihr beiden denn?", fragte sie, als sie wieder bei Atem war.

Beide Köpfe sahen sich verwundert an und antworteten zeitgleich. „Vom Sirius, das solltest du wissen. Und was heißt hier, ihr beiden? Wir sind eins, nicht zwei! Auch wenn wir manchmal zwei Meinungen haben." Erneut sahen die Köpfe einander an und wollten schon wieder loslegen, irgendeiner Art von einer Empörung Luft zumachen, da unterbrach sie Penthesilea.

„Nein, äh, ja, natürlich, das weiß ich doch. Aber ich meine, woher kommt ihr jetzt gerade? Ihr wart auf Rugia, als ich euch das letzte Mal sah."

„Ach, die Geschichte", der linke Pferdekopf wirkte fast gelangweilt, als würde er sie jetzt zum hunderttausendsten Mal erzählen. „Wir sind doch heute Mittag schon mit dem Raumschiff angekommen. Hier müsste es aber mittlerweile wirklich sauber sein."

„Und die Zwerge?", hakte Penthesilea nach und wollte gerade noch fragen, wo Hellerich sich aufhielt, da reagierte der rechte Kopf schon.

„Ja, die haben auch mitgeholfen, wie alle anderen. Alle haben mit angepackt. Deswegen ist es ja schon so hübsch sauber, bis auf hier drüben diese klitzekleine Stelle." Der rechte Kopf wandte sich nach links.

Der linke Kopf sperrte sich dagegen. „Nein, dort riecht es noch.“

„Stopp, stopp, stopp!“, rief Penthesilea. Der Satz des dualen Teams klang in ihr nach. Alle waren gekommen.

„Ich habe einen Vorschlag: Ihr putzt erst hier noch ein wenig, dann geht ihr rüber und macht dort alles fertig, danach seid ihr doch beide zufrieden. Was haltet ihr davon?“, sie sah die Pferdköpfe erwartungsvoll an.

Die kniffen ihre Augen zusammen, als überlegten sie, sahen sich dann an und nickten anerkennend. „Wie klug sie ist“, merkte der rechte Pferdekopf an und schürzte seine Lippen. Er sah von seinem Kumpel wieder erwartungsvoll zu Penthesilea, verzog sein Pferdegebiss zu einem Grinsen, und es war nicht ersichtlich, ob er auf einen weiteren Kuss zur Motivation seiner schweren Aufgabe wartete.

Der kam nicht, dafür die Bestätigung vom linken Kopf: „Wie klug sie ist fürwahr. Wir fangen hier an.“ Er wandte sich nach rechts.

„Nein, dort drüben“, widersprach der rechte Pferdekopf und wandte sich in die entgegengesetzte Richtung.

„Hier!“

„Dort!“

Penthesilea tätschelte ihnen den Hals. „Ihr macht, äh, du machst das schon.“

Sie machte den Steingeistern und der Lücke im Tross Zeichen, dass es weiterging, und verließ das zweiköpfige Pferd.

Die Gänge in diesem Teil des Svartalfheims wurden wieder breiter und heller. Der Geruch frischer Luft wehte zu ihnen. Sie näherten sich dem Ausgang. Penthesilea verglich den Zustand des Svartalfheims mit den Gängen, die sie bei ihrer ersten Ankunft angetroffen hatte, und stellte zufrieden fest, hier hatte ein echter Qualitätssprung stattgefunden.

Der Zug aus Steingeistern, Penthesilea und den Unsichtbaren steuerte auf den Ausgang des Svartalfheims zu. In den Gängen begegneten ihnen ab und an Zwerge oder Salisborner, die das Svartalfheim gemeinsam herrichteten. Penthesilea gab sich grüßend, so, als wären sie auch gerade unterwegs im Auftrag der Reinlichkeit. Jasmin und Alberich sollten noch so lange unter den Drachenledermänteln verborgen bleiben, bis Klarheit darüber herrschte, was hier genau los war. Die Vorzeichen für Jasmins Rückkehr standen sehr günstig. Doch letzte Gewissheit würden sie erst auf der Wiese vor dem Svartalfheim erlangen. Sie näherten sich dem Ausgang. Das erste Sonnenlicht tastete sich ins Zwergenreich hinein.

Jasmin holte aus ihrer Umhängetasche eine Brille mit

abgedunkelten Scheiben, die sie für den Tag vorbereitet hatte, an dem sie das erste Mal wieder das Tageslicht sehen würde. Sie hatte nicht ein einziges Mal daran gezweifelt, dass der Moment kommen würde. Nun war es so weit. Penthesilea war so aufgeregt wie Alberich und Jasmin, als sie das Tor passierten und die Wiese betraten.

„Da bist du ja endlich", wurde die Amazone von Fatima begrüßt, die im nächsten Atemzug laut über die ganze Wiese rief. „Hey, Freyja, Penthesilea ist wieder da! Was trägst du denn da Schickes?" Penthesileas goldenes Hemd mit der diamanten Sonne und dem Rubin in der Mitte strahlte unter der Midgarder Frühsommersonne. Fatima umarmte die Freundin und strich bewundernd über das Kleidungsstück.

Der Trubel des Morgens war einer entspannten Stimmung gewichen, in der man satt und gelassen miteinander plauderte, Korsikaner mit Elfen und Eulenfrau, Salisborner mit Zwergen, auch vereinzelt Elfen mit Zwergen. Die Elfenkönigin hielt sich in der Begegnung mit den Svartalfheimern etwas zurück. Hellerich und seine Saufkumpane hatten von Kundrie ein Mittel bekommen, das sie noch weiterschlafen ließ, bis ein wenig Klarheit darüber herrschte, was mit ihnen geschehen sollte.

Trond mit dem Nordvolk und Thor sowie Temudschin und andere Steps zimmerten an einem Käfig für Ariman und Tangaroa, der auch Platz für den Zwergenältesten bot. Rugia lag mittlerweile verwaist und niemand sprach mehr über sportliche Höchstleistungen. Hier war man Teil von etwas Anderem, Größeren geworden.

Lilith, Odin und Kundrie saßen mit Freyja und Freyr zusammen und rühmten ein ums andere Mal Freyjas Bravourstück in Bezug auf Ariman, aber auch ihre Verdoppelung löste immer neues Erstaunen und Bewunderung aus. Die Nordländerin wurde nicht müde, ihrem staunenden Publikum von den Gidims zu berichten, die sie in Arimans Herzen gefunden und unschädlich gemacht hatte. Freyr hielt sie für einen Preis für ihren Mut, an dem sie sich nicht sattsehen konnte.

Die Truppe saß mit Elfenkönigin Titania am Rande des Silberwaldes, als sie Fatima rufen hörten. Penthesilea hatte umgehend die Aufmerksamkeit der ganzen Gruppe und dazu der halben Wiese, hatten sich doch alle um sie gesorgt. Auch wenn die Amazone keinen echten Plan für ihre Rückkehr hatte, war allgemeines Interesse genau das, was sie vermeiden wollte. Doch nun war es so, und da die Stimmung auf der Svartalfheimer Wiese einen sehr gelösten Eindruck machte, konnten Jasmin und Alberich genauso gut mit einem Knalleffekt zurückkehren.

Penthesilea umarmte ihre Freundin Fatima und winkte Freyja, kurz irritiert von der Person neben ihr, der Freyja offenbar sehr zugetan war, die Penthesilea aber vorher noch nie gesehen hatte. War das Freyjas Bruder? Er sah ihr so ähnlich. Wichtiger war im Moment, dass Elfenkönigin Titania ebenfalls der kleinen Gruppe um Lilith und Kundrie angehörte.

Penthesilea wendete sich um und nickte Jasmin und Alberich zu: „Ich glaube, ihr könntet jetzt."

Sie schlug mit ihnen gemeinsam das Triskell-Zeichen, und Jasmin stand vollständig sichtbar und Hand in Hand mit Alberich auf der Wiese. Eine schockierte Titania blickte Jasmin an, doch schon im nächsten Augenblick lagen sich die beiden in den Armen. Die Elfenkönigin strich Jasmin wieder und wieder über die Haare. „Ich habe geglaubt, ich sehe dich nie wieder. Wo warst du denn bloß? Warum bist du nicht zu uns gekommen?", fragte sie mit tränenerstickter Stimme.

Jasmin hatte ihr Gesicht in Titanias Schulter vergraben und weinte auch. „Ich habe das alles nicht ertragen. Aber ich konnte doch erst gehen, als mein Kleiner groß genug war. Wenn ich ins Losalfheim geflohen wäre, hätten die Zwerge das früher oder später erfahren. Wer weiß, was sich Hellerich hätte einfallen lassen, um mich zurückzuholen. So wusste auch er nicht, wo ich bin. Das schien mir das Beste für alle. Außerdem konnte mein lieber Alberich", sie sah jetzt auf und drückte ihren Sohn fest an sich, „so oft es eben ging, in die Unbekannten Minen kommen. Ich weiß doch, wie sehr du die Zwerge gehasst hast. Mit gutem Recht. Aber jetzt", ein Lächeln umspielte ihren Mund, als sie umher sah, „wird alles wieder gut."

5. Der Lauf der Ereignisse

Als Hellerich zu sich kam, hatte er furchtbaren Durst. Er nahm zunächst ein glucksendes Geräusch wahr und glaubte an einen Traum. Langsam öffnete er sein rechtes Auge und rechnete damit, dass das Geräusch verschwand. Doch dann sah er, wie Tangaroa einen ganzen Krug Wasser leerte. Das tat der Meeresgott recht gekonnt angesichts der Tatsache, dass seine Hände zusammengebunden waren, ihn ein dickes Seil um die üppige Leibesmitte an Gitterstäbe fesselte und ein Halstuch seine Augen bedeckte.

Neben Tangaroa standen einige Krüge, ob voll oder leer, war aus Hellerichs Perspektive nicht zu erkennen.

Ein Hüne aus dem hohen Norden, der seine langen blonden Haare sowohl am Kopf als auch am Kinn in dicken Zöpfen geflochten trug, reichte Tangaroa scheinbar unerschöpflichen Nachschub. Er drückte dem Meeresgott einen Krug nach dem anderen direkt in die Hand und passte auf, dass der mit seinen Händen nicht an der Augenbinde nestelte. Die Nacht hatte Tangaroa mit außen vor den Gitterstäben zusammengebundenen Händen verbracht.

All das interessierte Hellerich nicht. Was ging ihn das Schicksal anderer an? Wichtig war ihm die Erkenntnis, dass die Krüge im Käfig wohl alle leer waren, während er vergeblich auf Wasser in seinem knistertrockenen Mund hoffte. Den schlechten Geschmack darin war er gewohnt, aber Durst war etwas anderes.

Er bewegte sich und merkte, dass das nur in einem genau abgezirkelten Radius gelang, auch er war gefesselt, seine Hände zusammengebunden und die Füße mit einem festen Seil in seiner Ecke des Käfigs festgemacht.

Hellerich gelang es immerhin, sich aufzusetzen. Diese Bewegung fühlte sich an, als würde er seine Knochen einzeln zählen und käme zu dem Schluss, dass sie mal wieder kräftig geölt werden mussten. Vor nicht allzu langer Zeit hätte er mit seinen Kameraden über diesen gelungenen Witz gelacht und eine Runde Kasch kreisen lassen. Knochen heile und geölt, alles gut. Hahaha!

Heute gab es für ihn überhaupt nichts zum Lachen. Die Zeiten hatten sich eindeutig geändert, und das nicht vorhandene Kasch war nur der kleinste Punkt auf einer ganzen Liste von Problemen.

Es regnete und Tangaroa hatte sich vehement gegen eine Decke über dem Käfig gewehrt, die das Wasser abhalten sollte. Er war schließlich ein Meeresgott. Eigentlich tangierte Hellerich sein Käfiggenosse nicht, doch in diesem Punkt ging ihn das schon etwas an. Denn der Regen nahm zu. Die Hünen und die kleinen dunkelhaarigen Wächter mit den krummen Beinen, hatten mit vereinten Kräften versucht, eine Decke wenigstens halb über den Teil des Käfigs zu ziehen, in dem sich Hellerich befand. Einen von ihnen kannte er, Thor schien gut mit dieser Meute bekannt. Sie scheiterten an den Windböen, die die Decke permanent wieder wegbliesen.

Hellerich versuchte, sich die Situation zunutze zu machen, schloss sein Auge, öffnete den Mund und benetzte mit dem Regen seinen trockenen Mund. Doch nicht lange und seine Zähne klapperten wie ein alter Fensterladen. Er blickte wieder um sich und beobachtete, wie Tangaroa trank.

So viel Wasser drückt selbst der stärkste Kater in keinen Zwerg rein, dachte Hellerich schlotternd. Ein Aufenthalt an der frischen Luft in Kombination mit Tageslicht und Regen war noch vor kurzem absolut undenkbar gewesen. Aber heute war eben alles anders.

Die Realität sah so aus, dass er ohne Kaschnebel mit einem Wasser saufenden Meeresgott, der sich an dem herabströmenden Regen und kühlem Wasser labte, in einem Käfig gefangen saß, während er selbst Durst hatte und sich einen Ast abfror.

„Wir müssen den hier rausholen. Der ist ja schon blau angelaufen vor Kälte", hörte Hellerich einen kleinen schwarzhaarigen Wächter rufen.

„Du hast recht, Temudschin, der sieht nicht glücklich aus", antwortete der Hüne, den vorhin jemand mit „Trond" angesprochen hatte.

Hellerich würdigte diejenigen außerhalb seines Käfigs keines Blickes. Doch seinen aufmerksamen Wächtern entging nicht, dass sein Auge an Tangaroas Krügen klebte. Plötzlich reichte der kleine Schwarzhaarige ihm einen Krug durch die Gitterstäbe. Hellerich hob stumm seine auf dem Rücken gefesselten Hände.

„Wir machen das zusammen. Du wirst sehen, das klappt."

Hellerich beschloss, dass sein Durst größer als sein Verlangen, seine Würde zu erhalten, war. Er beugte sein Gesicht zu den Gitterstäben vor und Temudschin ließ ihm vorsichtig Wasser in den Mund laufen. Hellerich trank in kleinen Schlucken, verschluckte sich trotzdem ein wenig. Temudschin wartete, bis er gehustet hatte, dann ließ er ihn weitertrinken.

Das Wasser belebte ihn, und auch der Regen hörte auf. Hellerich sah sich um und glaubte an eine Erscheinung, die seiner eklatanten Kaschunterversorgung geschuldet sein musste. Er war doch nicht wirklich in Kundries Garten? Es schüttelte ihn innerlich, wenn er an die Hexe von Midgard dachte. Aber doch, er war hier, daran gab es keinen Zweifel. Sein Blick verfing sich in dem zweiten Käfig, der auf der anderen Seite von Kundries Hütte stand. Der darin gefangene Mensch sah aus wie Ariman, als er noch brav und bieder in Salisborn gelebt hatte. Hellerich war sicher, die Gedanken Arimans bewegten sich in einem ähnlichen Umfeld wie seine eigenen.

Ihre Zeit würde wieder anbrechen. Im Moment ruhten die Ambitionen eben etwas.

Hellerich entschied sich, alle Umstände zu ignorieren, und schloss die Augen wieder. Da schossen ihm Bilder durchs Gedächtnis. Hatte er das geträumt? Die Bilder zeigten das Gesicht seiner Frau Jasmin. Hellhäutiger, durchsichtiger, aber sie war es. Diese glatten, roten Haare waren unverkennbar. Sie war doch ein Jahr lang verschwunden gewesen? Na ja, falls sie jetzt wieder auftauchte, hatte er eine Person mehr auf seiner Liste zu bekämpfender Subjekte, wenn er wieder das Kommando hatte.

Hellerich war sich mittlerweile sicher, er hatte das nicht geträumt. Er erinnerte sich auch, die Elfenkönigin auf der Wiese vor dem Svartalfheim gesehen zu haben. Das hätte sie sich niemals getraut, wenn diese Hexe ihm nicht irgendwas gegeben hätte, das es denen hier leichtgemacht hatte, ihn zu überrumpeln. Jetzt fiel ihm auch wieder der Auftritt Arimans im Svartalfheim ein, ein Feuerwerk und ein übler Geruch. Er hatte es noch nicht geschafft, seine Erinnerungssplitter zu einem ganzen Bild zusammenzusetzen, da wurde er abgelenkt. Ein Pferd näherte sich, das Getrappel kam schnell näher, jemand sprach.

„Doch, Schätzchen, das sagen wir jetzt Kundrie, und die wird wissen, was zu tun ist", von Salisborn herübergetrabt kam ein duales Team vom Sirius mit Odin auf dem Rücken. „Kundrieieieie! Ich bins und bringe jemanden mihit", sang der linke Pferdekopf mehr, als dass er rief. Der rechte ergänzte: „Es gibt gute Neuigkeiten!"

Die Hexe von Midgard trat in dem Moment aus ihrer Hütte, als Odin vom Pferderücken absprang.

Hellerich kochte vor Wut, als er Liliths Sohn mit dem Pferd und der verhassten Hexe zusammenstehen und tuscheln sah. Jetzt gingen sie auch noch in die Hütte. Hellerich registrierte, wie ihn ihre Blicke streiften, bevor sie hinter der Tür verschwanden. Dieser Odin hatte seinen ehemaligen Mentor in dem anderen Käfig nicht beachtet, aber eindeutig zu ihm hingeschaut. Was heckten die wieder aus?

„Wir haben es gerochen, Hexe!", sagte der linke Teamkopf in der Hütte, und der rechte fügte hinzu: „Es fiel uns auf, weil Zinnkraut eigentlich so ein typisches Sirius-Unkraut ist und eines unserer Hauptnahrungsmittel. Wir vermissen es hier, und da hat uns der Geruch ziemlich überrascht."

Kundrie sah von einem Pferdekopf zum andern, dann zu Odin und schnupperte schließlich an dem geöffneten Beutel, den Odin ihr hinhielt.

„Ja, wir essen besonders viel Zinnkraut, wenn wir unter seelischer Verstimmung oder einer Entzündung leiden", erklärte das duale Team, „Eine Essenz aus Zinnkraut könnte ein durchaus wirksames

Mittel bei der Heilung Hellerichs sein und ihm eine zweite Chance geben."

„Zweite Chancen sind nur dann gut, wenn man sie auch wirklich will. Sonst verstreichen sie womöglich ungenutzt", gab Odin zu bedenken.

„Wir haben die Erde damals auch nicht freiwillig verlassen", vermerkte der linke Kopf, „aber die Zeit auf dem Sirius ist die beste, die unser Volk je erlebt hat. Manchmal muss man jemanden zu seinem Glück zwingen. Ihr könnt es bei Hellerich zumindest versuchen."

„Wir haben nichts zu verlieren. Im Gegenteil, Mahhara sagte, dass sich Hellerichs Porträt in der Ahnengalerie wieder zeigt", überlegte Kundrie laut. „Hellerichs Verwandlung vom gutmütigen Zwergenältesten zu einem Monster begann ja mit dem von Ariman verfluchten Splitter in seinem Auge, das sich entzündete. Der Splitter kann noch im Auge stecken. Dann ist das vielleicht genau das richtige Mittel für ihn. Wenn du uns das Kraut gibst, Odin, woher hast du es eigentlich?"

„Ich war ein Jahr lang in der Wüste", antwortete der, ohne auf den Grund einzugehen, der Freyja hieß und frisch verliebt in Salisborn turtelte. „Dort traf ich Wüstengeister, ich glaube, sie haben über mich gewacht. Zum Abschied gaben sie mir diesen Beutel. Niemand kannte das Kraut oder wusste etwas über seine Wirkung, bis mich gestern Abend das duale Team auf den Geruch ansprach. Gemeinsam kamen wir darauf, dass es sich bei dem Kraut um eben jenes Zinnkraut handelt. Einen Versuch ist es wert, und vielleicht haben die Dschinn es mir deswegen gegeben, wer weiß?"

„Dschinn?", Kundrie war bei dem Wort zusammengezuckt. „Du hast noch gar nicht erzählt, dass du mit solch mächtigen Geistern in Kontakt warst."

„Es war noch nicht so viel Zeit", Odin lächelte die Hexe an, die ihm wieder eine gute Freundin geworden war. Er hoffte, bei der Heilung Hellerichs helfen zu können und dadurch einen weiteren Schritt weg von seinem schlechten Gewissen zu machen, das trotz aller Buße an ihm nagte. Freyja hatte gestern auf der Wiese Arimans Wesen erläutert. Wer in einer krisenhaften Situation unter seinen Einfluss geraten war, hatte schlechte Karten gehabt, im wahrsten Sinne des Wortes. Odin und Lil hatten das böse zu spüren bekommen.

In Freyja hatte Ariman sich verschätzt und sich an ihr letztlich zu seinem eigenen Nachteil die Zähne ausgebissen. Er hatte ihre wahre Stärke verkannt, die gerade in den zwei Geschlechtern und ihrer widrige Umstände ignorierenden Arroganz lag. Ihr Training während des alptraumgeplagten Jahres war nicht die Vorbereitung auf den Sieg des Superpokals gewesen, sondern auf den Sieg über Ängste und Vorurteile. Ein gütiger Schöpfergott fügte es, dass sie in dem Kampf gegen Ariman und seine Gidims ihre Bestimmung fand und sich erst in dieser Herausforderung voll entfalten konnte.

So gesehen hatte Ariman ihr einen Gefallen getan, als er Lil losgeschickt hatte, um sie erst zu erpressen und dann gefügig zu machen. Da hatte er sich verzockt. Eins hatte sich zum anderen gefügt, und sich zum Besten entwickelt. Warum sollten sie es nicht schaffen, auch Hellerich selbst in die Gemeinschaft zurückzuholen?

„Dann mach ich mich gleich mal an die Arbeit", verkündete Kundrie, nahm das Kraut und ging in den hinteren Teil ihrer Hütte, wo alle dazu nötigen Utensilien lagerten. „Seid so lieb und holt mir Wasser, ja?"

Odin und das duale Team stürmten gleichzeitig los, stießen vor der Tür gegeneinander und blieben lachend stehen.

„Ich mach das schon", erklärte Odin sich bereit, nahm den Eimer, der vor der Hütte stand, und ging zum Feenbächlein rüber.

„Dann holt ihr mir die Korsikaner aus Salisborn", bat Kundrie das duale Team mit Blick auf ein Tongefäß, das oben auf ihrem Regal in der Küche stand.

Die korsikanischen Fünfkämpfer freuten sich über den Sprint, den sie machen mussten, um Kundries Bitte nachzukommen. Immerhin zeichnete sich hier ein Ende ihrer Unternehmungen rund um die Weltenesche ab. Es sollte zeitnah zurück nach Rugia gehen, um die Nerthus-Spiele doch noch zu begehen. Deswegen waren sie ja eigentlich hier. Auf ihrem Rückweg nach Salisborn trugen sie ein Tongefäß. Kundrie räucherte die ganze Hütte mit Salbei aus, richtete in der Mitte der Wohnstube eine Bettstatt für Hellerich her, stellte die Kalebasse mit der Zinnkrautessenz auf einen niedrigen Tisch daneben und trat aus der Hütte.

„Ihr könnt ihn jetzt reinbringen", rief sie Trond und Temudschin zu.

Hexenhütte, hämmerte es in Hellerichs alkoholunterversorgtem Hirn wie die leibhaftige Bedrohung aller Existenzen, als die Inkarnation aller Hexen mit Namen Kundrie mit einer irdenen Schüssel in der Hand über ihn kam. Er lag festgebunden und wehrlos auf einem Strohsack. In Kundries Hand dampfte es, als hätte sie gerade die Hölle ausgeplündert und allen Schwefel in diese Schüssel geworfen, mit der sie sich jetzt seinem Auge näherte.

Odin, Temudschin und Trond standen an der Tür. Sie bewegten ihre Lippen, als redeten sie, doch Hellerich konnte nichts verstehen. Das Gesicht seines Gegenübers veränderte und verzerrte sich, bis nicht mehr als eine Fratze übrigblieb, die von Alpträumen bevölkert war und sich in alle Richtungen ausbeulte. Die Augen quollen hervor, der Mund zu einer einzigen Scheußlichkeit karikiert.

Jetzt drangen Fetzen misstönender Laute an Hellerichs Ohren und ihm schien, als erklinge sein Namen aus den Tiefen des Orkus'. Geballtes Grauen kam aus Hellerich heraus.

Kundrie beugte sich erneut über ihn, und Hellerich beschwor in seiner Vorstellung ein höllisches Theater herauf. Münder mit Reißzähnen schnappten in seine Richtung, bissen, dann schwappte ihm eine dunkle Flüssigkeit aus dem Mund und wieder zurück, als tränke er sein eigenes Blut.

Es war eine Weile still in Hellerich. War das das pure Grauen oder lediglich Mattheit?

Dann krachte und blitzte es in ihm. Er wand sich in seinen Fesseln und schrie in einer Tonlage, die ein Teil des irdenen Geschirrs zerbrechen ließ. Hellerich würde sich nicht kampflos ergeben.

Der personifizierte Schneesturm beugte sich mit seinen eisblauen Augen über ihn und flößte ihm gewaltsam eine Flüssigkeit ein. Er musste sie schlucken, wenn er wieder atmen wollte. Sollte sie ihn doch gleich töten, statt mit diesen Wässerchen und Kräutern so zu tun, als hätte sie von irgendwas eine Ahnung.

Hellerich wurde ruhiger, er schrie nicht mehr und entspannte. Das Letzte, was er spürte, war, wie sich jemand an der Augenklappe und dann an seinem Auge zu schaffen machte, Flüssigkeit einflößte, tupfte, wischte, nachgoss, wieder wischte. Irgendwann umhüllte ihn gnädige Dunkelheit.

Es war hell, als Hellerich sein Auge öffnete. Im ersten Moment wusste er nicht, wo er sich befand. Doch dann erkannte er den blonden Hünen wieder, der da neben dem Strohsack saß, auf dem er lag. Der Nektar des Vergessens überschritt seine Halbwertzeit, die Bilder kamen zurück und mit ihnen die Erkenntnis. Er war immer noch in den Händen dieser Hexe. Er musste wohl kurz eingeschlummert sein. Hellerich bewegte sich leicht, und es gelang. Er war nicht gefesselt.

Der Hüne stand jetzt auf, öffnete das gute Stück von schlecht geölter Tür, das nur so quietschte, und rief irgendwas.

Hellerich war kurz erstaunt darüber, dass er offensichtlich überhaupt noch lebte. Aber da kam ja schon die Hexe herein, um diesen Zustand zu ändern.

Soll sie ruhig machen, dachte er. Das Einzige, was er bedauerte, war, dass er sich aus dem Jenseits heraus nicht so gut rächen könnte.

Kundrie trug ihre übliche Tracht, braune Tunika, grasgrüne Pluderhose, und in der Hand hatte sie diesmal keine dampfende Schale. Daran erinnerte sich Hellerich noch. Seine Augen sahen noch etwas unscharf, aber sie erkannten eine Schüssel mit einem Löffel und etwas Himbeeren. Er bemerkte, dass er hungrig war. Klar, dass die Hexe in einem solchen Moment mit diesem Zeugs hier reinkam, um vor ihm etwas zu essen.

Und wirklich, Kundrie setzte sich auf den Schemel neben Hellerichs Bett. „Komm, setz dich aufrecht hin, dann kannst du besser essen. Du musst sehr hungrig sein", sagte sie ohne jeden komischen Unterton, stellte ihm die Schüssel mit Haferbrei und frischen Himbeeren auf die Bettdecke und wartete.

„Wieso sollte ich hungrig sein? Außerdem esse ich so`n Zeug sowieso nicht", knurrte er, seinen Grundsatz völliger Ignoranz missachtend.

„Du willst nach drei Tagen Tiefschlaf keinen Hunger haben? Da wärst du aber der Erste. Du bekommst nachher auch was Richtiges, das ist nur der Anfang, um deinen Magen langsam wieder ans Essen zu gewöhnen."

Nur der Anfang, echote es in Hellerichs Kopf, und er sah die Tür aufgehen und gebratene Täubchen reinfliegen, mit Preiselbeeren und ... In dem Moment wurde ihm bewusst, was Kundrie gerade gesagt hatte. Drei Tage und drei Nächte? Er glaubte, sich verhört zu haben.

„Wie fühlst du dich?", erkundigte sie sich in einem Ton, als wäre er gestern mit irgendeinem Wehwehchen zu ihr gekommen, dessen sie sich angenommen hatte.

Er knurrte erneut. Sie sah ihm prüfend ins Gesicht, während er sich eine Himbeere in den Mund schob.

„Darf ich?", fragte Kundrie noch, während sie schon wieder Hand an ihn legte, um *Ja, genau, um was zu tun?*, diskutierte eine Stimme mit Hellerich, die ihm wegen seiner ersten Reflexe, die Hexe hantieren zu lassen, offensichtlich Widerworte gab.

Kundrie lüpfte den Verband, der sein linkes Auge bedeckte, und sah sehr zufrieden aus. „Wie viele Finger sind das?", wollte sie wissen und fuchtelte mit ihrer Hand vor seinem Gesicht herum, drei Finger hielt sie dabei abgespreizt.

„Ich kann nicht zählen", fauchte er.

„Oh bitte, also, eins, zwei, drei und wie viele außerdem?", sie streckte ihm jetzt vier Finger entgegen.

„Vier."

„Weißt du, dass du richtig Glück hast, dass du auf dem Auge wieder sehen kannst? Die Entzündung hatte sich tief in deinen Augapfel hinein gefressen, aber wir haben den Splitter gefunden, der alles verursacht hat", dozierte Kundrie, als sich die Tür erneut öffnete und Odin mit einem Tablett eintrat. Darauf fand sich alles, was man für ein ordentliches Frühstück brauchtc, Käsc, Brot und sogar frischer Kaffee. Ein Teil von Hellerich registrierte, dass Kasch offenbar nicht zu dem hier üblichen Frühstücksritual gehörte, doch auch das konnte nicht verhindern, dass ihm das Wasser im Mund zusammenlief.

Jetzt half ihm diese Hexe auch noch, das Kissen ordentlich in seinen Rücken zu drücken, damit er essen konnte. Aber das war mittlerweile auch egal. Odin stellte das Tablett so ab, dass Hellerich bequem alles greifen konnte, und wandte sich der Feuerstelle zu.

Hellerich saß aufrecht, löffelte als Erstes den Haferbrei, brach sich danach ein Stück Brot und Käse ab und mampfte mit vollen Backen.

Ihm erschien es wie das köstlichste Frühstück, das er je in seinem Leben gegessen hatte, dabei machte er natürlich dennoch ein angemessen grimmiges Gesicht. Nicht, dass die hier noch glaubten, dass, wieder meldete sich diese merkwürdige Stimme, die nachfragte: *Ja, was? Was sollen die hier bitteschön glauben und von wem? Meinst du, sie haben nichts Besseres zu tun, als sich um die schnöselige Meinung eines Zwergenältesten zu kümmern, der noch dazu ihr Frühstück isst?*

Das war das Stichwort: Frühstück. Alles andere war erst mal egal.

Odin fachsimpelte derweil mit Kundrie über irgendeinen Heilungsprozess. Sollten sie doch. War nicht sein Problem.

Doch dann machten sie plötzlich ernste Gesichter.

„Wir haben den Splitter verbrannt", Odin sah sehr erleichtert aus.

Die Hexe von Midgard nickte: „Das ist gut."

Sie stand auf und verließ die Hütte. Odin blieb, und auch der Hüne hatte seinen Platz wieder eingenommen. Hellerich merkte deutlich, sie versorgten ihn und waren höflich. Vertrauen konnte er ihnen aber noch nicht.

6. Thröma in Salisborn

In Salisborn lief das Leben absolut nicht in seinen gewohnten Bahnen. Zu viel war geschehen. Außerdem quollen die vier Langhäuser an der Dorfstraße über vor Gästen.

Auf dem Dorfplatz vor der Backstube hatten sich den ganzen Tag über Einheimische und Gäste versammelt. Die einen kamen vom Svartalfheim oder waren auf dem Weg dorthin, die anderen machten sich nützlich und unterstützten die Salisborner in ihrer Arbeit. Viele nutzen die Arbeit als Training und rannten Wege, die man normalerweise gemütlich laufen konnte. Denn alle spekulierten auf eine baldige Rückkehr nach Rugia. Die Nerthus-Spiele sollten zeitnah fortgesetzt werden.

Die Stimmung war gut, auch wenn alles anders verlaufen war als geplant. Sie hatten gemeinsam Dinge erreicht, von denen im vergangenen Sommer niemand zu träumen gewagt hätte. Jedenfalls waren die Zwerge drauf und dran, in die Baumweltengemeinschaft zurückzukehren. Titanias Fluch war mit Jasmins Rückkehr und Hellerichs Gefangennahme sanft verglüht.

Die ersten Abordnungen brachen schon am frühen Morgen mit Schaufel und Hacke und in Begleitung der Steingeister zu den Unbekannten Minen auf, um wieder Gold oder Edelsteine zu schürfen. Jasmin hatte ihnen auch den Standort der Schatzkammer verraten.

Und doch schlug in die allumfassende Erleichterung die Realität ein wie ein Komet. Der Sieg über Ariman galt allen als das wunderbarste aller Geschenke, aber wie das mit Geschenken so war, wurden sie erst wertvoll, wenn man richtig damit umging. Also, was tun mit Ariman?

Da sie gerade alle auf einen Haufen versammelt und vor Ort waren, sollten sie das auch zusammen klären. Nämlich dort, wo Ariman sein grausiges Wirken begonnen hatte: in den Baumwelten. Nun musste entschieden werden, wie sie mit ihm weiterverfuhren.

So fand am Mittag eine Versammlung auf dem Dorfplatz statt. Das Essen war beendet, die Teller abgeräumt, und alle saßen vor einem Becher Tee oder Kaffee. Sie diskutierten alle möglichen Strafen gegen Ariman aus, von denen jede nur das eine Ziel hatte, ihn dauerhaft ungefährlich zu machen, um weitere Überfälle zu unterbinden.

Die unangefochtene Autorität in Sachen Ariman war Freyja geworden. Ihr hatte man die Kenntnisse über die Ursachen von Arimans Wandel zu verdanken. Sie hatte die Gidims in Ariman nicht nur entdeckt, sondern auch unschädlich gemacht. Gidims waren die Schreckgespenster in Liliths alten Heimat Uruk. Von Lilith wussten sie auch, dass Gidims nicht sterben können, sondern nur weiterziehen. Das war der Grund für die Forderung nach einer wirklich drastischen Maßnahme, um zu verhindern, dass Ariman jemals wieder sein Unwesen in den Baumwelten treiben konnte.

Von den vielen Vorschlägen, die bislang besprochen worden waren, kam für Freyja nur eine Möglichkeit in Betracht: „Keine Frage, wir müssen Ariman hinter das intergalaktische Tor des Sirius bringen, die Tür von innen verriegeln und ihn für alle Zeiten dort draußen lassen."

Freyr stand neben ihr und nickte zustimmend. Rundherum brach Jubel aus. Die Abstimmung über diesen Vorschlag ergab eine hundertprozentige Zustimmung. Alle wären froh, wenn die Bedrohung durch Ariman, dauerhaft gebannt wäre.

Vor allem das duale Team vom Sirius war begeistert, stammte der Hinweis, dass ein solches Tor existierte, doch von ihm. Für das duale Team war es besonders erfreulich, einen nützlichen Beitrag leisten zu können, weil seine Spezies vor Unzeiten auch Unheil über die ganze Erde gebracht hatten. Nun hatten sie sich nicht nur für die Nerthus-Spiele qualifiziert und waren dorthin eingeladen worden, wenn alles geschmeidig lief, retteten sie auch kurzerhand die Welt vor Ariman. Sie mussten sich nur noch darüber verständigen, wie und von wem Ariman dorthin gebracht werden sollte.

Plötzlich verdunkelte sich der Himmel und Windböen brausten über sie hinweg. Freyja wettete mit Freyr, dass diese unausgeglichene und ewig nervende Windgottseele dahintersteckte. Sie fragte sich, ob Lil damit Lilith beeindrucken wollte oder ob er seine Schwärmerei endlich aufgegeben hatte.

Die versammelte Menge erhob sich entsetzt. Sie gab laute „Ohs" und „Ahs" von sich, zeigte gen Himmel auf das, was da auf sie zukam und duckte sich schon in Erwartung des Schlimmsten. Da landete Thrömas Schlitten auf der Wiese neben Salisborn und tatsächlich saß Lil neben ihr. Freyja hatte richtig gelegen. Vor dem Schlitten waren die für Thrömas Heimat typischen langfelligen Rinder mit den riesigen Hörnern gespannt.

Die Himmelstänzerin hielt Lil am Schlafittchen gepackt und entstieg dem Schlitten wie eine leibhaftige Rachegöttin. Sie sprühte schattenhafte Blitze aus ihrem dunklen Gesicht, die Luft um sie herum war so aufgeladen, dass man die Energie knistern hörte.

Trotz der eher bedrohlichen Situation ließ es sich Mahhara nicht nehmen anzumerken, dass es ihr Job war, mit Blitzen derart ausdrucksstark zu landen.

„Hier ist nur Platz für eine von uns“, setzte die Eulenfrau hinzu und duckte sich, als einer dieser Blitze gerade in ihre Richtung abgeschossen wurde. Theodor konnte im letzten Moment das Schlimmste verhindern, indem er sie zur Seite zog, da roch es schon nach verbranntem Holz. Der Blitz hatte einen Holztisch getroffen.

„Uijuijui, da ist aber jemand geladen“, kommentierte Mahhara und baute sich, beide Hände in die Hüfte gestemmt und Blitze aus ihren Augen zurückschießend, auf.

Lilith ging dazwischen. „Lass gut sein, Mahhara!“, forderte sie die Eulenfrau dazu auf, weitere Provokationen zu unterlassen, und ging auf den Besuch zu.

Thrömas drittes Auge auf der Stirn war weit geöffnet, glühte blau und schien alles in seiner Umgebung verschlingen zu wollen. Ihre schwarzen Haare waren auf dem Rücken zu einem Zopf geflochten, die goldenen Plättchen ihres Kopfschmucks rundeten die Szene mit einem ausgewachsenen Konzert ab.

„Ich habe mit euch zu sprechen“, verkündete sie großspurig, während sie die Treppen ihres Schlittens hinabglitt, den bedauernswerten Lil immer hinter sich herziehend. „Vor allem mit dir, Freyja.“

Freyja sah Thröma mit hochgezogenen Augenbrauen an und wartete stumm auf die Dinge, die diese mit ihr zu besprechen hatte. Lilith, Kundrie und die Salisborner hatten hier Heimrecht. Freyja überließ ihnen den Vortritt dafür, die Situation zu klären.

„Wie wäre es, wenn wir uns im ersten Schritt gegenseitig bekanntmachen“, versuchte Lilith, Thrömas Auftritt aufzufangen.

Jetzt war doch Freyjas Einsatz gefordert, schließlich hatte sie die Himmelstänzerin mit Penthesilea und Fatima in deren Steinschloss besucht. Thröma ihrerseits besuchte die Baumwelten das erste Mal, und keiner der hier Anwesenden war ihr bislang begegnet.

Freyja trat vor: „Wenn ihr gestattet, übernehme ich das mal. Thröma, die Fürstin der Steine und ihres Zeichens Himmelstänzerin, darf ich vorstellen“, sie machte eine die Menge auf dem Dorfplatz umfassende Geste und sagte: „Wir!“ Niemand sprach, alle schauten zu. „Ach ja und Lil, den kennen einige ja bereits“, setzte sie hinzu und erntete einen vernichtenden Blick von dem kleinen Kerl, der da hilflos an Thrömas Hand zappelte.

Thröma applaudierte, gerade so laut, dass man es noch hörte, aber herablassend genug, dass man ihr ihre Geringschätzung anmerkte. Sie ging auf Freyja zu.

Freyr warf sich in Position, ein deutliches Signal: Wer es mit Freyja aufnahm, hatte auch ihn am Hacken.

Für eine Bewohnerin ihrer Weltgegend war Thröma eine

imposante Erscheinung, doch sie reichte Freyr trotzdem nur bis zum Kinn. Sie blieb vor beiden stehen, sah von einer zum anderen und zurück und nickte anerkennend: „Sieh an, über Nacht zum Zwilling geworden."

„Aus eigenem Können", entgegneten beide in einem Ton, der deutlich anriet, weiterführende Diskussionen auf einen anderen Zeitpunkt zu verschieben.

Thröma nickte, sie hatte begriffen. Ihre platte Nase schnüffelte in der Luft. Die Steinfrau war berühmt für ihr Geruchsgedächtnis, sie vergaß niemanden, auch wenn diejenige sich nur einmal und vorwiegend unsichtbar in ihrer Nähe aufgehalten hatte. Diese zwei Personen vor ihr waren aus ein und demselben Holz gebaut.

„Sehr erfreut, dich wiederzusehen, Freyja von Granskogheim. Wo sind denn deine Freundinnen?"

Wie ein Blitz aus heiterem Himmel drehte sich Thröma genau in Richtung Fatima und Penthesilea und starrte die zwei Frauen an. Das Trio, das sie in ihrem Steinpalast aufgesucht hatte.

Freyja wusste, dass Thröma immer absichtsvoll handelte. Beim letzten Treffen hatte sie Lil dabei helfen wollen, aus seinen Nöten rauszukommen. Doch diesen Auftritt hier konnte sie überhaupt nicht einordnen. Der Windgott hing wie ein zerrupftes Huhn flatternd an ihrer linken Hand. An ihm war alles verrutscht, die Augen hinter die Ohren, die Ohren unterhalb des Halses, der Mund rechts neben das Gesicht.

Da machte Thröma aus heiterem Himmel, wie es ihre Art zu sein schien, einen Überschlag, der allen zeigte, warum sie die Himmelstänzerin genannt wurde. Der bedauernswerte Lil wurde mit durch die Luft geschleudert, beide fanden sich auf einem Tisch wieder, auf dem ein Moment zuvor noch Teetassen gestanden hatten.

„So lässt es sich besser reden", murmelte sie zu sich selbst und hob dann die Stimme, so dass alle sie hörten. „Ihr lieben Leute ", weiter kam sie nicht.

Lilith schnitt ihr das Wort ab: „Wir grüßen dich auch, verehrte Thröma, Fürstin der Steine. Dürfen wir dich als die Gastgeberinnen dieses Landes auf einen Tee zu uns an den Tisch bitten? An den Tisch, nicht auf ihn." Lilith sprach laut und betont emotionslos.

„Auch ich, als Hexe dieses wunderbaren Ortes, freue mich, dich hier begrüßen zu dürfen!", ließ Kundrie im Namen der Salisborner verlauten.

Thröma war zur Räson gerufen worden und konnte ihr Gesicht wahren. Doch das lag gar nicht in Thrömas Absicht. Sie nickte herablassend und tat keinen Schritt vom Tisch herunter. Im Gegenteil, sie setzte Lil auf die Tischkante wie einen Gegenstand, den sie im Moment nicht benötigte, breitete dann die Arme aus und fuhr unbeirrt fort. „Gut, dass ihr alle hier ..."

„Es reicht!", donnerte Lilith dazwischen. „Komm runter und setz dich zu uns, oder kehre dahin zurück, woher du gekommen bist. Wir reden gerne mit dir, aber ein solches Verhalten dulden wir nicht."

„Nein?", Thröma lachte Lilith offen aus. „Was gedenkst du, dagegen zu tun?"

„Erst einmal, dich zur Rede zu stellen. Du paktierst mit meinem Bruder gegen uns, bringst einen jungen Windgott in ernste Schwierigkeiten und jetzt wagst du es, hier aufzutauchen, als hätten wir nur auf dich gewartet. Wenn du uns oder jemandem aus unserer Mitte etwas mitzuteilen hast, bitte schön, aber nicht so. Wir werden nicht zulassen, dass du zu einem Problem der Baumwelten wirst, wir hatten schon genug davon!"

Thröma lachte ein hämisches Steinfrauenlachen: „Das wirst du aber nicht gänzlich verhindern können. Denn das Schicksal fragt nicht, ob es eintreten darf und willkommen ist. Eure Nordfrau hat mindestens ein genauso großes Problem, wie mein junger Windgottfreund." Thröma sah über Lilith hinweg zu Freyja und bemerkte, wie Freyr sich zwischen sie schob: „Eure Nordfrau, die sich zwischenzeitlich offenbar verdoppelt hat. Du hast gegen den Pakt mit Lil verstoßen, Freyja. Und was das bedeutet, weißt du."

Freyja und Freyr schauten entgeistert zu der Erscheinung da auf dem Tisch. „Was?", riefen sie gleichzeitig.

„Nun, hast du einen Lauf gewonnen, Freyja, im Speerwurf gesiegt oder irgendeine Trophäe vorzuweisen? Vom Superpokal der Nerthus-Spiele mal ganz zu schweigen. Irgendeine Goldmedaille oder sonst was? Du erinnerst dich, kein Superpokal bedeutet: Du lieferst die Zwei aus, die dich am meisten lieben, oder dein Dorf wird dem Erdboden gleichgemacht. Hat Lil irgendeinen Grund, dein Dorf zu verschonen?"

„Ja, hat er", entgegnete Freyja. „Denn du vergisst die klitzekleine Nebensächlichkeit, dass die Nerthusspiele noch gar nicht stattgefunden haben. Wenn ich erst den Superpokal geholt habe, kann er im Süden Urlaub machen, statt im Norden zu toben."

Aus irgendeinem Grund schien Thröma stark dazu zu tendieren, dass Freyjas Sieg keine beschlossene Sache war. Ihr Blick blieb an Freyr hängen. „Falls du gewinnst, meine Liebe", wiederholte sie herablassend. „Auch deine Kräfte sind endlich."

Die Himmelstänzerin räumte der Nordländerin nach den Anstrengungen wegen Ariman und ihrer eigenen Verdoppelung wohl nur wenig Chancen auf den Superpokal ein. Und das war noch nicht alles. „Jetzt dürftest du endlich wissen, wer die Zwei sind?" Thröma zeigte höhnisch lachend auf Freyja und Freyr: „Du weißt auch, Abmachungen sind dazu da, dass man sie einhält. Sobald Lil seinen Pakt mit Ariman erfüllt, hat er seine Schulden bei ihm abbezahlt. Dann ist er raus aus allem." Schnaubend setzte Thröma in Gedanken dazu, *und ich auch*.

Freyja begriff endlich, was Thröma wirklich umtrieb. Alle Welt kannte den Ehrgeiz der Nordfrau. Thrömas scheinbare Beleidigungen entsprangen der Sorge darüber, dass Freyja den Superpokal wirklich nicht gewann. Und ganz unberechtigt war der Gedanke nicht. Die letzte Zeit, in der eigentlich die Trainingsläufe auf Rugia stattfinden sollten, waren vor allem für Freyja aufreibend und kräftezehrend gewesen. Thrömas Worte sollten die Ambitionen der Nordfrau anstacheln mit dem Ziel, auf dem Siegertreppchen den Superpokal in der Hand zu halten: „Du musst Lil töten, wenn er das nicht bereinigt und das schaffst du nicht? Was wäre denn der Preis, den du zahlen musst, wenn du versagst?"

„Ich versage nie!", schrie Thröma.

„Dann ist das der Preis", resümierte Freyja. Jetzt wusste sie, woran sie war. Thröma musste dem jungen Lil ihr erbarmungsloses Mitgefühl angedeihen lassen, wenn der seine Schulden nicht bezahlte, und suchte einen Weg raus aus dem Dilemma, sein Blut in ihrem berühmten Kelch auffangen zu müssen. Teil der Rettung Lils war, dass Freyja den Superpokal gewann.

Die Nordfrau erkannte den Ernst der Lage, denn Thröma hatte recht. Lils Schulden bei Ariman waren erst beglichen, wenn die Abmachung zwischen Lil und ihr erfüllt wurde. Es spielte keine Rolle, dass Ariman inzwischen gefangen war. Schuld blieb Schuld, und früher oder später musste Thröma ihrer Arbeit nachgehen, ob sie wollte oder nicht. Und sie hatte wirklich Kräfte verloren in den vergangenen Tagen.

Das hieß, sowohl Freyjas Dorf als auch sie selbst und dazu noch Freyr schwebten weiterhin in Gefahr. Aber auch Lil, der ihren Handel nur unbeschadet überstand, wenn Freyja den Superpokal gewann. Auch wenn der Windgott im Moment nicht wie eine existenzielle Bedrohung wirkte, so wie er da auf der Tischkante hockte, mit den Beinen schaukelte und aussah, als wäre er am liebsten im Erdboden versunken. Währenddessen schielte er so betont unauffällig immer wieder zu Lilith, dass es nun auch diejenigen erfasst haben mussten, die bislang nichts von Lils Schwärmerei gewusst hatten. Doch Freyja kannte Lils gefährliche Seite.

„Stopp!“, schaltete sich Lilith ein. So erlebte man die Weltenchronistin nur selten, umso erschrockener schauten alle Umstehenden drein, nur Thröma nicht.

Die entrang sich ein selbstgefälliges: „Ja?“

Lilith blickte zu Freyja: „Stimmt das?“

Freyja nickte: „Das war die Abmachung, als Lil uns auf See überfiel. Ich habe mich im Gegensatz zu ihm daran gehalten und darüber geschwiegen. Du weißt ja offenbar Bescheid“, Freyja sah Thröma herausfordernd an. „Man könnte sagen, Lil hat die Abmachung gebrochen, indem er darüber gesprochen hat.“

„Du solltest darüber schweigen, nicht er“, widersprach Thröma, die offenbar auch in die Details eingeweiht war.

„Wenn ich das richtig verstehe“, ergriff Lilith wieder das Wort, „geht es hier im Kern darum, dass Lil bei Ariman Schulden hat.“

Thröma und Freyja nickten.

„Ehrbar, dass du dich so um ihn sorgst “, fuhr Lilith fort. Auch ein Lob konnte vernichten. Der Göttin des erbarmungslosen Mitgefühls Sorge um einen anderen zu unterstellen, kam dem sehr nahe. Die merkte, dass Lilith sie vorführte. Die Umstehenden erwarteten einen Gefühlsausbruch. Doch in ihrer Unberechenbarkeit entschied Thröma, dass sie jetzt genauso gut ihre Karten auf den Tisch legen konnte. Sie wandte sich wieder an Freyja: „Also, was hast du dazu zu sagen? Gewinnst du den Superpokal?“

„Thröma, ich verwahre mich dagegen, dass du in irgendeiner Form, den Ausgang der Nerthusspiele beeinflussen willst. Das wird dir dank der Pentakelkobolde sowieso nicht gelingen“, mischte sich jetzt Kundrie ein. Auch die Hexe von Midgard hatte das Dilemma begriffen, in dem sie sich hier befanden. „Jetzt steig endlich von diesem Tisch herab und rede normal mit uns. Auch du, Lil, solltest dich äußern, es geht hier um dich!“

Der Windgott wurde puterrot, sah nicht mal Kundrie, sondern Lilith an und schwieg.

Thröma schaute spöttisch, stieg aber tatsächlich von dem Tisch runter, auf die Art, wie es sich für die Himmelstänzerin gehörte. Sie wirbelte mit einem doppelten Salto durch die Luft. „Ihr wisst nun, dass ich es ernst meine“, sie verbeugte sich selbstgefällig in alle Richtungen.

„War das deine Angst? Dass wir dich nicht ernst genommen hätten?“, fragte Lilith.

„Ich wollte nur auf Nummer sicher gehen. Es ist immer noch eine Option, dass Lil das junge Glück zerstören muss, um seine Schulden zu bezahlen und sein eigenes Leben zu retten“, mit Blick auf Freyja und Freyr setzte sie sich an den Tisch, auf dem sie eben noch gestanden hatte, und dankte Fatima, die ihr eine Tasse Tee einschenkte.

Lilith, Kundrie, Freyja und Freyr nahmen um sie herum Platz.

In dem Moment drängten Zwerge auf den Dorfplatz von Salisborn, Hellerichs Ziehvater Balderich an ihrer Spitze. Balderich war einst aus dem Svartalfheim geflohen und genoss in Salisborn hohes Ansehen. Die Zwerge trugen prall gefüllte Säcke auf ihren Schultern. Auch das hatte es hier lange nicht mehr gegeben.

„Wie hoch sind die Schulden?“, Balderich baute sich hinter Thröma auf. Die Zwerge waren kurz nach Thrömas Ankunft nach Salisborn gekommen, um sich für alles zu bedanken. Sie hatten das Meiste mitgekriegt und ihre Chance gesehen, zu beweisen, dass sie wieder Teil der Baumweltengemeinschaft sein wollten.

Thröma saß mit dem Rücken zu ihnen, sie drehte sich um und kam über ein erstauntes „Bitte?“ nicht hinaus.

„Wie hoch sind Lils Schulden bei Ariman?“, wiederholte Balderich und wies auf die Säcke, die ganz nahe standen. „Unsere Ausbeute für heute, alles voller Gold und Edelsteine. Wir geben es dir als Treuhänderin von Ariman. Er selbst wird seine Strafe antreten müssen. Aber du wärst doch eine angemessene Vertretung, oder nicht? Entweder verwaltest du sein Geld, bis er wiederkommt – wenn er wiederkommt –, oder es gehört dir, als Entschädigung für die Mühen, die dir Lil bereitet hat. Das heißt“, er sah sich um, „wenn alle damit einverstanden sind.“

Balderich hatte seinen Auftritt. Alle sahen zu ihm. Das konnte Thröma nicht auf sich sitzen lassen. Sie öffnete ihr drittes Auge und versprühte Blitze, diesmal gegen Balderich. Der ging kurz in Deckung, stand aber nach Thrömas Anfall so aufrecht da wie vorher. Allerdings hatte Balderich einen Punkt bei Thröma getroffen, die Gold und Edelsteine über alles liebte.

Sie stand auf, ging um den Tisch herum zu den Zwergen, griff in einen Sack hinein und holte eine Handvoll Gold, gespickt mit Smaragden, Achaten und Bergkristallen, heraus. Auf dem Platz waren nur noch die Vögel in der Weltenesche zu hören. Thröma sah von ihrer Hand zu den Zwergen hin.

„Alles?“, fragte sie ungläubig.

Die Zwerge nickten.

Lilith trat dazu, sah die Kostbarkeiten und hielt Balderichs Vorschlag für eine gute Idee: „Das wäre doch ein respektables Angebot an dich?“

Thrömas Augen glitzerten. Ihre Liebe zu Gold und Edelsteinen drang ihr aus allen Poren, alle erwarteten ihre Zustimmung.

„Nein!", zerschmetterte sie stattdessen sämtliche Hoffnungen auf eine schnelle Einigung. Nun wussten alle, diese Fürstin war kein leichter Fall.

„Es geht nicht darum, mich auszuzahlen. Lil hat die Schulden bei Ariman und auch ein paar bei Tangaroa."

Trotz der Enttäuschung über Thrömas Antwort stieg ihr Ansehen in der Runde. Immerhin warf sie für Gold nicht alle Prinzipien über den Haufen.

„Es ist meine Aufgabe, darüber zu wachen, dass Schulden abbezahlt und einmal gegebene Versprechen eingelöst werden, wo kommen wir sonst hin?", dozierte Thröma. „Dieses Gold gehört nicht Lil! Deswegen kann er damit niemanden bezahlen, weder Ariman noch mich!"

„Jetzt schon", konstatierte Balderich. Die Zwerge nahmen die Säcke, stellten sie direkt vor Lil ab, zogen ihre grünen Mützen, verbeugten sich und waren wieder verschwunden.

„Du nimmst das Geschenk jetzt an und lässt unsere Leute und uns in Ruhe", knurrten Freyja und Freyr von der Seite.

Lilith ergriff das Wort: „Lil, so wie ich das verstehe, hat Ariman dich in die Spielschulden gestürzt, um dich abhängig zu machen. Du hattest keine Wahl, sondern musstest tun, was er von dir verlangte. Freyja unter Druck zu setzen, diente nur dem Ziel, über sie an mich heran zu kommen. Die ganze Angelegenheit ist ausgestanden, wenn du mit diesem Geld deine Schulden an Thröma bezahlst, die es für Ariman verwalten wird. Nimmst du das Geschenk der Zwerge an?"

Lil brachte keinen Ton heraus. Er starrte Lilith an und nickte mit hochrotem Kopf. Die oberste Unsterbliche sah zufrieden aus. „Was hast du für Pläne, wenn du deine Freiheit wieder erlangst?"

Lil sah aus wie eine Tomate und schüttelte den Kopf. „Ich habe keine Pläne", gestand er kleinlaut.

„Einen Plan hast du. Du lässt unser Granskogheim in Ruhe!", fuhr Freyr ihn an. Lil erstarrte.

„Du warst doch mal bei Inanna", überlegte Lilith laut. „Wir werden sie gemeinsam besuchen, und ich bin mir sicher, dass Uruk für einen Windgott immer einen Platz findet, an dem er sich entfalten kann." Auf der Reise könnte sie ihm dann seine letzten Flausen austreiben, hoffte Lilith, denn sie nahm an, dass Lil noch nichts von ihrem Gefährten Heimdall wusste.

„Super Idee, dann können wir zurück nach Rugia und uns in aller Ruhe unseren Nerthus-Spielen widmen", spann Freyja den Gedanken weiter. „Es hat diese Abmachung nie gegeben, ich brauche nicht zu gewinnen, überlasse den Superpokal unserer lieben Eulenfrau, und alles ist gut." Freyja und Freyr lachten lauthals, als sie Mahharas erstauntes Gesicht sahen: „Hahaha, reingefallen, der Witz war gut, oder?"

„Gar nicht, wusste ich", spielte Mahhara den Ball zurück.

Thröma holte vernehmlich Luft: „Klingt nach einer brauchbaren Lösung. Aber ..." Alle schauten gespannt darauf, was jetzt kam, zu Thröma. „Tangaroa und du ..." Sie wandte sich Lil zu.

Der wurde davon ganz verwirrt. „Was soll denn mit Tangaroa sein?"

„Tangaroa hat dich genauso reingelegt wie Ariman. Er hat deine Spielsucht gefördert und dich immer tiefer in die Abhängigkeit von Ariman getrieben. Andererseits ist sein Konto der schlechten Taten nicht mal zu einem Viertel so voll wie das von Ariman. Wie gedenkt ihr, Tangaroa dafür zu bestrafen, dass er mit jenem Unseligen ins Svartalfheim gezogen ist? Und bedenkt, Lil hat auch ein paar Schulden bei ihm. Fallen die einfach hier drunter?" Sie wies mit ihrem Kinn auf die Goldsäcke der Zwerge, ihr Kopfschmuck klimperte. „Hat Tangaroa auch alle Rechte verloren wie Ariman? Habt ihr das überhaupt schon bedacht?"

Niemand sprach. Was wollte diese Fürstin?

„So weit waren wir noch nicht in unserer Debatte, da hast du uns unterbrochen. Aber jetzt sag, worauf willst du hinaus?", fragte Lilith.

„Auf die einmalige Chance, einen Familienzwist zu beenden, der schon viel zu viel Leid angerichtet hat, das ihr hier gar nicht ermessen könnt, vielleicht genauso viel wie Ariman bei euch."

„Sprich weiter", forderte Lilith die Fürstin auf.

„Ihr kennt Lils Geschichte?", wollte Thröma wissen.

„Nur ein paar Details", antwortete Lilith. „Ist das wichtig?"

Thröma nickte: „Ja, das wäre nämlich die Chance, diese Familie auszusöhnen und dafür zu sorgen, dass ein junger Windgott nicht orientierungslos in der Weltgeschichte rumpustet und in die Fänge noch windigerer Gestalten gerät, wie Ariman und Tangaroa. Fordert Lil und Tangaroa dazu auf, jeweils ihren Zweig der Familie dazu bringen, den ewigen Streit beizulegen und sich zu versöhnen. Erst dann werden Lil und Tangaroa freigesprochen für alle Zeiten. Es ist nie zu spät, einen Streit beizulegen. Ein Teil des Zwergengoldes wird dafür verwendet, dass die Zustände in der Hawaiki-Welt wiederhergestellt werden. Das ist meine Forderung an Lil. Erst dann ist er vor meiner Rache sicher, denn das ist meine Bedingung, wenn ich das Zwergengold als seinen Besitz ansehen soll. Was sagt ihr dazu?"

Diese Fürstin verwirrte alle in ihrer Widersprüchlichkeit. Forderte sie auf der einen Seite Rache, wo man an ihrer Stelle Empathie walten lassen würde, kam sie auf der anderen Seite auf Möglichkeiten, das Gleichgewicht wieder herzustellen, wie sie niemand anderem einfallen würden.

Lilith überlegte, sah in die Runde. Kundrie war überrascht, aber einverstanden. Alle anderen ebenso. Selbst Mahhara war überzeugt.

Und Lil? Alle Blicke richteten sich auf ihn.

Thröma nahm ein kleines Messerchen aus ihrem Gewand und trat auf den Windgott zu. „Wir besiegeln diese Abmachung mit unserem Blut", erklärte sie ihm und den Umstehenden, die Schlimmeres befürchteten. Dann ritzte sie erst sich und dann Lil an der Handinnenseite leicht die Haut auf, presste die blutenden Stellen aufeinander und nickte zufrieden. „So sei es!" Sie setzte sich auf ihren Platz und trank Tee.

„Gekommen, um unsere Probleme zu lösen", Mahhara stand auf und applaudierte spöttisch, so wie es Thröma eben getan hatte. „Dabei waren die Probleme der Hawaiki-Welt wirklich nicht unsere, bis du kamst."

„Gut, ich kam, um die Lösung, die ihr schon hattet, zu erweitern", konterte Thröma unbeirrt, stand auf, sah in die Runde und schließlich zu dem Gold.

Freyja und Freyr nahmen die Säcke und trugen sie zu Thrömas Schlitten: „Schaffen die Tiere das?"

„Yaks schaffen alles", erwiderte die Himmelstänzerin. „Kommst du mit?", sie wandte sie sich an Lil. Der sah zu Lilith, dann zu Thröma, nickte und stieg ein.

Freyja fragte sich, wie diese Erscheinung den Sturm bei ihrer Überfahrt nach Rugia zustande gebracht hatte.

„Nach den Nerthus-Spielen muss eure Friedensmission beginnen. Bis dahin könnt ihr Tangaroa davon überzeugen", auch der letzte Auftritt vor Thrömas Abreise saß. Sie nickte von den Stufen ihres Schlittens huldvoll in die Runde, setzte sich neben Lil auf den mit Yakfellen gepolsterten Steinsitz, und schnalzte mit der Zunge. Ihre Rinder legten los, sprangen in die Lüfte und zogen den Steinschlitten hinterher.

7. Hinter das Sternentor

Es war schnell beschlossene Sache, dass Ariman mit dem Raumschiff des dualen Teams hinter den Sirius gebracht werden sollte. Da der Vorschlag von ihm stammte, kannte es die Flugroute. Genauso klar war, dass es überhaupt keine Möglichkeit gab, Ariman in dem Käfig in Kundries Garten zu bewegen. Es hatte sich ein regelrechtes Wachlager um die zwei Käfige mit den drei Gefangenen Ariman, Tangaroa und Hellerich entwickelt. Thor, Trond und seine Nordländer sowie Temudschin mit den Steps, Penthesilea mit den Amazonen und die Assassinas um Fatima waren rund um die Uhr mit ihrer Bewachung beschäftigt und trainierten für die Wettkämpfe, wenn sie freihatten.

Wer in der Gruppe fehlte, obwohl sie sich auf Rugia mit den Steps und Trond angefreundet hatten, waren die beiden Salisborner Sportler Ian und Abrasax. Ariman war Abrasax` Vater. Bei seinem letzten Überfall auf die Baumwelten war dessen Zwillingsbruder Cedric umgebracht worden. Abrasax` Mutter Kubaba hielt sich mit den zwei Jungen, die nach dem entsetzlichen Verlust wie Brüder geworden waren, im Losalfheim bei den Elfen auf. Kubaba hatte einmal des Nachts vor Arimans Käfig gestanden und erleichtert festgestellt, dass sie nicht einmal mehr Hass empfand für den Vater ihrer Söhne. Danach war sie ins Losalfheim gereist und würde erst zurückkommen, wenn Ariman seine Strafe angetreten hatte und in einer anderen Dimension weilte.

Tangaroa nahm die ganzen Vorgänge nur rudimentär wahr. Er trug mittlerweile statt des Tuchs über den Augen eine von den Zwergen entwickelte Schutzbrille, die seine Umgebung vor seinem Blick schützte und so fest verschweißt war, dass er Schwierigkeiten haben dürfte, sie jemals wieder abzunehmen.

Das duale Team bereitete die Aktion vor und musste als Erstes das Einverständnis der Entscheidungsträger auf ihrem Heimatplaneten, der Sirius-Ältesten, einholen, um Ariman hinter das intergalaktische Tor bringen zu dürfen.

Dazu trabten sie zum Steinkreis von Midgard in den Heiligen Hain und funkten ins All. Die Unterhaltung dauerte nicht lange, da man extraterrestrisch Informationen anders vermittelte als in den Baumwelten. Auf dem Sirius haute man alles, was man sagen wollte, ohne die Reihenfolge zu beachten, auf einem Haufen auf den Tisch, gab seinen Gesprächspartnern etwas Zeit und bekam die Antwort als ebensolchen Haufen geliefert. Es gab wenig Hin und Her, da Rede und Gegenargument in den zwei Haufen schon mit verwoben waren. Die Sirius-Ältesten waren sofort einverstanden. Die Details des Antworthaufens schaute sich das duale Team auf dem Weg nach Rugia an, wo sie ihr Raumschiff holten.

Als sie zurückkamen, waren die Vorbereitungen für Arimans letzten Flug von Midgard abgeschlossen, und auch die Abreise von Kundrie und Tangaroa in die Hawaiki-Welt konnte erfolgen, sobald Ariman diesen Planeten verlassen hatte.

Lilith hatte prophezeit, dass Arimans Schicksal wie ein Entscheidungskatalysator für den Meeresgott wirken würde, um Thrömas Forderungen zuzustimmen. Und so kam es auch. Am Rande winkte die Vergünstigung, die angepasste Schutzbrille irgendwann wieder loszuwerden.

Das duale Team blieb in seinem Raumschiff, das im Steinkreis des Heiligen Hains von Midgard gut parken konnte, während die Wachen in Kundries Garten zwei Ringe um Arimans Käfig bildeten.

Lilith stand davor und warf einen letzten Blick auf den Bruder, den sie einst so sehr geliebt hatte, dass sie sich ein Leben ohne ihn nicht hatte vorstellen können. Deswegen hatte Ariman sie damals, als sie mit Heimdall in die Baumweltengezogen war, zusammen mit seiner frisch angetrauten Frau Kubaba begleitet, war nach Salisborn gezogen, hatte seine Zwillinge gekriegt, und eine Zeit lang waren sie als Familie glücklich gewesen. Bis jene unseligen Gidims Arimans Handeln zu bestimmen begonnen hatten. Lilith war Freyja überaus dankbar, dass sie wenigstens verstanden hatte, was in ihrem Bruder vorgegangen war, auch wenn sie nichts davon hatte verhindern können.

Einmal hatte sie versucht, mit Ariman zu sprechen, doch Ariman verweigerte sich komplett. Jetzt war es für jede Klärung zu spät und das Einzige, was noch blieb, war, ihn auf seinem Flug zu dem Tor zu begleiten.

Ihre Emotionen wanderten in einen anderen Teil von Midgard, während sie ihrem Zwillingsbruder das gefällte Urteil und die Konsequenzen davon erklärte. „Wir werden dich mit dem Raumschiff vom Sirius in den Orbit und dann weiter hinter das intergalaktische Tor befördern. Wir hoffen, dass dieser Schritt dazu führt, dass du dein bisheriges Leben und die Gidims hinter dir lassen kannst, dass du zur Besinnung kommst und vielleicht einen Ort findest, an dem du mit dir und anderen zusammenleben kannst. Sonst soll ewige Einsamkeit der Preis für deine Verbrechen an unserer Gemeinschaft sein.“

Ariman saß wie festgewachsen in der Ecke seines Käfigs, die Augen geschlossen und reglos. So hatte er die ganze Zeit gesessen, nichts gegessen, nichts getrunken.

„Dann los!“, Lilith nickte Thor, den Amazonen, den Steps und dem Clan der Nordländer zu. Sie alle hatten sich hinter Lilith um den Käfig postiert.

Thor gab das Zeichen. „Und hoch!“ Daraufhin packten sie alle an und hoben den Käfig auf ihre Schultern. Die weitaus kleineren, aber nicht weniger kräftigen Steps minderten die Tragelast auf den Schultern der anderen, indem sie mit erhobenen Armen an seinen Längs- und Querstreben den Käfig stützten. Der Zug setze sich in Bewegung in Richtung des Heiligen Hains von Midgard.

Die Assassinas und ein Teil der anderen Wachen blieben bei Hellerich und Tangaroa zurück.

Als die Bewegung Ariman durchruckelte, öffnete er kurz sein linkes Augenlid, aber nur um es umgehend wieder zu schließen und weiter reglos zu verharren, während er weiter getragen wurde.

Das duale Team, Freyja, Freyr, Kundrie und Titania sowie Lilith führten die Prozession an, gefolgt von den Teams von Rugia. Mahhara lief mit Theodor und den korsikanischen Fünfkämpfern. Alle Salisborner waren da, die Zwerge, Elfen, selbst die Wikinger von der *Dragefolk* waren von Rugia nach Midgard gekommen, um an diesem Ereignis teilzunehmen.

Das duale Team lief immer unruhiger, sah sich um, spitzte irgendwann seine beiden Lippen und pfiff einen Kanon vor sich hin. So musikalisch waren die Sirianer eigentlich nicht, doch das duale Team versuchte, einen sich ständig steigernden Misston in seinen Sinnen zu übertönen. So was wie ein Brummen, das sich immer weiter verstärkte, zu einem regelrechten Störfaktor auswuchs, der die Melodie unterwanderte. Schließlich ertönte eine Stimme in beiden Köpfen, die offensichtlich nur das Pferd vom Sirius vernahm. Verwundert drehte es die zwei Köpfe auf der Suche nach seinem Gesprächspartner herum. Doch es fand nur Leute, die stumm vor sich her gingen, miteinander im Gespräch waren oder vereinzelt auch ein Liedchen pfiffen.

Dreh dich nicht so auffällig um. Ich mach dir ein unschlagbares Angebot, und du denkst einfach drüber nach. Du und ich im Raumschiff mit Freyja und Lilith, sprach die Stimme in seinem Kopf, *das eröffnet ungeahnte Möglichkeiten.*

Das Pferd verstand kein Wort.

Die Stimme erklärte geduldig weiter. *Wir beide zusammen können sie unschädlich machen. Wir befördern sie hinter die Tür, kehren zurück und machen uns die Erde untertan, so wie ihr es früher gehabt habt. Das waren doch gute Zeiten für euch. Schaut euch jetzt an, ihr lebt als Vegetarier fernab eurer ursprünglichen Heimat auf dem Sirius, wo ihr doch einst der Stolz aller Steppen dieser Welten ward. Und wem habt ihr das zu verdanken?*

Das Pferd schaute irritiert. Erwartete die Stimme jetzt eine Antwort von ihm? Es grübelte. Wem hatten sie ihr jetziges Dasein auf dem Sirius zu verdanken? Und was sollte schlecht daran sein? Ja, richtig. Lilith war es gewesen, damals hatte sie noch mit Heimdall in Asgard gelebt. Lange verborgene Bilder strömten empor. Die dualen Teams waren von der Erde verbannt worden, weil sie hier viele schlimme Dinge getan hatten, und hatten auf dem Sirius die Chance auf ein gutes Leben erhalten.

Was war schlecht für euch an eurem Dasein hier auf Erden?, mischte sich die Stimme in die Gedanken des Pferdes mit den zwei Köpfen ein.

Das duale Team schaute noch irritierter und mittlerweile zunehmend ängstlich drein. Es war so stolz auf seine Chance, bei den Nerthus-Spielen teilzunehmen und dafür auf die Erde zurückkehren zu dürfen. Was sollte denn eine solche ungebührende Frage?

Wieso ungebührend? Was ist falsch an dem, was ich sage?, bohrte die Stimme weiter. Es war kein sirianisches Haufengespräch, und das, was hier vor sich ging, beunruhigte das duale Team sehr.

Denn es schwang sich auf die Grundstimmung des Fragenden mit ein und dachte, dass eigentlich nichts schlecht an ihrem Dasein gewesen war, außer dass sie Angst und Schrecken verbreitet hatten. Heimdall, Lilith und all die anderen waren damals der Ansicht gewesen, das sei grundsätzlich falsch. Lieber sollten sie miteinander leben. Da das unter den Umständen für die Huftiere nicht möglich gewesen war, hatten sie andere Wege gesucht.

Sie haben euch gezwungen, die Erde zu verlassen, so wie sie mich jetzt zwingen, offenbarte sich die Stimme endlich als der telepathisch zum Pferd sprechende Geist Arimans. Freyjas Sieg über ihn ließ sich zwar nicht leugnen, doch Ariman hatte dazu gelernt. Er war und blieb der Meister, der dort zupackte, wenn andere Schwächen zeigten. Die Nordfrau hatte den Fehler begangen, weder die Gidims noch ihn zu töten. Sie wollte beide nur unschädlich machen. Freyja hatte die Schatten der zwei Gidims in seinen Herzen zurückgelassen. Nichts geschah ohne Folgen. Auf der einen Seite bedauerte Ariman die unerschütterlich Tatsache, dass selbst Schatten nun mal Licht brauchten, um zu existieren. Doch er konnte daraus wenigstens den Vorteil schlagen, indem auch er dazu lernte und sich veränderte, wie jedes Lebewesen. Die Sonne war auf- und wieder untergangen, er saß teilnahmslos in seinem Käfig und doch war er jetzt nicht mehr der, den sie eingesperrt hatten. Er hatte zwar nicht zu seiner alten Kraft zurückgefunden und wer weiß, ob er das je wieder konnte. Doch er pflegte Kontakt zu den Schatten in seinen Herzen, hatte sie ermutigt, zu bleiben, und ihre blauen Energiebahnen liebkost. Die Konturen der Schatten wurden klarer, auch wenn sie noch weit entfernt von ihrem echten Körper waren. Eine Kostprobe ihrer immer noch vorhandenen Fähigkeiten gaben sie, als sie Ariman ermutigten, es doch mal mit derselben telepathischen Sprache zu versuchen, wie sie die ganz Alten in den Baumwelten gepflegt hatten. Einen letzten Versuch, das vermeintlich Unabwendbare doch noch zu verhindern, war es allemal wert. Bestens geeignet für diese neue Variante seiner alten Kommunikationsstrategie schien Ariman das duale Team. Es lebte jetzt auf dem Sirius, weil seine Spezies als der ehemalige menschenfressende Alptraum aus den Baumwelten verbannt worden war, so wie es ihm jetzt bevorstand. Da ließ sich doch was draus machen. Und das nicht nur die telepathische Unterhaltung bestens funktionierte, sondern auf diesem Weg auch Reste seiner einst so mächtigen hypnotischen Kräfte wirkten, zeigte ihm die wachsende Nervosität des dualen Teams. Das Pferd wollte das alles nicht, und doch traf diese Stimme einen wunden Punkt, der Gefühle hervorrief, die es bislang nicht gekannt hatte. Heimweh und Sehnsucht waren nur die Oberbegriffe für viele tausend andere Verwirrungen, die unvermutet in ihm herumwirbelten.

Lass uns erst mal einsteigen, riet die Stimme väterlich. *Dann schauen wir, was wir machen.*

Sie kamen zum Steinkreis von Midgard, den der schönste und bedeutendste Eichenwald umstand. Darin wuchsen Elfenkönigin Titanias Mutter Ada und ihr Bruder Oberon, und dort befand sich auch die Pflanzenpassage zwischen dem Elfenreich und Midgard, eine Eiche namens Urgroßmutter Edda, deren Alter niemand auch nur annähernd schätzen konnte. Die Pflanzenpassage war die Heimat des Kuckucks Kalmud, seines Zeichens ihr Wächter.

Jetzt lag in dem Steinkreis das Raumschiff vom Sirius auf für terrestrische Dimensionen erträgliche Größe geschrumpft.

Ein fahriges duales Team trabte auf den Eingang zu, drückte den richtigen Knopf und eine Laderampe fuhr aus, auf der die Hünen, die Amazonen und die Steps den Käfig mit Ariman ins Raumschiffinnere befördern konnten.

Das Pferd wies ihnen den Weg in den richtigen Raum, der genau so groß war, dass er den Käfig umfing. An der Rückwand dieses Raumes befand sich eine Tür. Thor, Trond, Penthesilea und

Temudschin blieben an Bord als Wache, sie verschlossen die Tür, durch die sie den Käfig gebracht hatten, von außen mit einem großen Riegel. Die anderen verließen das Raumschiff.

„Was ist das für ein Material?", Trond strich über die Tür und den Riegel. Es sah so aus, als könnte nichts und niemand diese Substanz verändern.

„Eisen aus einem verloschenen Kometen geschmiedet, der auf unseren Planeten gefallen war. Es gibt bei uns einen Ort in den Bergen, da finden wir immer viele Kometen. Kann man nützliche Sachen daraus herstellen", das duale Team setzte sich vor die Bordapparaturen und schaltete das Triebwerk an. Es würde eine Weile dauern, bis es hochgefahren war.

Die um den Steinkreis versammelte Menge hatte ausreichend Zeit, einen angemessenen Sicherheitsabstand zwischen sich und das Raumschiff zu bringen. Ariman war an einem Ort, von dem es für ihn kein Entrinnen mehr gab, darüber waren sich alle einig.

Blieb nur noch zu hoffen, dass den Heiligen Eichen beim Start nichts geschah.

Im Inneren des Raumschiffs drehte das Pferd mit seinen Händen am Bordkommunikator und stellte ihn auf die richtige Frequenz ein, um in Kontakt mit den Sirius-Ältesten zu kommen. „Schnallt euch alle besser an", rief es Freyja, Freyr und Lilith zu, die jeweils in einem der Sessel an der Wand Platz genommen hatten.

„Du steuerst das ganz allein?", fragte Freyja ehrfürchtig und kam sich wie das vor, was sie wahrscheinlich auch war. Eine Hinterwälderin, die nur einen klitzekleinen Ausschnitt vieler möglicher Welten kannte, und das, obwohl sie gerne und viel reiste. Im Orbit war sie noch nie gewesen. Warme Freude durchflutete sie.

„Können wir nicht einen Zwischenstopp auf dem Sirius machen?", warf sie in die Runde, „auf dem Rückflug?"

Lilith machte ein abwägendes Gesicht: „Wir werden mit den Ältesten sprechen, aber ich wäre fast dafür, alles so schnell wie möglich hinter uns zu bringen und zurückzukehren. Ein paar Trainingstage sind noch bis zum Vollmond und dann könnten wir die Nerthus-Spiele eröffnen."

Das waren gewichtige Argumente für Freyja. Der Superpokal leuchtete vor ihren geistigen Augen auf. Sie konnte ihn jetzt wieder ganz entspannt ansteuern, ohne Gefahr für irgendwen zu befürchten. Thröma mochte eine streitbare Person sein, doch diesen lästigen Windgott hatte sie unter Kontrolle gebracht. Freyja dachte kurz an das vergangene Jahr, in dem sie sich ein Unglück aus dem Leib trainiert hatten, das aus heutiger Sicht ein einziges Glück war.

Sie sah ihren Freyr an und griff nach seiner Hand.

„Gut festhalten!“, rief das duale Team und zog einen Hebel zu sich heran.

Die Wachen hatten sich auf Sesseln direkt vor der Tür angeschnallt, hinter der Arimans Käfig stand. Sie wurden alle in ihre Sitze gedrückt, während sie starteten. Das gegenüberliegende riesige Panoramafenster zeigte ihnen, wie sie sich in die Lüfte hoben. Der Steinkreis, der von unten galaktisch groß aussah, verringerte seine Größe schnell auf die einer Ameise, der Eichenwald drumherum verschwand und sie tauchten in die Wolken ein, tauchten wieder auf. Freyja schloss die Augen und genoss das unwahrscheinlichste aller Gefühle. Sie flog zum ersten Mal im All, sah die Sterne, die sie Nacht für Nacht beobachtete und mit deren Bewohnern sie schon an einem Tisch gesessen hatte, aus der Nähe. Die Sterne rauschten vorbei, wurden kleiner, die nächste Galaxie tauchte vor ihren Augen auf.

„Unbeschreiblich“, hauchte Freyja.

„Besuch uns doch einfach, wenn die Nerthus-Spiele vorbei sind und du mal Zeit hast“, sagte das Pferd mit den zwei Köpfen freundlich, während es an Knöpfen drehte, Hebel schaltete und Tastauren bediente.

Wie soll sie dich besuchen, wenn du über die Erde ziehst und sie hinter dem intergalaktischen Tor durch den Orbit stromert?, fragte die Stimme barsch.

Das duale Team hatte die Stimme vergessen und erschrak dermaßen, dass es den Hebel verriss. Das Raumschiff ruckelte leicht, Lilith, Freyja und Freyr hatten sich gerade abgeschnallt und fielen die drei Treppenstufen runter, die es zur Kommandobrücke gab, die vor ihnen lag.

„Entschuldigung!“, rief das Pferd hastig und steuerte das Schiff wieder in die richtige Position.

Lilith schaute, als machte sie irgendetwas stutzig.

Pass doch auf, sie wird noch misstrauisch. Die Stimme wurde herrisch.

Ich will das alles hier nicht, es war, als würde das Pferd sich selbst über den telepathischen Weg entschuldigen. Dabei war es dazu gar nicht in der Lage. Musste es auch nicht. Ariman war es gelungen, sich in das duale Team einzuschleichen. Er las jeden Gedanken mit und registrierte seine Gefühle. Was er da bemerkte, machte ihm Hoffnung. Denn Angst durchflutete das Pferd, jemand anderes könnte seinem Dialog mit dem Gefangenen lauschen und die falschen Schlüsse daraus ziehen, ihn sogar des Komplottes verdächtigen. Irgendwie bezirzten ihn diese Einflüsterungen, ohne dass es etwas dagegen tun konnte. Das war doch alles sehr ermutigend, fand Ariman.

Das duale Team schaute verstohlen nach seinen Fluggästen. Doch Freyja, Freyr und Lilith hingen alle drei gebannt am Sternenpanorama, das sie umgab und für ihn doch so alltäglich war.

Es wurde immer schlimmer. So durcheinander war es lange nicht mehr gewesen.

Reiß dich zusammen und ruf Thor, Penthesilea und Temudschin auf die Brücke. Den Rest überlass mir.

Das duale Team stemmte sich gegen die Anweisung und konnte doch nicht verhindern, dass es gehorchte: „Thor, Penthesilea, Temudschin! Wollt ihr nicht auch mal dieses Panorama anschauen?"

Der linke Kopf verschluckte sich und musste husten. Da klopfte ihm jemand auf den Rücken. Es war Lilith, die mit einem Mal hinter ihm stand.

„Er ist gut darin, nicht wahr?" Glücklicherweise legte sie ihre Hand beruhigend auf seine rechte, die den Hebel festhielt, bevor es vor Entsetzen wieder etwas Falsches machte. Das duale Team war ertappt. Aber sprach sie wirklich mit ihm oder war sie auch nur so eine Stimme wie ihr Bruder?

„Ich spreche wirklich mit dir", antwortete sie in einem so besänftigenden Ton, dass es in ihm augenblicklich still wurde, der Aufruhr legte sich, und Lilith nahm ihre Hand wieder weg. Sie stellte sich neben das Pferd und sah hinaus zu den Sternen. Sie passierten gerade einen fantastischen Sternennebel, der in vielen Farben leuchtete: „Wann sind wir da?"

„Oh, n-n-nicht mehr l-l-lange hin!", stotterte das Pferd.

„Keine Sorge, ich helfe dir", sagte Lilith. Sie beherrschte die telepathische Sprache der Uralten fließend und konnte in die Gedankenwelt anderer eintauchen. Im Raumschiff hatte sie jede innere Regung ihres Bruders verfolgt, gerade als er wie versteinert in seinem Gefängnis saß. Sie traute ihm keinen Schritt und hatte Recht damit gehabt. „Freyja hat Ariman die Fähigkeit der Gestaltenwandlung geraubt", erklärte sie dem dualen Team mit sanfter Stimme. „Es hätte ihn aber umgebracht, wenn sie ihm alle Kräfte geraubt hätte, so ließ sie ihm soviel, dass er weiterleben konnte. Weiterleben bedeutet für Ariman leider immer noch, andere für seine Zwecke missbrauchen zu wollen. Lass mich mit ihm reden." Mit diesen Worten setzte sich Lilith ruhig auf ihren Platz, schloss die Augen und regte sich nicht mehr. Die Stimme verstummte. Das duale Team hatte keine Ahnung, wie Lilith das gelungen war, aber in dem Fall zählte das Ergebnis.

Doch als Thor, Penthesilea und Temudschin den Raum betraten, sah das Pferd wieder nervös aus.

„Oh, das ist ja wirklich …“ Temudschin betrachtete noch mit offenem Mund das Sternenpanorama, da erklangen dumpfe Schläge aus dem Raum, in dem Ariman festgehalten wurde. Umgehend rannten alle mit Ausnahme des dualen Teams in den hinteren Teil des Raumschiffs.

„Flieg einfach weiter“, sagte Lilith im Davonhasten, „alles ist gut!“

Die Tür zu Arimans Gefängnis bestand aus reinem Kometenerz, und doch beulte sie sich aus wie alter Wollstoff, während es von innen rumste und dröhnte.

Auf Thors Gesicht bildeten sich hektische rote Flecken, doch Lilith schloss einfach ihre Augen und wies ihren Bruder in seine Grenzen. Sie sah ihn, der noch immer ruhig in der Ecke seines Käfigs hockte, aber sie spürte die Kraft hinter dem Toben.

Diese Kraft war der Wille Arimans zur unbedingten Macht, und den wollte sie für immer aus ihrer Heimat verbannen, dorthin, wo er keinen Schaden anrichten konnte. Dieser Wille war Teil seiner Persönlichkeit, der nur in einem anderen Rahmen verändert werden konnte. Auf der Erde würden sie das nicht schaffen, ob die Gidims in Arimans Herzen nun stark oder schwach waren.

Lilith wusste, sobald Ariman sich gegen diesen Teil in ihm wehrte, könnte er den Kampf dagegen auch gewinnen. Aber die Verlockungen, sich mit dieser Kraft zu verbünden, waren noch immer groß. Sie hielt die Augen fest geschlossen, als sie sich wünschte, dass er es dereinst schaffen würde, sich vollständig davon zu befreien. Wann immer das sein würde und wo immer das wäre. Sie hoffte, dass auch er ihren Wunsch hörte.

Das Pferd kam auf seinen vier Hufe regelrecht angeschlichen. „Öhem“, hüstelte es, „wir wären jetzt da. Meine Ältesten wünschen, dich zu sprechen, bevor wir … du weißt schon.“ Es sah erst Lilith an und dann besorgt auf die Tür aus Kometenerz, die sich immer noch hier und da ausbeulte.

Lilith ging nach vorne, um gemeinsam mit den Sirius-Ältesten für einen erfolgreichen Abschluss ihrer Mission zu sorgen. Das duale Team dockte das Raumschiff an der intergalaktischen Tür zur nächsten Galaxie an.

„Und jetzt“, erschallten die vielfarbigen Stimmen der Sirius-Ältesten, die, so hatte Lilith das verstanden, ein einziges Wesen waren. Es sprach in vielen Stimmlagen, Grund dafür war die Haufenkommunikation auf dem Sirius. Die Ältesten klangen zwar wie ein ganzes Orchester, doch schafften sie es immerhin, ihre

Kommunikationshaufen auf für Lilith begreifliche Portionen zu begrenzen. Dieses Orchester dirigierte sie jetzt zu einem gelben Knopf. „Genau, den musst du einfach drücken. Die Tür ist schon offen! Gut gemacht, duales Team, sehr gut!“, lobten die Ältesten erst einmal die vorbereitende Arbeit ihres Repräsentanten in den Nerthus-Spielen.

Lilith drückte den Knopf. DieTür an der Rückwand von Arimans Gefängnis schob sich auf und gab den Blick auf die unbekannte Galaxie hinter der intergalaktischen Tür beim Sirius preis. Lilith hielt ihre Augen auf den gelben Knopf und auf das Panorama vor ihr gerichtet. Sie sah, wie der Käfig mit Ariman davonflog. Dann erklang das Orchester der Sirius-Ältesten-Stimmen wieder.

„Wir verriegeln die Tür. Ihr könnt jetzt zurückkehren. Seid unbesorgt, von dort kommt keiner zurück. Besucht uns doch mal auf unserem schönen Planeten, es wäre uns eine große Freude.“

Lilith stand bleich vor dem Panoramafenster und schaute blicklos auf die noch immer großartige Schönheit. Freyja und Freyr standen neben ihr, dahinter Thor, Penthesilea und Temudschin. Ihnen allen war es, als würde sich am endlosen Galaxienhimmel der Schatten eines Walfisches zeigen, und irgendwer sagte tatsächlich: „Entschuldigung!“ Alle hatten es gehört, doch genauso stritten alle ab, es gesagt zu haben. Auf dem Rückweg war die kurze Episode schnell vergessen. Doch der große Schöpfergeist Uradat Besar, der gerne als Walfisch durch seine Universen schwamm, sorgte dafür, dass das Raumschiff und seine Gäste problemlos zurück auf die Erde gelangten.

8. Der Superpokal

Es folgten die fröhlichsten Nerthus-Spiele aller Zeiten, in denen man Elfen und Zwerge Seite an Seite sitzen, mitfiebern und jubeln sah. Die renitente Gruppe um den Zwergenältesten Hellerich war ins Svartalfheim in die Unbekannten Minen gesperrt worden. Um die würde man sich später kümmern. Die allermeisten Zwerge aber waren so froh über die Normalisierung der Verhältnisse, dass sie es sich nicht nehmen ließen, nach Rugia zu kommen.

Die Stimmung war ausgelassen, die Teams trotz allem gut vorbereitet. Outis, Maulwürfe und Pentakelkobolde hatten für die Sportstätten gesorgt. Alles war bereit. Darüber hinaus hatten sich die Teams um eine zusätzliche Gruppe erweitert, die kurzerhand mit Segen der Pentakelkobolde in die Liste der Teilnehmenden aufgenommen wurde. Es handelte sich um den Nachwuchs von Zwergen und Elfen.

Die Zwergen- und Elfenjugend hatte schon lange miteinander trainiert, aus Spaß an der Freude. Sie waren um die Wette geschwommen, gelaufen und auf Bäume geklettert. Hier auf Rugia gaben sie den staunenden Verwandten Kostproben ihrer sportlichen Talente. Sie hatten keine Chance auf den Superpokal, doch überzeugten sie im Sprint und bei den Schwimmwettbewerben.

Jasmin und Titania saßen am zweiten Tag der offiziellen Nerthus-Spiele mit vielen erwachsenen Elfen und Zwergen im Stadion und bestaunten ihren Nachwuchs. Alberich und Sternenstaub waren selbstredend Teil des neuen Teams. Ersterer hatte sich am Vortag im Schwimmen einen beachtlichen dritten Platz erkämpft, obwohl die Fliegenden Fische von Palau Eilend am Wettkampf teilnahmen. Sternenstaub war jetzt im Sprint ganz vorne dabei und landete nach Gigantomanus auf dem vierten Platz.

Im Sprintfinale ein paar Tage später traten drei Gruppen mit je fünf Läuferinnen und Läufern gegeneinander an. Dieses Lauf-Finale war der vorletzte Schritt auf dem Weg zum Superpokal. Mahhara und Freyja lagen in der Gesamtwertung punktgleich vor allen anderen. Zwei Läufe waren durch, Fatima hatte eine sensationelle Zeit erzielt und sogar den Vertreter der Outis überholt. Er nahm das entspannt. Für ihn und die Seinen war die Teilnahme an Sportwettkämpfen das Wichtige, nicht unbedingt der Sieg. Der war nett, aber bedeutungslos.

Die Stadionausrufer sangen gerade die Namen der Teilnehmenden der letzten Gruppe. Mahhara, Freyja, Thor, Tobi und Penthesilea standen am Start zum 100-Fuß-Sprint. Dass der Wurfkäfer Tobi, der souverän das Diskusfinale für sich entschieden hatte, auch ins Sprintfinale gekommen war, galt als Überraschung des Tages und deutete an, dass der Verlauf der Nerthus-Spiele noch offen war, obwohl Freyja und Mahhara erwartungsgemäß ihre Favoritenrollen einnahmen.

Alle sahen stur geradeaus auf die mit Kreide gezogenen Bahnen. Beim letzten Laufwettbewerb ging es um Sieg oder Niederlage. Sowohl die Nordfrau als auch Mahhara galten als begnadete Läuferinnen.

Die Stadionausrufer beendeten ihre Durchsage, das ganze Stadion verstummte. Die Läufer und Läuferinnen nahmen die Startposition ein, beide Hände auf dem Boden an dem weißen Balken vor sich, die Füße an die Blöcke hinter sich gedrückt, dann ertönte der Pfiff von Pentakelkobold Ena. Der Start gelang ihnen allen. Die Ränge tobten. Niemand saß mehr. Mahhara und Freyja sprinteten in einem Affenzahn los und ließen Tobi alt aussehen. Thor klebte ihnen wacker an den Fersen, hatte aber letztlich keine Chancen auf den Sieg.

Das Stadion kochte. Mahhara lag auf der inneren Bahn um eine halbe Armlänge in Führung. Die Läuferinnen bogen in die letzte Kurve ein, auf der Zielgeraden holte Freyja auf, der Zielbalken näherte sich rasant. Freyja setzte einen Fuß vor den anderen, Mahhara atmete stoßweise aus und ein und hielt sich aufrecht und Seite an Seite mit Freyja. Die Nordländerin hatte aufgeholt, doch ihr gelang es nicht, Mahhara zu überholen.

Beide hielten den Blick starr auf den Balken gerichtet. Atmen, laufen, atmen, laufen, einen Fuß vor den anderen. Freyja und Mahhara liefen weiter auf der gleichen Höhe.

Der Balken näherte sich. Noch fünf Fuß, vier, drei, zwei und angekommen. Mahhara warf sich um Luft ringend auf den Grund. Ganz in ihrer Nähe rollte Freyja am Boden. Thor hatte sich einen Platz auf dem Rasen gesucht, gleich neben Penthesilea. Tobi, der die Farbe eines Flusskrebses in einem kochenden Kessel angenommen hatte, lief aus, um sich runterzukühlen. Wurfkäfer kamen schon bei kleinsten Anstrengungen ins Glühen, und dies hier war keine kleine Anstrengung gewesen.

Das Stadion glich einem überkochenden Kessel. Es wurde getobt, getrampelt, geschrien, das bekannte nordländische „Hu, Hu, Hu“ erklang. Mittendrin berieten die Pentakelkobolde, sie tauschten Argumente aus, es ging hin und her. Doch letztlich kam nur ein Ergebnis in Frage.

Als die Stadionausrufer die genaue Zeitliste der Pentakelkobolde verlasen, also mehrstimmig sangen, kamen die Zuschauer wieder etwas zur Besinnung. Freyja, Thor, Penthesilea, Tobi und Mahhara saßen nebeneinander auf der Aschenbahn und lauschten.

„Siegerinnen des Laufes ..." Jedes Wort wurde von einem anderen Sänger geschmettert, „Freyja!"

Laut „Mist" rufend, ließ sich Mahhara enttäuscht nach hinten auf die Bahn fallen. Der Plural in der Ansage wurde von allen überhört. Auf der Stadionseite, wo der Nordlandclan und Freyr saßen, wurde laut gejubelt. Doch die Stadionsänger waren noch nicht fertig.

„... und Mahhara!"

Mahhara richtete sich auf, riss jubelnd die Arme hoch, ballte die linke Faust und stieß dreimal in die Luft, während sie laut, „Ja!" rief.

Alle fünf Läuferinnen und Läufer klatschten sich an den Händen ab und umarmten sich.

Die Stadionsänger intonierten: „Siegerinnen des Rennens sind Mahhara und Freyja. Assassina Fatima belegt Platz drei des Laufes."

„Und das heißt jetzt was für den Superpokal?", fragten Mahhara und Freyja gleichzeitig.

„Wer das Speerwurffinale gewinnt, hat den Superpokal", antworteten die Pentakelkobolde. Die Welt konnte manchmal ganz einfach sein.

Das Wudang-Team aus dem südlichen Blütenland entschied alle darauffolgenden Faustkämpfe für sich und warf die Nordländer und sogar die Assassinas souverän aus dem Rennen.

Am nächsten Tag hallte der Gesang der korsikanischen Stadionausrufer weit durch die klare Luft von Rugia. Sie kündigten in ihrem typischen polyphonen Gesang den Start des Speerwurffinales an, so wie sie es in ihrer bergigen Heimat taten, wenn sie sich von einem Gipfel oder Berghang zum anderen verständigten.

Am Morgen hatte es noch kurz geregnet, doch jetzt strahlte der Himmel wolkenlos. Es war kurz vor Mittag, so dass die Sonne niemanden auf dem Speerwurffeld behindern würde. Die Pentakelkobolde hatten am Rand des Wurffelds Stellung bezogen.

Die acht Sportlerinnen und Sportler hielten sich am Feldrand auf und bewegten sich, um warm zu bleiben, manche redeten noch ein wenig miteinander. Heute fand der letzte Durchgang statt. Wer diesen Wettkampf gewann, erhielt die Trophäe aller Trophäen, den Superpokal.

Die drei Stadionausrufer sangen gerade Mahharas Namen, dann verstummten sie. Im Stadion hätte man einen Krümel Kuchen auf den Boden fallen hören, als die Eulenfrau an den Rand des

Wurffeldes trat. Ihr wurde die Ehre des ersten Speerwurfes im Finale zuteil, weil sie eine der Topanwärterinnen auf den Sieg war und sich trotz ihrer Verletzung am Anfang des Sportfestes bis in dieses Finale gekämpft hatte. Entsprechend würdevoll trat Mahhara auf, erhobenen Hauptes, Schultern straff, Haare auf dem Rücken zusammengebunden. Die enganliegende rot-schwarze Sportkleidung betonte ihren muskulösen Körper. Den blinden Blick geradeaus gerichtet, betrat die Eulenfrau die Arena sicherer als jede, die mit den Augen sehen konnte. Sie hatte ein Jahr lang täglich trainiert, um hier und jetzt zu gewinnen.

Dann machte sie einen Fehler, sie drehte ihren Kopf zu Freyja. Ihre Konkurrentin im Kampf um die Speerwurfmeisterschaft saß da, die Hände lässig auf ihren Oberschenkel gelegt, und starrte auf die Sandbahn zu ihren Füßen. Freyr saß neben ihr. Mahhara sah ja nicht wirklich, blind, wie sie war, aber sie spürte umso deutlicher, wie Freyja betont an gar nichts denken wollte, gleichzeitig jedoch mit jeder Faser ihres Körpers dem Superpokal entgegenfieberte.

Sie war ein Fremdkörper in der Wahrnehmung der Eulenfrau und lenkte sie ab. Mahhara korrigierte ihre Aufmerksamkeit und lenkte sie zurück auf das Feld. In ihrer gut gekalkten rechten Hand lag der Speer so sicher gewickelt wie ein Baby in seinem Tragetuch. Die Schnur war locker, ihre Hände ruhig.

Sie spürte den Halbkreisbogen, der die Begrenzung für ihren Anlauf war. Mahhara atmete tief ein, ging völlig in sich und konzentrierte sich auf den Antritt, den Abwurf, das Ziel, das so weit hinten wie möglich liegen sollte. Als das Zeichen des Pentakelkobolds kam, der den Wurf freigab, zog sie ihre Kraft nach innen, die Muskeln spannten sich an, dann folgte die Eruption. Auf einen Schlag wurde die geballte Kraft freigelassen, Mahhara nahm einen kurzen kraftvollen Anlauf, und mit einem lauten Schrei gab sie den Speer frei. Die Schnur wickelte sich aus ihrer rechten Hand und der Speer flog.

Freyja sah ihm mit halbgeöffnetem Mund nach. Er flog fast bis zum Ende des Feldes. Kurz vor der Aschenbahn grub sich seine Spitze zitternd ins Gras, und Mahhara, die, ihre Hände aufs rechte Knie gestützt, dem Flug aus einer halbgebückten Stellung gefolgt war, riss die Arme in die Höhe und richtete sich auf. Sie warf dem Speer ein jubelndes „Ja!“ hinterher und sprang auf. Ein Meisterwurf. Applaus brandete auf. Die begeisterten Zuschauer hielt nichts mehr auf ihren Plätzen. Die Pentakelkobolde maßen, gaben das Ergebnis an die Stadionausrufer und nur kurze Zeit später schallte die Bestätigung als polyphoner Gesang durchs Stadion: Mahhara hatte einen Superwurf geschafft.

Mahhara verließ, sich mit der rechten Faust in die linke Handfläche boxend, das Feld und gratulierte sich selbst. Die plötzliche Kraftanstrengung und kurz darauf folgende Entspannung kosteten Energie, viel Energie, und das machte sich im Abfall der Körpertemperatur umgehend bemerkbar. Mahhara zog sich eine Filzjacke über, trank einen Schluck Wasser aus dem bereitstehenden Becher und setzte sich auf ihre Bank.

Die Nächste war Freyja. Freyr sah ihr von der Tribüne aus zu, den ganzen Körper völlig verkrampft. Er lockerte sich erst etwas, als Freyja ihm kopfschüttelnd bedeutete, sich doch bitte zu entspannen, das machte es auch ihr leichter. Sie hatte sich aufgewärmt und näherte sich mit ihrem Speer Snorrie in der Hand dem halbbogenförmig auf den Boden gezeichneten Anlauf. Sie trug ihre enge Sportkleidung und Sportschuhe aus Rentierhaut, die Haare lagen als Kranz geflochten um ihren Kopf. Ihr Silberblick schaute konzentriert.

Freyja kontrollierte noch mal den Strick, der ihr locker um die Hand gewickelt war, schloss die Augen und nahm mit Snorrie Kontakt auf. Sie murmelte den Zauberspruch, den ihr Hanarr, der heimische Schmied, mit unsichtbaren Runen in ihren Speer geritzt hatte. Er hatte die Gewähr für die Unantastbarkeit ihres Speeres und ihren Sieg sein sollen, nachdem sie den Pakt mit dem Windgott Lil geschlossen hatte.

Lil hatte es sich nicht nehmen lassen, anlässlich der Spiele nach Rugia zurückzukehren. Weder Thröma noch Lilith hatten Einwände gehabt. Junge Leute brauchten auch Spaß. Er saß jetzt auf der Spitze einer Buche etwas außerhalb des Stadions und verhielt sich, wie ein junger Windgott sich verhalten sollte. Er schaute gebannt den Wettkämpfen zu.

Während Freyja in Gedanken Hanarrs Zauberspruch aufsagte, glitt ihr Blick verstohlen zu den zwei Pentakelkobolden, die rechts und links des Anlauffeldes auf Stühlchen hockten und jede ihrer Bewegungen verfolgten. Am Ende des Feldes, da, wo der Speer aufkommen sollte, standen die anderen zwei. Pende, der fünfte der Pentakelkobolde, war wie meistens abkömmlich, wahrscheinlich schlief er irgendwo oder tat sich an irgendetwas Leckerem gütlich.

Die Stadionausrufer sangen Freyjas Namen. Anfeuerungsrufe erklangen auf den Rängen und Tribünen. Freyr stand auf und intonierte das rhythmische und immer mehr anschwellende „Hu, hu, hu“ des Nordlandclans. Trond, Thor und viele andere stimmten mit ein. Dann wurde es ernst. In der Arena wurde es mit einem Mal still. Sogar die Maulwürfe waren allesamt am Feldrand versammelt und streckten ihre rosa Nasen neugierig in die Luft, ihre Konzentration auf Freyjas Wurf gerichtet. Alle waren gebannt vom Duell zwischen Mahhara und Freyja, dem Publikumsmagneten der Nerthus-Spiele.

Auch Verdandi, die Eichenschwester und Mentorin Freyjas hatte es sich nicht nehmen lassen, zum Finale des Superpokals anzureisen. Sie saß neben Freyr auf der Tribüne und drückte alle Daumen.

Die Freigabe kam von den Pentakelkobolden. Freyja nahm Anlauf. Perfekt abgezirkelte Schritte setzten in perfektem Abstand auf und erreichten am perfekten Punkt den Abwurfbalken, kein Stück Raum wurde verschenkt. Freyja riss den rechten Arm in die Höhe, all ihre Kraft schoss da hinein, ein Schrei begleitete ihn, und all ihre Konzentration flog mit, als Snorrie sich abwickelte und aus ihrer Hand löste.

Wie erstarrt stand Freyja und schaute hinterher, der rechte Arm senkte sich ganz langsam, der Rest ihres Körpers verharrte in der Stellung, als würde sie noch immer den Speer werfen. Alle Blicke folgten Snorrie, selbst der Wind hielt den Atem an. Der Speer senkte sich, steuerte mit der Spitze den Rasen an, fiel immer weiter und zitterte endlich im Gras, begleitet von einem lauten „Oh" von den Rängen.

Freyja überblickte die Entfernung von ihrem Standpunkt aus nicht ganz genau. Der Wurf war gut, aber war er auch gut genug? Die Pentakelkobolde maßen, gaben die Weite an die Stadionrufer, und die sangen nun offiziell vom Sieg Freyjas über Mahhara. Es handelte sich um weniger als einen halben Fuß, den der Speer Snorrie weiter geflogen war als Mahharas, doch es gab ihn, den halben Fuß Abstand. Die Zuschauer hatten es auf den Rängen als Erste vermutet, sahen sie doch Freyjas Speer etwas vor der kleinen, dunklen aufgeworfenen Grasnarbe, in der Mahharas Speer gesteckt hatte, liegen. Doch sie schwiegen vor der offiziellen Verlautbarung der Stadionrufer. Als die polyphone Ansage vorbei war, gab es allerdings kein Halten mehr. Applaus, Bravorufe und Fangesänge erschallten im Stadion.

Freyr hüpfte auf der Tribüne hoch, jubelte und umarmte Verdandi. Freyja selbst stand ruhig, aber glücklich da und schaute zu Mahhara, die sich hinter der Absperrung aufhielt. Theodor hatte der Eulenfrau tröstend den Arm um die Schultern gelegt.

Freyja war glücklich. Solche Momente waren es, für die sie lebte. Dieser Sieg bedeutete ihr persönlich so viel nach den Mühen des letzten Jahres. Sie sah zu Freyr auf die Tribüne, der jetzt die Treppen zu ihr heruntergerannt kam. Und sie hatte den Superpokal das dritte Mal verteidigt. Dann sah sie eine enttäuschte Eulenfrau ihre

Sportschuhe wegschleudern. Sie ging zu ihr. Freyja hielt ihr Snorrie hin, nahm Mahharas Speer und hielt ihn über Snorrie waagerecht zwischen ihnen beiden. Eine Hand auf ihrem, die andere auf Mahharas Speer, forderte Freyja die Eulenfrau auf, es ihr gleichzutun und die Speere zu halten. Die spielte mit.

„Nur zusammen!", sagte Freyja sehr feierlich und wiederholte: „Nur zusammen sind wir stark, Mahhara!"

Die Geste traf die Eulenfrau im tiefsten Inneren. Sie atmete tief durch, nickte und sagte ebenfalls: „Nur zusammen sind wir stark, Freyja!"

Als sie am Abend zusammen den Abschluss der Nerthus-Spiele feierten und der Superpokal durch alle Hände ging, war es so, als hätten sie ihn alle gewonnen. Eigentlich hatten alle in irgendeiner Disziplin eine Medaille gewonnen. Und wenn das nicht das wichtigste Ziel war, so hatten sie gemeinsam eine unvergessliche Zeit erlebt, in der sie sich gemeinsam gegen das Böse gestemmt und gesiegt hatten.

Für die Eulenfrau war der Superpokal keine Nebensächlichkeit gewesen. Doch nicht allein ihr Gin-Konsum sorgte für einen gelungenen Abend auch für sie.

Arm in Arm in Arm saß Mahhara mit Theodor neben Freyja und Freyr und allen anderen am Lagerfeuer. Selbst Odin hatte sich nicht länger abseits gehalten. Er feierte zwischen Tobi und Trond angemessen weit weg von Freyja. Die Flasche mit Mahharas selbstgebranntem Wacholderschnaps kreiste. Mit jedem Schluck wurden die Lieder etwas inniger und die Stimmen lauter. Verloren hatte in dieser Runde niemand.

9. Abschied

Einen Tag hatten die Teams Zeit, ihren Rausch auszuschlafen, Sachen zu packen und sich voneinander zu verabschieden. Schon am nächsten Vormittag setzten die meisten Segel und verließen den Hafen von Breege auf Rugia.

Die Dau des Wudang-Teams aus dem südlichen Blütenland stach als Erste in See. Die grüngestrichene Poliere mit den zwei aufgemalten überdimensionalen Augen am Rumpf und den zwei Segelmasten, die die Assassinas zurück nach Persepolis bringen sollte, folgte nach. Freyja stand mit Freyr, Penthesilea, Odin und Lilith am Kai und winkte Fatima, die sich weit über den Rumpf beugte und solange winkte, wie sie die Konturen der Fünf sah.

„Richtet ganz viele Grüße an Kundrie aus“, schrie Fatima, winkte noch einmal mit einem langen Tüllschleier und wurde rasch zu einem kleinen Punkt am Horizont der Baltiixsee.

Theodor verabschiedete sich von Mahhara. Offen Gefühle zu zeigen, verabscheute die Eulenfrau, deswegen war es umso bemerkenswerter, wie lange sie sich von Theodor drücken ließ, bevor er mit den anderen korsikanischen Fünfkämpfern auf die Galeere ging.

„Du besuchst mich unbedingt, ja? Wir haben viele schöne Orte für Eulenfrauen!“, nahm er ihr das Versprechen ab, auf seine Insel zu kommen, die von den einheimischen liebevoll „Die Schöne“ genannt wurde. Der allseits bewunderte Teamchef Cesari thronte bereits in seinem Verschlag, lüpfte den Deckel, als das Schiff ablegte, und winkte ebenfalls.

Das Team der fliegenden Fische, die Daghtas aus Palau Eilend, machte sich in seinen Einbäumen auf die lange Heimreise.

Raumschiffe wurden gestartet, während die Outis sich eine letzte Tasse Kaffee genehmigten, bevor sie sich anschließend zu Fuß auf den Rückweg machten. Abschiedsrufe, Winken und hier und da immer mal wieder vereinzelter Jubel begleiteten die Abreisenden.

Die Insel leerte sich rasch. Auch die Amazonen und Steps hatten sich bereits auf ihre Pferde gesetzt und waren von dannen geritten. Sie waren in eine ähnliche Richtung unterwegs und würden eine ganze Strecke ihres Weges gemeinsam zurücklegen.

Die *Dragefolk* aus Granskogheim war das letzte Schiff, das noch vertäut im Hafen lag. Freyja, Freyr und Verdandi umarmten ihre Gastgeberinnen ein letztes Mal.

„Lil ist sicher wieder bei Thröma?“, fragte Freyja Lilith.

Die lachte: „Keine Sorge, der hat seine Lektion gelernt.“

„Wie wir alle“, versicherte Freyr und küsste die Weltenchronistin auf die Wange, „danke für alles!“

Thor und Trond verabschiedeten sich mit Handschlag und Schulterklopfen. „Wir sehen uns spätestens bei den Wudang-Spielen im Gelben Blütenland“, sagte Thor.

„Wenn du uns vorher im Granskogheim besuchen willst, bist du herzlich willkommen!“ ,Trond breitete die Arme aus, „ihr seid alle willkommen.“

Dann ging auch das Nordlandteam an Bord. Kapitän Hallgrimson hielt seinen Sonnenstein gen Himmel, brummte zufrieden in seinen roten Bart und erteilte seinen Wikingern letzte Anweisungen zur Überfahrt.

„Irgendwelche Überfälle geplant in den nächsten zwei Tagen?“, wollte er von Freyja wissen, drehte sich aber schon wieder weg, bevor sie antworten konnte, um das Ankerhieven zu überwachen.

Zu der Gruppe um Lilith hatte sich neben Thor auch Frigg gesellt. Liliths Tochter war noch im letzten Moment aus Asgard gekommen. Die Siegerehrung und Abschiedsfeier hatte sie sich trotz ihrer Trennung von Thor nicht nehmen lassen. Jetzt stand sie zwischen ihm und Odin und winkte den Abreisenden. Kapitän Hallgrimson gab unter dem Jubel seiner Passagiere den Befehl: „Auf ins Granskogheim! Zurück in die Heimat!“

Auch die *Dragefolk* war bald nicht mehr als ein dunkler Punkt auf einem großen Meer.

ENDE

Edition Drachenfliege

BARBARA FISCHER
»LILITH« Baumweltensaga 1

Lilith kämpft gegen ihren Zwillingsbruder Ariman um den Weltenthron,
ca. 396 S., ISBN: 978-3-95996-147-9

Gott ist eine Frau. Sie heißt Lilith und lebt in Asgard als Weltenchronistin in einer friedliebenden, aber wehrhaften Gemeinschaft rund um die Weltenesche Yggdrasil.

Als Ariman, Liliths Zwillingsbruder, Asgard überfällt und den Weltenthron fordert, stellt sie sich ihm entgegen und gerät durch Verrat in der eigenen Familie in Lebensgefahr. Da verbünden sich die Baumwelten unter Führung der trinkfesten Eulenfrau Mahhara und einer ziemlich netten Hexe namens Kundrie und schlagen zurück.

In „Lilith" erhält der nordische Götterhimmel Verstärkung durch Figuren aus der sumerischen Mythologie und neue phantastische Wesen.

ALEš PICKAR:
»KALION. Die zwölf Kronen«

Der dritte Teil der Reise in eine rätselhafte Welt - spannende High Fantasy für KämpferInnen und Entdecker, ca. 344 S., ISBN: 978-3-95996-052-6

Seit die junge Zofe Kemi die umstürzlerischen Pläne von des Königs Schwägerin erlauschte, wird sie unerbittlich gejagt. Derweil gelingt es dem gefangenen Feldherrn Gellen, sich gegnerisches Vertrauen zu erschleichen. Und während im kalten Norden ein seltsamer Magier dem Licht befiehlt, erblickt Prinzessin Linederion im Süden einen weißen Wal am Firmament.

Schwerter kreuzen sich, Blut wird vergossen und Unschuld zerstört. Die einen sind erfolgreich im Ränkespiel, den anderen geschieht Entsetzliches und auch jene, die sich in Sicherheit wähnen, unterliegen einem Irrtum. Denn alles folgt einem viel größeren, klug gesponnenen Plan …

Versandkostenfrei (D) bei www.periplaneta.com